장인

현대문명이 잃어버린 생각하는 손

장인

리처드 세넷 지음 | 김홍식 옮김

arte

장인, 그들은 언제나 일에서 인간을 봤다

맛있는 아이스크림을 먹을 때는 크림의 부드러움과 과일, 초콜릿, 설탕 등 각종 향미 재료의 달콤한 맛을 즐긴다. 우유의 고소함도 빼놓을 수 없는 맛이다. 그러다 보니 아이스크림을 만드는 근본 중의 근본 재료인 신선한 물의 맛은 그냥 지나친다. 우리가 사는 현대의 복잡한 시스템에는 이것저것 누릴 것들이 많다. 그림의 떡이든 진짜 떡이든 고급 주택과 각종 편의시설, 문화상품, 그 밖에 돈으로 누릴 수 있는 인간적인 것들과 비인간적인 것들은 이루 다 헤아릴 수가 없다. 이러한 현대문화가 아이스크림이라면, 인간의 노동은 물과도 같다. 내가 누리는 모든 것들은 누군가 다른 이들이 일한 덕분이지만 그저 '소비의 맛'에만 감각이 쏠려 있다. 인간의 노동이 어떠해야 하는지, 우리는 선조 때부터 어떻게 일하며 살아왔는지 별 관심이 없다. 물의 맛과 가치를 잊은 채 아이스크림만 찾는 것과 비슷하다.

『신자유주의와 인간성의 파괴(The Corrosion of Character)』(원작 1998
년, 한국어판 2002년), 『뉴 캐피털리즘(The Culture of the New Capitalism)』
(원작 2006년, 한국어판 2009년) 등 다수의 저작에서 꾸준하게 삶의 가치
와 일의 의미를 추적해온 리처드 세넷은 그간의 저서 중 가장 공을 들
인 이 책 『장인』에서 인간사회 모든 활동 중에서 물과도 같은 근본 재
료인 인간의 노동과 일을 들여다본다. 일 자체를 위해서 일을 훌륭히
해내려는 욕망을 인간의 가장 기본적인 욕구로 파악하는 세넷은 인간
이 일하는 모습을 조명하고자 광활한 시공으로 독자를 안내한다. 상고
시대의 그리스 도공, 로마제국의 이름 없는 벽돌공, 거대한 성당을 지
어 올렸던 중세 석공, 르네상스 예술가를 비롯해 근대의 노동자, 리눅
스 프로그래머, 건축가, 의사 등 현대의 전문 직종에 이르기까지 일하
는 인간의 모습이 그의 시선을 통해 드러난다. 그것은 일하는 모든 인
간 안에서 '살고 있지만' 잘못된 제도와 어긋난 이데올로기로 고통받
는 장인, 바로 우리가 잊고 사는 우리의 모습이다. 우리에게 잊힌 그를
불러내는 세넷의 대화가 파노라마처럼 펼쳐진다.

그렇게 펼쳐가는 세넷의 대화는 날이 갈수록 실종되어가는 인간의
원초적 정체성을 복원해보려는 지식인의 몸부림이다. 그 원초적 정체
성은 별다른 보상이 없더라도 일 자체에서 깊은 보람을 느끼고 별다
른 이유 없이도 세심하고 까다롭게 일하는 인간, 바로 장인의 모습이
다. 장인이 추구하는 근본 가치는 뭐라고 잘라 말하기 어렵다. 그저
'일 자체를 위해서 일을 잘해내려는 욕망'으로 사는 사람이 장인이
다. 18세기 드니 디드로의 『백과전서』는 바로 이러한 장인들의 모습을

계몽의 무대로 삼았고, 세넷은 이를 이어받아 상고시대 그리스 장인의 흔적을 찾아간다. 모든 일의 이면에 자리하는 최고의 품질 목표, 그 최고의 경지를 가리켜 "아레테"라고 불렀던 플라톤은 장인을 '어떤 일이든 대충 일하기를 거부하고 최고의 경지를 향해 달려가는 사람'이라고 했다. 질을 추구하는 이러한 욕구와 그 사람들의 공동체, 이 두 가지에서 세넷은 상고시대 장인의 정체성을 찾는다. 『장인』의 이야기는 여기서부터 항해를 시작한다.

저자가 프롤로그에 언급한 책의 개요를 이 자리에서 다시 설명할 필요는 없겠지만, 한국어판 독자와 저자가 만날 무대의 연출자로서 좀 더 부각하고 싶은 내용을 간략히 언급한다. 1부에서는 우선 현대의 장인이 지치고 바로 서기 어려운 이유, 그래서 점점 장인의 모습을 찾아보기 어려운 이유를 1장에서 세 가지로 짚는다(일할 동기의 약화, 손과 머리의 분리, 품질표준의 갈등). 이어서 역사상 장인이 밟아온 길을 일터와 도구, 의식의 세 가지 갈래로 훑어본다. 장인의 집이자 일터였고 하나의 사회기관이었던 작업장(2장), 사람의 손을 떠나 스스로 작동하는 도구인 기계(3장), 물질을 생각하는 의식인 '물질의식'(4장)을 살펴본다. 2부에서는 장인이 기능을 습득하는 과정을 살펴보는데, 세넷은 기능을 숙달하는 일이 기존 서구 전통의 합리주의 모델과는 전혀 다른 과정임을 밝히고자 분투한다. 즉 손과 머리를 같이 쓰는 과정이고(5장), 상상력을 자극하고 활용하는 전혀 기계적이지 않은 과정이며(6장과 7장), 또 저항을 때려부수고(정복자적 모델) 모호함을 걷어내는(합리주의적 모델) 게 아니라 저항과 모호함을 다스리고 때로는 참아내면서 그 상태와 사귀는 과정(8장)이라는 점을 조명한다. 3부에서 다루는 동기와 재능은 프롤로그의 요약을 길잡이로 삼아도 충분하겠다.

책을 읽어가는 세 갈래의 실타래가 있는 듯하다. 첫째는 만드는 일이 곧 생각의 과정이라는 근원적 명제다. 손과 머리는 하나이며, 행동하면서 동시에 생각하는 게 장인이 일하는 방식임을 뜻한다. 둘째는 인간은 스스로 자신을 만드는 자기 창조자라는 생각이다. 그 자기 창조 활동의 근본은 물건을 만드는 일이다. (세넷이 사유를 펼치는 닻이라고 밝힌 문화적 물질주의는 구체적 물건을 만드는 과정에서 드러나는 인간의 모습을 깨닫자는 주장이고, 이 두 가지 생각에서 비롯된다고 읽힌다.) 셋째는 그렇게 인간이 벌이는 일(물리적 노동과 물질문화)의 가치와 의미를 읽어낼 거울은 판도라와 헤파이스토스의 양가성이라는 것이다. 판도라는 인류를 공도동망(共到同亡)으로 몰고 갈 '화려한 해악'이고, 헤파이스토스는 널리 인간을 이롭게 하는 '수줍은 일꾼'이다.

어쩌면 요즈음 세태에서 장인을 주제로 말한다는 게 먼 나라 이야기처럼 들릴지도 모르겠다. 기술은 하루가 다르게 발전해 사람의 손이 필요 없는 것 같다. 물질만능주의는 극에 달해 가짜가 판을 치고 식품에 유해물질을 집어넣기까지 한다. 이런 마당에 '일 자체를 위해' 열심히(또 훌륭히) 일하는 장인적 정서는 돌아갈 수 없는 과거의 이야기라고 푸념할 때가 더 많다. "장인의 운명이 바로 이렇게 끝날 거라고 믿지 않는다." 세넷의 말이다. 책을 쓴 이유도 바로 이것이라고 본다. 제아무리 기술이 첨단을 달린다고 해도 현대문명의 근본은 여전히 사람이 하는 일이고 사람의 손끝에서 품질이 결정된다. 미 항공우주국이 17억 달러를 들여 만든 허블우주망원경만 봐도 그렇다. 1990년 이 정교한 물건을 우주 궤도에 올려놓았지만, 1993년 다시 비싼 돈을 들여

우주 상공에서 수리해야 했다. 주 반사경 광학계의 구면수차(球面收差)라는 결함 때문이었는데, 반사경 제작의 기준을 정하는 영점 보정계를 '사람이 잘못 잡았던' 게 원인이었다. 1990년대 초 국내 특정 회사의 중형차 모델(1800cc급)을 놓고 일본의 모 자동차회사와 비교하면 제조원가 차이가 30~40퍼센트에 달할 정도로 일본 회사가 월등하다는 말이 나돌았다. 최첨단 자동화 생산라인 덕분이라는 것이다. 그런데 올해 초 이 회사 제품이 줄줄이 품질사고를 내더니 최근까지도 총체적 품질위기에서 벗어나지 못하고 있다. 그렇게 월등하다던 회사가 어찌된 연유일까? 급속한 세계화 추진으로 말미암아 공급망 관리에 무리가 따랐다는 분석도 있지만, 그 배후의 근본 원인은 십중팔구 '장인의 손길'이 사라진 탓이 아닐까 하는 생각을 하게 된다.

　프롤로그에 나와 있듯이 『장인』은 물질문화를 다루는 삼부작의 첫 책이라는 점에서 끝나지 않은 이야기지만, 다른 의미에서도 계속되는 이야기 같다. 책을 펼치면 1962년 쿠바 미사일위기를 배경으로 판도라의 공포가 서두를 장식하고, 우리말로는 (경우에 따라) 아무리 읽어도 속뜻은 물론 겉뜻도 파악하기 곤란한 한나 아렌트의 사상을 지나, 수많은 책과 소재를 다루면서 이야기는 종횡무진으로 달린다. 지난날 장인의 역사를 주로 다루지만 지금의 산업사회와 견주어보면서 군데군데 명시적 결론을 내지 않거나 암묵적 해석의 여지를 남겨둔 곳이 눈에 많이 띈다. 이러한 부분들은 작가의 의도를 고민한 끝에 적극적인 의역을 많이 시도했고, 그만큼 토론의 여지도 많고 오류의 여지도 있을지 모른다. 관심 있는 독자들의 질타를 토론과 공부의 계기로 삼고 싶다. 한편 우리에게 생소한 구미문화의 소재가 수없이 등장하는데,

배경 지식을 파악해야 할 경우도 많아서 인물, 작품, 건물, 지리 등 갖가지 자료를 찾아 공부해야 했다. 예컨대 건축가 아돌프 로스가 지은 집의 사진 자료를 찾아 생생한 내용을 파악할 수 있었다. 이렇게 찾아본 자료들은 모두 블로그("번역가 김홍식의 블로그입니다")에 그 내용과 출처를 기록해두었다. 검색엔진으로 쉽게 찾아지므로 관심 있는 독자들에게 참고자료로 쓰이기를 바란다.

우리말 짝짓기가 까다로운 용어에 대해서 몇 가지만 언급해야겠다. 'craftsmanship'은 장인정신을 뜻할 때도 있지만, 그러한 관념만을 가리키는 말은 아니다. 이 책에서는 '장인의 기예를 구현하는 품질'을 뜻하는 사전적 어의 외에 '장인정신이 살아 있는 일', 또 그러한 '사고방식'을 뜻할 때가 많아 때로는 '장인노동'으로 옮기고 때로는 '장인의식'으로 옮기면서 경우에 따라 이 둘을 같이 담아 표현하려고 애썼다. 수공업이나 수공예 또한 그 솜씨를 가리키면서 그러한 일 자체와 직업에까지 어의가 번져 있는 'craft'의 역어 찾기가 까다로웠다. '기술'이라고 하자니 'technique'와 중복됐고 'skill'과도 의미가 중첩되는 한편, 예술과의 관계에서는 'craft'와 'art'가 대조되고 'technique'와 'expression'이 대조되니 의미장의 중첩과 대조 관계가 복잡했다. 고민 끝에 'craft'의 중심 역어로 '실기(實技)'를 택했다. 'craft'가 수작업 일 자체를 뜻하는 문맥에서는 '실기' 혹은 '실기작업'으로 옮겼고, 수공업으로서의 직업을 뜻할 때는 '실기 직업'으로 옮겼으며, 기예의 경지로 일하는 기술 측면이 부각될 때는 '장인의 실기'나 '장인적 실기'로 옮기기도 했다. 자의적일 위험은 따르지만 수작업 도구를 써서 사람의 손으로 하는 일을 일컫는 'craft'를 'technique'와 'skill', 'work' 세 가지 용어의 의미장 관계로 이해해 craft＝f(technique, skill, work)라는 함수 관계로 생각해서 '실기(craft)', '기술(technique)', '기능(技能, skill)', '일(work)'로 역어 체계를 잡았다. 의미상 '기술(technique)'은 도구의 쓰임 측면이 부각되고(활용되는 도구의 객관성), '기능(skill)'은 그 쓰임을 숙달해 몸에 체화하는 측면(도구를 활용하는 사람의 주관성)이 부각된다고 봤다. 전쟁을 예로 들어 총을 쓰는 '기술'이 있고 탱크를 쓰는 '기술'이 있다면, 총이든 탱크든 그 기술을 몸에 익히는 과정이 '기능'이고, 그 기술을 기능으로 익혀서 전쟁이라는 '일'에 써먹는 과정이 전쟁의 '실기'라고 이해하는 방식이다. 총을 잘 쓰고 탱크를 잘 쓰면 분명히 전쟁에 유리하겠지만, 총과 탱크 기술을 기능으로 잘 익혔다고 해서 꼭 전쟁에 이긴다고 자신할 수는 없을 것이다. 전쟁이라는 일을 잘 이해해 기술과 기능을 잘 써먹는 제3의 요소인 함수 f가 자리하는 공간을 실기라고 이해하면 좋을 듯하다.

칸트의 철학체계에서 'understanding'은 이성이나 감성과 구분해 '오성(悟性)'으로 부르는 게 상식이겠지만, "계몽이란 무엇인가"란 제목의 유명한 칸트 인용문은 저자가 설정한 앞뒤 문맥의 흐름상 꼭 그렇게 옮길 필요는 없어 보였다. '알 수 있는 능력'이란 의미를 따라서 앞뒤 어구의 어울림에 맞추어 '알 수 있는 것', '앎'이란 평이한 말을 택했다. 'sublime'은 철학과 미학 계통에서 보통 '숭고'로 옮기지만, 본문 중의 'sublime tool'을 '숭고한 도구'라고 옮길 수는 없었다. '높일 숭(崇)'과 '높을 고(高)'를 따라 글자 그대로 조합하면 숭고는 '높이 받들다'는 게 일차적인 어의가 되지만, 본문에서 일자 드라이버나 최초의 직조기계를 예로 든 도구를 '높이 받든다'는 건 도무지 말이 안

된다. 게다가 'sublime'의 가장 원초적이고 일차적인 의미는 '말로 표현할 수 없는 경지'이며, 논의를 펼치는 이에 따라서 그러한 경지의 '장대함', '공포', '신비', '희열' 등 그 어느 것도 될 수 있다고 보는 게 옳을 것이다. 요컨대 인간이 경험하고 접할 수 있는 한계, 그 '문지방 끝'의 그 무엇이 'sublime'에 담긴 의미라면, 숭고보다는 차라리 '영험(靈驗)', '현묘(玄妙)', '신통(神通)'이 더 어울리는 말이라고 봐서 '영험한 도구'라고 옮겼다.

그동안 옮긴 책은 많지 않지만, 주로 금융과 투자를 다뤘다. 노동, 사회, 심리, 철학을 넘나드는 『장인』은 이를 훌쩍 뛰어넘는 쉬울 리 없는 책이지만, 그럼에도 이 책에 애착이 갔던 나름의 이유가 있다. 첫째, 금융과 투자는 현대 자본주의를 이해하는 데 긴요한 이 시스템의 화려하지만 연약한 '꽃'이다. 그 꽃을 들여다보려고 금융과 투자를 공부하려고 한다. 둘째, 그 꽃잎들이 산산조각 나는 금융위기가 아무리 위협적이어도 '시장 안에서' 벌어지는 현상이다. 이제는 '시장 밖'을 봐야할 때가 되었다. 시장은 명백히 도구다. 그것이 도구임을 알려면 시장은 물론 인간을 다시 생각해야 한다. 『장인』은 그를 위한 좋은 화두를 던져준다. 언제부턴가 '소비자'가 대중, 나아가 인간의 동의어가 돼버렸다. 시장 안에서만 생각하면 인간을 소비자로 볼 수도 있겠지만, '소비하는 인간'이라는 게 철학도 그 무엇도 없는 얼마나 천박한 인식인가? 시장 밖에서 인간을 볼 줄 알 때 시장을 인간에 이롭게 쓸 수 있을 거라고 믿는다. 블로그에서 많은 독자와 토론할 수 있기를 기대한다.

옮긴이 김홍식

: 프롤로그

현대문명이 잃어버린 생각하는 손

판도라의 상자
한나 아렌트와 로버트 오펜하이머

인류가 핵전쟁으로 치달을 뻔했던 쿠바 미사일 위기 직후 1962년의 일이다. 그 무렵 거리에서 한나 아렌트(Hannah Arendt) 선생과 마주쳤다. 미사일 위기는 그녀에게도 충격적인 일이었지만, 평소 그녀의 뿌리 깊은 확신을 더욱 굳건히 해준 사건이기도 했다. 그 몇 해 전에 출간된 『인간의 조건(The Human Condition)』에서 아렌트는 엔지니어든 누구든 물건을 만드는 사람은 자기 일터의 주인이 아니라고 주장했다. 정치가 더 높은 위치에서 물리적 노동을 이끌어줘야 함을 뜻하는 말이었다. 그녀가 이러한 확신에 도달한 것은 1945년 로스앨러모스(Los Alamos) 프로젝트의 결과로 최초의 핵폭탄이 만들어졌을 때였다. 미사일 위기가 닥치자 제2차 세계대전의 기억이 채 가시지 않은 미국인들은 또다시 심한 공포감에 휩싸였다. 순식간에 뉴욕의 거리가 싸늘하게 얼어붙었지만, 아렌트는 아무 일도 없다는 듯 무덤덤했다. 그녀는 내가 이 사건을 제대로 보고 교훈을 얻기 바랐다. 그 교훈이란 물건을 만드는 사람들은 보통 자기가 무얼 하고 있는지 모른다는 것이다.

인류가 스스로를 파멸시킬 물건을 발명할 수 있다는 아렌트의 우려는 구미 문화의 뿌리인 그리스 신화의 판도라(Pandora) 이야기로 거슬러 올라간다. 판도라는 "명령을 어긴 프로메테우스를 처벌하려고 제우스가 지상에 내려 보낸"[1] 발명의 여신이었다. 헤시오도스(Hesiodos)는 『노동과 나날(Works and Days)』에서 판도라를 "모든 신들이 모여 만들어낸 고약한 선물"로 묘사했다. 판도라가 전에 없던 신기한 것들로 가득한 그녀의 상자(이야기에 따라서는 단지라고도 나온다)를 열자 "고통과 악이 튀어나와 인간 세상에 퍼졌다"고 헤시오도스는 전한다.[2] 그리스 문화가 자기 모습을 갖춰가는 동안 그리스인들 사이에는 판도라가 인간 **내면**의 한 속성이라는 생각이 점점 짙어만 갔다. 즉 인간이 만든 물건으로 구축된 문화는 항상 화를 자초할 위험이 도사리고 있다는 생각이다.

그야말로 인간 내면의 순진한 무엇이 이런 위험을 부를 수 있다. 호기심 많은 인간은 순전히 의혹과 흥분에 홀린 채 일을 저지르곤 한다. 그래서 판도라의 상자를 여는 것까지는 아무 탈이 없는 행위라는 근거 없는 이야기를 지어낸다. 로스앨러모스 프로젝트를 지휘했던 로버트 오펜하이머(Robert Oppenheimer)의 업무일지는 아렌트가 최초의 대량 살상 무기를 보면서 인용할 만한 내용이었다. 오펜하이머는 확신에 찬 어조로 이렇게 술회했다. "무언가 매력적인 기술이 눈에 띄면, 우리는 일단 달려들어 일을 벌인다. 그러고는 그 기술이 성공한 뒤에야 그것으로 무엇을 할지 따져본다. 원자폭탄은 이런 식으로 만들어졌다."[3]

시인 존 밀턴(John Milton)이 그린 아담과 이브의 이야기에도 호기심에 잠재된 위험이 묘사돼 있다. 여기서 오펜하이머 역할로 등장하는 주인공은 이브이고, 밀턴이 묘사한 이 태초의 기독교적 광경에서 인간은 성애(性愛)에 대한 갈망이 아니라 지식에 대한 갈망으로 말미암아 화를 자초한다. 현대로 넘어와서도, 할 수 있는 일이면 무엇이든 해봐야 한다고 생각하는 게 인간의 본성이라고 봤던 라인홀트 니부어(Reinhold Niebuhr)의 저술에도 판도라는 강력한 이미지로 살아 있다.

아렌트의 세대는 어마어마한 자기 파괴의 공포를 체험했다. 엄청난 숫자에 달하는 대량 살상은 아연실색할 정도였다. 20세기 전반부에 적어도 7000만 명이 전쟁터와 집단수용소, 강제노동수용소에서 죽어갔다. 아렌트는 이러한 대량 살상을 맹목적인 과학과 무지막지한 관료주의가 만들어낸 합작품으로 봤다. 관료들에게는 주어진 일을 해내는 것만이 문제였고, 죽음의 수용소를 기획한 나치 책임자 아돌프 아이히만(Adolf Eichmann)은 그러한 관료주의의 화신이었다. 시키는 일만 했을 뿐이라는 그를 아렌트는 '일상의 탈을 쓴 악(banality of evil)'이라고 불렀다.

전쟁이 아니더라도 오늘날의 물질문명에서 인간이 자초하는 자기 파괴의 양상은 아찔한 숫자로 나타나고 있다. 한 예로 자연에서 100만 년이나 걸려야 생성되는 화석연료를 인류는 지금 단 일 년 만에 써버리고 있다. 생태계 위기에는 인간 스스로 화를 부르는 판도라의 이미지가 깃들어 있다. 기술도 이 위기를 바로잡는 데 의지할 만한 동맹군은 되지 못할 것 같다.[4] 천체물리학자 마틴 리스(Martin Rees)는 모든 것이 로봇으로 작동되고 일반인들이 이를 통제할 힘을 잃어버리는 세상을 묘사하고 있다. 그러한 세상이 아직 눈앞의 현실은 아니라고 해도, 적어도 그 가능성만큼은 초소형 전자기술(마이크로일렉트로닉스 microelectronics) 혁명이 열어놓았다고 보고 있다. 그가 내다보는 미래의 모습 중에는 인간이 스모그를 제거할 요량으로 만든 초소형 자기복제 로봇이 오히려 생물권(biosphere)을 모조리 집어삼킨다는 기괴한 사태도 있다.[5] 이보다 좀 더 눈앞에 닥친 일들은 농산물과 가축을 조작하는 유전자공학이다.

판도라에 대한 공포는 합리적 공포 분위기를 만들기도 하지만, 공포는 그 자체로 사람을 마비시켜서 아주 해로울 수 있다. 기술을 보고 겁을 먹다 보면, 기술 자체가 단순히 위험한 것을 넘어 적(敵)으로 비치기도 한다. 예를 들어, 아렌트의 스승이었던 마르틴 하이데거(Martin Heidegger)는 1949년 브레멘에서 환경이라는 판도라 상자를 너무 쉽게 닫아버렸다. 유명했던 이 연설에서 당시 황혼기에 접어든 그가 "홀로코스트를 '인간 악행의 역사'로 취급해 그 독특성을 희석시키게 된 사연은, 기계화된 농업이 '죽음의 수용소와 가스실에서 시체로 물건을 제조했던 일'에 버금가는 문제로 생각되었기 때문이다." 역사가 피터 켐프트(Peter Kempt)의 말을 들어보면 "하이데거는 이 두 가지를 '똑같은 기술의 광란'에서 비롯된 일로 봐야 한다고 생각했고, 그대로 내버려두면 전 세계적인 생태계 재앙을 초래할 것이라고 봤다."[6]

이 두 가지를 비교하다는 게 역겨운 일이겠지만, 하이데거는 이를 통해 우리 안에 있는 어떤 욕망에 말을 걸고 있다. 그것은 자연 속에서 좀 더 단순하게 거주하는 생활방식으로 돌아가고 싶다거나 그렇게 살아가는 미래를 꿈꾸는 욕망이다. 고령의 하이데거는 이와는 좀 다른 맥락에서, 기계적인 현대 세계의 요구에 맞서서 "이렇게 비워두고 보존하는 일이 거주의 근본적인 성격"이라고 썼다.[7] 이처럼 고령에 들어 그가 남긴 글을 보면 유명한 이미지가 하나 떠오른다. 바로 하이데거가 최소한의 필요한 것들만 누리며 은둔 생활에 들어갔던 독일 남서부 '흑림(Black Forest) 속 오두막'이다.[8] 이것은 아마도 현대 세계의 대량 파괴를 지켜본 사람이라면 누구나 가슴속 깊이 느끼는 욕망일 것이다.

고대 신화에서 판도라 상자 속의 무시무시한 저주는 인간의 잘못에서 비롯된 게 아니었다. 신들이 분노한 탓이었다. 세속의 역사로 넘어온 판도라 공포는 신화보다 더 혼란스럽고 종잡기 어려워졌다. 원자폭탄 개발자들은 호기심에서 이 일을 시작했다가 죄의식까지 떠안게 됐다. 비록 의도한 것은 아니라고 해도 호기심에서 비롯된 결과를 변명하기는 어려운 일이기 때문이다. 오펜하이머와 라비(I. I. Raby), 레오 질라드(Leo Szilard)를 비롯해 로스앨러모스 프로젝트에 참여했던 많은 사람이 원자폭탄을 만든 일로 죄의식에 휩싸였다. 오펜하이머의 일기에는 인도의 신 크리슈나(Krishna)의 말이 적혀 있다. "나는 세상을 파괴하는 죽음의 화신으로 변했다."[9] 전문가들이 자신의 전문 지식을 두려워하는 이 고약한 역설은 어떻게 풀어야 할 것인가?

오펜하이머는 1953년 BBC 라디오방송의 리스강연(Reith Lecture)에 연사로 출연했는데, 현대 사회에서 과학이 차지하는 위치를 설명하자는 게 이 방송물의 취지였다. 나중에 『과학과 상식(Science and the Common Understanding)』이란 책의 출간으로도 이어진 이 강연에서 그는 기술을 적으로 취급한다면 인류는 더 무력해질 뿐이라고 주장했다. 하지만 핵폭탄과 수소폭탄에 대한 우려를 떨쳐버릴 수 없었던 오펜하이머는 이 정치적 토론의 청취자들에게 기술을 어떻게 다뤄야 할지에 대해서 이렇다 할 생각을 내놓지 못했다. 오펜하이머의 생각은 혼란스러웠지만, 그는 세상일에 유능한 사람이었다. 꽤 젊은 나이에 제2차 세계대전 중에 진행됐던 원폭 개발 프로젝트의 책임자로 발탁돼 일류 과학자로서의 지능도 발휘했을 뿐 아니라, 수많은 과학자를 조직하는 기업가적 재능까지 발휘했다. 하지만 그는 함께 일했던 내부자들에게도 그들의 연구가 어떻게 쓰여야 할지에 대해서 별 다른 생각을 던져주지 못했다. 그는 1945년 11월 2일 고별사에서 프로젝트를 함께한 동료들에게 이렇게 말했다. "인간이 세계를 통제할 수 있는 힘을 최대한 개발해 대다수 인류에게 전해주고, 그 힘이 인류의 지성과 가치에 따라 쓰이도록 하는 것은 좋은 일이다."[10] 만드는 일은 창조자의 몫이고, 그 결과는 대중이 알아서 잘 처리하면 그만이라는 이야기다. 오펜하이머의 자서전 집필자 중 한 사람이었던 데이비드 캐시디(David Cassidy)가 평했듯이, 리스 강연은 "연사에게나 청취자들에게나 대단히 실망스러운 것"임이 분명했다.[11]

전문가들이 자기 일의 의미를 잘 모른다면, 하물며 대중은 어떻겠는가? 아렌트는 물리학에 대해 아는 것은 별로 없었겠지만 오펜하이머가 던진 문제를 정면으로 거론했다. 그녀의 주장은 대중이 그 문제를 직접 다루게끔 하자는 것이었다. 아렌트는 삶의 물질적 조건을 이해할 수 있는 대중의 능력을 굳게 믿었다. 또 물건과 도구, 기계로 돌아가는 작업장의 주인이 되겠다는 인류의 의지는 정치 행위를 통해 강화할 수 있다고 확신했다. 언젠가 아렌트는 판도라 상자에 가린 전쟁 무기를 두고 내게 자기 생각을 피력한 적이 있었다. 원폭 제조가 진행 중이었을 때라도 이 문제를 대중토론에 부치는 게 옳았다는 것이다. 옳은 생각이든 잘못된 생각이든, 그녀는 이러한 대중토론이 열린다고 해서 기술공정의 기밀이 새나가는 것은 아니라고 믿었다. 이렇게 확신했던 근거는 그녀의 역작에 나타나 있다.

1958년에 출판된 『인간의 조건』은 열린 자세로 솔직하게 오가는 인간의 대화에 높은 가치를 부여한다. "발언과 행위를 통해… 인간은 단순한 물건으로서가 아니라 서로에게 인간 본연의 모습을 드러낸다. 발언과 행위로 표출되는 모습은 단순한 육체적 존재와는 구분되는 주도적 인간이다. 이런 주도성을 포기한다면 어떤 인간도 인간일 수 없다"고 아렌트는 적고 있다. 이어서 그녀는 다음과 같이 선언한다. "세계를 향해 말하지 않고 행동하지 않는다면 살아 있어도 죽은 것이나 마찬가지다."[12] 이렇게 주도적 인간으로 만나는 공적 영역에서 토론함으로써 우리가 어떤 기술을 고무할 것이며 또 어떤 기술을 억제해야 할지 결정해야 한다는 취지다. 대화를 긍정적으로 보는 이러한 자세는 관념적으로 비칠 수 있겠지만, 아렌트는 나름대로 현실주의적 인식이 투철한 철학자였다. 인간이 처한 한계상황을 공개적으로 토론한다고 해서 곧 행복의 정치가 도래할 리 없음을 잘 알고 있었다.

그녀는 삶에 있어 안정을 가져다줄 종교적 진리나 자연의 진리가 있다고 믿지 않았다. 오히려 존 로크(John Locke)에서 토머스 제퍼슨(Thomas Jefferson)으로 이어지는 자유주의 전통을 따라 정치 조직체는 역사적 건물이나 '세계 문화유산'과 같이 유형적인 것과는 다른 존재라고 생각했다. 정치의 밑바탕인 법률 자체도 불안정하다고 보기 때문이다. 이 자유주의 전통에서는 심혈을 기울여 만든 규칙이라고 해도, 조건이 변하고 사람들이 생각을 전개하기에 따라 얼마든지 의혹의 대상이 될 수 있다고 본다. 그때마다 잠정적인 규칙이 새로 생긴다는 생각이다. 이 자유주의 전통에 아렌트가 기여한 것은, 정치적 과정은 우리가 낳고 기르는 아이들이 태어나 성장해가는 인간적 조건과 똑같은 걸음으로 가게 마련이라는 통찰을 제시했다는 점이다. 정치를 항상 새로 태어나고 형성되며 분리되는 과정으로 설명하는 아렌트는 이를 가리켜 **탄생성**(natality)이라고 말한다.[13] 삶에서 가장 기본적인 사실은 아무것도 영원히 지속될 수 없다는 것인데, 그럼에도 그 시대마다 혼란을 딛고 일어서려면 정치를 통해 나아갈 방향을 찾아야 한다는 말이기도 하다. 『인간의 조건』은 시대의 거친 물결을 헤쳐나가는 데 언어를 길잡이로 활용할 수 있는 방도를 모색하고 있다.

근 50년 전에 아렌트 선생과 공부할 때 그녀의 철학은 많은 영감으로 번득였지만, 판도라의 상자 안을 들여다보기에는 부족하다는 생각이 들었다. 인간이 만드는 물건들과 구체적인 행위를 다루는 데까지는 파고들지 못하는 것 같았기 때문이다. 아렌트는 항상 만족스럽게 답해주는 좋은 선생은 아닐지 몰라도, 균형을 깨고 혼란을 유발하며 논증을 유도하는 그 이상의 훌륭한 선생이었다. 아렌트가 판도라를 다룰 때 부딪쳤던 난관은 (그때는 희미했고 지금은 좀 더 분명해졌지만) **아니말 라보란스**(Animal laborans)와 **호모 파베르**(Homo faber)를 구분했던 것에서 비롯되는 듯했다. 이 두 가지는 일하는 인간의 이미지다. 그녀는 이두 가지를 쾌락과 놀이, 문화가 배제된 인간의 조건으로 보았던 만큼 인간에게는 가혹한 개념이었다.

아니말 라보란스는 굴레를 짊어진 짐승처럼 매일 고된 일을 되풀이해야 하는 인간, 즉 '일하는 동물'이다. 아렌트는 세상과 차단된 채 일에 몰입해 있는 인간의 모습을 떠올림으로써 '일하는 동물'의 이미지를 더 확장했다. 원자폭탄을 '매력적'인 문제로 느꼈던 오펜하이머의 상태나 효율적인 가스실을 만들려고 절치부심했던 아이히만의 상태는 다름 아닌 일하는 동물인 것이다. 그 일이 되게 하는 것 이외에는 아무런 생각이 없는 상태다. 아니말 라보란스에게는 일 그 자체가 목적이다.

반면 아렌트가 말하는 **호모 파베르**는 다른 종류의 일, 즉 공동의 삶을 만드는 인간의 이미지다. 여기서도 그녀는 예로부터 이어져 내려온 이 관념을 더욱 확장했다. 라틴어인 '호모 파베르'는 '제작자(man as maker)'를 뜻하는 단순한 말이다. 이 표현은 르네상스 시기의 철학과 예술에 갑자기 등장한다. 앙리 베르그송(Henri Bergson)은 아렌트보다 두 세대 전에 이 용어를 심리학에 적용했는데, 그녀는 특수한 방식으로 정치철학에 적용했다. 호모 파베르는 물질적인 노동과 행위를 판단하는 존재다. 아니말 라보란스의 동료가 아니라, 그 위에 선 상위자다.

즉 그녀는 우리 인간이 두 가지 차원에서 살고 있다고 본다. 하나는 우리가 물건을 만들며 사는 차원이다. 이런 상태에 있는 우리는 그저 일에 함몰된 채 도덕이나 윤리를 모른다. 동시에 우리는 이보다 높은 다른 차원에서도 살고 있다. 이 차원에서는 만드는 일을 멈추고, 서로 어울려 토론과 판단을 시도한다. 아니말 라보란스는 "어떻게?"라는 질문밖에 하지 않는 반면, 호모 파베르는 "왜?"를 묻는다.

그러나 이러한 구분은 현장에서 일하는 사람들을 경시하는 잘못된 생각으로 보인다. 아니말 라보란스에 머물러 있다고 해도 인간이라는 동물은 생각할 줄 아는 존재다. 현장의 작업자들이 토론하는 화제가 사람에 대한 것이 아니라 작업 대상인 물건이라고 해도, 분명히 그들은 작업 중인 일을 화제로 서로 이야기하는 것이다. 아렌트는 어디까지나 노동이 완료된 뒤에야 인간의 의식이 등장한다고 분명한 선을 긋는다. 즉 일할 때는 일만 할 뿐이고 그것이 끝나고 나서야 제대로 생각하게 된다는 말이다. 과연 인간은 일하는 동안 아무 생각도 의식도 없는 것일까? 이렇게 보기보다는 인간의 의식(즉 우리의 생각과 감정)이 일하는 과정 내부에 갇혀 있다고 보는 게 좀 더 균형 잡힌 시각이다.

어찌 보면 극히 당연한 이야기다. 하지만 판도라의 상자를 다룰 때는 아주 중요한 포인트다. 모두에게 화를 부를 일이라면 일하는 과정 중에 하는 생각을 눈여겨봐야 하기 때문이다. 일이 끝난 뒤에 기서 대중에게 '문제 해결'을 맡겨봐야 일이 벌어진 현장에서는 이미 돌아올 수 없는 강을 건넌 뒤일 때가 대부분이다. 개입은 그전에 일찌감치 시작되어야 한다. 그리고 물건을 만드는 일이 어떤 과정으로 처리되는 것인지 보다 충실하게 제대로 이해한 상태에서 개입이 이루어져야 한다. 이러한 개입은 아렌트와 같은 성격의 사상가들이 물질을 보는 태도에 비해 물질주의적 견지를 더 밀고나가는 개입이다. 판도라에 본격적으로 대처하기 위해서는 좀 더 공격적인 문화적 물질주의(cultural materialism)가 필요하다.

물질주의(materialism)라는 말은 주의 깊게 살펴봐야 한다. 지나간 정치사에서 마르크스주의가 이 말 속으로 들어와 유물론의 이미지가 들러붙었는가 하면, 일상생활 면에서는 소비자들의 환상과 탐욕을 가리키는 물질만능주의라는 이미지도 들러붙어서 이제는 이도 저도 아닌 텅 빈 말이 돼버렸다. '물질주의적'으로 생각한다고 하면 무슨 뜻일까? 물질에 바탕을 둔다거나 물질에 근거해서 생각한다는 말처럼 들린다. 하지만 우리는 지금 스스로 만든 것도 아니고 잘 알지도 못하는 컴퓨터나 자동차 같은 물건을 쓰면서 살고 있으니, 이렇게 쓰는 물건(즉 물질)이 과연 바탕이고 근거인 것인지 그 의미는 모호하기만 하다. 한편 '문화(culture)'라는 말을 두고, 언젠가 문학비평가 레이먼드 윌리엄스(Raymond Williams)는 이 말의 현대적 쓰임이 수백 가지에 달한다고 헤아렸던 적이 있다.[14] 이처럼 문화란 말이 자라는 야생의 정원을 보면, 대개 두 개의 커다란 화단으로 나뉜다. 한쪽 화단에서 문화는 예술만을 뜻한다. 다른 쪽 화단에서는 종교와 정치, 사회 전반에 걸쳐서 일정한 부류의 사람들이 공유하는 신념을 뜻한다. 적어도 사회과학 분야에서 '물질문화(material culture)'가 거론되는 것을 보면, 직물이나 전자회로기판 또는 생선구이 같은 물건을 다룰 때 대상 그 자체로 눈여겨볼 가치가 경시되는 일이 너무 많다. 그 대신 사회적 규범과 경제적 이해, 종교적 신념이 그런 물건을 만드는 과정에 판화 찍 듯 그대로 반영된다고 본다. 즉 물건 그 자체는 뒷전으로 밀려나는 것 이다.

그러니 새로운 의미로 새롭게 시작해야겠다. 찾아야 할 답이 단순 하지야 않겠지만, 단순히 이런 질문을 던져보자는 것이다. 구체적인 물건을 만드는 과정이 우리 자신의 어떤 모습을 드러내 주는가? 우리 가 물건을 다루며 배우는 행위는 직물의 질을 판별하거나 묻고기를 제 대로 잡는 방법에 대해 심사숙고하는 자세를 요구한다. 질 좋은 천이 나 잘 만든 요리에서 우리는 좋고 훌륭하다는 것, 즉 '선(善, good)'의 폭넓은 범주들을 탐색할 수 있다. 즐거움을 주는 좋은 점들이 그런 물 건의 어느 구석에서 발견되며 어떤 방법으로 그렇게 만든 것인지, 물 건에 담긴 인간의 모습을 그려내고자 하는 것이다. 문화적 물질주의자 들은 물건 그 자체를 호기심 가득한 눈으로 들여다보면서, 물건들이 어떻게 종교적·사회적·정치적 가치를 만들어낼 수 있는지 알고 싶 어 한다. 다시 말해 물건을 만드는 **아니말 라보란스**가 **호모 파베르**를 안내하는 존재인지도 모른다.

노년에 접어든 지금, 뉴욕 북서변의 그 거리를 다시 떠올리게 된다. 당시 청년기의 내가 아렌트 앞에서 펼치지 못했던 주장, 사람들은 자 신이 만드는 물건을 통해서 자기 자신에 대해 배울 수 있다는 주장을 하고 싶다. 또한 물질문화가 중요하다는 주장을 펼치고 싶다. 노년의 아렌트 선생은 호모 파베르의 판단력이 인류가 자초할 화에서 인류를 구할 수 있을 거라는 데 희망을 걸었다. 나는 나이가 들면서 일하는 동 물로서의 인간에 희망을 거는 쪽으로 변하고 있다. 판도라 상자 속의 공포는 줄일 수 있으며, 물질적 삶을 좀 더 인간적인 모습으로 만들어 갈 수 있다. 우리가 물건을 만드는 과정을 더 잘 알게 되기만 한다면 말이다.

3부작 프로젝트
『장인』, 『전사와 사제』, 『이방인』

이 책은 물질문화를 다루는 삼부작 가운데 첫 책이다. 각각 완결된 책으로 쓸 생각이지만, 세 권 모두 판도라 상자의 위험을 주제로 다룬다. 이 책『장인(匠人, The Craftsman)』은 기예(技藝)의 경지로 일하는 장인의식에 대한 것이다. 간단히 말해 물건을 잘 만드는 기능이 그 주제다.* 두 번째 책은 침략과 열정을 관례적인 의례로 다듬어내는 정교한 기술을 다룬다.** 세 번째 책은 지속 가능한 환경을 만들고 그 속에서 살아가는 데 필요한 기능을 모색한다. 세 권의 책 모두 논의를 풀어가는 화두는 **기술**(technique)이지만, 인간의 사고와 무관하게 흘러가는 공정으로서의 기술이 아니라 문화로 구현되는 기술이다. 즉 특정한 생활양식을 수행하는 기술에 대한 것이다. 이와 같은 프로젝트를 구상한 것은 내가 언제고 결실을 맺어보고자 노력해왔던 나 자신의 패러독스

---

* 역자의 글에서 지적했듯 '기능(技能)'은 원저의 'skill'을 옮긴 역어다. 말뜻만 볼 때 기능은 솜씨나 기량으로 불러도 좋다. 본문에서도 기능을 주된 역어로 썼고, 간혹 솜씨나 기량을 쓰기도 했다. 역할이나 작용을 뜻하는 '기능(機能, function)'과 구별해야 한다. – 옮긴이
** 의례(儀禮)는 'ritual'을 옮긴 역어다. 의식(儀式)이라고 해도 좋겠지만 의식(意識)과 혼동을 유발할 위험을 막기 위해 의례를 택한다. – 옮긴이

에서 비롯됐다. 나무를 깎고, 병사를 훈련시키며, 태양 집열판으로 전기를 만드는 일을 세밀히 들여다보면서 철학의 관점에서 이러한 인간 행위의 의미를 찾아내 보자는 일이다.

'장인의식(craftsmanship)'을 산업사회의 도래와 더불어 시들어버린 생활방식으로 이해할 때도 있지만, 잘못된 생각이다. 장인의식은 면면히 이어지는 인간의 기본적 충동이며, 일 자체를 위해 일을 잘해내려는 욕구다. 장인노동은 숙련 육체노동보다 훨씬 넓은 영역에 스며 있다. 컴퓨터 프로그래머와 의사, 예술가들의 일에도 장인의식이 살아 있다. 아이를 기르는 일도 장인의 실기(實技, craft)처럼 연습해서 숙달하면 더 나아진다. 시민으로서 행동하는 것도 마찬가지다. 이 모든 영역에서 장인의식은 객관적인 기준을 중시하며, 일 자체에 주목한다. 그러나 장인의 원칙과 의지는 사회경제적 조건 때문에 장해에 부딪힐 때가 많다. 예컨대 학교에서 질 좋은 교육에 필요한 도구를 마련해주지 못하기도 하고, 일터에서 품질을 추구하는 열망을 제대로 인정해주지 않을 때도 있다. 비록 장인의식을 추구하는 개인이 일에 대한 자부심에서 보람을 느낄 수도 있지만, 이렇게 보람을 느끼는 일도 녹록지만은 않다. 장인은 무엇이 뛰어난 것이냐는 객관적인 품질 표준들이 서로 충돌하는 상황에 자주 직면한다. 어떤 일을 그 자체를 위해 잘해 보려는 욕망은 경쟁의 압력이나 좌절감, 혹은 강박관념 때문에 상처를 입기도 한다.

이 책은 이러한 차원에서 기능과 의지, 판단을 탐색하는데, 특히 손과 머리 사이의 긴밀한 관계에 주목한다. 뛰어난 장인은 누구나 구체적인 작업과 생각 사이를 오가는 대화를 하게 되고, 이 대화는 반복적인 습관으로 진화한다. 이 같은 습관이 문제를 푸는 일과 문제를 찾는 일 사이의 리듬을 만든다. 손과 머리를 오가는 상호작용은 아주 다양한 일에서 나타난다. 벽돌을 쌓고, 음식을 요리하며, 놀이터를 설계하고, 첼로를 연주하는 일 등이 다 그런 일이다. 물론 이런 일을 하다가 주저앉을 때도 있고, 충분히 숙달하지 못할 때도 있다. 기술을 적용할 때 생각이 배제된 채 순전히 기계적으로 되는 일은 없듯이, 기능을 닦을 때도 저절로 되는 것은 아무것도 없다.

서구문명은 손과 머리를 같이 연결해 쓰고 장인의식의 욕구를 인정하고 고무해주는 일에서 뿌리 깊은 장애를 겪어왔다. 이러한 문제들은 이 책의 1부에서 탐색한다. 1부의 내용은 마스터와 도제가 불평등한 관계에서 함께 일하는 작업장들의 이야기로 시작된다(중세 금세공인의 동업조합과 안토니오 스트라디바리Antonio Stradivari와 같은 악기 명인의 공방, 또 현대적인 실험실 등이 예로 등장한다). 또한 기계에 대항하는 장인의 싸움도 살펴본다. 이 역사는 18세기에 처음으로 발명된 로봇에서도 나타나고, 계몽주의의 바이블로 통하는 디드로(Diderot)의 『백과전서(Encyclopedia)』에도 그려져 있다. 이어서 19세기 산업기계에 대한 공포가 불거질 때도 이 같은 싸움이 나타났다. 장인의 물질의식은 벽돌을 제작하는 장구한 역사에서 잘 드러난다. 이 역사는 고대 메소포타미아에서 우리 시대로 이어지며, 이름 없는 작업자들이 물건에 불과한 이들 사물에 어떻게 자신의 흔적을 남겼는지 보여준다.

2부에서는 기능의 숙달 과정을 좀 더 자세히 들여다본다. 이곳에서 반론이 일 만한 두 가지 논의를 펼친다. 그 하나는 모든 기능은 (아주 추상적인 기능까지도) 물리적인 몸동작에서 시작된다는 것이다. 다른 하나는 기술적인 이해가 상상력을 통해서 발전한다는 주장이다. 첫 번째 논의는 촉감과 동작을 통해서 손으로 획득하는 지식에 주목한다. 상상력에 관한 논의는 몸을 쓰는 기술을 지시하고 가르쳐주는 언어, 즉 작업설명서를 다루며 풀어간다. 일하는 방법을 말로 가르쳐줄 때는 상상력을 자극해야 가장 큰 효과를 얻을 수 있다. 결함이 있거나 불완전한 도구를 사용하다 보면 수리 작업이나 즉흥 작업을 하는 기능이 길러지면서 상상력이 자극된다. 언어와 도구에 대한 이 두 가지 논의는 저항과 모호함이 어떻게 교육적인 경험이 될 수 있느냐는 문제에서 서로 만난다. 모든 장인은 이러한 경험과 맞서 싸우기보다 그것에서 배움을 얻어야 한다. 그래야 일을 잘해낼 수 있다. 물리적인 연습을 통해서 기능이 자리를 잡고 숙달된다는 것이 다양한 사례 연구에서 드러난다. 예컨대 피아노 건반을 두드리거나 칼을 다루는 손놀림에서도 그렇고, 초보자가 요리책을 보고 음식을 만드는 일에서도 그렇다. 최초의 망원경과 같은 불완전한 과학도구나 해부학자의 메스처럼 아리송한 도구를 사용하는 일도 마찬가지다. 또 수압의 저항에 맞서기보다 물을 다스리는 쪽으로 기계를 쓴다든지, 건축할 부지의 모호한 공간을 역으로 이용하는 설계도 그렇다. 이런 갖가지 일에서 기능을 숙달하는 것은 고된 일이지만, 신비로운 것은 아니다. 일에 더 능숙해지도록 이끌어주는 창의적인 과정은 우리가 충분히 이해할 수 있는 일이다.

3부에서는 좀 더 일반적인 문제인 동기와 재능을 살펴본다. 여기서는 동기가 재능보다 더 중요하다는 논의를 펼치는데, 일반적인 이야기가 아니라 특별한 이유를 제시한다. 질을 추구하는 장인의 욕구는 오히려 위험한 상황에 빠지는 요인이 되기도 한다. 작업을 완벽하게 해내려는 강박관념으로 말미암아 일 자체를 그르칠 수도 있기 때문이다. 우리가 장인으로서 실패하는 이유는 능력 부족보다는 강박관념을 잘 다스리지 못하는 데서 연유할 때가 더 많다는 게 내 주장이다. 계몽사상의 신념은 일을 잘해낼 능력은 누구에게나 있으며, 대다수 사람이 지적인 장인의 자질을 가지고 있다는 것이다. 이러한 믿음은 여전히 합당하다.

윤리적인 관점에서 보면 장인의식에는 분명 모호한 점이 있다. 로버트 오펜하이머는 의욕적인 장인이었다. 그는 자신의 기술과 솜씨를 최대한 발휘해서 최고의 폭탄을 만들었다. 하지만 장인들은 유구한 세월 동안 이와 반대되는 정서도 일궈왔다. 물리적인 힘을 가할 때 힘을 최소한으로 줄여 쓰라는 원리에서 그러한 면모를 볼 수 있다. 더욱이 훌륭한 장인은 일을 해결하는 데 머물지 않고 그 해법으로 새 지평을 연다. 문제를 푸는 일과 문제를 찾는 일은 그의 생각 속에서 긴밀하게 얽혀 돌아간다. 이 때문에 어떤 일에 임하더라도, 그의 호기심은 "어떻게?"만 묻는 게 아니라 "왜?"도 물을 수 있다. 따라서 장인은 판도라의 그늘에 갇혀 있을 수도 있지만 그 밖으로 나올 수도 있다.

이 책은 장인이 일하는 방식으로부터 우리가 물질적 현실에 발 디딜 기준점을 찾을 수 없겠느냐는 문제를 고찰함으로써 결론을 찾는다. 지난 역사는 여러 가지 잘못된 구분을 강요해왔다. 행동과 이론을 분리하는 것을 비롯하여 기술과 표현, 장인과 예술가, 제작자와 사용자를 분리하는 구분선 등이 그런 것들이다. 현대 사회는 이러한 역사적 유산을 떠안고 중병을 앓고 있다. 하지만 지난날 장인의 삶과 그들이 갈고 닦은 실기의 역사를 들여다보면, 오늘날에도 솜씨 좋은 장인처럼 삶을 능숙하게 사는 데 지침이 될 만한 색다른 대안을 발견할 수 있다. 도구를 쓰는 방식, 몸동작을 조직하는 방식, 물건을 보는 사고방식이 바로 그러한 단서가 엿보이는 구석들이다.

앞으로 이어질 후속 저작들은 이 첫 번째 책에서 기술하는 장인의 실기를 바탕으로 전개된다. 이야기의 실타래를 풀어내는 자극제는 여전히 판도라다. 판도라는 공격적으로 파괴를 일삼는 여신이다. 사제(司祭)와 전사(戰士)는 판도라의 화신들이고, 대부분의 문화에서 이 두 존재는 서로 얽혀 있다. 삼부작의 두 번째 책에서는 이 둘이 함께 행사하는 힘을 증폭시키는 요인과 약화시키는 요인을 탐색한다.

종교와 전쟁은 둘 다 의례를 통해서 조직된다. 나는 이 의례를 일종의 장인적 실기로 취급해 탐구할 것이다. 다시 말해 민족주의나 성전(聖戰)의 갖가지 이데올로기에 주목하기보다, 상대방을 공격하고 기도문을 암송하는 행위를 목적으로 인간의 몸을 훈련하고 다스리는 관례로서의 의례에 주목한다. 그리고 수많은 사람을 전장이나 성지로 동원해 배치시키는 의례에 관심을 둔다. 여기서도 명예수칙은 성벽과 군사진영, 전장(혹은 사원과 묘지, 수도원, 피정소)과 같은 물리적 공간 내에서 수행되는 안무와 몸동작으로 구체화된다. 의례는 기능이 따라야 하는 일이고, 잘 치러야 할 필요가 있는 일이다. 장인으로서의 사제나 전사는 일 자체를 위해 일을 잘해내려는 점에서 다른 장인들과 같은 정서를 공유한다. 의례가 진행되면 독특한 분위기를 자아내고 그 근원은 행사의 너울에 가린 채 신비롭게만 비친다. 『전사와 사제』는 이 너울을 들추고 그 속 모습을 들여다보고자 한다. 바로 의례라는 실기를 통해서 신앙과 신념이 물리적인 행동으로 구체화되는 모습을 탐구하는 것이다. 이 연구에서 내가 노리는 목표는 종교와 침략 각각에 동원되는 고유한 의례가 변해감에 따라 이 양자 사이의 치명적인 결합에 어떤 변화가 생기는지 살펴보려는 것이다. 물론 이러한 탐구에는 추측과 추론이 개입될 것이다. 하지만 의례에 임하는 사람들에게 어떤 마음의 변화를 겪었느냐고 물어보는 것보다는, 구체적인 행동이 어떻게 변화하며 그 행동이 어떻게 규제되는지 탐구하는 쪽이 더 실질적인 연구가 될 것이라고 생각한다.

삼부작의 마지막 책은 좀 더 확실한 대상, 즉 지구 자체를 돌아본다. 우리가 직면한 천연자원 문제와 기후변화 문제는 주로 인간이 저질러서 생긴 물리적 위기다. 판도라는 이제 신화에 머물지 않고 일상적인 자기 파괴의 상징이 돼버렸다. 이 물리적 위기에 대처하려면, 우리가 만드는 물건들도 바꿔야 할 뿐 아니라 물건을 사용하는 방법도 바꾸지 않으면 안 된다. 지금과는 다른 건축 방법과 운송 방법을 배워야 할 것이고, 우리가 물자를 덜 사용하는 데 익숙해지도록 새로운 의례, 즉 새 관행을 개발해야 할 필요가 있다. 즉 환경을 훌륭한 솜씨로 돌볼 줄 아는 장인이 되어야 한다.

현재 **지속 가능하다**(sustainable)는 말이 이러한 종류의 일이나 기술을 뜻하는 것으로 쓰이는데, 그 의미를 들여다보면 좀 특징적인 구석이 있다. **지속 가능성**은 고령의 마르틴 하이데거가 꿈꿨던 것처럼, 자연과 더불어 보다 조화롭게 살면서 우리 자신과 지구 자원 사이에 균형을 이루는 것을 뜻한다. 즉 서로 대립하는 힘 사이의 평형과 화해라는 이미지가 이 지속 가능성의 밑바탕에 깔려 있는 철학이다. 환경문제에 대처할 실기를 창출해야 한다는 입장에서 보면, 이런 철학은 적합하지도 않고 충분하지도 않다. 생산 방법과 소비 관행을 변혁하려면 우리 자신에 대한 좀 더 근본적인 자기비판이 필요하기 때문이다. 그동안 우리가 자원을 활용해온 방식을 바꿀 만한 좀 더 강력한 자극은 우리 자신을 우연이나 운명에 의해 남의 땅에 떠밀려온 이민자처럼 보는 태도에서 나올 것이다. 즉 자기 땅처럼 함부로 지배할 수 없는 낯선 땅에 들어선 이방인처럼 말이다.

사회학자 게오르크 지멜(Georg Simmel)은 주변을 편안하게 느끼고 자기 땅이라 생각하는 토착민보다 이방인이 (고통은 더 따르겠지만) 더욱 면밀히 탐색하면서 적응하는 기술을 배운다고 지적한다. 아울러 이방인은 자신이 들어가는 사회를 더 객관적으로 바라본다고 설명한다. 토착민에게는 그곳 생활이 그저 자연스러울 뿐이겠지만, 이방인은 그렇게 당연하다고 느낄 수 없기 때문이다.[15] 인류가 물질세계와 맺고 있는 관계를 바꾸려면 이만저만한 변화가 필요한 게 아니다. 어쩌면 우리가 이 땅에서 스스로 자신을 축출해 이방인이 돼버렸다는 의식을 가져야만, 실제로 우리 행동을 변화시킬 수 있고 우리의 소비 욕망을 억제할 수 있을는지 모른다. 세계와 균형을 유지하면서 편안하게 거주한다는 꿈은 우리 스스로 저질러놓은 이 자기파괴적인 현실과 맞서는 일을 피하고, 그저 관념 속의 자연으로 도피하려는 태도를 낳을 위험이 있다. 적어도 이와 같은 생각이 지금까지와는 다른 기술로서 환경문제에 대처할 실기를 이해하고자 하는 나의 출발점이고, 이 세 번째 책을 『이방인(The Foreigner)』이라고 이름 붙인 이유기도 하다. 환경문제에 필요한 실기는 지금 우리에게 아주 요원한 상태다.

위와 같은 내용이 물질문화에 대한 나의 구상이다. 『장인』, 『전사와 사제』, 『이방인』 삼부작은 모두 셰익스피어의 코리올라누스(Coriolanus)가 말했던 "나는 나의 창조자"라는 선언에 부응하는 이야기다. 물질과의 관계에서 인간은 세계 속에서 스스로 살 곳을 만드는 유능한 창조자다. 이 이야기를 계속 따라다니는 판도라는 물건의 모습을 띠기도 하고, 의례의 모습으로 나타나기도 하며, 지구 자체의 모습으로 등장하기도 한다. 인간은 스스로 관리할 수 있는 것들을 그르쳐서 화를 자초하며, 스스로 혼란에 빠진다. 도무지 영면에 들지 못하는 이 그리스 여신은 끝내 종식되지 않는 인간의 불길한 힘을 대변하는 존재다. 하지만 물질의 관점에서 이러한 인간의 힘을 잘 이해한다면, 아마도 그 힘을 그녀의 상자 속에 다시 가두어둘 수 있을 것이다.

나의 저술은 미국의 오랜 실용주의 전통을 따르고 있으며, 이 책의 말미에서 이 전통에 대해 더 자세히 설명할 생각이다. 실용주의는 철학을 구체적인 예술과 과학, 정치경제, 종교에 접목시키려고 노력해왔다. 이 철학 전통의 독특한 성격은 일상생활에 뿌리박고 있는 철학적 문제를 탐색하는 것이다. 지금까지 실용주의 철학이 밟아온 역사에 비추어보면 실기와 기술은 논리적으로 다음 단계의 연구 대상일 뿐이다.

역사에 대한 단상
찰나와도 같은 시간

삼부작을 써나가면서 역사 기록을 활용할 때 길잡이로 삼을 것은 생물학자 존 메이너드 스미스(John Maynard Smith)가 던져준 사고실험이다. 그는 최초의 척추동물로부터 인류가 출현하기까지의 진화 과정을 초고속으로 재연한 두 시간 반짜리 영화를 상상해보라고 한다. 이 두 시간 반 동안 "도구를 만들어 쓰는 인간은 마지막 1분 동안만 출연할 뿐이다." 이어서 그는 또 다른 두 시간짜리 영화를 상상해보라고 한다. 도구를 만들어 쓰는 인간만을 다룬 이 영화에서 "가축을 사육하고 농작물을 재배하는 시기는 마지막 30초 동안에 끝나고, 증기기관 발명부터 핵에너지 발견에 해당하는 시기는 단 1초면 끝난다."[16]

이 사고실험의 요지는 하틀리(L. P. Hartley)가 쓴 소설 『중재(The Go-Between)』의 유명한 첫 구절인 "과거는 낯선 나라"라는 주장을 반박하는 것이다. 선사시대 이후의 문명이 두 시간짜리 두 번째 영화에서 기껏해야 마지막 15초에 불과하다면, 호메로스나 셰익스피어, 괴테는 물론이고 할머니가 남긴 편지까지도 역사를 이해하는 데 낯설게 취급할 이유는 없다. 자연의 역사에서 문화가 차지하는 시간은 짧다. 그럼에도 이렇게 짧은 몇 초 동안에 인간은 그 이전과 판이하게 다른 생활방식을 고안해 살아왔다.

나는 물질문화를 연구하면서 역사 기록을 물건을 만드는 실험의 목록으로 취급했다. 또한 우리에게 낯설지 않은 사람들이 수행한 실험이며 우리가 이해할 수 있는 실험이라고 생각했다.

이처럼 문화가 존속했던 시간은 짧지만, 달리 보면 아주 긴 과정이다. 직물과 그릇, 도구, 기계는 아주 견고한 물건이어서 두고두고 살펴볼 수 있다. 말로 나누는 대화는 시간이 지나면 잊히지만 이런 물건들은 계속 들여다볼 수 있다. 또 물질문화는 나고 죽는 생명체와 달라 인체처럼 부패하지도 않는다. 물건의 역사는 유기체의 생애와는 다른 과정을 따르며, 여러 세대를 거치면서 모양과 쓰임이 바뀌는 과정이 더 중요한 역할을 한다.

이러한 탐구를 그리스 시대부터 시작해서 우리 시대로 이어지는 직선적인 과정으로 기술할 수도 있겠지만, 과거와 현재를 오가며 주제별로 실험 기록들을 모아 서술하는 방식을 택했다. 상세한 맥락이 독자에게 필요하다고 판단될 때는 그 내용을 풀어헤쳤으며, 그렇지 않다고 봤을 때는 생략했다.

물질문화는 인간의 능력으로 만들 수 있는 것들을 그림에 담아 보여준다. 끝없이 펼쳐진 듯한 그 광경의 끄트머리에는 무심코 일어난 일이든, 고의나 사고로 일어난 일이든 스스로 화를 부르는 해악이 자리 잡고 있다. 정신적 가치로 귀의하는 자세는 판도라에 대처하는 데 그리 큰 보탬이 되지 않을 듯하다. 우리 자신의 노동을 자연의 일부로 이해한다면 자연이 더 나은 길잡이가 될 것이다.

: 차례

3부 장인의식Craftsmanship

1부

Craftsman

장인

The Craftsman

1장
속병 앓는 장인
The Troubled Craftsman

　장인(匠人)이라고 하면 곧바로 그 이미지가 떠오른다. 창문 너머로 목수의 작업장을 가만히 들여다보면, 나이 든 사람이 보이고 그 주위로 견습하는 도제들과 작업도구들이 보인다. 질서정연한 실내에는 의자 부품들이 죔쇠로 나란히 고정되어 있고 나무 깎는 생생한 냄새가 코를 찌른다. 목수는 작업대에 몸을 기울여 상감(象嵌) 세공에 쓸 정밀한 칼집을 내고 있다. 지금 이 작업장은 길 아래쪽 가구 공장으로부터 위협을 받고 있다.

　그리 멀지 않은 곳의 어느 실험실에서도 장인의 모습을 구경할 수 있다. 이곳의 젊은 실험실 조교는 탁자 옆에서 눈썹을 치켜뜬 채 무언가에 골몰하고 있다. 탁자 위에는 죽은 토끼 여섯 마리가 절개된 복부를 드러낸 채 누워 있다. 그녀가 양미간을 찌푸린 이유는 토끼들에게 주사를 놓은 뒤로 뭔가가 잘못됐기 때문이다. 그녀는 지금 실험 절차를 잘못 수행했는지, 아니면 실험 절차 자체가 잘못된 것인지 알아내려고 고민 중이다.

시내 음악 공연장에 가보면 세 번째 장인의 소리가 들린다. 이곳에서는 오케스트라 단원들이 초빙 지휘자와 함께 리허설을 하고 있다. 이 지휘자는 현악기 파트에 바싹 다가서서 연습하느라 여념이 없다. 한 사람 한 사람의 활 긋는 속도가 딱딱 맞아떨어지도록 한 악절을 계속 되풀이하고 있다. 연주자들은 지쳐가지만, 그들이 내는 소리가 혼연일체를 이뤄감에 따라 기쁨이 배어난다. 오케스트라 관리자는 초조한 안색이다. 초빙 지휘자가 더 연습해야 한다고 고집해 리허설이 약정 시간을 넘기면, 그에게 추가 수고비를 내줘야 하기 때문이다. 지휘자는 수고비 따위는 아랑곳없이 연주에만 몰두하고 있다.

일 자체를 위해 일을 훌륭히 해내는 데 전념하고 있는 이들 목수와 실험실 조교, 지휘자는 모두 장인들이다. 이들이 공들여 하는 일은 생활과 직결된 일이지만, 그렇다고 목적이 따로 있는 수단인 것은 아니다. 목수는 좀 더 빨리 일해서 더 많은 가구를 팔 수도 있을 것이고, 실험실 조교는 보고서 한 장으로 상사에게 문제를 넘겨버릴 수도 있을 것이다. 또 초빙 지휘자는 시계를 눈여겨보다가 리허설 초과 시간에 대해 재계약을 할 수도 있다. 그리 몰두하지 않고도 그럭저럭 살아가는 방법은 얼마든지 있다. 장인은 무언가에 **확고하게 몰입**하는 특수한 '인간의 조건'을 우리에게 보여준다. 이 책의 목표 중 하나는 실제적인 일에 임하여 몰입하면서도, 일을 수단으로만 보지 않는 인간의 모습을 설명하는 것이다.

프롤로그에서 지적했듯이, 이와 같은 장인의식을 목공이 하는 일처럼 육체적인 기능으로만 인식하는 것은 아주 편협한 생각이다. 장인의 노동을 가리키는 말로, 독일어의 '한트베르크(Handwerk)'는 '손(Hand)'과 '작업(Werk)'이 합성된 말이고, 프랑스어의 '아르티장(artisan)'도 손과 수작업 도구를 써서 일하는 사람을 뜻한다. 영어의 '크래프트(craft)'는 쓰임이 좀 더 포괄적이어서 정치적 수완을 뜻하는 '스테이트크래프트(statecraft)'란 말에도 장인의 흔적이 스며들었다. 러시아의 의사 겸 작가였던 안톤 체호프(Anton Chekhov)는 의사와 작가의 일을 둘 다 "마스테르스보(mastersvo)"라고 해서 장인적 실기로 취급했다. 손으로 하는 일이든, 정치나 의술 혹은 글쓰기든 이런 구체적인 일 하나하나를 무엇보다도 인간의 정감과 생각을 탐구할 수 있는 실험실로 다뤄보는 게 내 욕심이다. 이 책의 두 번째 목표는 손과 머리, 기술(technique)과 표현(expression)*, 실기(craft)와 예술(art)이 분리될 때 무슨 일이 일어나는지 탐구하는 것이다. 그럴 때 머리가 어떻게 병드는지 밝힐 것이다. 사고력과 표현력, 둘 다 손상된다.

어떤 분야든 장인의식은 고도로 숙달된 기능에 바탕을 두고 있다. 공통적으로 쓰이는 척도가 하나 있는데, 마스터 목공이나 마스터 연주자의 기량에 도달하려면 1만 시간가량의 실습이 필요하다는 것이다. 다양한 연구에서 밝혀진 바로는 기량이 늘어감에 따라 실험 절차를 고민하는 실험실 조교처럼 문제를 보는 눈이 다채로워진다. 반면 초보 수준의 기능에 머물러 있는 사람들은 주로 주어진 일을 처리하기에 급

---

* 저자에게 전자우편으로 문의해서 원저 20쪽의 '기술과 과학'은 '기술과 표현'의 오기임을 확인했으므로 바로잡는다. ─옮긴이

급해한다. 기능이 높은 단계에 도달해 일단 일이 원숙해지면, 자신이 하는 일을 느낌으로 알게 되고 일에 대한 생각도 깊어진다. 이렇게 높은 단계에서의 기술은 더 이상 기계적인 활동이 아니다. 앞으로 살펴보겠지만, 바로 이 숙달된 경지에서 장인이 하는 일에 윤리적인 문제가 나타나기 시작한다.

장인이 기능을 숙달해서 얻는 정서적 보상은 두 가지다. 쓸모 있는 물건을 만들어 세속의 현실에서 발 디딜 데를 마련할 수 있고, 자기 일에서 자부심을 느낄 수 있다. 하지만 과거나 지금이나 사회는 이러한 보상을 가로막는 걸림돌이 되고 있다. 실제적인 일은 서구 역사에서 시시때때로 천대받았고, 세상이 인정해주는 고상한 일과는 거리가 멀었다. 기술적인 솜씨는 창의적인 일로 쳐주지 않았다. 종교적 가치에서 보면 세속의 현실은 무상한 것이요, 자기 일에 대한 자부심은 허영인 양 취급됐다. 장인이 일에 몰입하는 인간이라는 점에서 특수한 예이긴 하지만, 장인의 열망과 시련은 이처럼 과거에서 현재로 이어지는 폭넓은 문제들을 비춰주는 거울이다.

현대의 헤파이스토스
고대의 도공과 리눅스 프로그래머들

장인을 찬양하는 구절로 가장 오래된 것 중 하나는 이들의 주신(主神) 헤파이스토스(Hephaestus)를 노래한 「호메로스 찬가(Homeric hymn)」다. "뮤즈의 낭랑한 목소리가 그를 노래하도다. 솜씨가 빼어난 헤파이스토스. 총명한 아테나와 함께 찬란한 실기를 온 세상에 가르쳤나니. 산속 동굴에서 짐승처럼 살던 사람들이었지만, 솜씨 좋은 헤파이스토스에게서 갖가지 실기를 배워 이제는 자기 집에서 일 년 내내 평화롭게 살도다."[1] 이 시는 거의 같은 시기에 전해진 판도라 전설과는 분위기가 정반대로 다르다. 판도라는 파괴를 주관하는 데 반해, 헤파이스토스는 평화를 불러오고 문명을 일으키는 장인을 주관한다.

헤파이스토스 찬가는 인간이 도구를 활용하면서 문명이 시작됐다는 극히 당연한 사실을 노래했을 뿐인지도 모른다. 하지만 호메로스의 글은 칼과 바퀴, 베틀과 같은 도구를 만들어 쓴 지 수천 년 뒤에 나온 것이다. 장인은 단순한 기술자를 넘어서 문명을 일으키는 장본인이었고, 이런 도구들을 공동체를 이롭게 하는 일(즉 공익)에 썼다. 그 공익이란 인류가 수렵과 채취로 연명하거나 전쟁을 일삼았던 유랑 생활을 종식시킨 것이다. 호메로스의 헤파이스토스 찬가를 세심하게 연구했던 현대의 어느 역사가가 지적하듯, 장인들의 실기작업 덕분에 "동굴 속 키클롭스로 상징되는 고립 생활에서 탈피할 수 있었다는 점에서 상고시대 그리스인들에게는 장인의 실기와 공동체가 서로 다른 것일 수 없었다."[2]

「호메로스 찬가」에서 장인을 가리키는 말은 **데미오에르고스**(demioergos)다. 이 말은 '공공'을 뜻하는 데미오스(demios)와 '생산적임'을 뜻하는 에르곤(ergon)이 합성된 말이다. 상고시대의 장인은 대략 중간계급에 해당하는 사회계층이었다. 이들 **데미오에르고이**(demioergoi)에 속하는 사람들에는 그릇을 빚는 도공(陶工)처럼 숙련 노동자들 외에도 의사와 하급 관리, 직업적 가수, 전령(고대사회에서 언론인에 해당) 등이 있었다. 일반 서민층을 이뤘던 이들은 비교적 소수였던 부유한 귀족들보다는 못하지만, 인구의 다수를 차지하며 노동을 도맡았던 노예들보다는 나은 생활을 누렸다. 뛰어난 기술을 익힌 일반 서민들이 많았지만, 이러한 재능이 있다고 해서 정치적으로 인정받거나 권리를 얻지는 못했다.[3] 「호메로스 찬가」가 이렇게 머리와 손을 함께 쓰며 일했던 사람들을 문명의 개척자로 칭송했던 것은 그리스 사회가 상고시대 중엽을 지나고 있을 때였다.

최근까지 인류학자들이 '전통사회'로 파악했던 많은 사회처럼, 상고시대의 그리스 사회도 기능을 대대로 이어가는 것이라고 여겼다. 이처럼 대물림을 당연시하는 태도는 그냥 지나치기 쉽지만, 눈여겨볼 만한 대목이다. 이 전통적인 '기능사회(skills society)'에서는 개인적인 재능보다 사회규범이 더 중요했다. 자신의 재능을 계발하려면 이전 세대들이 만들어놓은 규칙을 준수해야 했다. 요사이 아주 현대적인 말이 돼버린 개인적 '소질'은 이런 상황에서 별 의미가 없었다. 기능을 익히려면, 배우려는 사람이 기존의 규범에 복종해야 했다. 헤파이스토스 찬가의 실제 작가가 누구든, 그 글에는 이러한 공동체적 유대가 배어 있다. 어느 사회에서든 뿌리 깊은 문화적 가치가 당연시되는 것처럼, 장인들이 서로를 동료 시민으로 대하는 건 당연한 일이었을 것이다. 기능은 사람들이 동료 시민들과 유대를 맺고 또 선조들과도 유대를 맺는 고리였다. 이렇게 점진적으로 진화해왔다는 점에서 전통적인 기능은 한나 아렌트가 말했던 '탄생성(natality)' 원리에서 벗어난다고 볼 수 있다.

호메로스 시대에 수공업 장인은 공인으로서 높은 대우를 받았지만,

그리스 고전시대에 이르러 그들의 명예는 크게 실추됐다. 아리스토파네스(Aristophanes)를 읽어보면, 그가 도공 키토스(Kittos)와 바키오스(Bacchios)를 도자기나 굽는 멍청이라고 천대했다는 점에서 그 같은 미세한 변화를 엿볼 수 있다.[4] 장인의 처지가 기울어감을 말해주는 더 심각한 징후는 장인의 일을 거론하는 아리스토텔레스의 저술에서 나타난다. 그는 『형이상학(Metaphysics)』에서 다음과 같이 표명한다. "수공업 장인들에 비하면 각 직종의 설계자들이 지식도 많고 존경할 만하며 더 현명하다. 왜냐하면 물건을 만드는 이치를 알고 있기 때문이다."[5] 아리스토텔레스는 장인을 가리키는 말로 예전의 데미오에르고스를 쓰지 않고, 그 대신 단순히 수작업자를 뜻하는 **케이로테크네스**(cheirotechnes)를 쓰고 있다.[6]

여성 작업자들은 이러한 시대적 변화에서 특이한 위치에 있었는데, 애매한 구석이 없지 않다. 먼 옛날부터 길쌈하는 여성들은 공적인 영역에서 존중을 받았고, 이 일은 여성만의 실기였다. 예를 들어 「호메로스 찬가」는 수렵 채취 생활에 문명을 가져온 활동으로 길쌈과 같은 실기작업들을 꼽고 있다. 상고시대에서 고전시대로 넘어간 뒤에도 길쌈하는 여성들이 공공생활에 이바지하는 미덕은 여전히 찬사를 받았다. 아테네에서는 여성들이 짠 피륙('페플로스 peplos')이 연례행사 때 도시 곳곳에서 자랑스럽게 전시됐다. 그러나 요리와 같은 다른 가내 실기들은 그 같은 공적인 지위가 없었다. 한편, 어떤 실기작업에 종사하더라도 고전시대의 아테네 여성들은 선거권이 없었다. 고전시대에는 과학의 발전이 기능을 성별에 따라 구분하는 데 한몫해서, 남성에게만 적용되는 **장인**(craftsman)이란 말이 나타나게 됐다. 이 시기 과학은 남성들의 손재주와 아이를 가질 수 있는 여성들의 신체적 강점을 대비시켰고, 팔다리 근육이 강건한 남성들과 그렇지 못한 여성들을 대비시켰는데, 남성들의 뇌가 여성들보다 더 '근육질'이라고 봤다.[7]

이러한 양성 구별 짓기가 남긴 영향은 오늘날까지 이어지고 있어서, 가사에 필요한 실기와 남성들이 하는 집안일은 집 밖의 활동이 돼버린 노동과는 전혀 성격이 다른 것으로 인식된다. 한 예로 좋은 부모로서 아이를 기르는 일 역시 높은 수준의 기능을 배워야 하는 일임에도, 육아를 보는 우리의 시선은 배관 작업이나 컴퓨터 프로그래밍과 같은 실기를 볼 때와 사뭇 다르다.

고전시대 철학자 가운데 상고시대 헤파이스토스의 이상에 가장 공감했던 플라톤은 그 옛 이상이 허물어지는 모습을 우려하는 글을 남기기도 했다. 그는 기능의 연원을 '만들다'라는 뜻의 옛 어원 **포이에인**(poiein)에서 찾았다. 이 말이 모태가 되어 **시**(poetry)란 말이 생겼고, 「호메로스 찬가」에서도 시인은 장인의 한 부류로 등장할 뿐이다. 품질을 추구하는 사람은 전부 장인인 것이다. 플라톤은 어느 일이든 그 이면에는 추구하는 품질 목표가 있다고 보고, 그 최고의 경지를 **아레테**(arete)라고 불렀다. 다시 말해 어느 일에서든 장인은 품질을 추구하는 열망 때문에 적당히 마무리하지 못하고 더 낫게 만들려고 애쓰며, 높은 경지를 향해 달려간다. 그러나 그의 시대에 이르러 플라톤은 "장인들은 모두 시인이건만, 이제는 시인으로 불리지 않으며 다른 이름들이 생겼다"고 지적한다.[8] 플라톤은 자기 시대의 사람들이 함께 공유하는 것이 있음에도 이렇게 서로 이름도 다르고 실제로 기능도 달라져서 그 사실을 깨닫지 못한다고 우려했다. 호메로스의 헤파이스토스 찬가가 나왔을 때부터 플라톤이 살던 시기까지 약 500년에 달하는 세월 동안 무언가 큰 변화가 있었던 게 분명하다. 상고시대에 서로 하나였던 기능과 공동체의 통일성은 약화됐다. 실제적인 기능은 도시의 일상생활에 이로운 것이었지만, 일반적으로 그에 걸맞은 존중을 받지 못했다.

헤파이스토스는 지금도 살아 있는 모습으로 남아 있다. 그 모습을 들여다보려면 시야를 크게 넓혀서 현대로 돌아와야 한다. '오픈소스(open source)' 소프트웨어에 참여하는 사람들, 특히 리눅스(Linux) 운영체제에 참여하는 사람들은 일찍이 헤파이스토스 찬가가 칭송했던 몇 가지 요소를 구현하고 있는 장인들이다. 동시에 리눅스 기술자 집단은 플라톤이 우려했던 일이 현대에 나타난 사례이기도 하다. 이 장인 집단은 경멸을 받는 것까지는 아니어도 정상으로 보이지 않으며, 사실 주류와 동떨어진 변방의 공동체라고 할 수 있다.

리눅스 운영체제는 수많은 사람이 이어가는 공적인 실기다. 리눅스는 운영체제를 만드는 밑바탕 코드(커널kernel)가 완전히 공개되어 있고, 누구라도 쓸 수 있으며, 바꿀 수도 있다. 그 덕분에 프로그래머들이 자기 시간을 할애하여 이 운영체제를 자발적으로 개선해가고 있다. 커널을 개별 기업의 지적 재산권으로 취급해 최근까지도 영업비밀로 삼아온 마이크로소프트와는 아주 대조적이다. 리눅스 응용시스템 가운데 지금 인기를 더해가는 '위키피디아'는 공개된 커널 덕분에 모든 사용자가 내용을 보탤 수 있는 새로운 백과사전으로 자리 잡았다.[9] 1990년대 들어 틀을 갖춘 리눅스는 1970년대 컴퓨터 연산 초기의 참신한 개척 활동을 어느 정도 복원해보려고 노력했다. 이 20년 사이에 소규모 기업들이 경쟁에서 도태되거나 인수합병으로 흡수됨에 따라 소프트웨어 산업은 태어나자마자 급속도로 소수 기업의 지배하에 놓이게 됐다. 이 과정에서 독점 업체들은 갈수록 그저 그런 제품들만 쏟아내는 양상을 보였다.

오픈소스 소프트웨어는 기술적인 면에서 '오픈소스 이니셔티브(Open Source Initiative)'를 따르고 있지만, '공짜 소프트웨어(free software)'라는 조악한 개념으로는 리눅스가 어떻게 자원을 활용하면서 진화하는지 파악하기 어렵다. [10] 에릭 레이먼드(Eric Raymond)가 구분한 공짜 소프트웨어의 두 가지 유형은 유익한 개념이다. 그 하나는 폐쇄되어 있는 프로그래머 집단이 코드를 개발한 뒤 모든 사람이 쓸 수 있도록 공개하는 '성당(cathedral)' 모델이고, 다른 하나는 누구라도 인터넷을 통해 코드 개발에 참여할 수 있는 '장터(bazaar)' 모델이다. 리눅스는 인터넷 공간의 장터에 있는 장인들을 활용한다. 리눅스 커널은 1990년대 초에 레이먼드와 같은 오픈소스 입장에서 활동하던 리누스 토르발스(Linus Torvalds)에 의해 개발됐다. 레이먼드는 "보고 있는 눈이 충분히 많으면 찾지 못할 버그는 없다"는 신념을 가지고 있었다. 이 말은 엔지니어들끼리 쓰는 표현인데, 충분히 많은 사람이 코드를 만드는 장터에 참여하면 양질의 코드 만들기가 성당 모델보다 용이하고, 또 지적 재산권에 구속되는 상업용 소프트웨어보다 훨씬 수월해지는 것을 뜻한다. [11]

그렇다면 이것은 고대 그리스 시대의 명칭인 데미오에르고이라고 불러 마땅한 장인들의 공동체다. 높은 품질을 구현하는 일, 즉 훌륭한 일을 해내는 것이 이 공동체가 추구하는 목표이기 때문이다. 장인의 원초적 정체성은 바로 이것이다. 상고시대 도공들과 의사들이 살았던 전통사회에서는 기능이 대대로 전수되는 과정을 통해 공동체가 일의 품질 표준을 정했다. 하지만 현대의 헤파이스토스 후예들은 그들의 기능을 활용하는 문제가 공동체 구성원들 사이에 갈등을 유발하는 고민거리다.

리눅스 프로그램을 짜는 엔지니어 공동체는 품질과 접근 개방성을 어떻게 절충해야 할지 고민 중이다. 일례로 위키피디아 응용시스템을 보면 입력된 자료들이 편파적이고 원색적인 데다가 완전히 틀린 것도 많다. 현재 따로 떨어져 나온 일부 집단이 편집 표준을 도입하고 싶어 하는데, 열린 공동체이기를 바라는 이 조류 자체의 욕망과는 충돌하는 움직임이다. 이러한 갈등 국면에서도 각각의 전문가들은 품질을 유지하는 일에 아주 열정적이다. 편집자로 나서는 '정예주의자들'은 그들과 반대편에 서 있는 구성원들의 실력을 문제 삼지는 않는다. 리눅스 프로그램을 짜면서 새로 발생하는 코드 문제에서도 갈등은 만만치 않다. 이 엔지니어 공동체가 씨름하는 구조적인 문제는 지식의 품질과 공동체 기반의 자유롭고 대등한 교류, 이 두 가지를 어떻게 하면 유지할 수 있겠느냐는 것이다.[12]

전통적인 실기 직종별 공동체에서는 기능이 대대로 전수되는 탓에 기능 자체가 아주 경직됐을 거라고 짐작하기 쉽지만, 사실은 전혀 그렇지 않았다. 한 예로 고대의 도자기 제작은 점토를 받치는 데 회전돌판이 도입되면서 대대적인 변화가 일어났고, 새로운 점토 성형 방식이 속속 뒤따랐다. 그러나 커다란 변화이기는 해도 아주 천천히, 꾸준하게 진화하는 과정을 밟았다. 리눅스의 경우에는 기능이 진화하는 속도가 매우 빠르고 매일 변화가 일어난다. 우리 생각에는 요리사든 프로그래머든 훌륭한 장인은 문제를 해결하는 데만 열중한다고 짐작하기 쉽다. 즉 주어진 과제의 해결책을 찾아 문제를 마무리하는 게 일 잘하는 사람이라는 생각이다. 하지만 이런 생각은 일에 임하는 장인의 입장에서는 일을 일 자체로 중시하는 태도가 아니다. 리눅스 공동체 네트워크에서는 '버그' 하나가 제거될 때마다, 전에 없던 코드 활용 방법이 새로 등장할 때가 많다. 코드는 끊임없이 진화하는 것이지, 마무리돼서 고정되는 대상이 아니다. 리눅스 세계에서는 문제를 푸는 일과 문제를 찾는 일이 거의 **순간적으로** 이어진다.

시대적 차이는 엄청나도 고대의 도공과 현대의 리눅스 프로그래머는 문제를 푸는 일과 문제를 찾는 일이 꼬리에 꼬리를 무는 실험처럼 이어진다는 점에서 아주 흡사하다. 리눅스 프로그래머와 대비해볼 때, 고대의 도공보다는 현대의 관료집단이 훨씬 차이가 크다. 관료들은 어떤 정책을 저울질할 때, 그 목표와 절차 그리고 희망하는 결과가 미리 정해지기 전에는 착수하기를 꺼린다. 이러한 방식은 닫힌 지식 시스템이다. 수공업 역사에서 닫힌 지식 시스템은 대개 수명이 짧았다. 예를 들어 인류학자 앙드레 르루아구랑(André Leroi-Gourhan)은 고전시대 이전의 그리스에서 금속제 칼과 목제 칼을 만드는 두 가지 수공업을 비교했는데, 금속제 칼은 제작 과정이 가변적이고 어려운 진화 과정을 거치기는 했지만 오래 존속했다. 반면 제작 과정이 더 정밀하고 경제적이지만 정태적이었던 목제 칼은 재질 문제 때문에 얼마 가지 않아 폐기됐다.[13]

리눅스는 개인의 인격이 전혀 중요하지 않다는 지점에서도 극히

'그리스적'이다. 일례로 인터넷상의 리눅스 작업 공간에서는 "aristotle@mit.edu"라는 이름의 참여자가 여자인지 남자인지 알아낼 수가 없다. 중요한 것은 "aristotle@mit.edu"가 토론에 기여하는 내용이다. 상고시대 장인들 사이에도 이와 유사한 비인격성이 있었다. 공개적인 자리에서 데미오에르고이를 지칭할 때는 번번이 그들이 하는 직업을 이름처럼 불렀다. 실제로 이런 비인격성은 모든 장인의식에서 중요한 요소다. 작업의 질을 따질 때 이게 누구의 작업이냐는 문제가 끼어들 여지가 없게 되면, 장인의 일에 타협과 관대한 처분이 통하기 어렵다. 이를테면 어느 목공 작업자가 아버지 때문에 신경과민증을 앓고 있다고 해서 그가 만든 장부맞춤이 헐거워도 좋다는 이유가 될 수 없다. 영국인들이 주로 모이는 어느 리눅스 대화방에 나도 가입해 있는데, 영국 특유의 정중한 격식과 우회적 표현들이 없어졌다. "저라면 이런 생각을 했을 텐데요"와 같은 말투가 사라졌고, 그 대신에 "이 문제는 정말 개판이다"라는 식의 말투가 생겼다. 조금 다른 시각에서 보면, 이 같은 비인격성에 바탕을 둔 직설적인 문화는 사람들을 외향적으로 만든다.

20세기 중반에 활동했던 사회학자 라이트 밀스(C. Wright Mills)가 리눅스 공동체를 봤다면 장인의 특징을 명확히 파악하려고 했던 그의 연구에 도움이 됐을 것이다. 밀스는 이렇게 적고 있다. "첫째, 일에 몰입한 작업자는 일의 내용과 목적이 혼연일체를 이룬다. 둘째, 일한다는 것 자체가 주는 만족이 곧 그들이 받는 보상이다. 셋째, 하루하루의 갖가지 세부사항들은 매일 그의 머릿속에서 최종 생산물로 그려진다. 넷째, 작업자는 일할 때의 자기 행동을 직접 통제할 수 있다. 다섯째, 일하는 과정 중에 기능이 향상된다. 여섯째, 일 자체를 실험 대상으로 삼을 수 있는 자유가 있다. 일곱째, 가족이나 공동체로 말미암은 문제 또는 정치적인 문제가 생기더라도 실기작업에서 오는 내면의 만족, 일의 일관성과 실험이 모든 판단의 잣대가 된다." [14]

밀스가 기술한 내용이 불가능하리만큼 이상적이기는 하지만, 그렇다고 배격하기보다는 리눅스에서 발현되는 장인의식이 왜 그리도 예외적인 것인지 그 이유를 물어봐야 할 것이다. 이것은 고대에 플라톤이 우려했던 바로 그 문제가 현대식으로 드러난 것이다. 리눅스 프로그래머들은 분명히 근본적인 문제들과 씨름하고 있다. 그 문제들이란 협업을 비롯해, 문제를 푸는 일이 필연적으로 문제를 찾는 일로 이어지는 관계 그리고 비인격성을 바탕으로 수립해야 할 작업 표준에 대한 것이다. 그럼에도 이들의 공동체는 주류에서 멀리 밀려나 있거나, 비주류가 아니라고 해도 아주 특이한 집단으로 비친다. 사회 구석구석에서 작용하는 무언가의 힘이 이러한 근본적인 문제들을 그들과 같은 변두리 집단으로 내몰고 있는 게 분명하다.

일할 동기의 약화
계획경제와 경쟁으로 망가지는 근로자들

근대 이후 세계는 일을 열심히 하고 또 잘하려는 욕구를 북돋우기 위해 두 가지 처방을 제시했다. 첫 번째는 공동체를 위해 일하라는 도덕적 의무다. 두 번째는 경쟁을 유발하는 것인데, 다른 사람들과 경쟁하면 좋은 성과를 내려는 욕망이 커질 거라고 전제한다. 경쟁에 호소하는 두 번째 처방에서는 공동체적 결속 대신, 개별적 보상을 약속한다. 이 두 가지 처방은 결과적으로 모두 난관에 부딪혔다. 어느 쪽의 처방도 순수한 형태로는 질을 추구하는 장인의 열망에 도움이 되지 못했다.

공산주의 제국이 붕괴하기 직전인 1988년 아내와 함께 러시아를 방문했을 때, 도덕적 의무에 호소할 때 생기는 문제를 적나라하게 확인할 수 있었다. 러시아과학학술원(Russian Academy of Science)의 초청으로 모스크바를 방문했는데, 러시아 외무부와 첩보요원들의 '지원' 없이 일정이 진행될 예정이었고 도시를 자유롭게 돌아다닐 자유도 주어졌다. 우리는 폐쇄되었다가 개방된 뒤로 사람들로 넘쳐나는 모스크바 교회들을 둘러봤고, 무허가 신문사들에도 들렀다. 그곳 신문사 편집실에서는 사람들이 담배를 피우면서 대화를 나누고 있었으며, 가끔씩 기사를 쓰는 모습도 눈에 띄었다. 과학학술원 측은 거의 즉흥적인 일정을 마련해 우리를 모스크바 교외로 데리고 갔다. 이전에는 가보지 못했던 곳이었다.

그곳 교외에 개발된 주택단지들은 대부분 제2차 세계대전 후 수십 년에 걸쳐 지어진 것이었다. 자작나무와 사시나무가 띄엄띄엄 서 있는 평야를 가로지르며 지평선까지 쭉 펼쳐진 주택단지가 마치 거대한 장기판 같았다. 건축양식의 외관은 훌륭했는데, 정부가 지휘했던 건설작업의 질이 별로 좋지 않았다. 건물 곳곳에 근로자들에게 일할 의욕이 별로 없었다는 흔적이 역력했다. 대부분 건물이 콘크리트 주입 상태가 엉망이었고 굳은 상태도 조잡했다. 건축 전에 주문 제작해 설치해놓은 창문들을 보니 설계된 모양은 좋았지만 콘크리트 뼈대에 들어맞지도 않았고, 창틀과 콘크리트 사이에는 봉합용 마감재도 거의 발라져 있지 않았다. 새로 지은 건물에 들어갔다가 창틀 틈새에 바르는 마감재 상자들을 보았다. 안내인의 말을 들어보니 알맹이는 암시장에서 팔리고 껍데기만 남은 거라고 했다. 몇몇 고층 아파트의 경우, 건설 인부들이 창틀과 벽 사이에 신문지 뭉치를 처박아 넣고 틈새에 페인트를 덧발라 놓은 흔적이 보였다. 한두 계절도 견디지 못할 만큼 엉성하기 짝이 그지없었다.

장인의식이 엉망이라는 것은 또 다른 형태의 심각한 무관심을 말해주는 지표였다. 우리가 봤던 주거공간은 구소련 시절부터 비교적 특권층이었던 과학자들이 사는 곳이었다. 이들에게는 강제로 할당되는 공동 주택이 아니라 가족마다 따로 아파트가 주어졌다. 그런데도 주변 환경에 대한 주민들의 무관심은 건축 공정에서 나타는 소홀함을 그대로 판에 박은 듯했다. 창틀의 화초 상자와 발코니에는 화분이 거의 없었다. 담벼락에는 크레용이나 스프레이 페인트로 마구 그어댄 낙서와 욕설들이 가득했지만, 아무도 닦아내지 않았다. 이렇게 황폐한 건물 상태에 대해 물어보았더니, 안내인의 대답이 기가 막혔다. "인민들" 누구도 개의치 않는다며, 사람들의 품성이 망가졌다고 했다.

이런 비난이 일리는 있겠지만, 구소련 제국이 전부 그렇다고 볼 수는 없을 것이다. 왜냐하면 구소련의 건설 노동자들은 오래전부터 품질이 뛰어난 과학 및 군사용 건물을 지어 올리는 능력을 과시했기 때문이다. 그야 어쨌든 우리를 인도했던 안내인들은 집단과 도덕을 명분으로 장인의식을 고양하는 게 얼마나 공허한 일인지 증명해주겠다는 태세였다. 앞장서 가는 그들을 따라 걸었다. 구획별로 훑어가며 차례차례 부정과 속임수를 지적하는 그들의 눈빛에는 아주 못마땅한 기색이 역력했다. 겨울철만 오면 금세 본색이 드러날 눈속임 처리를 찬찬히 뜯어보는 그들의 태도는 거의 감정가의 경지에 들어선 듯했다. 안내인 중 한 사람은 함께 길을 걷다가, 기강과 품성이 망가진 노동자들과 지역 주민을 싸잡아서 "마르크스주의의 잔해"라고 표현했다.

청년기의 카를 마르크스(Karl Marx)는 근대 장인을 해방시켜줄 저술을 써서 지상의 헤파이스토스가 되고자 했다. 『정치경제학 비판 요강(Grundrisse)』에서 그는 장인의 노동을 '형태를 만드는 활동'이라는 아주 폭넓은 개념으로 봤고,[15] 개인의 자아와 사회관계는 물건을 만드는 과정을 통해 발전하며, 그 과정에서 '모든 측면에 걸친 개인의 발전'을 이룰 수 있다고 강조했다.[16] 마르크스는 불공정한 경제관계 분석에 몰두하기 전 본래 공동체에 속해 있던 인간 노동의 존엄성을 실현할 수 있다고 주창했다. 그런 의미에서 그는 노동자들의 모세였고, 마르크스주의가 지향하는 유토피아의 핵심은 바로 그것이었다. 신랄하고 엄중한 이데올로그로 변신한 후기 마르크스에 이르러서도 이 유토피아의 핵심은 그대로 유지됐다. 『정치경제학 비판 요강』을 썼던 1858년에서 17년이 지나 「고타 강령 비판(Critique of the Gotha Program)」을 쓸 때까지도 마르크스는 공산주의가 장인노동의 정신을 부활시킬 거라는 생각을 거듭 확인했다.[17]

생산현장을 보면, 마르크스주의가 몰락한 원인을 러시아의 계획경제에서 찾을 수 있을 듯하다. 경제전문가들은 1970~1980년대 내내 러시아 비군수(非軍需) 민간 산업의 생산성이 지독하게 낮았다고 지적한다. 건설 산업은 중앙집중식 통제에 따른 문제가 특히 심각했다. 중앙의 관료집단은 건설에 필요한 물자를 엉망으로 계산했고, 광활한 러시아 영토를 오가는 물자의 이동은 더뎠으며, 운송 경로도 비합리적이었다. 공장과 건설현장을 오가는 정보는 일하는 당사자들끼리 나눠야 했지만 그럴 때가 별로 없었다. 게다가 정부당국은 건설현장의 주도적인 일처리에 제동을 거는 과잉반응을 보였다. 현장의 자율경영이 국가에 대한 일반적인 저항으로 번질지 모른다고 두려워했기 때문이다.

이런 이유들로 해서 "국가를 위해 훌륭한 일을 하라!"는 도덕적 의무는 공허한 메아리일 뿐이었다. 이러한 산업현장의 문제가 러시아만의 문제는 아니다. 사회학자 대런 티엘(Darren Thiel)은 영국의 많은 건설현장에서 똑같이 근로윤리가 망가진 노동자들을 발견했다. 자유시장 체제인 영국에서도 건설 산업은 심각하게 생산성이 낮았다. 건설현장의 실기 작업자들은 열악한 처우와 무관심한 대우를 받았고, 현장의 발의권은 억제됐다.[18]

그렇지만 도덕적 의무가 본래 공허한 것은 아니다. 수십 년 동안 러시아가 썩어들고 있던 그 시기에, 일본은 번영의 길을 달렸다. 일본은 공익을 위해 일을 잘해야 한다는 특유의 문화적 의무가 경제와 깊게 결합되어 있었고, 그런 의미에서 일종의 계획경제 방식으로 경제성장을 밟아왔다. 영국을 일컬어 소매상의 나라라 하고, 뉴질랜드인을 보고 양치기에 능하다고 하듯이 일본은 그전부터 "장인의 나라"로 일컬어졌다.[19] 과연 일본은 지난 반세기 동안 실용적인 창의성을 발휘함으로써 나라를 전쟁의 폐허에서 다시 살려냈다. 1950년대에 일본인들은 값싸고 단순한 상품을 대량생산했다. 이어서 1970년대에는 값도 싸고 품질도 좋은 자동차와 라디오, 음향기기를 생산했고, 나아가 나무랄

데 없는 특수 제작용 철강과 알루미늄도 생산했다.

이 기간에 일본인들은 높은 품질 수준을 정확하게 맞추려는 작업 관행 덕분에, 일하는 당사자들 사이에 상대방을 존중하고 자기도 존중하는 의식이 생기게 됐다. 한편으로는 그들에게 집단적인 목표가 필요했다는 점도 있었다. 왜냐하면 목표를 달성하려고 좀처럼 가족도 보지 못한 채 오랜 시간 함께 일하며 지내는 게 근로자들의 삶이었기 때문이다(특히 회사의 중간 관리자들은 더욱 그랬다). 그러나 도덕적 의무가 효과적이었던 이유는 이 의무가 조직에 어떻게 적용되느냐는 데 있었다.

전후에 일본 기업들은 기업분석가인 에드워즈 데밍(W. Edwards Deming)의 비결을 받아들였다. 그 내용은 '총체적 품질관리(total quality control)'를 위해 관리자들은 손에 작업현장의 기름때를 묻힐 줄 알아야 하며, 부하직원들은 상사에게 터놓고 말해야 한다는 것이었다. 데밍은 조직의 응집력이 공동의 의지뿐 아니라 민감한 상호교류에서 생긴다는 뜻으로 '집단적 장인의식(collective craftsmanship)'이란 말을 사용했다. 신문잡지에 나오는 풍자화에서는 일본인이 집단에 순응하며 남들과 똑같이 행동하는 사람으로 묘사될 때가 많다. 하지만 이런 고정관념과는 달리 도요타와 스바루, 소니의 작업현장에서 작업한 일의 내용을 놓고 서로 비판하는 일본인들의 태도는 아주 날카롭다.

일본의 일터에는 수직적인 위계가 분명하기는 해도, 앞서 언급한 공장들에서는 리눅스 공동체처럼 솔직한 발언이 일상화돼 있다. 일본의 공장 안에서는 유능한 관리자가 예의와 격식에 신경 쓰지 않고 잘못된 일이나 충분치 못한 작업을 곧바로 경영진에 전달할 수 있었다. 이런 식으로 최고 의사결정권자에게 진실을 말하는 것이 가능했다. 이와 반대로 구소련의 중앙통제형 집단체제에서는 통제권을 쥐고 있는 중심이 기술적으로나 윤리적으로나 현장의 생활과 지나치게 동떨어져 있었다. 마르크스는 '노동자'를 문제로 다뤘는데, 데밍과 그를 받아들인 일본인들은 노동자들이 하는 '일'을 문제로 다뤘다.

이러한 사례들에서 생각해봐야 할 것은 일본을 닮자는 게 아니라 한 세대 전에 구소련 제국이 붕괴할 때 쌍수를 들고 이를 환영했던 우리의 태도다. 그 무렵 '공산주의가 스스로 붕괴했으므로 자본주의가 최후의 승자'라는 우월의식이 일었는데, 대부분 그런 논조의 이야기들은 집단주의의 해악과 경쟁의 미덕을 대비하는 식으로 흘렀다. 즉 개별적으로 경쟁해야 일이 잘되고, 경쟁하는 과정에서 품질이 높아진다는 생각이다. 자본가들만이 이런 견해를 표방했던 게 아니라, 공공 의료서비스와 같은 분야에서도 서비스 질의 향상을 목표로 내부 경쟁과 시장 메커니즘을 촉진하는 '개혁'이 도입됐다. 이러한 자본주의와 시장 일변도의 우월의식은 좀 더 깊이 생각해볼 필요가 있다. 왜냐하면 그런 식의 우월의식은 일이 잘되도록 유도하고 (좀 더 일반적으로) 장인의식을 고양하는 데 경쟁과 협력 두 요소가 실제로 어떤 역할을 수행하는지 못 보게끔 우리 시야를 가리기 때문이다.

이동전화 개발 과정은 좋은 작업성과를 거두는 데 경쟁보다 협력이 더 효과적임을 보여주는 의미 있는 사례다.

이동전화는 라디오(무선 음향·음성통신)와 전화(유선 음성통신), 두 가지 기술의 변형을 통해 개발됐다. 이 두 가지 기술이 융합되기 전에 전화 신호는 지상통신선으로 전송됐고 라디오 신호는 공중으로 전송됐다. 1970년대에는 전용 주파수 대역을 쓰는 군용 이동전화기가 있었는데, 거추장스럽게 생긴 데다 굉장히 컸다. 택시 운전기사들이 쓰는 차내 이동전화기는 통화 권역이 좁고 음질도 좋지 못했다. 유선 전화는 위치가 고정돼 있다는 게 단점이었지만, 음질도 좋고 신호 전달이 확실하다는 장점이 있었다.

유선 전화의 이러한 장점은 교환기 기술에 있었는데, 여러 세대에 걸쳐 사용되는 동안 시험도 거치고 정밀하게 다듬어진 덕분이었다. 라디오와 전화를 융합하기 위해서는 이 교환기 기술의 혁신이 필요했다. 문제가 있는 곳과 해결책을 찾아야 할 곳은 비교적 분명했다. 하지만 이 두 기술을 연결하는 데는 모호한 구석이 많이 숨어 있었다.

경제학자 리처드 레스터(Richard Lester)와 마이클 피오레(Michael Piore)는 이 교환기 기술 개발에 뛰어들었던 기업들을 연구했다. 이들의 연구에서 회사 내부의 협력과 협업을 도입했던 기업들은 교환기 기술 문제를 해결하는 데 진척을 보았던 반면, 회사 내부의 경쟁을 도입했던 기업들은 오히려 엔지니어들의 기술 개발 노력을 반감시켰다는 사실이 밝혀졌다. 성공사례에 드는 모토롤라(Motorola)는 '기술바구니'라는 것을 설치했는데, 이곳은 소규모 엔지니어 그룹에서 나온 실험적 기술들을 미래에 다른 팀에서 활용할 수 있도록 진열해놓는 공간이었다. 또 모토롤라는 곧바로 문제를 해결하려고 애쓰기보다 당장 써먹을 가치가 불분명해도 실험적인 도구들을 개발했다. 노키아(Nokia)는 이 문제와 씨름하면서 다른 방식의 협업을 추진했다. 특별한 목적과 제한을 두지 않은 채 엔지니어들 사이에 자유토론을 도입했고, 영업팀과 디자인팀도 자주 참가하도록 했다. 노키아는 업무조직 사이의 경계를 일부러 애매하게 설정했는데, 문제에 대한 감을 잡는 데는 기술뿐 아니라 기술 외적인 정보와 수평적인 사고가 필요했기 때문이다. 레스터와 피오레는 이렇게 유발되는 토론 과정을 "유동적이고, 상황에 따라 달라지며, 불확정적인" 의사소통이라고 묘사했다.[20]

반면 에릭슨(Ericsson)과 같은 회사들은 좀 더 가시적인 내용과 기준에 따라 문제를 여러 가지로 나누어 일을 추진했다. 업무조직 간의 '정보교환'을 통해서 새로운 교환기의 탄생을 유도할 생각이었고, "문제를 같이 해석하는 공동체를 육성"한다는 생각은 아니었다.[21] 에릭슨은 엄밀한 조직을 갖추어 일을 추진했지만 경쟁에서 한참 밀려났다. 결국에 가서는 교환기 기술 문제를 해결하긴 했지만, 다른 회사들보다 훨씬 큰 난관을 넘어야 했다. 각 업무부서가 자기 밥그릇부터 챙기느라 텃밭에 울타리를 쳤던 것이다. 어느 조직에서든 서로 경쟁하면서 남들보다 잘해야 보상을 받을 수 있다면, 개인이나 부서는 자기 울타리 안에 정보를 가둬두려고 하게 마련이다.

협력을 통해 성공한 회사들이 일했던 방식은 리눅스 공동체가 일하는 방식과 같다. 바로 기술 분야의 장인의식에 밴 실험 정신이 그것이고, 문제를 푸는 일과 문제를 찾는 일이 긴밀하고 가변적으로 결합되는 방식이다. 반면 경쟁 체제에서는 성과를 측정하고 보상을 결정해야 하는데, 그러려면 달성한 업적이 무엇이고 어디까지가 업적인지 판단할 명확한 잣대가 필요해진다.

음악가들이라면 이 이동전화 사례가 가슴에 와 닿을 것이다. 왜냐하면 실내악과 오케스트라는 (특히 리허설에서) 이와 똑같은 방식으로 해야 연주가 잘되고 또 향상될 수 있기 때문이다. 음악을 듣는 이들은 지휘자나 독주자로 초대형 스타가 참여하면 오케스트라 단원들의 영감이 자극될뿐더러 각 단원의 연주가 이 거장의 수준에 맞춰서 높아질 거라고 짐작한다. 하지만 실제 연주는 이 스타의 행동에 따라 달라진다. 독주자가 쌀쌀맞게 따로 놀면 오히려 연주를 잘해보려는 단원들의 의지를 떨어뜨리기도 한다. 엔지니어들은 음악가들 못지않게 경쟁이 심한 집단이다. 그런 만큼 상호보완적인 협력이 사라지면 이 두 집단 모두 작업의 품질이 금세 악화되는 심각한 문제가 생긴다. 이렇게 경쟁과 협력 사이에는 균형이 필요하다. 공산주의가 붕괴한 뒤 자본주의 진영에 남아 있는 우월의식은 이 점을 못 보는 경향이 있다.

아내와 함께 모스크바 교외에서 근로자들의 해이해진 근로기강을 목격했지만, 러시아만 그런 게 아니라 가까이 미국에서도 쉽게 찾아볼 수 있는 현상이다. 공산주의가 무너지기 전에 들렀던 이 마지막 여행에서 돌아온 뒤, 미국의 신경제가 낳은 **데미오에르고이**를 연구하기 시작했다. 이들은 1990년대부터 형성되기 시작하던 '신경제(new economy)'에서 마음껏 기량을 발휘해 확고한 지위를 다졌을 중간층 근로자들이다.[22] 그 무렵 시대를 풍미했던 '신경제'라는 말은 전 세계 투자자들의 주식투자를 자금원으로 삼아 첨단기술과 금융, 각종 서비스 부문에 새로 출현한 일들을 일컫는 용어다. 이런 일들에 뛰어든 사람들은 과거의 꽉 짜인 관료적 회사에서 벗어나 훨씬 유연하고 민감하며 단기적인 성과에 주목하는 회사에 둥지를 틀었다. 우리 연구팀은 학생들과 함께 전산(프로그래머), 회계(경리), 물류(제품출하) 부서의 직원들을 연구대상으로 잡았다. 이들은 모두 자기 일에 유능했지만, 직함이 매력적인 것도 아니었고 남들의 눈길을 끌 만큼 소득이 대단하지도 않았던 사람들이다.

이들의 아버지와 할아버지 세대는 경쟁이 그리 심하지 않은 세상에서 살았다. 20세기의 전형적인 회사에서는 기량을 갖춘 중간층 근로자들이 비교적 안정된 직급 체계 안에서 자기 자리를 마련하면, 젊은 시절부터 은퇴할 때까지 직장 경력을 이어갈 수 있었다. 우리가 면담했던 사람들의 위 세대는 이런 환경에서 일했다. 그들은 성과를 내기 위해 열심히 일했고, 성과가 신통치 않을 경우 무슨 일을 당할지도 잘 알고 있었다.

이들 중간층 근로자를 받쳐주던 세계가 사라졌다는 것은 이제 누구나 다 아는 이야기다. 예전에는 종업원들의 직장 경력을 마련해줬던 기업 시스템이 이제는 파편화된 직무들이 뒤엉킨 미로처럼 변했다. 원칙적으로는 많은 신경제 기업이 조직력과 협력 정신을 표방하고 있지만, 노키아와 모토롤라가 보여준 업무 방식과는 달리 이런 원칙들은 그저 말장난이나 제스처에 불과한 경우가 많다. 우리 조사팀은 관리자들이 보는 앞에서 시늉으로 하는 인화와 협력을 보기는 했지만, 우수한 일본 회사처럼 상사에게 문제를 제기하고 논쟁을 벌이는 모습은 보지 못했다. 다른 연구자들의 결과에서도 드러났듯, 사람들이 같은 팀원들을 친구처럼 대하지 않는 모습을 우리 조사팀도 볼 수 있었다. 우리가 면담한 사람들 가운데는 이런 식의 개인별 경쟁 덕분에 활력을 느끼는 사람도 있었지만, 그로 말미암아 무기력해지는 사람이 더 많았다. 특별한 이유 때문이었는데, 그들에게 별로 달갑지 않은 보상 체계가 문제였다.

신경제는 노동에 대가를 지급하는 전통적인 보상 방식 두 가지를 파괴했다. 전통적인 방식에서는, 회사가 번창하면 직급의 높낮이를 떠나 열심히 일하는 사람들에게 보상해줘야 한다는 생각이 있었다. 하지만 지난 한 세대 동안 신경제 기업들의 보수 총액에서 중간층 직원들에게 돌아가는 비중은 변화가 없었던 데 반해, 최고경영진이 받아가는 비중은 수직으로 상승했다. 어느 통계에 따르면, 1974년에는 미국 대기업 최고경영자의 보수가 종업원 평균 보수(중앙값)의 30배가량이었지만, 2004년에는 최고경영자의 보수가 평균 보수(중앙값)의 350~400배로 늘었다. 물가상승률을 공제한 실질 보수로 보면, 이 30년 동안 중앙값으로 본 평균 보수는 4퍼센트밖에 오르지 않았다.

　예전 세대들은 연공서열에 따라 오래 근무할수록 자동적으로 호봉이 늘어서 회사에서 일한다는 것 자체가 보상을 받는 것이나 마찬가지였다. 신경제에서는 그러한 보상이 축소되거나 폐지됐다. 기업들은 이제 단기적인 관점으로 변해서, 나이가 많고 사내에서 성장한 직원들보다 젊고 새로운 얼굴을 더 선호한다. 이와 같은 변화는 근무연수가 쌓일수록 회사가 근로자의 경험을 평가해주는 가치가 줄어듦을 뜻한다. 실리콘밸리에서 면담을 시작할 때 만났던 기술자들은 이런 문제를 자신의 기능을 계발해서 풀어나갈 수 있을 것으로 보고 있었다. 즉 각자 자기 기능을 닦아서 다른 회사로 옮겨가기 위한 실탄을 마련할 수 있지 않겠느냐는 것이다.

　그러나 이렇게 자신의 실기로 삼을 기능을 계발한다고 해서 그들이 보호되는 것은 아니다. 오늘날처럼 세계화된 시장에서는 기능을 갖춘 중간층 근로자들이라고 해도, 똑같은 기능을 갖추고 더 낮은 보수로 일하는 인도와 중국의 근로자들에게 일자리를 빼앗길 위험이 있다. 일자리 상실은 이제 비숙련 노동계층만의 걱정거리가 아니다. 더욱이 많은 기업이 종업원들의 기능을 장기적인 투자 관점에서 보려고 하지 않는다. 새로운 기능이 필요해지면 그에 적합한 신규 인력을 채용하려고 할 뿐 더 많은 돈이 들어가는 재훈련을 도입하려고 하지 않는다.

이렇게 암담한 모습도 고르지 못한 구석이 많아 구김살을 더해준다. 사회학자 크리스토퍼 젠크스(Christopher Jencks)는 경제적인 '기능의 수익률'이 기능 사다리의 상층에서는 탄탄하더라도, 하층에서는 매우 취약하다는 사실을 밝혀냈다. 예컨대 보안시스템 설계자는 아주 매력적인 보수를 받지만, 저급 프로그래머들의 보수는 배관공이나 미장공 등 육체노동자들보다 나을 게 없고 심지어 그보다 못할 때도 있다. 또 앨런 블라인더(Alan Blinder)의 주장에 따르면, 구미권의 고숙련 기술직 일자리들이 아시아와 중동의 역외 외주조달 거점으로 이전되고 있지만, 대면 접촉이 필요한 직무의 일자리들은 역외 이전이 불가능해 보호받을 수 있다. 쉽게 말해 뉴욕에 사는 사람이 인도 봄베이에 있는 회계사에게는 일을 맡길 수 있어도, 봄베이에 있는 변호사에게 이혼소송을 맡기기는 어렵다는 이야기다.[23]

신경제에서 장인들이 겪는 시련을 들여다보면 자본주의 방식이 제일이라는 우월의식을 경계해야 할 이유를 더 찾아볼 수 있다. 신경제의 성장은 미국과 영국의 이 분야 근로자들 다수가 더 이상은 회사에 대한 기대를 버리고 자기 내부로 침잠하게끔 몰고 갔다. 직원들을 충실히 대하지 않는 회사들은 그들로부터 일에 대한 열의를 이끌어내지 못한다. 2000년대 초 난관에 부딪힌 인터넷 회사들은 쓸쓸한 교훈을 얻었는데, 위기에 처한 회사를 어떻게든 살려보려고 애쓰기는커녕 홀홀 털고 떠나가는 직원들의 뒷모습을 지켜봐야 했다. 신경제 근로자들은 조직과 제도란 것에 회의적이다 보니 투표율을 비롯한 정치적 참여가 두 세대 전의 기술직 근로자들보다도 낮아졌다. 그 대신 이들 가운데 자발적인 모임이나 단체에 가입한 사람은 많아졌다. 하지만 그곳에서도 능동적으로 참여하는 사람은 드물다. 정치학자 로버트 퍼트넘(Robert Putnam)은 유명한 저서 『나 홀로 볼링(Bowling Alone)』에서, 이러한 '사회적 자본(social capital)'의 위축이 발생하는 원인을 텔레비전 문화와 소비지상주의에서 찾았다. 하지만 우리 연구에서는 조직과 제도로부터 거리를 두는 사람들의 태도가 일터에서 겪는 업무 경험과 더 깊은 관련이 있는 것으로 나타났다.[24]

우리가 면담한 신경제 직종의 기술직 근로자들 가운데 일 자체를 위해 일을 훌륭히 해낸다고 해서 그에 합당한 보상을 받을 거라고 믿는 사람은 별로 없었다. 이런 상황에서는 아무리 그 일에 기능이 필요하고 업무부담도 크며 오래 앉아서 해야 하는 일이라고 해도, 그것은 소외된 노동이다. 현대의 장인은 일 자체를 위해 일을 훌륭히 해낸다는 이상을 철저하게 개인의 세계 안에서만 추구할 수도 있을지 모른다. 하지만 지금의 보상 체계에서 볼 때, 그러한 노력은 앞으로도 무시당할 것이다.

사회적 관점에서 종합해보면, 근로기강과 사기가 실종되는 현상에는 여러 가지 측면이 존재한다. 양질의 작업을 유도하려는 집단적 목표가 공허해질 때 근로기강이 망가지기도 하지만, 완전히 경쟁에만 내

맡길 경우에도 양질의 작업에 장애를 일으키고 근로자들을 무기력하게 만든다. 조합주의든 자본주의든 간에 마구잡이로 적용해서는 제도가 해결해야 할 문제를 제대로 다룰 수 없다. 일본의 자동차 업체들과 노키아나 모토롤라 같은 회사들은 집단적 의사소통과 협력 방식의 덕을 톡톡히 봤다. 이와 반대로 신경제 분야를 들여다보면 경쟁으로 말미암아 근로자들은 사기가 꺾이고 무력해졌으며, 일 자체를 위해 일을 잘하려는 장인의 정서는 별 보상도 받지 못한 채 무시당하고 실종되는 현상을 볼 수 있었다.

기능의 골절
손과 머리의 분리

현대를 일컬어 기능경제(skills economy)로 묘사하는 이야기를 자주 듣게 된다. 하지만 기능은 정확히 무엇을 뜻하는 것인가? 가장 보편적으로 정의하면, 배우고 익혀서 숙달하는 행동이 기능이다. 결국 기능은 **한 줄기 섬광**과도 같은 순간의 영감과는 대조적인 것이다. 우리가 영감을 대단하게 여기는 데는 연습이나 훈련을 하지 않아도 타고난 재능이 더 빛을 발한다는 확신 탓도 있을 것이다. 번번이 이러한 확신을 뒷받침하는 데 음악의 신동들이 예로 등장하지만, 잘못된 생각이다. 어려서부터 재능이 돋보였던 볼프강 아마데우스 모차르트(Wolfgang Amadeus Mozart) 같은 음악 신동은 실제로 엄청난 악보를 기억하는 능력이 있었다. 모차르트가 이렇게 엄청난 음악적 기억력을 타고났다고는 해도, 그 역시 훈련을 거쳤다. 바로 5~7세 때 피아노 건반을 가지고 놀면서 그 엄청난 기억력을 훈련하는 방법을 터득했던 것이다. 차츰 연주가 늘면서 음악을 즉흥으로 작곡하는 것 같았다. 나중에 그가 작곡했던 작품들 역시 즉흥 작곡처럼 보였는데, 일사천리로 적어 내려간 악보임에도 별로 고친 흔적이 없었기 때문이다. 하지만 모차르트가 남긴 편지들을 보면 즉흥 작곡과는 다른 면이 드러난다. 즉 마음속 연주를 수도 없이 되뇌고 난 뒤에야 음표를 찍어가는 그의 손놀림이 뒤따랐다.

훈련만 안 했을 뿐이지 타고난 재능이 있다는 이야기들은 의심쩍게 봐야 한다. "시간만 좀 있다면 훌륭한 소설을 쓸 수 있을 텐데." "마음만 좀 먹는다면 얼마든지 할 수 있을 텐데." 이 같은 말들은 자기애에 빠진 사람의 허황된 생각인 경우가 대부분이다. 이런 헛된 공상과는 달리 어떤 실습이든 한 가지 행동을 하고 또 하고 계속 되풀이할 때 스스로 깨닫는 단계가 찾아온다. 이러한 반복 과정에서 문제를 알아보고 스스로 교정하는 자기비판 능력이 생기기 때문이다. 현대 교육은 지루하고 효과도 없다는 이유로 반복학습을 꺼려한다. 현대 교육학으로 무장한 교사는 혹시 아이들이 지루해하지 않을까 두려워하면서 항상 새로운 자극에 노출시킨다. 하지만 그렇게 하면 오히려 아이들이 자기 것으로 체득하는 데 필요한 실습과 스스로 실습 내용을 바꿔보는 경험을 박탈하게 된다.

기능이 발달하는 과정은 어떤 방식으로 반복하느냐에 달려 있다. 바로 이 때문에 운동도 그렇지만 음악에서도 한 번에 얼마나 연습할 것인지를 신중하게 결정해야 한다. 예를 들어 한 작품을 반복 연주하는 횟수는 그 사람의 기능 단계에 따라서 달라지는 '주의지속 시간

(attention span)'을 넘지 않도록 조절하는 게 좋다. 기량이 늘면서, 반복 연습을 견딜 수 있는 능력도 늘어난다. 음악에서는 이를 '이삭 스턴(Isaac Stern) 규칙'이라고 부르는데, 위대한 바이올린 연주가인 스턴은 기법이 좋아질수록 반복 연주를 지루해하지 않고 오래할 수 있다고 말했다. 연습할 때마다 꽉 잠긴 자물쇠처럼 매번 막히는 대목이 "바로 이거야!" 하면서 확 뚫리는 순간이 찾아온다. 하지만 그런 순간들은 반복 과정을 통해서만 나타난다.

연주하는 이의 기능이 발달함에 따라 그가 반복할 수 있는 내용도 변한다. 이것은 아주 명백한 현상이다. 테니스를 할 때도 서브를 반복하다 보면 공을 겨냥하는 여러 가지 방법을 익히게 된다. 음악의 경우에 6~7세 때의 어린 모차르트는 기본 음계에서 나폴리 6화음 진행(즉 C장조 화음에서 내림 A장조 화음으로 옮겨가는 진행)에 매료되었다. 그는 나폴리 6화음 진행을 연습한 지 몇 년 뒤에 이 화음 진행을 다른 음계로 뒤집는 데 능숙해졌다. 그러나 무조건 반복만 하면 효과가 있다고 잘라 말하기는 어렵다. 고정된 목표를 달성하기 위한 수단으로만 연습을 하게 되면, 그 목표를 달성할 수는 있어도 거기서 앞으로 나가는 게 막힌다. 바로 폐쇄된 시스템 안에 수단과 목적이 갇히는 장벽에 다시 부딪히는 것이다. 리눅스 작업 방식처럼 문제를 푸는 일과 문제를 찾는 일이 고정되지 않고 유동적으로 이어져야만 기능이 숙달되고 또 확장된다. 주어진 목표 하나를 달성했다고 해서 되는 게 아니다. 문제를 해결하고 나서 새 지평이 열리는(또 새로운 지평에서 다시 문제를 해결하는) 과정이 꼬리에 꼬리를 물면서 되풀이되지 않으면, 기능은 늘지 않는다.

현대 사회에서는 이렇게 연습을 통해 기능을 숙달하는 원리에 큰 장애가 발생하고 있다. 그 장애란 기계가 잘못 사용될 수 있다는 점이다. '기계적이다'라는 것을 쉬운 말로 풀면, 무언가 정태적인 상태가 반복됨을 뜻한다. 하지만 컴퓨터 중앙처리장치가 급속히 발전함에 따라 현대의 기계들은 정태적인 수준을 넘어서고 있다. 이제는 기계가 되먹임 고리를 통해서 스스로 학습할 수가 있다. 인간은 반복을 통해 학습하게 되는데, 이것을 기계가 대신해버리면 기계가 오용되는 일이 생긴다. 기계가 똑똑해질수록 반복과 지도, 실습으로 익히는 학습 행위로부터 인간의 정신적 이해가 단절될 수 있다. 바로 이때 인간의 개념적 사고력에 장애가 생긴다.

18세기 산업혁명 이래 기계는 수공업 장인들의 일을 위협하는 것으로 보였다. 그 위협은 물리적인 것이었다. 산업기계는 지치는 일도 없고 몇 시간이든 불평 하나 없이 똑같은 일을 해냈기 때문이다. 현대의 기계가 기능의 숙달을 위협하는 작용은 이와는 성격이 다르다.

이렇게 기계를 오용하는 사례는 컴퓨터지원설계(computer-assisted design: CAD)에서 나타나고 있다. CAD는 엔지니어가 갖가지 물건을 설계하고 건축가가 건물의 영상을 화면으로 생성하는 데 쓰는 소프트웨어 프로그램이다. CAD 기술은 매사추세츠공과대학교(MIT)의 이반 서덜랜드(Ivan Sutherland)로 거슬러 올라간다. 그는 1963년 사용자가 그래픽 방식으로 컴퓨터 작업을 수행할 수 있는 방법을 고안했다. 현대 물질문명은 CAD의 놀라운 기능 없이는 존재할 수 없을 것이다. CAD를 이용함으로써 나사에서 자동차에 이르기까지 다양한 제품의 순간적인 모형 출력과 제조 공정의 정밀한 설계, 실제 생산 과정의 통제가 가능하다.[25] 하지만 이처럼 필수적인 기술로 자리 잡은 CAD가 건축설계 작업에서는 오용될 위험을 안고 있다.

건축설계에서 설계자가 컴퓨터 화면에서 여러 지점의 좌표를 설정하면, CAD 프로그램의 연산도구들이 2차원이나 3차원 공간의 선으로 각 좌표를 연결해준다. CAD는 작업이 빠르고 정확하기 때문에 거의 모든 건축사무소에서 쓰는 보편적인 도구가 됐다. CAD의 장점 가운데 하나는 설계자가 주택이나 업무용 빌딩을 여러 관측점에서 볼 수 있도록 설계 도면을 원하는 대로 회전시킬 수 있다는 점이다. 물리적인 모형과 달리, 화면으로 보이는 모형은 길이를 늘이거나 줄이고 여러 부분으로 쪼개는 작업이 순간적으로 실행된다. 세련된 CAD 프로그램들은 조명이나 바람 혹은 계절적 기온 변화가 건축물에 미치는 영향까지 설계 모형에 반영한다. 전통적으로 건축설계사들은 건물의 강도를 분석할 때 평면도와 단면도 두 가지 수단을 활용했다. CAD를 이용하면, 이것뿐 아니라 그 밖의 많은 분석 수단을 활용할 수 있다. 일례로 건물의 공기 흐름이 사람들에게 어떤 느낌을 줄 것인지 화면을 통해 가상 체험을 하는 기능까지 있다.

이렇게 유용한 도구가 어떻게 오용될 수 있는 것일까? CAD가 처음으로 건축설계 교육에 도입되어 수작업 도면을 대체하게 됐을 때, MIT의 젊은 건축학 교수는 다음과 같이 평했다. "건축현장을 그리고, 그 위에 선과 나무를 그려넣으면서 우리 마음속에 이미지를 새기게 된다. 이것은 컴퓨터로는 할 수 없는 방식으로 그 대상을 알게 되는 과정이다… 도면에 그리고 다시 그려보면서 그 공간을 알게 되는 것이지, 컴퓨터가 우리 눈앞에 '재생'해준다고 해서 알게 되는 게 아니다."[26]

이러한 지적은 예전 방식에 대한 향수가 아니다. 컴퓨터 작업이 도입돼서 실제로 도면을 그리는 작업이 사라질 때 사람들 머릿속에서 상실되는 게 무엇인지를 지적해주는 말이다. 여타 시각적인 실습과 마찬가지로, 건축 도면의 스케치는 윤곽을 그려가면서 가능성을 탐색하는 행위다. 그 과정에서 손으로 윤곽을 좁혀가고 다듬음으로써, 건축 설계자는 테니스 선수나 음악가가 연습하듯 작업을 진척시키고, 작업 대상에 깊숙이 몰입하며, 그에 대한 생각을 완성해간다. 이 건축학 교수의 말대로, 건축현장이 "마음속에 새겨지는 것"이다.

　이 같은 맥락에서 건축가 렌조 피아노(Renzo Piano)는 자신이 일하는 과정을 다음과 같이 설명한다. "우선 스케치를 합니다. 그리고 도면을 그리죠. 다음에는 모형을 만듭니다. 그리고 나서 실물(즉 건축 현장)을 직접 보고 다시 도면으로 돌아옵니다. 도면 그리는 일과 실제 건축 사이를 계속 오가는 일종의 순환 과정을 만드는 겁니다. 그렇게 반복합니다."[27] 렌조 피아노는 반복과 연습에 대해 다음과 같이 평했다. "이런 절차는 바로 장인이 일하는 방식입니다. 생각과 행동을 동시에 하는 겁니다. 도면을 그려가면서 건물을 만들어갑니다. 도면은 항상 다시 그리게 됩니다. 이 일을 하고, 다시 하고, 다시 또 합니다."[28] 이와 같이 끊임없이 변형을 되풀이하는 과정이 CAD로 말미암아 중단될 수 있다. 화면에서 여러 좌표가 정해지면, 연산도구가 도면 그리는 작업을 한다. 과정 자체야 해롭지 않을 수 있지만, 이 과정이 폐쇄된 시스템으로 되어버리면 CAD가 오용되는 사태가 발생한다. 즉 렌조 피아노가 말하는 '순환성'이 사라져서 수단과 목적이 정태적인 관계로 고정돼버리는 상태다. 물리학자 빅토르 바이스코프(Victor Weisskopf)

는 언젠가 컴퓨터 실험만으로 작업하는 MIT 학생들에게 이렇게 말한 적이 있다. "여러분이 가져온 실험 결과를 보면, 컴퓨터는 답을 알고 있는 게 분명해. 하지만 자네들은 모르는 것 같아."[29]

CAD는 특히 건물을 구상하는 작업에서 위험한 요소를 안고 있다. 설계 내용의 순간적인 삭제와 재생이 컴퓨터로 가능하기 때문에 "하나하나의 작업이 종이로 작업할 때보다 앞뒤 관계가 분명하게 인식되지 않는다… 그러다 보면 각각의 작업을 세심하게 고려하지 못하게 된다."[30] 건축가 엘리엇 펠릭스(Elliot Felix)의 지적이다. 이런 위험은 손수 도면을 그리는 방식으로 되돌아가면 극복할 수 있다. 건물을 만드는 재료의 물성(物性, materiality)은 CAD로 대응하기가 더 어렵다. 평평한 컴퓨터 화면으로는 여러 가지 재료의 조직과 질감이 잘 드러나지 않고, 색상을 선택하는 일도 현실감이 떨어진다. 물론 건물을 짓는 데 들어가야 할 벽돌과 철근 개수는 CAD 프로그램으로 놀랄 만큼 정확하게 계산할 수 있다. 직접 손으로 그리는 일이 지겨운 과정이기는 해도, 벽돌을 그려봄으로써 설계자는 그 재질을 머릿속으로 생각하게 된다. 이를테면 창문을 배치할 빈 공간을 도면에 할당하면서, 지금 그 주위에 그려넣고 있는 벽돌의 강도를 직관적으로 생각하게 된다. 한편 CAD는 단순한 크기(size)와는 차원이 다른 규모(scale)에 대한 설계자의 사고를 방해한다. 규모는 비율에 대한 판단과 결부되는데, 화면으로 보이는 비율은 설계자에게 화소 뭉치 간의 관계로 느껴진다. 화면에 보이는 물체는 자유자재로 조작되기 때문에, 예컨대 지상에서 아주 유리한 시야를 확보한 사람이 보는 것처럼 출력된다. 하지만 이로 말미암아 번번이 CAD가 오용되는 일이 생긴다. 왜냐하면 정밀하게 맞아떨어지는 화면상의 출력 상태는 컴퓨터 연산도구가 만들어주는 가상적 시야에 불과하기 때문이다. 그처럼 통합된 시야는 현실 세계에서 존재할 수가 없다.

건축의 역사에서 꾸준히 등장하는 골칫거리 하나가 재료의 물성이라는 문제다. 산업시대 이전의 대형 건물들은 오늘날 CAD 작업처럼 정밀한 작업도면을 가지고 지어진 경우가 거의 없었다. 16세기 말 교황 식스토 5세가 로마의 포폴로 광장(Piazza del Popolo)을 재건축할 때 지시한 내용은 그가 생각하는 건물과 광장의 모습을 말로 전달한 게 전부였다. 따라서 현장의 석공이나 유리공, 건축가가 자유롭게 일하면서 변경해갈 여지가 아주 많았다. 그만큼 현장에서 재료를 만지는 사람들이 각 재료의 물성을 판단해 작업 과정에 반영하기가 쉬웠다. 잉크로 그리는 청사진은 지저분해지기는 해도 다시 그릴 수 있어서 변경해갈 여지가 있었다. 하지만 19세기 말에는 이 청사진이 법적 효력을 얻어서 변호사 계약서와 다름없는 효력을 가지게 됐다. 청사진의 법적 효력은 나아가 설계 과정에서 머리와 손을 분리시키는 데 결정적인 계기가 됐다. 건물을 짓기 전에 건물에 대한 생각을 전부 결정해두는 서류였기 때문이다.

설계를 머리로만 하는 데서 생길 수 있는 문제는 조지아 주의 애틀랜타 시 가장자리에 들어선 피치트리센터(Peachtree Center)에서 적나라하게 드러난다. 여기 가면 고속도로가 감싸고 있는 높다란 업무용 콘크리트 빌딩과 주차장, 상점, 호텔이 밀집된 작은 단지를 볼 수 있다. 2004년 당시 고층빌딩을 에워싼 이 복합단지의 전체 면적은 53만 8820제곱미터에 달해서 이 지역의 초대형 '메가 프로젝트'로 부상했다. 피치트리센터는 수작업에 의존하는 건축설계사 팀이 만들 수 있는 성질의 것이 아니었다. 규모도 거대했을뿐더러 구상도 대단히 복잡했다. 설계 분석가 벤트 플립비에르(Bent Flyvbjerg)는 이 정도 규모의 프로젝트에 CAD가 필요한 또 하나의 이유로 경제적 측면을 지적했는데, 작은 오류라도 생기면 연쇄적으로 프로젝트 전체에 큰 영향을 미친다는 것이었다.[31]

이 설계에는 탁월한 점이 몇 가지 있다. 설계자들은 여러 고층건물을 커다란 쇼핑몰 하나로 합치지 않고 격자형 거리에 배치해서 14개 구획을 만들었다. 건물과 거리의 조화에도 많은 신경을 써서 보행자들에게 친숙한 느낌을 줬다. 대형 호텔 세 곳은 존 포트먼(John Portman)이 설계를 맡았는데, 그는 40층 건물 내부를 관통하며 오르내리는 유리 엘리베이터처럼 아주 극적인 조형을 좋아하는 화려한 스타일의 설계자였다. 그 밖에 유통매장 세 곳과 업무용 고층건물들은 좀 더 일반적인 상자형 철골 콘크리트 건물로 지었고, 건물 외벽을 탈근대적 이미지의 르네상스 풍이나 바로크 풍으로 꾸며놓은 곳도 있다. 프로젝트 전체가 돋보이는 일이었고, 대충 짓고 말 성질의 것이 아니었다. 그럼에도 컴퓨터 위주로 진행된 이 프로젝트의 내적인 결함은 실제 결과에서 명백하게 드러났다. 그중 CAD로 말미암아 설계 작업이 실물과 완전히 따로 노는 세 가지 결함이 노출됐다.

첫 번째 결함은 시뮬레이션(컴퓨터 기반의 모익실험 혹은 모사模寫)과 현실의 분리다. 격자형 거리에 들어맞게 설계된 피치트리센터의 고층건물들 저층에는 잘 설계된 카페들이 길가에 접해 있다. 그런데 이 설계는 조지아 주의 후끈한 기온을 전혀 고려하지 않아서 이들 노천카페의 실외 좌석은 거의 연중 내내 늦은 오전에서 오후까지 텅 비어 있다. 시뮬레이션은 현장의 빛과 바람, 온도를 **감지**하는 일을 대체하기에는 불완전한 수단이다. 차라리 설계자들이 매일 한낮에 사무실로 돌아가기 전에 조지아 주의 뜨거운 태양을 한 시간만 느껴봤더라면 현장을 더 잘 이해할 수 있었을 것이다. 여기서 커다란 문제는 시뮬레이션, 즉 컴퓨터 모의실험이라는 것이 실제 체험을 대체할 만한 수단이 못 된다는 사실이다.

두 번째로, 손과 분리된 설계는 상호작용을 이해하는 데 장애를 유발한다. 포트먼이 설계한 호텔은 상호작용을 완벽히 고려한 일체성을 강조한다. 한 예로 투명한 유리 엘리베이터가 40층 높이의 중앙 홀을 수직 이동하면서 건물 내부에서 연출하는 장관까지 설계 포인트로 고려되었다. 그런데 이런 장관을 즐기고 객실로 들어가 커튼을 젖히면 바로 주차장이 내려다보인다. 자동차가 빽빽이 들어찬 모습이 아주 답답해 보이는데, 주차장 문제는 설계에서 전혀 고려되지 못했던 것이다. 그도 그럴 것이 컴퓨터 화면의 이미지를 회전시키다가 빽빽한 자동차 대열의 모습이 순식간에 사라지면 그냥 지나쳐버리기 십상이다. 하지만 현장에 서서 본다면 이런 식의 배치는 생각할 수 없는 일이다. 물론 이것은 컴퓨터가 잘못해서 생긴 일은 아니다. 포트먼의 설계자들이 주차공간을 꽉 채운 자동차 이미지를 완벽하게 처리해 넣었다면 호텔 객실을 관측점으로 잡은 자동차 대열을 화면으로 볼 수 있었을 것이다. 하지만 그렇게 했더라도 컴퓨터 설계의 근본적인 문제는 남았을 것이다. 리눅스는 문제를 찾아내도록 설계됐지만, CAD는 종종 문제를 가리는 데 사용될 때가 있다. 이 장점 아닌 장점이 CAD 프로그램이 많이 팔릴 수 있는 이유가 되기도 한다. 즉 해결하기 곤란한 문제를 억지로 처리하는 데 사용될 수 있는 것이다.

세 번째 결함은 CAD의 정밀성이 과잉결정(overdetermination) 문제를 초래한다는 점이다. 이 문제는 청사진 설계가 안고 있는 오래된 문제다. 피치트리센터는 각양각색의 설계자들이 참여해서 다양한 용도로 쓰일 수 있는 다목적 건물로 지어졌다. 이 점이 설계자들이 자부하는 건물의 특징이지만, 다양한 쓰임새로 배치된 복합공간은 평방피트(약 1제곱미터의 10분의 1) 단위까지 계산된 것이다. 정확한 계산이라고는 하지만, 완성된 공간이 최종적으로 얼마나 쓸모가 있을지는 미리 알 수 없는 문제다. 과잉 결정된 설계는 공간을 나누고 합쳐 쓸 수 있는 가변성을 배제해서 작은 신생 기업들의 입주가 곤란해지므로 지역 공동체의 성장과 변화에 부응하기 어렵다. 지역사회의 활동과 조응할 수 있으려면 갖가지 용도를 미리 확정해두는 게 아니라 필요에 따라 안 쓰기도 하고 바꾸기도 하면서 진화해갈 수 있는 과소 결정된(underdetermined) 구조라야 가능하다. 이런 이유로 이 거리는 애틀랜타 본래 주민들의 비공식적인 교류와 편안한 생활을 수용하지 못하고 있다. 청사진은 불완전한 상태를 긍정적으로 수용할 수 있는 여지를 원천적으로 봉쇄한다. 실제 활용에 앞서 형태가 미리 결정되기 때문이다. 물론 CAD 자체가 문제를 유발한 원인은 아니지만, 이 문제를 더욱 극단으로 몰고 간다. 모든 게 마무리된 상태를 거의 순간적으로 그려버리기 때문이다.

피부로 느끼는 요소, 상호작용에 따른 가변적 관계, 그리고 불완전한 상태는 도면을 직접 그리면서 물리적으로 느끼는 것들이다. 건축만

이 아니라 다른 작업에서도 그리기와 같은 경험이 반드시 필요하다. 이를테면 편집과 재작성을 함께하면서 글을 쓴다든가, 어떤 화음의 수수께끼 같은 음질을 계속 탐색하면서 음악을 연주하는 행위도 그리기와 같은 과정을 거친다. 우리가 어렵고 불완전하다고 느끼는 상태는 이해하는 과정에서 긍정적인 사건이어야 한다. 다시 말해 컴퓨터 모의실험과 마우스 클릭 하나로 작업을 완전히 마무리할 때는 생길 수 없는 자극을 이런 상태에서 느끼는 게 필요하다. 나는 이 문제가 손이냐 기계냐 하는 문제보다 훨씬 복잡하다는 점을 강조하고 싶다. 최신 컴퓨터 프로그램들은 스스로 경험하고 학습하는 능력이 갈수록 확장되고 있다. 왜냐하면 명령을 구동하는 연산도구가 스스로 자료를 되먹임받아 다시 작성되기 때문이다. 빅토르 바이스코프가 지적했듯이, 여기서 생기는 문제는 사람들이 학습하는 일을 기계에 맡길 수 있다는 데있다. 이렇게 되면 사람은 학습 과정에 참여하는 게 아니라, 멍청히 지켜보면서 점점 확장해가는 컴퓨터의 능력을 소비하는 존재로 전락하게 된다. 렌조 피아노가 아주 복잡한 구조물을 설계하는 건축가임에도 설계 대상을 개략적으로 직접 그리는 작업을 자꾸 반복하는 이유는 바로 이런 이유 때문이다. CAD의 오용은 머리와 손이 분리됐을 때 머리가 어떻게 희생되는지를 보여주는 사례다.

CAD는 현대 사회가 직면한 커다란 문제를 대변하는 것일지도 모른다. 어떻게 하면 기술을 효과적으로 활용하면서 장인들처럼 생각할 수있느냐는 문제다. '체득 지식(embodied knowledge)'이란 말이 지금 사회과학에서 유행하고 있지만, '장인처럼 생각하는 일'은 정신적인 문제에만 머무는 게 아니라 첨예한 사회적 문제이기도 하다.

"공동체적 가치와 국가 목표"라는 제목의 토론회에 참석하느라 피치트리센터에 주말 내내 갇혀 있을 때, 특히 주차장이 내 시선을 끌었다. 각 주차 코너 끝에 표준 규격의 범퍼가 설치돼 있었다. 매끄러운 재질로 보였는데, 각 범퍼의 밑 부분이 날카로운 금속이어서 자동차나 사람의 종아리가 긁힐 위험이 있었다. 이 문제를 우려했던 현장의 누군가가 범퍼들을 뒤로 돌려놓은 모습이 눈에 띄었는데, 그 모양새가 삐뚤삐뚤한 걸 보니 일일이 사람이 한 일이 분명했다. 긁히기라도 하면 위험할 부분도 둥글게 갈아놓은 흔적이 보였다. 이 익명의 장인들은 건축가가 미처 하지 못한 생각을 했던 게 분명하다. 그리고 이 지상 주차장의 조명은 밝기가 불균등해서 운전 중에 매우 위험한 실내 그림자가 갑자기 나타날 때가 있다. 어둑한 구역으로 들어갔다 나오는 경로를 따라 운전자들이 시야를 잃지 않도록 도색공들이 발라놓은 어색한 흰색 페인트 선들이 군데군데 눈에 띄었다. 설계도대로 작업한 게 아니라 즉석에서 취한 조치임이 분명했다. 이 도색공 장인은 건축가보다 조명을 더 깊이 고려해서 맡은 일 이상의 일을 해냈다.

범퍼의 금속을 갈아냈던 이들과 흰색 페인트 선을 칠했던 이들은 설계회의에 참여하지 못했던 게 분명하다. 그랬더라면 그들의 경험을 살려서 컴퓨터 화면으로 세세하게 그려진 설계 내용의 문제점들을 지적할 수 있었을 것이다. 체득 지식을 보유하고 있지만, 그저 육체노동자에 불과한 이들에게는 그럴 만한 특권이 주어지지 않았다. 이것은 기능을 둘러싼 문제에서 아주 첨예한 문제다. 머리와 손의 분리가 단순히 지적 기능의 문제에 머물지 않고 사회적인 문제로까지 번져 있기 때문이다.

품질 표준의 갈등
정확성과 실용성

우리가 작업의 질이 좋다고 하면 무엇을 뜻하는 것인가? 두 가지 잣대가 있다. 하나는 어떤 방법으로 한 작업이며 그 방법이 정확한가 하는 것이고, 다른 하나는 그 작업이 효과가 있는가 하는 것이다. 이 두 가지의 차이는 바로 정확성과 기능성의 차이다. 개념적으로 따지자면 이 두 가지는 일치해야 하지만, 현실에서는 서로 충돌한다. 보통 정확성을 따질 때 쉽사리 달성하기 어렵더라도 일정한 표준이 있어야 한다고 생각한다. 이와 달리 정확한 표준을 정하지 않고, 그저 "이렇게 하면 되겠다"거나 "이 정도면 충분하다"는 판단을 표준으로 삼을 때도 있다. 하지만 이처럼 적당히 일하는 것이 실망과 좌절을 낳기도 한다. 적당히 처리하는 방식으로는 좋은 작업을 해내자는 내면의 욕구가 좀처럼 해소되지 않기 때문이다.

절대적인 품질 척도에 따라 일하려고 하면 작가는 문장 하나도 아주 매끄럽게 읽힐 때까지 쉼표 하나하나에 집착하게 될 것이고, 목수는 장부맞춤으로 이을 두 나뭇조각이 나사를 박지 않아도 정확하게 들어맞을 때까지 정밀하게 나무를 깎을 것이다. 작가가 기능성을 척도로 삼으면 쉼표 하나하나의 위치에 신경 쓰지 않고 웬만큼 읽히는 선에서 원고를 마감할 것이고, 쓰는 순간이 곧 읽는 순간인 것처럼 글을 써내려갈 수도 있을 것이다. 또 기능을 중시하는 목수는 맞춤이 잘 들어맞지 않아도 눈에 띄지 않게 나사를 박아주면 된다는 생각에 각각의 세부사항을 별 걱정 없이 처리할 것이다. 이런 목수의 경우도 판단의 기준은 만든 것이 쓰일 수 있느냐는 점이다. 모든 장인의 내면에는 엄격한 표준을 중시하는 절대주의자도 살고 있고, 생활에 임하는 직업인도 살고 있다. 절대주의자 입장에 서면 완전하지 못한 것은 전부 결함이고 실패다. 이와 반대로 직업인의 입장에 서면 완벽에 집착한다는 게 곧 실패로 가는 지름길로 보인다.

좀 우아하게 말의 근원을 짚어서 생각해보면 이 갈등이 선명하게 드러난다. **연습**(practice)이란 말과 **실용적**(practical)이라는 말은 같은 어원에서 나왔다. 한 가지 기능을 익히려고 훈련과 연습을 하면 할수록, 작업자는 더 실용적인 태도로 변해갈 거라고 쉽게 짐작할 수 있다. 솜씨가 좋아질수록 이렇게 하면 되겠다는 감각도 생기고, 한 가지 일에 몰입하게 되기 때문이다. 실제로 어느 일을 오랫동안 하다 보면 일의 원칙과는 반대방향으로 나갈 수 있다. '이삭 스턴 규칙'이 달리 표현된 내용으로는 기법이 좋아질수록 표준을 준수하기가 더 어려워진다는 규칙도 있다. (이삭 스턴은 본인의 분위기에 따라 반복연습의 장점에 대해 수많은 '이삭 스턴 규칙'의 변종을 만들어냈다.) 리눅스 세계에서도 이와 비슷한 현상이 나타난다. 리눅스를 능수능란하게 쓸 줄 아는 사람일수록 프로그램의 현재 표준에 만족하지 못하고 리눅스의 새로운 가능성과 이상을 끝없이 파고든다.

정확한 작업 이행과 적당한 마무리 사이의 갈등은 오늘날 제도적인 차원에서도 일어나는데, 의료서비스가 그런 사례 중 하나다. 나두 그렇지만 의료서비스 문제라면 고령에 접어든 독자들이 익히 겪어본 문제일 것이다.

지난 10년 동안 영국의 국립의료서비스(National Health Service: NHS)는 의사와 간호사들의 업무 성과를 판단하기 위한 새로운 척도를 계속 내놓았다. 이 과정에서 의료진이 처리하는 환자 수, 접수에서 치료까지 걸리는 시간, 환자에 대한 전문의 추천의 효율성 같은 지표가 활용됐다. 이런 지표들은 의료서비스의 질을 숫자로만 가늠하는 척도지만, 환자의 필요를 인간적으로 돌보겠다는 생각에서 나온 것들이다. 한 예로 전문의 추천을 의사가 편할 대로 맡겨두면 일처리야 더 간단하겠지만, 환자 입장은 뒷전으로 밀릴 수도 있을 것이다. 하지만 의사와 간호사는 물론 간호보조사와 청소 직원들까지 이러한 '개혁'이 현장의 실용성에서 볼 때 의료서비스의 질을 떨어뜨렸다고 생각한다. 이렇게 느끼는 그들의 감정이 이례적인 것은 아니다. 제도적 표준의 강행이 일선에서 환자를 다루는 의료 기능을 방해하고 있다는 실무 의료진의 생각은 서유럽의 폭넓은 연구에서 드러나고 있다.

　영국의 NHS는 '관리의료(managed-care)'를 비롯해 시장 위주의 미국식 의료체계와는 전혀 다른 배경을 가지고 있다. 제2차 세계대전이 끝나고 NHS를 설립한 일은 국가적인 자부심의 대상이기도 했다. NHS는 최상의 의료진을 채용했고, 의료진도 의욕적으로 일했다. 미국으로 가면 더 많은 돈을 주는 일자리들이 있었지만, 이들은 NHS를 떠나지 않았다. 영국이 의료서비스에 지출하는 돈은 국내총생산(GDP) 대비 비율로 봤을 때 미국보다 3분의 1이나 적지만, 미국보다 영아 사망률도 낮고 노인들의 평균 수명도 더 길다. 영국의 NHS는 '무료' 의료서비스로서 재원을 세금으로 조달하는 공적인 의료보장 제도다. 영국인들은 이 세금을 흔쾌히 내고 있으며, 서비스 향상을 위해서라면 기꺼이 세금을 더 내겠다는 말까지 나올 정도였다.

그러나 다른 모든 기관들처럼 NHS도 시간이 흐르면서 노후해졌다. 병원 건물도 오래되었고, 교체해야 할 의료장비도 그대로 활용됐다. 치료 전의 대기시간도 길어졌으며, 간호사들이 받는 훈련도 충분하지 못했다. 이 문제를 해결하기 위해 영국 정치인들은 10여 년 전에 이전과는 다른 새 품질 모델로 선회했는데, 20세기 초 헨리 포드(Henry Ford)가 미국 자동차 공장에 적용한 '포드주의(Fordism)'가 그것이었다. 포드주의는 공장 내 분업을 극단까지 몰고 갔다. 모든 노동자는 시간-동작 분석에 따라 최대한 정밀하게 계산된 한 가지 작업만 수행하고, 각 노동자의 작업 결과는 순수하게 숫자로 표현되는 작업 목표를 기준으로 측정된다. 포드주의를 의료서비스에 적용하게 되면, 의사와 간호사들이 환자 한 사람과 보내는 시간이 측정된다. 자동차 부품을 다루는 일에서 비롯된 시스템을 따르다 보니 치료 시스템이 주목하는 대상의 성격도 변하게 마련이다. 인격체인 환자는 배경 속에 사라지고, 간암과 척추질환 등의 질병이 처리해야 할 각각의 부품처럼 인식되는 경향이 나타나게 된다.[32] 특히나 영국에서 의료서비스의 주름살을 키운 것은 포드주의 노선에 따른 '개혁'이 빈번했다는 점이다. 지난 10년 동안 대대적인 조직개편으로 말미암아 개편된 조직이 다시 뒤집어지거나 바뀌기를 네 번이나 반복했다.

일찍이 18세기에 애덤 스미스(Adam Smith)가 『국부론(The Wealth of Nations)』에서 했던 이야기가 민간산업에서 포드주의의 악명을 보태는 이유가 됐다. 분업은 전체보다는 부분에 중점을 두는 만큼 스미스의 눈에는 상인은 활기차게 보였지만, 날이면 날마다 작은 일 하나만 되풀이하는 공장 노동자들은 흐리멍덩해 보였다. 그래도 스미스는 공장의 분업 시스템이 산업화 이전의 수공업보다 더 효율적이라고 생각했다. 헨리 포드는 완전히 기계적인 공정으로 생산된 자동차가 소규모 작업장에서 조립된 자동차보다 질이 우수하다는 주장으로 포드 공장의 생산방식을 정당화했다. 이러한 제조 방식은 초소형 전자기술이 제조업에 도입되면서 위력을 더해갔는데, 문제를 추적하고 감시하는 초소형 감지장치들의 성능은 인간의 눈과 손으로 하는 일보다 훨씬 정밀했고 들쑥날쑥함 없이 한결같았다. 요컨대 작업 결과물 자체의 질만으로 평가하자면, 기계가 사람보다 더 나은 장인으로 등장한 것이다.

이렇게 기계적이며 숫자로 표현되는 사회에서 과연 장인의식이란 게 어떤 성격과 가치가 있는 것인가는 오랜 논쟁거리였고, 의료개혁 문제도 바로 그 선상에 위치한다. NHS에서 포드주의를 표방한 개혁 세력은 의료개혁으로 서비스 품질이 좋아졌다고 주장할 수 있다. 특히 암과 심장질환 치료가 나아졌다. 한편으로는 영국의 의사와 간호사들이 곤혹스러워하면서도 일만은 제대로 해야 한다는 의지를 잃지 않았다는 점도 있었다. 그들은 구소련의 건설 노동자들처럼 망가지지는 않았다. 계속 이어지는 개혁에 찌들고 목표를 정해주고 관리하는 시스템에 분노하면서도, NHS 의료진은 양질의 서비스만큼은 나 몰라라 하지 않았다. NHS를 예리하게 분석한 줄리언 러그랜드(Julian Legrand)는 의료 행위에 대한 통제가 느슨하던 옛날을 의료진이 그리워하는 마음은 있어도, 만약 타임머신을 타고 두 세대 전으로 돌아가 당시의 의료관행을 보여준다면 모두 그 광경에 질겁할 거라고 지적한다.[33]

옛날에 대한 향수야 어찌 됐든, 의료 행위의 '실기' 측면에서 이러한 개혁으로 악화되기 전의 서비스는 어땠을까? 간호사들에 대한 연구에서 한 가지 대답을 찾을 수 있다.[34] 의료개혁 전 '구식' NHS 시절에 간호사들은 고령의 환자들 곁에서 그들의 자식 이야기나 어디가 쑤시고 아프다는 이야기를 들어주곤 했다. 한편 입원실 병상에서 환자가 갑자기 위급한 증상을 보이면 간호사들은 의료 처치를 결정할 합법적 자격은 없어도 환자 상태에 개입했다. 환자가 자동차처럼 수리할 수 있는 대상이 아님은 당연한 것이겠지만, 이런 간호사들의 행동에는 어느 분야든 일을 하는 업무 표준에 대해 깊이 생각해야 할 문제가 자리 잡고 있다. 일을 잘해보자는 태도는 분명치 않고 모호한 상황을 궁금히 여기며, 그것을 탐구하여 뭔가를 배우려는 의욕이 있다는 뜻이다. 리눅스 프로그래머들처럼 간호 업무의 실기는 문제를 해결하는 일과 문제를 찾는 일 사이의 섬세한 접경지대를 계속 드나든다. 노인이 들려주는 이야기 속에서 간호사는 진단 점검항목에서 누락될 수 있는 질병에 대해 의외의 단서를 얻을 수 있다.

이와 같이 섬세한 탐구 영역은 다른 의미에서 의사들에게도 중요하다. 포드주의적인 의료 모델의 경우에는 치료해야 할 구체적인 병명이 있어야만 한다. 그래야 간을 치료하는 데 몇 시간이 걸렸고, 몇 개의 간을 치료했으며, 그중 몇 개나 상태가 호전됐는지 계산해서 의사의 성과를 평가할 수 있기 때문이다. 그런데 사람의 몸이 보이는 증상은 이런 식의 분류 모델에 잘 들어맞지 않고 또 치료 효과를 보려면 사전에 실험을 해봐야 하기 때문에, 적지 않은 의사들이 관료제적인 감시망을 피해 시간을 벌려고 가짜 서류를 작성하곤 한다. NHS 의사들은 쉽게 판단할 수 없는 환자에게 번번이 가짜 병명을 지정해놓고, 그 질병 처리로 기록될 시간을 환자 상태를 탐색하는 데 활용한다.

의료 시스템의 표준을 만들고 관리하는 절대주의자들은 그들이 서비스의 질을 향상시켜왔다고 주장할 수 있다. 일선의 의사와 간호사들은 숫자로 제시되는 이러한 주장에 반론을 편다. 이 같은 의료진의 생각은 종잡기 어려운 감상주의라기보다는 호기심과 실험의 필요성을 제기하는 입장이다. 어쩌면 이들은 "인간의 타고난 모습이 그렇듯이, 뒤틀린 나무를 가지고 완전히 똑바른 물건을 만들 수는 없다"고 했던 이마누엘 칸트(Immanuel Kant)의 생각에 동조하는 입장일 거라고 생각된다. 환자는 물론 의료진 자신도 자로 잰 듯이 똑바를 수는 없으니 지나치게 엄밀한 표준으로 재지 말자는 생각이다.

이 갈등은 2006년 6월 26일 벨파스트에서 열린 영국 의학협회(British Medical Association) 연례총회 자리에서 절정에 달했다. 협회 회장인 제임스 존슨(James Johnson) 박사는 정부가 "의료서비스의 질을 높이고 의료비를 낮게 유지하기 위해 택한 방법은 슈퍼마켓에서 하는 일과 다름없고, 선택과 경쟁을 도입하자는 것"이라고 평했다. 또 의료계 동료들을 향해서는 이렇게 말했다. "여러분은 의료개혁과 더불어 의료처치 속도가 너무 빨라진 데다 개혁이 일관되게 추진되지 못함으로 말미암아 NHS가 심각하게 흔들리고 있다고 지적하고 있습니다. 의료계 일선에서 들려오는 이야기는 NHS가 위험에 처해 있으며, 의사들이 주변으로 내몰리고 있다는 것입니다." 그는 이어서 정부 측 참석자들에게 다음과 같이 호소했다. "일선에 있는 분들과 함께 일하십시오. 우리는 절대 적이 아닙니다. 우리도 해결책을 찾는 일에 함께할 것입니다."[35] 하지만 그다음 순서로 정부 공직자들이 연단에 오른 순간, 장내에는 정중하지만 냉랭한 침묵만 맴돌았다.

NHS 소속 병원은 10년 동안 여러 차례 대대적인 개혁을 겪었고, 오늘날 영국 의사와 간호사들은 개혁에 지쳐 찌들어 있다. 어떤 조직개편이든 간에 '자리를 잡으려면' 시간이 걸린다. 이제부터는 누구에게 연락해야 하고, 어느 양식을 써야 하며, 어떤 절차로 처리해야 하는지가 바뀐다. 조직개편에 따른 이런 변화들이 어떻게 일선의 실무에 반영되는 것인지 사람들이 새로 배워야 한다. 어느 환자가 갑자기 심근경색 증상을 보일 때, '모범 의료처리 수칙'을 꺼내어 최근 조항을 뒤져보려는 의료진은 없을 것이다. 자리를 잡는 과정은 조직이 크고 복잡할수록 더 오래 걸리는 법이다. 110만 명이 넘는 영국 최대의 피고용 인력을 거느린 NHS가 돛단배처럼 쉽게 방향을 바꿀 수는 없다. 영국의 간호사와 의사들은 아직도 10여 년 전에 도입된 변화들을 배우고 있다.

체득(體得, embed)한다는 것은 모든 기능에서 본질적인 과정이다. 보고 들은 내용과 실제로 해본 경험이 암묵적 지식으로 차곡차곡 쌓이는 과정이다. 아침에 잠을 깨는 동작을 하나하나 생각해서 해야 한다면, 잠자리에서 일어나는 데 족히 한 시간은 걸릴 것이다. 우리가 '본능적'인 행동이라고 일컫는 것은 일상적으로 반복하다 보니 별 생각 없이 하게 되는 행동을 뜻한다. 하나의 기능을 배우는 과정은 그렇게 반복되는 복잡한 절차를 일사불란한 목록처럼 숙달해가는 과정이다. 기능이 높은 단계에 들어서면, 이러한 암묵적 지식과 스스로 자신을 비춰보는 자기의식 사이에 끊임없는 상호작용이 생긴다. 이 상호작용을 일으키는 기준점은 어디까지나 암묵적 지식이다. 명시적 의식은 암묵적 지식이 펼쳐놓은 무대 위에서 비판하고 교정하는 역할을 한다. 이렇게 높은 단계에 들어서면 암묵적인 습관이나 짐작을 판단하는 자기비판 능력이 생기고, 높은 품질을 구현하는 실기작업은 이 과정에서 비롯된다. 조직을 휘젓는 개혁으로 말미암아 이와 같은 암묵적인 기준점 형성이 저해되면 NHS와 같은 거대 조직은 판단을 내리는 엔진이 멈춰버린다. 사람들은 판단을 내릴 경험을 놓치게 되고, 무엇이 질 좋은 작업이라고 규정하는 서류밖에 남지 않는다.

그러나 암묵적 지식과 명시적 지식 사이를 오가는 교류작용이란 것이 품질의 절대적 표준을 주장하는 사람들에게는 불안하기만 하다. 플라톤이 장인의식에 대해 썼던 그 옛날에도 경험에만 의존하는 표준은 미심쩍다고 여겨졌다. 플라톤은 이러한 경험적 표준이 그저 그렇고 졸렬한 품질을 은폐하려는 핑계일 때가 많다고 봤다. 이러한 플라톤의 입장을 따르는 NHS 개혁가들은 체득 지식을 뽑아내서 합리적 분석의 세탁 과정을 통해 정리하고 싶어했다. 간호사와 의사들이 획득한 암묵적 지식은 대부분 말과 논리적 명제로 표현될 수 없는 지식이었고, 그들은 이 점이 당혹스러웠다. 암묵적 지식에 대해 조예가 깊은 현대의 철학자 마이클 폴라니(Michael Polanyi)는 이러한 우려의 근거를 잘 인식하고 있었다. 암묵적 지식이 자리 잡은 상태가 지나치게 편안하면 더 높은 표준을 바라보지 않기 때문이다. 작업자의 작업 수준을 끌어올리려면 자기의식을 자극하고 일깨워야 한다.

결국 품질 척도에는 선명하게 대립하는 갈등이 존재하고, 이로부터 제도라는 관점에서 장인노동을 바라보는 두 가지 서로 다른 개념이 비롯된다. NHS 개혁자들을 옹호하자면, 그들은 정확하게 기능하는 시스템을 만들어내려는 장인들이고, 시스템 자체를 정교한 물건으로 다듬어내고 싶어하는 사람들이다. 그들의 개혁 동기는 모든 장인의식을 관통하는 중요한 공통분모를 반영한다. 즉 되는 대로 하거나 적당히 마무리하는 행위를 졸렬한 작업성과의 변명으로 간주하고 배격한다는 점이다. 마찬가지로 일선 실무진의 주장을 옹호하자면, 그들은 문제가 무엇이든 간에 (질병, 범퍼의 테두리, 리눅스 커널의 한 조각 등) 다양하게 번질 수 있는 문제의 모든 양상을 관심의 대상으로 삼는다. 이렇게 일하는 장인은 인내심이 있어야 하며 성급한 일처리를 피해야 한다. 이러한 태도로 양질의 작업을 달성하는 작업자들은 대개 가변적인 관계에 주목한다. 유동적인 관계를 항상 염두에 두고 대상에 접근하거나, NHS 간호사들처럼 다른 사람들한테서 실마리를 찾아내기도 한다. 즉 암묵적 지식과 명시적 비판 사이를 오가는 대화에서 경험적 교훈을 획득하자는 게 실무진의 주장이다.

따라서 장인노동의 가치를 생각할 때 난관에 봉착하는 이유 중 하나는 바로 그 말 자체에 서로 충돌하는 가치가 담겨 있다는 점이다. 이 두 가지 가치는 의료서비스와 같은 제도적 틀 내에서 지금까지도 풀리지 않은 채로 강렬하게 충돌하고 있다.

헤파이스토스 찬가에서 노래한 고대 장인노동의 이상은 기능과 공동체를 하나로 취급했다. 그러한 고대의 이상은 오늘날에도 리눅스 프로그래머들에게서 명확한 흔적을 찾아볼 수 있다. 일 자체를 위해 일을 잘해내려는 장인의 원초적 정체성은 오늘날 극히 예외적이고 주변적인 존재로 내몰리고 있다. 그 배후에는 현대의 장인들이 고통받는 세 가지 문제가 자리 잡고 있다. 장인노동(달리 말해, 그들이 하는 일과 장인으로서 일하고자 하는 욕구)을 어떻게 조직하느냐는 차원에서 나타나는 문제들이다.

첫 번째는 어떤 제도를 만들어야 사람들에게 일을 잘해보자는 동기를 부여할 수 있느냐는 문제다. 구소련 민간부문에서 마르크스주의가 악화됐던 것처럼, 집단을 명분으로 내세워서 양질의 작업 동기를 찾으려다가 공허한 결과만 남긴 사례도 있었다. 한편 전후 일본의 공장처럼 집단적 동기 부여가 성공한 사례도 있었다. 서구 자본주의에서는 때때로 협업보다 개별적 경쟁이 양질의 작업을 유도하는 데 효과적이라는 주장이 나오고 있지만, 첨단기술 분야에서 질 높은 작업 결과를 달성한 회사들은 협력을 장려한 경우였다.

두 번째는 기능을 숙달하는 데서 생기는 문제다. 기능은 연습과 훈련으로 숙달하는 행동이다. 인간에게는 그렇게 반복적이고 구체적이며 직접 실습하는 훈련이 필요한 것인데, 현대 기술의 사용자들이 이 훈련 기회를 빼앗길 때 기술이 오용되는 일이 발생한다. 머리와 손이 분리될 때 생기는 결과는 지적인 기능장애다. 이런 문제는 CAD와 같은 기술이 손으로 직접 도면을 그리면서 이루어지는 학습을 잠식할 때 아주 명료하게 나타난다.

세 번째는 상반된 두 가지 품질 척도가 상충함에 따라 생기는 문제다. 하나는 정확성에 바탕을 둔 척도이고, 다른 하나는 실무적 경험에 바탕을 둔 척도다. 의료서비스 사례처럼 품질의 절대적 표준에 따라 업무를 확립하려는 개혁자들의 욕망이 체득된 업무 관행에 바탕을 둔 품질 표준과 조화되지 못할 때, 이 두 가지 척도는 제도적으로 충돌한다. 철학적 견지에서 보면, 이러한 갈등은 암묵적 지식과 명시적 지식의 충돌을 의미한다. 현장에서 일하는 장인의 처지에서는 서로 반대로 작용하는 이 두 가지 힘이 그들을 잡아당기는 형국이다.

이 세 가지 문제가 어떤 역사를 지나왔는지 좀 더 깊이 들여다봄으로써 이들 문제를 분명하게 이해할 수 있다. 다음 장에서는 장인들에게 동기를 부여하는 하나의 사회적 제도로서 작업장을 살펴본다. 그다음에는 처음으로 기계와 기능을 이해하려고 했던 18세기 계몽사상의 노력을 들여다본다. 1부의 마지막 장에서는 구체적인 물건을 만들어 온 오랜 실기작업의 역사 속에서 암묵적 의식과 명시적 의식에 대해 살펴본다.

2장
작업장
The Workshop

작업장(workshop)은 장인이 생활하는 집이다. 말 그대로 작업장의 전통은 그랬다. 중세 장인들은 그들이 일하는 곳에서 먹고 자고 아이들을 길렀다. 여러 가족이 함께 사는 집이기도 했던 작업장은 규모가 작아서 한 곳당 기껏해야 열댓 명 정도가 기거했다. 근대 이후의 공장은 수백 명에서 수천 명이 일하는 공간이지만, 중세의 작업장은 이런 모습과는 전혀 달랐다. 그러니 19세기에 난생처음으로 산업화 광경을 목격한 사회주의자들의 눈에 일터이자 집이었던 작업장이 낭만적으로 비쳤던 것도 이해할 만한 일이다. 카를 마르크스와 샤를 푸리에(Charles Fourier), 클로드 생시몽(Claude Saint-Simon)은 모두 작업장을 인간의 정감이 흐르는 노동공간으로 바라봤다. 그들은 또 이 공간에서 인간이 머물 훌륭한 집을 봤던 것 같다. 서로 얼굴을 맞대고 사는 사람들이 일과 생활을 함께 영위하는 공간으로 보였을 법하다.

하지만 이런 매혹적인 이미지는 잘못된 것이다. 일터면서 집이기도 했던 중세 작업장을 좌우하는 규칙은 사랑을 제일의 덕목으로 쳤던 근대의 가족과는 사뭇 달랐다. 각 작업장은 같은 일을 하는 작업장들로 구성된 동업조합(길드guild)에 속해 있었고, 다시 여러 길드가 모여서 도시 생활과 결합된 하나의 체계를 이루고 있었다. 이러한 중세 작업장에서 일하며 얻는 정서적 보상은 무엇보다도 도시 생활의 명예였지, 인간적인 정감과는 거리가 멀었다. 장인과 그 가족들에게 '집'은 삶을 의지할 생활거점을 뜻했고, 중세 작업장은 먹고살기 위해 열심히 일해야 하는 곳이었다. 그들에게 생존은 그냥 주어지는 게 아니었기 때문이다. 작업장이 집이었다고 하면 활발하게 움직이는 현대의 일터와는 느낌이 영 다르다. 하지만 엇비슷한 면도 있다. 오늘날 과학 실험실들을 보면 대부분 중세 작업장과 흡사하게 조직돼 있다. 규모도 작고 직접 얼굴을 맞대고 일하는 공간이라는 점에서 그렇다. 거대 기업에서도 이 같은 작업장 모습을 쉽게 찾아볼 수 있다. 한 예로 현대적인 자동차 공장들을 보면 조립 생산라인과 전문화된 소규모 작업팀들의 전용 공간이 함께 배치돼 있다. 이러한 공장들은 이제 단위 작업장들이 쭉 늘어선 군도처럼 변했다.

작업장을 좀 더 만족스럽게 정의할 수 있는 시각은 무엇보다도 권위라는 문제를 놓고 직접 대면하는 사람들이 일하는 공간으로 보는 것이다. 냉혹하리만큼 간결한 정의지만, 이 시각은 일할 때 누가 지시하고 또 누가 복종하는가에 주목할 뿐 아니라, 지시의 정당성이자 복종의 가치이기도 한 기능(技能)에 주목한다. 마스터가 작업을 지시할 권한을 가지는 이유도 그의 기능이고, 도제(apprentice)나 저니맨(journeyman)

의 복종이 값진 의미를 가지는 것도 마스터의 기능을 보고 습득하는 데서 연유한다. 이것이 작업장의 원칙이다.

작업장을 이렇게 정의하게 되면 권위(authority)의 반대말, 즉 자율(autonomy)을 생각해볼 필요가 있다. 자율은 작업자가 다른 사람의 개입 없이 독자적으로 일하는 상태를 말한다. 그만큼 자율은 일할 맛이 나게 하는 매력이 있다. 앞 장에서 언급한 구소련의 건설 근로자들이 자기 일에 대한 통제권이 더 많았다면 좀 더 성실하게 일했을 것이다. 영국 국립의료서비스(NHS)의 의료진도 그들을 가만히 내버려두면 까다로운 일을 더 잘 처리할 거라고 생각했을 게 분명하다. 이들은 자기 일터의 주인이어야 한다. 하지만 혼자 일하는 상태로는 창틀을 어떤 식으로 결합해야 하고 혈액을 어떻게 채취해야 하는지 일의 방법과 표준을 정하기 어렵다. 장인노동에서는 표준을 정하고 훈련을 시키는 상급자가 있어야 한다. 작업장에서 기능과 경험의 불균등은 매일 얼굴을 맞대고 일하는 사람 사이의 문제다. 일이 잘 돌아가는 작업장에서는 정당한 권위가 사람 자체에서 나오지, 서류 속의 권한과 의무 조항에서 나오지 않는다. 실패한 작업장에서는 러시아 건설현장의 근로자들처럼 근무기강이 해이해지기도 하고, 총회에 참석한 영국 간호사들처럼 싫어도 복종할 수밖에 없는 사람들의 모습만 봐도 분노를 참지 못한다.

사회사 속에서 장인노동이 밟아온 길은 권위와 자율이라는 문제에 정면으로 대응하거나 또 다른 쪽으로 해소하려는 작업장들의 노력이 큰 줄기를 이룬다. 물론 다른 측면에서 작업장들이 겪었던 문제도 있다. 시장과 거래하는 일도 있었고, 재원과 이익도 마련해야 했다. 하지만 사회 속에서 작업장들이 밟아온 길을 볼 때, 가장 두드러진 문제는 이들이 권위를 구현하기 위한 사회기관으로서 어떻게 조직돼왔는가 하는 점이다. 작업장의 역사는 중세가 막을 내릴 시점에 중요한 순간을 맞았다. 이들이 겪었던 변화는 오늘날 권위라는 문제를 조명해주는 중요한 대목이다.

길드에 속한 집
중세 금세공인

중세 장인의 권위는 그가 기독교인이라는 데 있었다. 초기 기독교는 처음부터 장인을 존엄한 존재로 받아들였다. 그리스도가 목수의 아들이었다는 것은 신학자에게나 평신도에게나 준엄한 사실이었고, 그리스도의 초라한 태생은 신이 뜻하는 모든 것을 말해주는 징표였다. 어거스틴(Augustine: 라틴어 이름인 아우렐리우스 아우구스티누스Aurelius Augustinus의 영어 표기)은 "씨앗을 뿌리고, 싹을 심고, 묘목을 옮겨 심는 것만큼 경이로운 광경이 어디 있겠는가?"라고 말하면서 아담과 이브가 "밭에서 일하는 모습이야말로 참으로 복된 것"이라고 생각했다.[1] 게다가 스스로 파멸로 치달을 수 있는 인간의 성향을 이러한 노동이 막아줄 수 있다는 점에서도 종교는 장인의 노동을 환영했다. 헤파이스토스 찬가에 묘사된 것처럼 실기작업은 평화롭고 생산적인 것이며 폭력과는 거리가 멀었다. 이런 이유로 중세에는 새로운 장인이 출현했는데, 성직자면서 장인이기도 했던 기독교 성인들이다. 예를 들어 앵글로색슨 지배기에 살았던 영국의 두 성인 던스탄(Dunstan)과 에텔왈드

(Ethelwold)는 금속을 다듬는 장인이었는데, 묵묵히 일하는 부지런함으로 덕망이 높았다.

중세 기독교 교리는 실기작업을 존중하기는 했지만, 동시에 신앙의 근원까지 거슬러 올라가는 인간 내면의 판도라를 경계했다. 기독교가 공인되기 전 로마 사람들은 인간이 만든 물건이 영혼을 드러내주는 것이라고 믿었는데, 이렇게 건설된 로마는 기독교적 시각에서 거대한 광기의 산물로 비쳤다. 어거스틴은 『강론(Sermons)』에서 **고백**(confessio)은 "나를 탓하고 신을 찬양하는 것"이라고 주장했다.[2] 세속과 물질에 대한 집착을 버릴수록 인간의 일을 초월하는 내면의 영생에 가까워진다는 확신이야말로 기독교에 귀의함의 밑바탕이었다. 그리스도가 목수의 아들이었다고는 해도, 장인은 인간 세상에 출현한 그리스도의 겉모습일 뿐 그리스도의 존재는 아니라는 게 기독교 교리의 저변에 깔려 있었다.

중세 초기에 기독교도 장인이 기거하던 곳이자 마음의 고향은 수도원이었다. 예컨대 지금의 스위스 땅에 자리 잡고 있는 성 골 대수도원(Abbey of Saint Gall)과 같은 곳이다. 이런 수도원들은 성벽으로 둘러싸인 산중에서 수도사들이 은둔생활을 하면서 밭을 일구고 나무를 깎고 약초로 약재를 조제하며, 물론 기도도 하는 곳이었다. 성 골 대수도원은 평신도 장인들도 받아들였는데, 수도원의 계율에 따라 생활하기는 평신도나 수도사들이나 별로 다를 게 없었다. 그 가까이에 있는 수녀원에서는 수녀들이 외부 세계와 엄격하게 차단된 은둔 생활을 하고 있었지만, 직물을 짜고 바느질을 하는 실용적인 일이 그들 일과의 대부분이었다. 성 골 대수도원을 비롯한 수도원들은 먹고사는 데 필요한 대부분의 물자를 스스로 생산해서 거의 자급자족하는 (요즈음 말로 하자면 '지속 가능한sustainable') 공동체였다. 성 골 대수도원의 일상생활에서 작업장들이 따랐던 행동규범은 곧 종교적인 권위였다. 그러나 그 이면에는 종교와 세속을 완전히 끊어놓을 수 없는 신앙의 양면적인 원리도 있었다. 다시 말해 수도 생활을 감내하면 성령(聖靈)을 볼 수도 있겠지만, 그렇다고 수도원 담장 안에만 성령이 존재하는 것은 아니라는 점이다.

12~13세기에 도시가 발달하자 작업장은 예전과 달리 성(聖)과 속(俗)이 뒤섞인 공간으로 변했다. 1300년 파리의 노트르담 대성당 관할 교구와 그 300년 전인 1000년 당시 성 골 대수도원을 비교해보면 몇 가지 차이점이 드러난다. 도시권의 주교 관할 교구에는 사적인 작업공간이 많았다. 교회 소유의 건물 일부를 작업장이 임차하거나 매입했다는 점에서 '사적'이었고, 또 수도사나 다른 성직자가 마음대로 들락거릴 수 없었다는 점에서도 사적이었다. 동서로 흐르는 센 강의 남쪽에 위치한 주교 구역(Bishop's Landing)은 성직자 공동체에 물자를 공급하는 창구 역할을 했고, 센 강 북쪽에 위치한 성 랑드리 구역(Saint Landry's Landing)은 여러 부류의 평신도들이 섞여 사는 공동체에 물자를 공급하는 창구 역할을 했다. 이 도시 공동체 건설을 지휘했던 마스터 석공 지앙 드 셸(Jehan de Chelles)이 마지막 작업에 들어갈 무렵인 13세기 중엽은 왕권으로 상징되는 국가가 교회와 대등한 권력을 확보하고 이를 자축할 때였다. 국가와 교회, 두 권력은 똑같이 "건축 직종의 일들을 높이 평가했고, 조각과 유리 성형, 직조(織造), 목공 등 육체노동을 하는 장인들과 건축 일에 자금을 조달해주는 은행가들을 치하

했다."[3]

 장인들의 동업조합인 길드는 **왕은 죽지 않는다**(rex qui nunquam moritur)는 왕권 영속성의 원리를 세속적인 차원에서 실현한 자치단체(corporation)였다.[4] 한 사람의 장인은 죽어도 길드는 계속 이어지는 것이기 때문이다. 길드가 존속할 수 있었던 것은 법률적인 문서의 뒷받침도 일부 있었지만, 대대로 직접 전수되는 지식이 더욱 큰 역할을 했다. 이러한 '지식자본'을 기반으로 장인들은 길드의 경제적 영향력을 확보하려고 했다. 역사가 로버트 로페즈(Robert Lopez)에 따르면, 도시 길드는 "자율적인 작업장들의 연합체였고, 각 작업장의 소유주(즉 마스터)가 모든 결정권을 가지고 하급 장인들(저니맨, 도제, 삯일꾼)의 승급 조건을 정했다."[5] 1268년에 발간된 『조합 정관집(Livre des métiers)』은 이와 같이 조직된 100개의 실기 직업을 열거하고 있는데, 모두 여섯 직종(식품, 보석, 금속, 섬유 및 의류, 모피, 건축)으로 분류해놓았다.[6]

 도시가 발달하는 와중에도 수직적 위계에 따른 종교의 권위는 여전했다. 종교의례는 도시 길드에서 작업자들이 하루 일과를 보내는 관례였을 뿐 아니라, 파리의 일곱 개 주요 길드에 속해 있는 마스터들은 대수도원장에 버금가는 높은 도덕적 자질을 갖추어야 했다. 이러한 도덕적 요구는 순전히 도시 생활의 필요 때문에 생긴 점도 있었다. 중세 도시에는 경찰이랄 게 따로 없어서 밤낮으로 폭력이 횡행했다. 수도원의 질서 정연한 균형과는 거리가 멀었던 도시 길거리에선 폭력이 작업장 문지방을 넘기도 했고, 작업장들 사이에도 폭력이 벌어지곤 했다. 권위를 뜻하는 영어 '오소리티(authority)'의 어원인 라틴어 '아욱토리타스(auctoritas)'는 공포와 경외감을 줘서 남을 굴복시키는 인물을 뜻한다. 작업장의 마스터는 바로 이런 느낌을 유발해서 자기 일터의 질서를 유지해야 했다.

기독교 윤리는 도시 기독교도 장인의 '남성상'에 아주 큰 영향을 미쳤다. 초기 기독교의 교의에서는 자유시간이란 곧 유혹이었고, 여가는 게으름을 부르는 것이었다. 이런 경계심은 특히 여성들을 표적으로 삼았다. 초기 기독교 교부(教父, Church Father)들은 여성들이 손에 할 일이 없으면 성적 방종을 일삼는다고 생각했다. 이런 편견은 여성들에게 특별한 실기 일거리를 줘야 유혹에 빠지는 것을 막을 수 있다는 생각으로 흘렀는데, 이렇게 해서 생긴 일이 바느질이다. 뜨개질을 하든 수를 놓든, 여성들에게는 분주히 손을 움직여야 할 일이 많이 주어졌다.

여성들이 가만히 놀지 못하게 하려고 탄생한 바느질의 연원은 초대 교부 성 제롬(Saint Jerome)으로까지 거슬러 올라간다. 시간이 흐르면서 굳어지는 편견도 제 갈 길을 찾아가듯, 여성에 대한 부정적인 인식에서 비롯된 바느질이 중세 초기에 이르면 존경의 이유가 되기도 했다. 역사가 에드워드 루시스미스(Edward Lucie-Smith)에 따르면, "왕비들은 뜨개질이나 바느질을 부끄럽게 여기지 않았다." 참회왕 에드워드(Edward the Confessor)의 왕비인 이디스(Edith)나 정복왕 윌리엄(William the Conqueror)의 왕비인 마틸다(Matilda)도 손수 옷가지를 바느질했다.[7]

그렇지만 장인노동 안에 굳어진 '남성상'은 여성을 길드의 공식 회원에서 배제했다. 그렇다고 여성들이 아무 일도 하지 않았던 건 아니고 도시 작업장에서 요리와 청소 같은 일을 하면서 함께 거주했다.

중세 길드의 남성 세계에서 권위는 세 단계(마스터, 저니맨, 도제)의 수직적 위계로 구체화됐다. 계약을 통해 도제로서 견습하는 기간과 그 비용이 정해졌다. 견습 기간은 보통 7년이었고, 견습 비용은 대개 나이 어린 도제의 부모가 부담했다. 어느 길드에서든지 7년차 견습 마지막 해에 선보이는 수작(秀作, chef d'oeuvre)이 도제가 쌓은 실력을 인정받을 수 있는 첫 시험대였다. 이 과제물에서는 기초적인 기능을 얼마나 습득했는가를 본다. 여기서 성공작으로 인정받으면 도제는 저니맨으로 승급해 장인으로 인정받고, 그때부터 5년에서 10년을 더 배운다. 이 과정은 그가 상급수작(上級秀作, chef d'oeuvre élevé)을 만들어서 마스터가 될 자격이 있는지 입증할 수 있을 때까지 계속된다.

도제가 선보이는 과제물은 본 대로 따라 하며 배우는 모방에 중점을 뒀다. 저니맨의 과제물은 평가 범위가 더 넓어서 관리자로서의 능력을 보여줘야 했고, 미래 지도자로서 신뢰감을 주는 증거가 되어야 했다. 작업 절차를 그대로 따라 하는 것과 그동안 배운 것을 어떻게 써야 할지 폭넓게 이해하는 것 사이에는 큰 차이가 있다. 이 차이는 앞 장에서 보았듯이 모든 기능의 숙달 과정에서 확연하게 구분된다. 중세 작업장에서 이러한 숙달 과정을 지도하고 판단하는 사람이 갖는 권한은 아주 특징적이다. 어느 작업장이든 그곳 마스터가 판단을 내리면 더 이상은 재고의 여지가 없었고, 이에 대해 길드가 개입하는 일은 극히 드물었다. 작업장에서의 권위와 자율권은 마스터라는 사람 그 자체였다.

이 점에서 중세 때 금세공(金細工, goldsmithing)은 연구하기 좋은 실기 직업이다. 지금의 우리가 보기에도 쉽게 이해할 수 있고 생소하지 않기 때문이다. 금세공 도제는 한 작업장에서 붙박이 생활을 하면서 광석을 제련해 귀금속을 추출하고 측정하는 방법을 배웠다. 이런 기능은 마스터가 시키는 대로 실습해야만 배울 수 있었다. 하지만 도제가 그곳에서 수작을 선보이고 나면, 저니맨으로서 일할 기회를 찾아 도시를 옮겨다닐 수 있었다.[8] 이렇게 여정에 오른 금세공 저니맨은 낯선 도시의 마스터 장인 단체 앞에서 상급수작을 만들어 선보였다. 그는 자신의 관리 능력과 도덕적 행동으로 이 낯선 마스터들에게 자신이 그들과 같은 마스터가 될 자격이 있음을 설득해야 했다. 현대의 경제적 이주자들을 주목한 사회학자 알레한드로 포르테스(Alejandro Portes)는 대체로 이렇게 이주하는 사람들은 기업가적 활기가 있는 반면, 수동적인 사람들은 고향에 머문다고 지적한다. 중세의 금세공 세계에는 이처럼 이주를 동반하는 역동성이 있었다.

이런 이유로 금세공은 세계 최초의 사회학자이자 여전히 위대한 사회학자로 남아 있는 이븐할둔(Ibn Khaldun)의 눈길을 끌었다. 그는 지금의 예멘에서 태어나, 당시 회교도 통치자들의 지배가 느슨했던 와중에 유대인과 기독교인, 회교도가 섞여 살던 안달루시아(지금의 스페인 땅)를 두루 여행했다. 보통 '역사서설'로 불리는 방대한 저작인 그의 『무카디마(Muqaddimah)』(라틴어로 프롤레고메나Prolegomena로 불리는 책)는 어떤 의미에서 실기작업에 대한 면밀한 고찰이다. 안달루시아에서 이븐할둔은 토착 기독교인 길드에서 만든 제품과 이동 중인 금세공인들의 작품을 관찰했다. 이 금세공인들은 그의 눈에 여행과 이동 생활로 단련된 북아프리카의 베르베르(Berber) 사람들처럼 보였다. 반면 토착 길드들은 활기가 없고 '부패'해 보였다. 그의 말에 따르면 훌륭한 마

스터는 "세상을 떠도는 작업장의 주인들"이다.[9]

　중세 사회에서 이주 노동과 국제무역의 물결은 그 반작용으로 오늘날 우리가 우려하고 있는 것과 똑같은 걱정거리를 낳았다. 도시 길드의 최대 골칫거리는 자기 지역에서 만들지 않는 새로운 물건들이 시장에 밀려드는 일이었다. 특히 중세 런던과 파리의 길드는 북유럽에서 성장하는 무역에 제동을 걸려고 방어조치를 강구하기도 했다. 그 일환으로 도시로 들어오는 관문에서 징벌적인 통행세와 관세를 부과하거나, 도시에서 열리는 박람회를 엄격하게 규제하는 조치를 취했다. 이주 생활을 하는 금세공인들은 어디에서 일하든 똑같은 작업 조건을 보장해주는 계약을 원했고, 길드 조직이 이러한 체계를 만들어냈다. 고대 그리스의 직조공들처럼 중세의 이 장인들은 실기작업을 대대로 온전하게 물려주고자 했다. 이들은 실기작업의 국제적 통일성도 유지하려고 했기 때문에 한나 아렌트가 말했던 '탄생성'과 소멸이 반복되는 사태는 결코 원치 않았다.

　『조합 정관집』에는 간혹 '빈곤 탓이나 자발적인 선택으로' 마스터가 저니맨이 되는 이야기가 나온다.[10] 빈곤 때문에 위상이 떨어진 경우는 쉽게 이해할 수 있다. 즉 실패한 마스터가 다른 마스터 밑으로 들어가는 경우다. 자발적으로 마스터를 포기하는 두 번째 경우는 떠돌이 금세공인처럼 어느 도시 길드의 수직적인 위계에서 자기 자리를 포기하고 기회를 찾아 여정에 오르는 전직 마스터일 것이다.

　성년이 된 금세공 장인들은 일이 있는 곳을 찾아나서는 유동적인 현대 노동자들과 비슷한 점이 있지만, 길드 구성원들 간에는 강력한 공동체 의식이 형성돼 있었다. 길드 조직망은 이동 중인 작업자들에게 연락망을 제공해줬다. 역으로 이주하는 작업자들이 새로 만나는 금세공 장인들을 존중해야 할 책임도 똑같이 중시되었다. 정교한 의례와 행사를 통해서 길드 구성원들 각자를 묶어주는 유대가 형성됐다. 더욱이 많은 금세공 길드가 여성도 포함하는 친목조직을 만들어 어려움에 처한 작업자들을 돌봐줬는데, 일례로 사망한 사람들을 묻어줄 묘지 터를 구입하는 일이 이런 친목조직을 통해서 이루어졌다. 그 시대에는 성인들 사이의 서면계약이라는 게 별 효력이 없어서 비공식적인 신뢰가 경제적 거래의 밑바탕이었기 때문에 "중세 각 장인이 세상사에서 가장 중시해야 할 의무는 자신의 평판을 좋게 쌓아가는 일이었다."[11] 여러 곳에서 이방인으로 일하며 이주 생활을 하는 금세공인들에게는 이 의무가 최우선적인 것이었다. 길드의 의례적 생활과 그 친목 활동은 그들이 도덕적 면모를 쌓아가기 위한 준거가 됐다.

'권위'라는 것은 사회의 그물망에서 위신이 서는 자리에 있다는 것 이상을 뜻한다. 장인의 권위는 그런 자리 못지않게 그가 보유하는 기능의 품질에서 나온다. 금세공 장인의 경우를 보면, 마스터의 권위를 세워주는 훌륭한 기능은 그의 윤리와 분리될 수 없었다. 이러한 윤리적 의무는 금의 진위를 가리는 금세공 본연의 기술, 즉 시금(試金, assay)에서 명백히 드러났으며 금세공이 경제적 가치를 인정받는 것도 이 기술 때문이었다.

귀금속 주화가 화폐 역할을 하던 중세 때는 이물질을 섞거나, 함량을 빼돌린 주화 또는 아예 가짜인 주화가 수시로 경제를 침범했다. 금세공 장인의 역할은 광석에서 순금을 녹여내는 일뿐 아니라, 이렇게 침투하는 가짜 주화를 가려내 진실을 밝히는 일이기도 했다. 금세공 길드의 명예는 이처럼 거짓 없는 정의를 지킨다는 데 있었다. 실제로 거짓이 발각된 금세공인들은 다른 길드 구성원들한테 혹독한 처벌을 받았다.[12] 정확하고 진실한 장인은 경제에도 중요했지만 정치에도 중요했다. 왜냐하면 어느 귀족이나 시정부가 가진 재산의 진위가 바로 그의 판단으로 확인됐기 때문이다. 13세기 무렵엔 장인의 윤리의식을 고양하기 위해 순금을 판별하는 시금이 일종의 종교의례와 다를 바 없어서 축성을 맡은 성직자 앞에 선 금세공 마스터가 별도의 기도와 함께 금의 순도를 신의 이름으로 증언했다. 지금이야 화학적인 진실을 가리는 일에 신앙이 무슨 소용이냐고 생각하겠지만, 우리 선조는 중요하다고 믿었다.

금세공인들의 시금 절차가 현대적인 의미에서 과학적인 것은 아니었다. 중세 야금학은 여전히 고대로부터 전해오는 자연계 4대 원소설의 멍에를 쓰고 있었다. 르네상스 말기에 이르러서야 야금학자들이 한 번의 검사로 시금을 할 수 있는 '회분법(灰分法, cupellation)'의 효력을 확인하게 됐다. 이 기법은 시금할 표본을 고온의 공기에 그슬려서 납과 같은 불순물을 산화시키는 방법이다.[13] 이 기법이 개발되기 전에는, 중세 금세공인들은 손에 쥔 물질이 진짜 금인지 판단하기까지 여러 가지 검사 방법을 써야 했다.

금세공인이 시금 과정을 '손수(hands-on)' 한다는 것은 단지 비유적인 말이 아니었다. 시금에서 가장 중요했던 요소는 그의 촉감이다. 즉 시금할 금속을 굴려보고 짓눌러봐서 느끼는 갖가지 감각으로부터 얼마나 순금에 가까운지 판단했다. 왕이 연주창과 나병에 걸린 백성을 손으로 만져서 치유했다는 데서 '킹스터치(king's touch)'란 말이 생겼던 것처럼, 중세에는 촉감이 신비하고 종교적인 의미까지 담고 있었다. 금세공인이 시금할 때 손놀림이 느리고 신중할수록 같은 직종 동료들과 고객의 신뢰를 더 많이 받았다. 반면 한 번의 검사로 즉석에서 나오는 결과는 의심을 샀다.

윤리는 금세공인과 연금술사의 관계를 결정하는 요소이기도 했다. 14~15세기에는 지금 우리가 생각하듯이 연금술이 그리 어리석은 생각이 아니었다. 그 무렵 사람들은 모든 고체에 '흙'이라는 동일한 원소가 들어 있다고 믿었으며, 연금술을 시도하는 사람이라고 해서 사기꾼 취급을 받았던 것도 아니다. 심지어 17세기 말에 이르러서도 아이작 뉴턴(Isaac Newton) 같은 유명 인사마저 연금술을 흥미 있게 다뤘다. 역사가 키스 토머스(Keith Thomas)에 따르면, "뛰어난 연금술사들은 대부분 무작정 금을 찾겠다는 게 아니라, 엄격한 정신적 수양을 추구한다고 생각했다."[14] 그들이 찾고 있었던 것은 자연의 흙에서 '고귀한 가치'의 실체를 추출해내는 정화 원리였고, 달리 보면 영혼의 정화와도 같은 맥락이었다. 금세공인과 연금술사는, 말하자면 순수함을 추구한다는 점에서 동일한 동전의 양면과도 같은 관계였다.

그렇지만 현실 세계에서는 연금술이 내세우는 주장을 비판하는 사람들이 금세공인들이었다. 주화 위조자에게는 금세공인이 불구대천의 원수이기도 했기 때문이다. 중세에는 연금술에 관한 각양각색의 논설이 넘쳐났다. 그야말로 공상에 불과한 것들도 있었고, 당대의 과학을 활용해서 깊이 탐구하는 진지한 내용도 있었다. 시금은 이런 이론들을 말 그대로 금세공인의 손으로 검증하는 과정이기도 했다. 영국의

NHS에 수북이 쌓이는 서류상의 '개혁'을 보고 간호사들은 실무 경험을 바탕으로 개혁의 실체를 판단했다. 연금술의 논설을 말뿐인 개혁에 비유하자면, 금세공인의 시금은 간호사들의 실무 경험과도 비슷하다.

작업장이 가족과 일이 통합되어 있는 장인의 집이었다고 하면, 과연 그러한 작업장이 어떤 모습이었는지 가장 잘 보여주는 사례가 금세공일 것이다. 모든 중세 길드의 밑바탕을 이루는 가족적 위계는 꼭 혈연적인 관계만은 아니었다. 마스터 장인은 밑에 거느린 저니맨과 도제가 혈연관계가 아니더라도 이들에 대한 법적인 친권을 가졌다. 아들을 둔 아버지가 마스터 장인에게 자기 아들을 맡길 때는 양아버지로서의 권한도 함께 위임했다. 이 점은 잘못된 행동에 체벌을 가할 수 있는 권한도 넘겨주었다는 데서 명료하게 드러난다.

하지만 일터가 양아버지와 양아들 관계로 되었다는 점은 양아버지의 권한을 제약하는 점도 있었다. 아무리 친아버지라고 해도 양육 각서를 쓰고 아들을 기르는 경우는 없지만, 남의 아들을 위탁받는 마스터는 종교적 서약을 함으로써 계약의 의무를 졌다. 그 서약이란 바로 도제의 기능을 향상시키겠다는 내용이었다. 역사가 엡스타인(S.R. Epstein)은 이런 계약이 도제들을 '기회주의적인 마스터'에게서 보호해줬고, 이러한 계약이 없을 경우 아무런 이득도 얻지 못한 채 "도제들이 값싼 노동자로 착취당할 위험도 있었다"고 지적했다.[15] 역으로 도제 또한 종교적인 서약을 통해서 그가 배우게 될 마스터의 비밀을 지키겠다는 계약을 맺었다. 이와 같은 법적이고 종교적인 결속을 통해서 도제들은 혈연관계로는 얻을 수 없는 정서적 보상을 얻기도 했다.

예를 들어 훌륭한 도제로 인정받으면 도시 행사의 행렬에 소속 길드의 상징이나 깃발을 들고 참여할 수 있었고, 길드 구성원들의 잔치가 열리면 좋은 자리에 앉을 자격도 주어졌다. 길드의 관례에 따른 종교적인 서약은 양아버지와 그 양아들 사이에 일방적인 복종이 아니라 쌍방이 서로 존중해줘야 할 **위신과 신의**(honor)를 만들어줬다.

오늘날에는 어린이가 12세 정도가 되면, 그때부터 다시 고뇌의 청소년기가 10대 후반까지 연장된다고들 생각한다. 필리프 아리에스(Philippe Ariès)를 비롯한 아동 역사가들에 따르면, 중세에는 성년기 전까지 아동기가 연장되는 청소년기가 없었다고 한다. 아이들도 6~7세부터는 나이 어린 성년으로 취급됐고, 성인들이 싸울 때면 같이 치고받기도 했으며, 사춘기 전에 결혼하는 일도 흔했다.[16] 일부 사실의 오류가 있다고는 해도, 아리에스가 설명하는 내용은 길드 생활에서 권위와 자율의 관계를 보여주는 내용이다. 왜냐하면 길드의 관행은 도제 생활을 시작하는 아이들을 '새내기 어른'으로 취급하는 계기가 됐을 것이기 때문이다.

사료에는 마스터의 친자식에게 특혜를 주는 길드가 많았다고 나온다. 하지만 마스터의 친자들이 그런 특권을 확실하게 누리지는 못했다. 대대로 가업을 이어가는 경우는 일반적이라기보다 예외에 속했다. 폭넓게 추정한 어느 자료에 따르면, 1400년대 유럽의 브뤼주(Bruges)에서 베니스까지 작업장이 촘촘하게 밀집된 지역에서 다음 세대가 가업을 이어간 경우는 절반밖에 되지 않았다. 1600년대 말에는 수공업 장인의 아들 가운데 아버지의 자리를 물려받은 경우는 10분의 1에 불과했다.[17] 브뤼주의 나무통(배럴barrel) 마스터 중에서 그 아들이 아버지의 작업장을 물려받은 경우는 1375년에 절반가량이었고, 1500년에는 거의 없었다.[18] 역설적이지만 청년 장인이 작업장의 마스터가 되는데는 기능을 전수해주겠다는 양아버지의 서약이 가업을 물려줄 수 있는 친아버지의 권한보다 더 확실한 보증이었다.

하틀리는 과거를 낯선 나라라고 했지만, 800년 전 사람들이 경험했던 친권 위임은 그렇게 낯선 것도 아니다. 현대인의 삶에서 교사가 차지하는 비중은 갈수록 늘고 있어서 친권 위임은 학교 생활에서 하나의 현실이다. 그리고 이혼과 재혼으로 다른 종류의 친권 위임도 나타나고 있다.

중세 작업장을 하나의 집으로 지탱해주는 것은 애정보다는 위신과 신의였다. 이 집의 주인이 행사했던 권위는 아주 구체적인 행위, 즉 기능의 전수에서 비롯됐다. 바로 이것이 아이의 성장에서 양아버지가 하는 역할이었다. 그는 사랑을 '주지' 않았다. 그 대신 돈을 받고 아주 특수한 아버지 역할을 했다. 지금의 눈으로 보면, 이 같은 친권 위임은 아버지상에 대한 신선한 의미로 다가오기도 하고 낯설고 이상하기도 하다. 길드 마스터는 아버지상으로서의 역할이 분명했고, 자식의 지평을 출생이라는 사건을 넘어서 넓게 확장한 아버지상이었다. 그리고 금세공 마스터 밑에서 도제 생활을 시작하는 아이는 성인의 명예수칙에 따라 행동해야 해서, 일개 가정과 피붙이 부모의 테두리를 뛰어넘는 지평에서 살았다. 양아버지의 권위를 가졌던 중세의 마스터는 그가 거느린 제자들을 온정으로 대할 수 있었지만, 사랑에 얽매일 필요는 없었다. 사랑은 그 구구절절한 내면의 감정 면에서나 무조건적인 관대함 면에서나 장인의식에는 그다지 중요한 게 아니다. 어쩌면 마스터 장인의 양아버지 역할은 더 강한 아버지상이라고 할 수 있을지 모른다.

종합적으로 볼 때, 중세 장인은 지금의 우리 시대와 가깝기도 하고 멀기도 하다. 그는 일거리를 찾아 이주 노동자 생활을 했지만, 기능의 공유를 통해서 안정성을 추구했던 면도 있었다. 그의 기술은 윤리적 행동과 직결돼 있었다. 그의 실기작업은 의료 행위처럼 손으로 직접 해야 하는 일이었다. 그가 맡았던 양아버지 역할에서는 강인한 아버지로서의 미덕도 엿보인다. 하지만 이 중세 장인의 작업장은 오래가지 못했다. 중세 작업장이 몰락하게 된 여러 가지 이유 중에서 가장 중요한 것은 권위의 문제다. 그리고 그 권위의 밑바탕은 모방과 의례, 친권 위임을 통해 작업장에서 전수되는 지식이었다.

나 홀로 마스터
장인에서 예술가로 변신하다

장인적 실기에 대해 가장 자주 등장하는 질문은 아마도 실기(craft)가 예술(art)과 어떻게 다르냐는 문제일 것이다. 사람들 숫자를 기준으로 보면 문제가 금세 좁혀진다. 즉 직업적 예술가들은 인구의 극소수에 불과한 반면, 장인노동은 모든 방면에 두루 걸쳐 있다. 작업 과정을 들여다보면, 실기 없이 예술은 존재할 수 없다. 아무리 훌륭한 예술가라고 해도, 그의 머릿속에 떠오른 구상이 회화작품은 아니다. 실기와 예술의 경계선은 아마도 기술과 표현을 나누는 구분선 같기도 하다. 하지만 시인 제임스 메릴(James Merrill)은 언젠가 내게 이런 이야기를 들려줬다. "이런 구분선이 실제로 존재한다고 해도 시인 본인은 그러한 구분선을 긋지 말아야 한다. 시 쓰는 사람은 오로지 시를 창작하는 일만 봐야 한다." "예술이란 무엇인가?"라는 게 심각하고 끝이 없는 질문이기는 해도, 도무지 예술을 정의하기가 어렵다는 이 문제에는 다른 무엇이 숨어 있는 것인지도 모른다. 그것은 자율이 무얼 뜻하느냐는 문제다. 즉 우리가 일할 때 무언가를 표현하고 싶고 나만의 방식으로 일하지 않고는 못 배기는 내면의 충동이라는 의미에서의 자율이다.

적어도 이 문제는 역사가 마고트 비트코버(Margot Wittkower)와 루돌프 비트코버(Rudolf Wittkower) 부부가 매혹적인 저서 『토성 아래 태어나다(Born under Saturn)』에서 다뤘던 문제의식이기도 하다.[19] 이 책은 중세 장인 공동체로부터 르네상스 예술가가 갈라져 나오는 과정을 설명하고 있다. 이 시기 문화변동에서 '예술'은 엄청난 변화를 실어 나르는 기중기 역할을 한다. 예술은 무엇보다도 천년의 세월이 쌓인 중세의 지반을 뚫고, 근대 사회의 주관성이 표출되는 분화구였다. 과감히 자기 주관을 표현하는 새로운 특권이자 개인의 장이 확대된 특권이었다. 장인은 외부를 향해 그의 공동체를 바라봤지만, 예술가는 내부를 향해 자신을 바라봤다. 비트코버 부부는 이 변화에서 다시 모습을 드러내는 판도라를 강조한다. 프란체스코 바사노(Francesco Bassano)와 프란체스코 보로미니(Francesco Borromini)와 같은 예술가들의 자살에서 주관성의 자기파괴적인 면모가 드러난다.[20] 같은 시대에 이들을 지켜봤던 사람들은 이들이 천재성으로 말미암아 절망에 빠지게 됐다고 봤을 것이다.

주관성의 표출과 함께 나타난 이러한 변화는 그리 좋은 영역에 국한된 이야기가 아니다. 주관성에 수반되는 음울한 결과는 르네상스기 사상 전반에 폭넓게 나타났던 것이지, (천재고 아니고를 떠나) 직업적 예술가에게만 국한됐던 것은 아니다. 로버트 버튼(Robert Burton)은 『우울의 해부(Anatomy of Melancholy)』(1621년)에서 '침울한 기질'을 인체 생리에 뿌리를 둔 인간의 조건으로 탐색했는데, 시무룩하고 내성적인 '기분(humour)'이 팽창할 때 이런 상태에 빠진다고 봤다. 그는 '기분'을 요즈음 현대의학에서 말하는 내분비 호르몬과 비슷한 것으로 이해했는데, 고립 상태에 놓이면 시무룩하고 내성적이게끔 만드는 내분비가 자극된다고 설명했다. 두서없이 닥치는 대로 이야기를 펼쳐나가는 이 걸작은 주관성이 우울로 흐르게 될 우려를 몇 번씩이나 되풀이하며 언급하고 있다. 그가 보기에 고독한 상태에 놓이면 인체의 생리 작용에 의해 우울증이 유발될 위험이 크고, '예술가'는 그런 사례 중의 하나에 불과했다.

비트코버 부부는 사회에 발 딛고 서는 기반 면에서 예술가가 장인보다 더 자율적이라고 봤다. 예술가는 자기 작품의 독창성을 주장한다는 점에서 그렇고, 독창성이란 어디까지나 홀로 있는 한 사람의 개인에게서 드러나는 특징이라고 봤기 때문이다. 하지만 실제로는 르네상스기에 혼자서 일하는 예술가는 거의 없었다. 예술가의 공방은 그의 조수와 도제 들이 같이 일하는 곳이어서 여느 실기 작업장과 다를 게 없었지만, 이런 공방의 마스터들은 그곳에서 만들어내는 결과물에 독창성이라는 새로운 가치를 추가했다. 독창성은 중세 길드의 관례에서는 전혀 중시하지 않았던 가치였다. 중세 길드의 관례와 예술가 사이의 대조는 생각할 거리를 던져준다. 예술은 독창적이거나 적어도 특징적인 작업에 주목한다. 반면 장인의 실기는 작업자의 이름은 개의치 않으며, 집단성이 더 강하고 반복적으로 수행되는 일이다. 하지만 이런 식으로 대비해보는 시각도 미심쩍게 봐야 할 이유가 있다. 왜냐하면 독창성이란 것도 사회가 독창적이라고 인정해주는 딱지여서 완전히 주관적인 게 아니라, 하나의 사회적 표식이기 때문이다. 또한 독창적인 인물들 주위에는 다른 사람들과 맺는 각별한 결속이 형성되기도 한다.

중세 지역사회의 자치 공동체들이 쇠퇴하고 궁정사회가 성장함에 따라, 르네상스 예술가들을 찾아주는 단골손님들과 그들의 작품이 팔리는 시장에 변화가 일었다. 예술 작품을 사는 고객들은 공방의 마스터들과 점점 더 일대일 관계로 맺어지게 됐다. 고객들은 예술가들이 작품에서 담아내려고 했던 게 무엇인지 잘 모를 때가 많았지만, 작품의 가치를 판단하는 고객의 권위를 주장할 때도 많았다. 예술가의 노동이 아무리 독창적이라고 해도 예술가는 어느 공동체에도 속해 있지 않았기 때문에 이런 고객의 판단에 맞설 만한 집단적인 방어막이 없었다. 예술가로서 심히 기분 상하는 논평을 들었을 때 응수할 말이라고 해봐야 "당신은 이해하지 못한다"는 게 전부였다. 물건을 팔아보자는 광고 문구로는 그리 매력적일 리가 없다. 이 점에서도 우리가 사는 현대의 심층에까지 와 닿는 메아리를 발견하게 된다. 독창성은 누가 판단해야 할 문제인가? 제작자인가, 소비자인가?

르네상스 시대에 가장 유명한 금세공인이었던 벤베누토 첼리니(Benvenuto Cellini)는 1558년부터 쓰기 시작했던 『자서전(Autobiography)』

에서 이 문제들을 다루고 있다. 그의 자서전은 자신의 두 가지 업적을 자랑스러워하는 확신에 찬 14행시로 시작된다. 첫 번째 업적은 그의 인생에 관한 것이다. "살면서 기묘한 일도 많이 겪었지만 다행히 살아남아 그 이야기들을 전한다." 그의 이야기는 이렇게 시작된다. 1500년 피렌체에서 태어난 첼리니는 동성애 등 불법적인 성행위로 여러 번 투옥됐고, 슬하에 아들 여덟을 두었으며, 점성술가이기도 했다. 두 번이나 독살될 뻔했는데, 한 번은 다이아몬드 가루로 만든 독약으로 당했고 또 한 번은 '사악한 사제' 한 사람이 '감미로운 소스'에 독약을 타기도 했다. 첼리니는 또 우체부 한 사람을 살해한 살인자였으며, 프랑스 밖 태생으로 프랑스 국적을 얻었지만 프랑스란 나라를 지독히도 싫어했고, 적군과 내통한 병사였다…. 이와 같이 그가 전하는 놀라운 일들은 끝없이 이어진다.

그의 두 번째 업적은 작품들이다. 자기 작품을 자랑스러워하는 그의 말이 이어진다. "나의 예술에서 / 수많은 사람을 능가하는 높은 경지에 도달해 / 나보다 나은 사람은 딱 한 사람뿐이었다."[21] 그가 우러러봤던 대가는 딱 한 사람, 바로 미켈란젤로(Michelangelo)였다. 그 밖에 첼리니에 버금갈 만한 사람은 없었고, 실력과 독창성 면에서 그와 같은 경지에 도달한 금세공인은 아무도 없었다. 1543년 첼리니가 프랑스 국왕 프랑수아(François) 1세를 위해 제작한 황금 소금그릇(현재 비엔나 예술사박물관에 소장돼 있다)은 아주 유명한 작품인데, 그가 자서전에서도 자부하는 업적이다. 이 소금그릇은 최고 권좌의 절대군주조차 함부로 소금을 꺼내 쓰지 못했던 귀한 물건이었다. 이 그릇의 밑바닥에 위치한 소금 담는 용기는 황금으로 새긴 복잡다기한 형상물들로 에

워싸여 있다. 왕관을 쓰고 있는 남자와 여자의 금상은 각각 바다와 땅을 상징한다(말하자면 소금은 바다와 땅 두 영역에 속한다). 검은 색의 밑받침에 얕은 돋을새김으로 표현한 인물들은 각각 밤과 낮, 황혼과 여명, 또 네 가지 바람을 상징한다(여기서 밤과 낮은 메디치 가문의 묘소에 미켈란젤로가 만든 조각품과 똑같이 만들어서 그에 대한 첼리니의 경의를 표시한 것이다). 이 휘황찬란한 작품은 경이감을 주려고 만든 것이었고, 사실 이 물건을 보고 모두들 놀랐다.

이 물건이 실기공예품이 아니라 예술작품이 될 수 있는 이유를 탐구하기 전에 금세공인 집단에서 첼리니가 어떤 위치에 있는지 살펴볼 필요가 있다. 『조합 정관집』에도 나오는 것처럼, 중세시대에는 개별 사업가로 독립하기를 바랐던 마스터와 저니맨이 속속 출현했다. 이 실기공예 사업가들은 조수를 가르치지 않고 그냥 삯일꾼으로 쓰고 싶어 했다. 이들의 번영은 만드는 물건이 유명해지는 데 달려 있었다. 요즘 말로 하자면 '상표'라고 할 만한 것이다.

이러한 움직임이 점점 더 개인적인 특징을 부각시키게 됐다. 중세 길드는 도시 내 작업장들 간의 개별적인 차이를 강조하지 않는 게 보통이었다. 길드가 집단적으로 통제했던 사항은 식기나 외투 같은 물건의 생산지가 어느 곳이냐는 것이었지, 제작자가 누구이냐가 아니었다. 반면 르네상스기 물질문화에서는 하찮은 물건에 이르기까지 다양한 물건을 판매하는 데 제작자의 이름을 붙이는 것이 갈수록 중요해졌다. 첼리니의 소금그릇은 이와 같이 상표를 부각시키는 일반적인 추세 속에서 나온 물건이다. 소금을 담을 그릇이 그 단순한 쓰임새를 완전히 초월해서 정교한 물건이 될 수 있다는 사실 자체가 그 물건과 제작자에 대한 관심을 불러일으켰다.

1100년 무렵에 금세공인과 여타 장인들 사이의 관계가 차츰 변화하기 시작했다. 그중 하나는 1180년대 초에 출간된 『안티클라우디아누스(Anticlaudianus)』에서 프랑스 신학자이자 시인 알랭 드 릴르(Alain de Lille)가 언급한 내용이다. 이 시기 전에는 장식품으로 만들 금의 조형 형태가 그림 넣기와 유리 작업의 틀을 결정하는 것이어서 금의 주형에 맞추어 그 위에 새길 다른 요소들이 정해졌다. 그런데 1100년경부터는 수공예 역사가 헤슬롭(T. E. Heslop)의 지적처럼 이러한 작업 흐름이 서서히 뒤집어지기 시작했다. "자연주의라고 부를 만한 것, 즉 회화와 조각에 더 어울리는 요소가 금세공의 흐름을 주도하게 됐다. 그러다 보니 금세공인들도 회화와 조형예술을 계발해야 하는, 전에 없던 현상이 나타났다."[22] 첼리니가 금에 새긴 그림은 이러한 조류를 반영하는 것으로, '새로운' 종류의 금세공이었다. 하나의 실기인 금속 작업에 또 다른 실기작업인 그림을 결합했다는 점만으로도 새로운 것이었다.

첼리니는 자기 예술의 모태였던 전통적 작업장에 헌신적인 애착을 가지고 있었다. 주조 작업을 전혀 부끄러워하지 않았고 너저분한 쓰레기나 소음, 줄줄 흐르는 땀도 개의치 않았다. 더욱이 그는 진실함을 중히 여기는 작업장의 전통적 가치를 엄격하게 고집했다. 겉에만 금을 입혀도 돈 많은 그의 단골손님들을 만족시키고 남았겠지만, 첼리니는 엄청난 양의 금광석에서 금(가능한 한 많은 순금)을 추출하느라 절치부심했던 이야기들을 『자서전』에서 술회하고 있다. 목공에 비유하자면 첼리니는 원목을 고집하는 사람이었고, 원목 분위기를 풍기는 단판은 싫어하는 사람이었다. 그는 '정직한 금'을 원했고, 놋쇠와 같은 값싼 금속을 포함해 자신이 작업하는 다른 재료에도 이와 똑같은 진실함을 척도로 삼았다. 무슨 재료든 순수해야 했고, 본래 모습대로 보이려면 그래야만 했다.

이런 식의 이야기들을 첼리니 본인이 썼다면, 그의 자서전이 그저 자기 잇속만 챙기려는 자화자찬일 거라고 생각하기 쉽다. 사실 그 시절의 장인들 역시 경제 생활은 현실이었던지라 온갖 직종의 장인들이 자기 물건의 독특한 장점을 광고하곤 했다. 하지만 그의 책은 이런 부류의 홍보물과는 거리가 멀었다. 첼리니는 살아생전에 『자서전』을 출판하지 않기로 하고 스스로 자신을 되돌아보는 일삼아 썼고, 그렇게 후대에 물려줬다. 어쨌든 그의 소금그릇은 다른 많은 물건처럼 제작자 본연의 고유한 특징을 드러내 보였다는 사실로 말미암아 공적으로도 그 가치를 인정받았다. 프랑수아 1세 역시 "맞아, 이게 바로 첼리니야!"라고 탄복하면서 그의 작품을 높이 평가했을 것이다.

이렇게 군계일학처럼 돋보이는 특징에는 물질적 보상도 뒤따랐다. 역사가 존 헤일(John Hale)이 지적한 것처럼, 많은 예술가가 그들 작품의 뚜렷한 특징 덕분에 넉넉한 부를 누렸다. 대(大) 루카스 크라나흐(Lucas Cranach the Elder)의 독일 비텐베르그 자택은 작은 궁전이었고, 조르조 바사리(Giorgio Vasari)의 아레초 자택도 그러했다.[23] 로렌초 기베르티(Lorenzo Ghiberti)와 산드로 보티첼리(Sandro Botticelli), 안드레아 델 베로키오(Andrea del Verrocchio)도 모두 금세공인으로 훈련을 시작해 유명해진 사람들이다. 확인할 수 있는 자료만 보면, 이들은 모두 시급과 원재료 생산의 길드 관행을 엄격하게 고수했던 동료들보다 더 부유했다.

원초적인 의미에서 권위를 세워주는 밑바탕은 권력이다. 즉 마스터가 작업의 조건을 정하면 다른 사람들은 그의 지시에 따라 일한다. 이 점에서 르네상스 예술가들의 공방은 중세 작업장이나 현대의 과학 실험실과 별로 다르지 않았다. 예술가의 공방에서 마스터는 그림의 전체적인 도안을 만들고, 표현이 가장 두드러지는 머리와 얼굴 부위를 그려넣었다. 하지만 르네상스기 공방이 존재할 수 있었던 가장 큰 이유는 마스터의 특출한 재능 때문이었다. 중요했던 점은 만드는 그림 자체가 아니라, **그의** (즉 그만의 방식으로) 그림을 창조하는 것이었다. 독창성으로 말미암아 공방의 작업에서는 직접 대면한다는 것이 각별히 중요해졌다. 시금을 맡은 금세공 조수들과 달리, 예술가의 조수들은 마스터가 지켜보는 앞에서 일해야 했다. 독창성은 지침서로 작성하기도 어렵고 가방에 챙겨갈 매뉴얼로 만들기는 더더욱 어려운 일이었기 때문이다.

독창성을 뜻하는 영어 '오리지널리티(originality)'의 어원은 그리스어 '포에시스(poesis)'로 거슬러 올라간다. 플라톤을 비롯해 여러 사람이 이 말을 '전에 없던 것의 출현'이라는 뜻으로 사용했다. 독창성을 드러내는 표식은 시간이다. 즉 무언가 독창적이라 함은 전에 없던 것이 **갑자기** 나타났음을 뜻한다. 그리고 무언가 갑자기 나타났기 때문에 놀라움과 경외의 감정을 일으킨다. 르네상스기에 개인의 예술(달리 말해 천재성)은 전에 없던 무엇이 갑자기 나타나는 일이었다.

중세 장인들이 혁신에 전적으로 저항했다고 짐작한다면 분명히 잘못된 생각일 것이다. 물론 그들의 실기작업은 느린 속도로 변화했고,

그 변화는 집단적인 노력의 결과였다. 예를 들어 거대한 솔즈베리 대성당(Salisbury Cathedral)은 1220~1225년에 지어지기 시작했는데, 그 첫 작업은 앞으로 지어질 대성당의 한 모퉁이에 세울 성모성당의 돌기둥과 돌들보를 놓는 일이었다.[24] 당시 건축가들은 미래에 완공될 대성당의 크기에 대해 개괄적인 생각만을 가지고 있었다. 그런데 성모성당의 돌기둥을 보면, 그 비례가 그들의 당초 생각보다 더 큰 건물로 진화할 공학적 DNA를 품고 있었다. 이 돌기둥들은 1225~1250년에 지어진 커다란 신랑(身廊, nave)과 수랑(袖廊, transept) 두 개와 결합되었다. 그러고 나서 이 DNA는 1250~1280년에 회랑과 귀중품 보관소, 참사회 회의소를 짓는 데까지 진화했다. 참사회 회의소를 짓기 시작할 때 도면 모형은 정사각형 구조물이었으나 팔각형 구조물로 바뀌게 됐고, 귀중품 보관소는 여섯 면으로 결합된 둥근 천장으로 변하게 됐다. 건축가들은 어떻게 이 놀라운 건축물을 지어 올릴 수 있었을까? 구조물 전체를 총괄하는 한 사람의 건축가가 있었던 것도 아니었고, 석공들에게 청사진이 있었던 것도 아니었다. 이와는 달리 건물이 모습을 갖춰가는 과정은 처음부터 진화 원리를 따랐고 세 세대에 걸쳐 집단적으로 관리됐다. 건축 작업 중에 생기는 모든 일은 다음 세대 작업자들을 지휘하고 조절하는 집단적 기억 속으로 흡수됐다.

그렇게 세 세대를 거쳐서 나타난 결과는 건축의 혁신을 차곡차곡 담아낸 놀랍고도 특출한 건물이었다. 하지만 첼리니가 소금그릇(순금으로 그림을 그렸다는 충격적인 작품)에서 구현한 독창성과 같은 의미로 독창적인 것은 아니었다. 앞서 말한 것처럼 첼리니의 독창성에 숨어 있는 '비밀'은 2차원의 그림 그리는 일이 3차원의 순금으로 그리는 일로 전환됐다는 데 있다. 첼리니는 이 전환을 그 무렵 사람들이 상상할 수 없는 수준까지 밀고 갔다.

그러나 독창성에는 대가가 따른다. 독창성은 자율을 확보해주지 못할 수가 있다. 첼리니의 『자서전』에는 독창성이 어떻게 또 다른 종류의 사회적 의존(또 사실상 굴욕)으로 귀결될 수 있는지 잘 나타나 있다. 첼리니는 시금과 금속 생산만을 고수하는 길드 영역을 벗어났지만, 결국 궁정사회의 후원과 환심을 사야 하는 복잡 미묘한 세계를 접하게 됐다. 자기 작품의 가치를 보증해주는 집단적 보호막을 잃어버린 그는 국왕과 교회의 상전들을 귀찮게 따라다니며, 아첨도 하고 간청도 했다. 이것은 교섭이라기보다 불평등한 힘의 시험이었다. 첼리니가 단골 고객에게 말대꾸나 자기주장을 하더라도, 그의 예술은 어디까지나 그들 손에 달려 있었다. 그들이 일방적인 힘을 행사하는 관계임이 분명해지자, 그의 인생에서 이 모든 걸 말해주는 순간이 찾아왔다. 스페인의 필립(Philip) 2세에게 그가 대리석으로 조각한 그리스도 나상을 보냈을 때, 이 스페인 국왕은 심술궂은 마음이 생겼는지 금으로 만든 무화과 잎을 그 조각품에 부착시켰다. 첼리니는 부착물 때문에 그리스도의 특징적인 성격이 손상된다고 항변했지만, 필립 2세의 답변은 이랬다. "내 물건이다."

이런 사태를 지금은 작품의 완결성을 손상하는 행동이라고 하겠지만, 제작자의 사회적 위상과 직결된 문제이기도 하다. 그가 자서전에서 몇 번씩 강조하고 있는 것처럼, 첼리니는 궁정에 드나드는 인물처럼 공적인 직함이나 궁정 내 서열로 평가받을 사람이 아니었다. 하지만 무언가 특출한 사람은 다른 사람들에게 자신을 **증명**해야 한다. 중세 금세공인은 자신의 가치를 공동체 관례를 바탕으로 증명했고, 천천히 세심하게 진행되는 절차를 통해 작업의 가치가 증명됐다. 이러한 전통은 독창성을 판단하는 척도로는 적합하지 못하다. 우리가 고귀한 권좌에 앉아 있는 필립 2세였다고 상상해보자. 독창적이고 아주 낯선 작품에 접했을 때 우리가 그 가치를 어떻게 평가하겠는가? 국왕인 내가 의견을 말하는 자리에서 첼리니가 "나는 예술가입니다. 내 작품에 손대지 마십시오!"라고 공언한다면, 무슨 생각부터 들겠는가? "저자가 감히 내 앞에서?"라는 생각부터 들 것이다.

첼리니의 『자서전』을 읽어갈수록 그가 일방적인 종속과 오해를 겪어가면서 자의식이 고조되는 모습이 확연히 드러난다. 단골고객의 손에 조롱을 당하는 일이 되풀이되면서 자서전을 마주한 첼리니 본인을 순간순간 자기성찰의 심연으로 몰아간다. 이러한 자의식은 버튼의 『우울의 해부』가 묘사하는 수동적이고, 결과적으로 침울해지는 고립 상태와는 정반대의 모습이다. 이 점에서 르네상스 예술가 첼리니는 근대인을 상징하는 최초의 인물이라고 봐도 좋을 것이다. 즉 능동적이고 그로 말미암아 아픔을 겪으면서도 자신의 내면으로 파고든다. 그리고 자신의 피난처로 '자율적인 창조성'에 마음 둘 곳을 찾는다. 이러한 시각에서 볼 때, 창조성은 사회가 우리를 어떻게 취급하든 우리 내면에 존재하는 것이다.

바로 그러한 확신이 르네상스 철학의 강력한 토대를 형성했다. **호모 파베르**를 '자기 창조자로서의 인간'으로 이해했던 철학자 피코 델라 미란돌라(Pico della Mirandola)의 저술에 그러한 확신이 나타나 있다. 피코는 한나 아렌트가 인정하지 않았어도 그녀의 사상을 낳은 원류에 위치한다. 그의 1486년 저작 『인간의 존엄성에 대한 연설(Oration on the Dignity of Man)』은 관습과 전통의 영향력이 시들어가는 만큼, 사람은 스스로 "경험을 해야 한다"는 확신에서 출발한다. 개개인의 삶은 줄거리가 어디로 흘러갈지 그 지은이도 모르는 하나의 서사(敍事)다. 피코가 호모 파베르의 상징으로 떠올린 인물은 어느 땅에 내릴지 모른 채 세상을 두루 여행하는 오디세우스(Odysseus)였다. 자기 창조자로서의 인간에 대한 비슷한 생각은 셰익스피어의 작품에서도 나타난다. 코리올라누스는 "나는 나의 창조자다"라고 주장하면서 "자아를 버려라! 그것에 손대는 날엔 폐허가 되고 말 것이다!"라고 경고했던 어거스틴의 경구를 배격한다.[25]

삶의 여정에서 예술은 특별한 역할을 한다. 적어도 예술가에게는 그렇다. 예술작품은 닻줄 없이 두둥실 떠서 바다를 여행하는 뗏목과도 같은 길을 간다. 하지만 예술가는 항로를 따라가는 뱃사공과 달리 스스로 뗏목을 만들어 자신의 항로를 그려간다. 이러한 모습은 조르조 바사리가 『예술가들의 인생(The Lives of the Artists)』(1568년)에서 처음으로 예술가들이 걸어갈 삶을 묘사했던 내용이다. 바사리가 그렸던 그 '삶'이란 자기 내면으로부터 꽃을 피우고 온갖 난관에 맞서 작품을 만들어내면서 자율적인 창조 욕구로 살아가는 예술가의 삶이다. 작품은 굴욕과 몰이해를 겪더라도 끝까지 끌고 가는 내면의 삶이 배어나는 증거다. 때때로 이러한 난관에 부딪혔던 첼리니는 그러한 삶을 살았다.

르네상스 예술가들은 독창성이 있다고 해서 자기 발로 설 수 있는 탄탄한 **사회적** 입지가 생기는 것이 아님을 체험했다. 모든 예술 분야에서 예술가에 대한 경멸과 몰이해는 서구 상류사회 문화의 오랜 역사에 점철되어 있다. 첼리니는 그런 예술가들의 고초를 앞서 겪었던 선조 격이다. 그가 왔다간 뒤로 18세기에 모차르트는 잘츠부르크 주교와 어려운 관계를 겪었고, 20세기에 르코르뷔지에(Le Corbusier)는 시각예술목공센터(Carpenter Center for Visual Arts)를 건립하는 과정에서 진부한 하버드대학교와 맞서 싸워야 했다. 독창성은 예술가와 고객 사이의 권력관계를 표면에 드러낸다. 이 점에서 궁정사회에서는 중세사회의 쌍무적 결속이 왜곡되었음을 사회학자 노르베르트 엘리아스(Norbert Elias)는 상기시킨다. 귀족과 추기경은 청구서를 결제해줘야 할 일이 있더라도 주고 싶으면 주고, 말고 싶으면 말았다. 첼리니 역시 다른 예술가들처럼 왕족들로부터 받아야 할 작품 값을 다 받지 못하고 죽었다.

첼리니의 이야기에서 실기와 예술의 대조적인 모습을 사회학적으로 조망해볼 수 있다. 첫째, 이 두 가지는 행위 주체가 다르다. 예술은 일을 지휘하고 좌우하는 행위자가 한 사람인 반면, 실기(직업으로서의 실기)는 행위자들의 집단이 주체다. 둘째, 시간이 다르다. 예술은 돌발적인 반면, 실기는 천천히 변화한다. 셋째, 자율성 면에서 놀라우리만큼 확연하게 구분된다. 홀로 일하는 독창적인 예술가는 장인 집단에 비해서 별로 자율성을 누리지 못했다. 몰이해를 당하거나 완고한 권력에 더 많이 의존해야 했던 만큼, 더 취약한 존재기반에서 살아왔다고 볼 수 있다. 소수의 직업적 예술가 대열에 끼지 못한 채 예술을 실천하는 사람들에게도 이런 문제는 여전히 심각하다.

구소련의 건설 노동자처럼 의욕을 상실한 근로자들과 영국 국립의료서비스의 의료진처럼 사기가 떨어진 근로자들은 본인이 하는 일보다는 일이 어떻게 조직되느냐는 문제로 고통을 겪는다. 바로 이 점이 작업장을 하나의 사회적 공간으로 자리매김해야 하며 포기하지 말아야 할 이유다. 현재와 과거를 불문하고 작업장이 함께 일하는 사람들을 결집하는 방식에는 세 가지가 있었다. 첫째, 작업자들은 차 한 잔을 나누든 도시를 가두행진하든 간에 일과 결합된 의례에 참여했다. 둘째, 수준 높은 사람이 그들을 가르치고 지도했다. 중세 마스터 장인의 공식적인 양아버지 역할이나 어느 일터에서든 수시로 오가는 비공식적인 조언들에서 이런 모습을 찾아볼 수 있다. 셋째, 직접 얼굴을 맞대는 친밀한 관계를 통해 정보가 공유되었다.

이런 이유들 때문에 역사상의 전개 과정은 단순히 작업장이 쇠퇴했다기보다는 좀 더 복잡하다. 우선 친밀한 일터인 작업장에 노동을 평가하는 새 가치관이 도입되어 작업장을 교란했다. 현대의 경영관리 이데올로기는 최하위층 근로자들에게도 '창의적'으로 일하고 독창성을 발휘하라고 주문한다. 과거에는 그렇게 했다면 오히려 불안과 고통을 자초했을 게 분명하다. 르네상스기 예술가는 독창성으로 홀로 걷는 길을 열었지만, 그들에게는 작업장이 필요했다. 조수들도 마스터가 일하는 모습을 보고 분명히 많은 것을 배웠을 것이다. 르네상스와 더불어 새로 등장한 마스터의 실력은 실기 자체가 아니라 남 다른 특징과 독창성으로 내용이 변했다. 하지만 이 특징과 독창성이 그의 동기이자 장점임에도 괴로움을 초래하는 요인으로 작용했다. 독창성을 주장하려면 그 따위는 잘 모르거나 인정하지 않는 사람들과 싸울 작정을 해야 하니, 그의 명예는 적대적인 성격을 띨 수밖에 없었다. 독창성이 개인의 영역이라고는 해도, 작업장은 그가 사회를 피해 의지할 장소가 됐을 것이다.

명인의 비밀은 그와 함께 죽었다
스트라디바리의 작업장

첼리니는 『자서전』에서 자신이 죽으면 "자기 예술의 비밀도 죽을 것이다"라고 썼다.[26] 그의 대담함과 혁신은 예전부터 내려왔던 가두행진이나 축제, 기도로 전수될 만한 성질의 것이 아니었다. 작품의 가치 자체가 독창성에 있었기 때문이다. 바로 여기에 작업장이 활력을 오래 이어가기 어려운 분명한 한계가 있었다. 현대적인 말로 하면 지식 이전(knowledge transfer)이 어려워진 것인데, 마스터의 독창성 자체가 이전을 어렵게 하는 요인이었다. 이 문제는 예술가의 공방에도 존재하지만, 과학 실험실에서도 똑같이 존재한다. 신참 인력이 실험실에 들어가면 이미 갖춰진 절차대로 따라 하면 그만이겠지만, 이미 있는 문제를 풀어가는 와중에도 새 문제를 짚어보는 과학자의 능력은 전수하기 어렵다. 또 어느 문제가 끝내 풀리지 않을 것 같다는 직관력은 경험에서 생기는데, 이것 역시 남에게 설명하기 어려운 부분이다.

지식 이전이 어렵다는 문제를 보면, 지식 이전이 **왜** 그토록 어려워야만 하는 것이고, 지식이 개인의 비밀이 돼버리는 이유를 묻게 된다. 고차원적인 고등 음악학교에서도 지식 이전이 그토록 어려운 문제는 아니다. 개인 레슨이나 대가의 수업을 봐도 그렇고, 함께 시연하고 토론하는 음악 워크숍을 봐도 연주자의 표현을 쉴 새 없이 분석하고 가 다듬게 된다. 1950~1960년대에 모스크바 음악학교에서 므스티슬라프 로스트로포비치(Mstislav Rostropovich)가 지도했던 '19번 클래스(Class 19)'는 소문이 자자했던 유명한 레슨이었다. 이 위대한 첼로 연주가는 레슨에서 온갖 종류의 무기(엄격한 음악 분석은 물론, 소설과 농담과 보드카까지)를 죄다 동원해서 학생들이 개성을 표현하도록 다그쳤다.[27] 하지만 악기 제작의 명인들을 보면, 안토니오 스트라디바리(Antonio Stradivari)나 과르니에리 델 제수(Guarneri del Gesù)와 같은 마스터의 비밀은 실제로 그들의 죽음과 함께 영원히 묻혀버렸다. 엄청난 돈을 쏟아붓고 끝없는 실험을 통해서 이 명인들의 비밀을 밝혀내려고 했지만, 모두 실패했다. 이들의 작업장에 있었던 어떤 특징이 지식 이전을 가로막았던 게 분명하다.

안토니오 스트라디바리가 바이올린 제작을 시작하기 한 세기 전에 안드레아 아마티(Andrea Amati)가 현악기의 울림통 앞판과 뒤판, 줄감개 상자를 깎아 만드는 제작 표준을 확립했는데, 스트라디바리도 이 전통을 따랐다. 그 이후의 현악기 장인들은 이들 이탈리아 북부 크레모나 출신의 마스터와 그 가까이 오스트리아에 자리 잡고 있던 야코프 스타이너(Jacob Stainer)를 절대적으로 존중했다. 그 제자들의 작업장에서 많은 사람이 배웠고, 이들의 작업장에서 만든 악기를 수리할 기회를 이용해 배우는 이들도 있었다. 현악기에 쓸 나무 깎는 비결은 시초부터 전해오는 교범이 르네상스기에 있었지만, 책으로 만드는 비용도 비쌀뿐더러 아주 드물었다. 게다가 제작기술을 습득하려면 악기를 자기 손으로 직접 만져보면서 구두 설명을 들어야 했는데, 이런 훈련을 통해서 대대로 기술이 전수되었다. 젊은 현악기 장인들은 아마티의 원작품이나 그 기본틀을 손에 들고 똑같이 만들어보거나 수리했다. 스트라디바리가 물려받은 지식도 바로 이런 식으로 전수받았던 것이다.

스트라디바리의 작업장은 그 내부 모습에서도 다른 현악기 장인들의 작업장처럼 과거 전통을 이어갔다. 집 자체가 일터이자 가정이었고, 스트라디바리의 가족과 함께 다수의 젊은 남자 도제와 저니맨이 같은 집에서 기숙하며 살았다. 잠자는 시간을 빼고는 하루 종일 작업이 진행됐다. 새벽부터 어둑한 저녁까지 작업장이 돌아가는 사이, 작업팀은 말 그대로 기다란 작업용 의자에 붙어 있었다. 의자에 붙어살았다고 해야 할 것이, 총각 도제들은 그 의자 밑에서 밀짚 꾸러미를 깔고 잤기 때문이다. 옛 전통 그대로 바이올린 제작을 배우는 스트라디바리의 아들들 역시 기숙 도제들과 똑같은 규칙에 따라 생활했다.

일을 배우는 나이 어린 신참들은 보통 나무에 물을 먹이거나 거칠게 재료 형태를 다듬고 절단하는 예비적인 일을 했다. 실력을 많이 쌓은 저니맨들은 울림통 앞판을 정교하게 절단하는 일이나 울림통과 지판을 잇는 목 부분 조립을 했다. 그리고 마스터 본인은 각 부품을 최종적으로 결합하고, 덧칠해서 광택 내는 일을 맡았다. 음질을 좌우하는 결정적인 요소는 나무에 덧칠을 하는 바로 이 작업이었다. 하지만 마스터는 제작의 모든 과정에 관여했다. 토니 페이버(Tony Faber)의 연구 덕분에, 스트라디바리가 바이올린 제작의 아주 세부적인 부분까지 직접 챙겼다는 사실이 알려졌다. 스트라디바리는 평소 집 밖을 나다니는 사람이 아니었지만, 집에서는 사무실에만 있지 않고 분주하게 움직였다. 거만한 태도로 시시콜콜 참견하면서 가끔씩 갑작스럽게 짜증도 내

고 여러 가지 지시와 훈계를 쏟아냈다.[28]

금세공인과 같은 전형적인 중세 장인이 이런 곳에서 일했다면 영편치 않았을 것이다. 첼리니의 작업장과 마찬가지로 스트라디바리의 작업장도 한 사람의 특출한 재능 위주로 돌아갔기 때문이다. 하지만 첼리니였다고 해도 이곳의 상황을 이해하기는 곤란했을 것이다. 이때는 마스터가 한두 명의 단골고객만 상대했던 게 아니라, 개방된 시장의 한가운데에 놓이게 됐기 때문이다. 스트라디바리의 시대에는 현악기 장인들의 숫자와 악기가 제작되는 수량이 급격하게 늘어나 마침내 공급이 수요를 넘어서기 시작했다. 일찍부터 유명세를 탔던 스트라디바리라고 해도 시장을 걱정하지 않을 수 없었다. 왜냐하면 많은 고객과 사적인 거래를 하고 있었는데, 이 단골고객들이 (특히 그의 인생 막판에) 마음을 바꾸기 시작했기 때문이다. 1720년대의 광범위한 경제 침체기에는 제작한 악기 중 재고로 남는 게 많았고 그의 작업장도 경비를 줄여야만 했다.[29] 개방된 시장의 불확실성이 겹치면서 작업장 내 수직적 위계에도 금이 가기 시작했고, 상황은 갈수록 취약해졌다. 야심 찬 도제들도 그토록 유명했던 마스터의 앞날이 불확실해지는 모습을 보자, 도제 계약의 남은 기간을 취소하거나 선불금을 회수해가기 시작했다. 『조합 정관집』이 발행됐던 시기에는 이런 일들이 이례적이었지만, 이제는 일상적인 현상이 됐다. 마스터가 명품을 만들고 후계자들을 길러내면서 조절할 수 있었던 시간의 틀 자체가 개방된 시장으로 말미암아 크게 위축됐다.

르네상스기 실기공예품의 상표 도입으로 작업장들 간에 생긴 부익부 빈익빈 현상은 시장의 확대와 더불어 더욱 심화됐다. 이미 1680년 당시 스트라디바리의 성공으로 말미암아 현악기 명가였던 과르니에리 집안을 비롯해 여러 집안의 가업이 타격을 입었다. 과르니에리 집안은 안드레아 과르니에리가 일으켰는데, 그의 손자인 바르톨로미오 주세페(Bartolomeo Giuseppe: '델 제수del Gesù'라는 이름으로 통했다)는 스트라디바리의 그늘에 가려 별로 빛을 보지 못했다. 과르니에리의 회고록 필자에 따르면 "안토니오 스트라디바리의 고객이 국제적으로 널리 분포했던 것에 비해 과르니에리의 고객은 크레모나와 그 인근의 저택이나 교회에서 연주하는 초라한 지역 연주자들이 대부분이었다."[30] 델 제수는 스트라디바리 못지않은 바이올린 명인이었지만, 자신의 작업장을 15년밖에 지탱하지 못했고, 뛰어난 도제들을 붙잡아두는 일도 잘 되지 않았다.

안토니오 스트라디바리는 죽기 전에 가업을 두 아들, 오모보노(Omobono)와 프란체스코(Francesco)에게 물려줬다. 두 아들은 성년에 들어서도 결혼마저 잊은 채 아버지의 수제자 겸 상속인으로 그 집에서 살았다. 이들은 아버지의 명성 덕분에 가업을 이어갈 수는 있었지만, 결국 실패하고 말았다. 스트라디바리는 두 아들 중 누구에게도 악기 명인이 되는 방법을 가르치지 못했고, 가르칠 수도 없었다. (내게 두 아들의 작품이 있어서 연주해봤지만, 우수하기는 해도 명품이라고 할 수는 없었다.)

이와 같이 한 작업장의 종말을 간략히 살펴봤다. 그 후 현악기 장인들은 스트라디바리와 과르니에리 델 제수의 죽음과 함께 사라진 이 명인들의 비밀을 되살려보려고 분투했다. 스트라디바리의 아들들이 살아 있을 때도 이 옛 명인들의 독창성을 조사하는 작업이 시작됐었다. 과르니에리 델 제수가 죽은 지 약 80년 동안 그를 모방하려는 사람들이 계속 나왔고, 그가 바이올린 명품들을 감옥에서 만들었다는 잘못된 이야기에 솔깃해하기도 했다. 오늘날 이 명인들의 작품에 대한 분석은 세 가지 방향으로 진행되고 있다. 하나는 이들의 명품과 똑같이 물리적 형태를 복제하는 방법이고, 두 번째는 덧칠과 광택을 화학적으로 분석하는 방법이다. 세 번째는 음질에서 거꾸로 추적해 들어가는 방법이다(이 아이디어는 스트라디바리, 과르니에리의 명품과 유사한 바이올린 소리와 그렇지 않은 바이올린 소리의 차이를 잡아낼 수 있다는 생각에서 나왔다). 그럼에도 과르니에리 현악 4중주단의 바이올린 연주자인 아놀드 스타인하르트(Arnold Steinhardt)가 지적하듯, 직업적인 음악가는 원작품과 복제품을 거의 순간적으로 구별해낸다.[31]

이와 같이 원작품의 비결을 복원해보려는 분석에는 옛 마스터의 작업장을 되살리는 일이 빠져 있다. 단순히 누락됐다기보다 영원히 사라져버렸다는 게 옳을 것이다. 작업장에서의 일은 말로 표현되지 않고 체계화되지 않은 암묵적 지식 속에 흡수되어 있었던 것이다. 이러한 흡수 과정은 매일 일어나고 습관처럼 진행되면서, 수많은 미세한 작업 하나하나가 한 사람의 일처럼 통합되는 과정이다. 스트라디바리의 작업장에 대해 우리가 알고 있는 가장 중요한 사실은 작업장 어디에나 그의 손길이 미쳤다는 점이다. 그는 작업장 어디든 갑자기 나타나서 수천 가지의 미세한 정보를 수집하고 처리했다. 그의 뇌리를 스쳐가는 그 각각의 정보는 단위 작업만 하고 있던 도제들이 알고 있는 내용과는 질적으로 다른 것이다. 아주 특이한 천재들이 운영하는 과학 실험실도 이와 똑같다. 이런 실험실에서 처리하는 수많은 정보도 그 의미는 마스터만이 알고 있으며, 그의 머릿속에만 들어 있을 뿐이다. 위대한 실험물리학자인 엔리코 페르미(Enrico Fermi)가 만든 실험 절차의 세부사항을 아무리 파고들어도 그의 비밀을 알아낼 수 없는 것은 이런 이유 때문이다.

이러한 현상을 집약해 말하면, 마스터의 개성과 독창성이 좌우하는 작업장에서는 암묵적 지식이 거의 지식의 전부라는 사실이다. 일단 마스터가 죽고 나면 그가 총체적인 작업 속에 결합해둔 온갖 실마리와 작업조치, 통찰력을 다시 복원할 수 없다. 그더러 암묵적 지식을 명문화해놓으라고 요구할 방도가 없는 탓이다.

작업장이 잘 돌아가려면 암묵적 지식과 명시적 지식의 균형을 이루는 게 좋을 것이다. 하지만 이는 어디까지나 이론상의 이야기다. 마스터더러 그들의 생각을 설명하고 그들 머릿속에 은연중에 녹아 있는 온갖 실마리와 조치의 실타래를 풀어내라고 하려면, 그들을 몹시 들볶아야 할 것이다. 그러나 그들이 그렇게 할 수 있고, 또 그렇게 할 의지가 있을 때나 가능한 이야기다. 그들의 권위는 대부분 다른 이들이 보지 못하는 것을 보고, 알지 못하는 것을 안다는 데서 나온다. 또한 그들이 말없이 침묵에 잠길 때 그 권위가 명확히 드러난다. 그렇다면 작업장의 민주화를 위해서 스트라디바리의 첼로와 바이올린을 희생시킬 것인가?

17세기에 지식 이전이란 문제를 아주 생생하게 지켜봤던 인물로 시인 존 던(John Donne)이 있다. 그는 독창성을 과학 발견에 빗대서 표현했는데, 혁신적인 인물을 기존의 진리와 전통이 다 타고 남은 잿더미 위로 날아오르는 불사조에 비유하는 유명한 시구를 남겼다.

군주와 신민, 아버지와 아들이 모두 사라진 지금

그런 존재도 아니요, 지금의 그도 아닌

그만의 불사조로 날아야 함을

홀로 선 이 모두가 알고 있으니.[32]

오늘날 명인의 비밀을 되살리지 못하는 문제는 1장에서 다뤘던 두 가지 품질 척도를 다시 생각하게 한다. 하나는 정확성을 고집하는 절대적 표준이고, 또 하나는 일선의 경험적 표준이다. 마스터는 선을 긋듯이 절대적인 표준을 내놓지만, 똑같이 따라 해보려고 해도 도저히 안 될 때가 많다. 하지만 방금 민주주의적 시각에서 생각해본 질문은 진지하게 따져볼 필요가 있다. 다른 누군가의 독창성을 왜 재현하려고 하는가? 현대의 현악기 장인들도 바이올린을 잘 만들려고 애쓴다. 아무 성과 없이 모방만 하며 세월을 보내느니, 그들 나름의 재능으로 최선의 바이올린을 만들고 싶어한다. 이것은 절대적 표준과 대립되는 일선 실무진의 주장과도 같은 이야기다. 그런데 이러한 생각을 하다가도 이 문제를 다시 생각하게 된다. 러시아의 첼리스트 카를 다비도프(Karl Davidoff)가 연주했던 '스트라디바리우스 다비도프(Stradivarius Davidoff)' 첼로는 첼로가 어떤 것일 수 있는지 정의하고, 첼로가 구현할 수 있는 소리를 정의한다. 우리가 그 소리를 듣는다면 (특히 첼로를 만드는 사람이라면) 절대로 잊지 못할 하나의 표준이 거기서 나온다.

"명인의 비밀은 그와 함께 죽었다"는 명제는 과학에서도 중요한 의미가 있다. 사회학자 로버트 머튼(Robert K. Merton)은 "거인의 어깨 위에 서서"라는 유명한 비유를 환기시키면서 과학에서의 지식 이전에 대해 설명한다.[33] 이 비유에는 두 가지 의미가 들어 있다. 첫째, 위대한 과학자의 업적은 준거의 틀이 되며 그보다 수준이 낮은 과학자들은 그 틀의 궤도 내에서 움직인다. 둘째, 지식은 계속 보태지며 축적된다. 곡예단이 쌓아올리는 인간 기둥처럼 거인의 어깨 위에 사람들이 올라서듯, 지식은 시간이 흐르면서 쌓여간다.

장인의 일에 비추어볼 때, 머튼의 생각은 솔즈베리 대성당의 건축가들을 잘 설명해준다. 이들의 작업은 (거인이었든 아니었든) 그 선조들이 그어놓은 궤도를 따라 움직였다. 이렇게 생각하면 중세 금세공인들의 의례가 왜 중요했는지 이해하게 된다. 이런 의례를 통해서 저 멀리 수도사들까지 거슬러 올라가는 표준이 존중되었고, 그것이 길드의 모태가 되었다. 머튼이 생각한 모델은 중세의 석공과 금세공인들을 잘 설명해준다. 하지만 좀 더 현대로 내려온 스트라디바리의 작업장에 적용하기는 곤란하다. 이 명인의 죽음 이래 그의 어깨 위에 서고 싶은 욕망은 분명히 있었겠지만, 거기에 발 디딜 자리를 찾으려는 노력은 계속 실패했다. 심지어 거인을 생각하는 것 자체가 옴짝달싹할 수 없는 미궁 속으로 빠져드는 길이 되기도 했다. 실무 현장에서 우리는 아무리 작은 일이라도 골치 아픈 일선의 문제를 해결할 때는 나름대로 특징이 있는 일을 한다. 그럼에도 악기 만드는 이라면 스트라디바리 명품의 음질을 잊을 수 없듯이, 과학자라면 아인슈타인의 포부를 잊을 수 없다.

요약하면, 작업장의 역사는 사람들을 단단히 결집하는 방법론을 보여준다. 이 방법론의 핵심 요소는 종교와 의례였다. 좀 더 세속적인 시대로 내려와서는 이 핵심 요소가 독창성으로 바뀌었다. 하지만 실제적인 면에서 독창성은 자율성과는 거리가 멀었다. 작업장에서의 독창성은 새로운 형태의 권위를 뜻했지만, 번번이 단명하거나 알기 쉽게 일러주는 것이 없는 침묵의 권위였다.

근대 이후 세계에서는 케케묵은 것이나 종교적인 성격의 권위에 복종하는 것을 불편해하지만, 동시에 이렇게 개인화된 형태의 권위에 복종하는 것도 불편해하게 되었다. 이러한 우려의 사례를 하나 들자면, 첼리니와 거의 같은 시대에 살았던 에티엔느 드 라 보에티(Étienne de La Boétie)를 들 수 있다. 그는 찬양하거나 모방하면서 상위의 권위에 굴복하는 태도를 처음으로 문제시한 사람이다. 그가 보기에 사람들이 자유를 누릴 능력은 그들이 생각하는 것보다 더 컸다. 『자발적 복종(Discourse of Voluntary Servitude)』에서 그는 이렇게 말했다. "많고 많은 사람과 많고 많은 마을이, 또 수많은 도시와 나라가 그들이 가져다준 권력 말고는 아무런 힘도 없는 단 한 사람의 폭군에게 짓밟히며 신음할 때가 있다. 이런 폭군은 그들에게 전혀 해를 입힐 수 없다. 다수인 그들이 그 폭군에 반대하지 않고 감내하는 길을 선택했기에 그런 일이 생긴다… 그러니 스스로 복종을 인정하는, 아니 자처하는 사람들은 바로 그 주민들이다."[34] 우리의 역사는 (스스로 찬양하는 복종이든, 전통을 따르는 복종이든) 모든 복종을 내던져버린 게 분명하다. 그렇다면 작업장은 장인에게 안락한 집일 리가 없다. 왜냐하면 개인화된 지식을 토대로 작업자들이 서로 대면하는 관계에서 작용하는 권위가 바로 작업장의 본질이기 때문이다. 그렇더라도 작업장은 필요한 집이다. 품질의 표준 없이 양질의 작업은 있을 수 없다. 그러한 표준이 있어야 한다면,

인간과 동떨어진 채 서류상에만 있는 표준보다는 한 인간에 체화돼 있는 표준이 바람직한 것임은 더 말할 나위도 없다. 현대 사회에서 아마도 해소되기 어려울, 자율과 권위 사이의 갈등이 전개되는 현장이 바로 장인의 작업장일 것이다.

3장
기계
Machines

근대 이래 수공업 장인이 직면한 가장 큰 딜레마는 기계다. 기계는 과연 우호적인 도구인가, 아니면 인간의 수작업 일거리를 빼앗는 적인가? 경제사에서 숙련 육체노동이 지나온 길을 보면 기계는 처음에 친구였지만 번번이 적이 되고 말았다. 직물을 짜고, 빵을 굽고, 철물을 만들던 장인들은 모두 도구를 환영했지만, 결국 도구는 그들에게 등을 돌렸다. 오늘날 초소형 전자기술(마이크로일렉트로닉스)의 출현은 지능적인 기계가 의료진단이나 금융서비스처럼 인간의 판단이 들어가야만 하는 사무직 노동의 영역도 침범할 수 있음을 뜻한다.

컴퓨터지원설계(CAD)가 매혹적인 이유는 속도도 빠를뿐더러 사람처럼 지치는 일도 없고, 도면을 수작업으로 작성하는 사람과는 비교도 되지 않을 만큼 월등한 계산 능력을 발휘한다는 데 있다. 하지만 기계를 사용함에 따라 인간이 치러야 할 대가도 있다. 앞서 보았듯이 CAD

프로그램의 오용으로 사용자들의 정신적 이해력이 위축되는 일이 벌어지고 있다. 이런 이야기는 우울한 것 같지만, 어쩌면 다른 시각에서 바라볼 수 있는 문제인지도 모른다. 우리 인간은 이런저런 잣대로 볼 때 불완전한 존재인 게 분명하다. 하지만 바로 그 불완전한 모습 속에서 우리가 인간이란 것(즉 인간성)에 대한 무언가 긍정적인 것을 배울 수도 있지 않을까?

18세기 산업시대가 열릴 때, 노동자들은 사상가들만큼이나 이런 철학적인 물음과 치열하게 대치했다. 이러한 노동자들의 인식이나 사상가들의 논증은 기계가 생산되기 훨씬 오래전부터 경험해왔던 물질문화에서 비롯된 것이다.

일찍이 15세기 유럽에서는 유례없이 물질적 재화가 쏟아지듯이 불어나는 일이 생겼는데, 이 현상을 두고 역사가 사이먼 샤마(Simon Schama)는 "재물의 폭주(embarrassment of riches)"라고 묘사했다.[1] 르네상스기에 이르러 유럽 바깥 지역과 무역을 시작하고 도시권 수공업자들의 수가 계속 늘어남에 따라 사람들이 손에 쥘 수 있는 재화가 크게 불어났다. 제리 브로튼(Jerry Brotton)과 리사 자르딘(Lisa Jardine)에 따르면 사상 최초로 "새로운 물건들이 물밀듯이" 15세기 이탈리아의 가정에 밀려들었다.[2] 1600년대 초에 이르러서는 네덜란드와 영국, 프랑스에 "책상, 탁자, 찬장, 벽에 걸어 쓰는 선반, 식기대 같은 물건을 찾는 전대미문의 수요가 일었는데, 모두 주거공간에 맞추어 새로 장만한 물건들을 수납할 용도였다"고 존 헤일(John Hale)은 묘사하고 있다.[3] 물질적 풍요가 사회계층 아래로도 스며들자 흔해 빠진 물건들까지 풍요를 노래했다. 식탁에 올려놓을 갖가지 접시에다 취사용 냄비도

여럿 됐고, 신발도 두 켤레 이상을 번갈아 신었으며, 철마다 바꿔 입을 옷도 생겼다. 요즈음 우리가 생필품으로 당연시하는 물건들이 일반서민들 손에 점점 늘어나기 시작했다는 이야기다.[4]

샤마는 이처럼 물건들이 물밀듯이 늘어나는 현상을 연대기로 기록하다가 16~17세기 네덜란드인들을 두고 '재물의 폭주'라는 표현을 쓰게 됐다. 사실 오랫동안 근검절약으로 살아왔던 사람들이 네덜란드인이었으니 특징적인 현상이 아닐 수 없다. 하지만 이런 표현은 사실을 잘못 전하는 것인지도 모른다. 왜냐하면 근대가 막 열릴 그 시점의 근심거리는 오히려 풍요를 경계하는 반발일 때도 많았기 때문이다. 세상이 물건들로 풍요로워지자 종교계는 이를 우려하면서 경계했다. 종교개혁을 부르짖는 측이나 그 반대 측이나 가릴 것 없이 물질적 유혹을 매서우리만큼 경계하는 신학 차원의 우려가 일었다. 신학의 지평아래서는 이러한 우려가 아이들의 장난감처럼 해로울 게 없을 물건에까지 미쳤다.

16세기 말과 17세기 초에야 비로소 유럽 어린이들은 풍족한 장난감을 가지고 놀기 시작했다. 요즈음 생각으로는 이상한 일이겠지만, 그이전에는 어른들도 인형이나 장난감 병정을 비롯해 아이들에게나 어울리는 소품들을 가지고 놀았다. 그런 물건들이 그 시절에는 아주 드물어서 귀한 물건이기도 했다. 그러다가 장난감 생산비용이 떨어져 숫자가 늘어나다 보니, 장난감이 비로소 아이들도 소유할 수 있는 물건이 됐던 것이다. 장난감이 늘어나자 아이들을 '망친다'는 이야기가 처음으로 나오기 시작했다. 지금 우리가 아이들에게 해롭다고 우려하는 생각과 똑같은 차원의 생각이다.

18세기 기계의 출현으로 풍요에 대한 우려는 커지기만 했다. 해묵은 문제인 가난과 물자 부족 현상이 사라졌던 것은 아니다. 유럽의 일반대중은 여전히 쪼들린 채 살았다. 이런 와중에도 기계 덕분에 부엌용품, 의류, 벽돌, 유리제품 등의 생산이 늘어나자, 일반대중의 가난과는 동떨어진 차원에서 이 새로운 현상에 대한 걱정이 증폭됐다. 그 걱정거리란 어떻게 하면 이러한 재화를 잘 쓸 수 있으며, 무엇을 위한 풍요이고, 또 재물 때문에 사람이 망가지는 것을 어떻게 피할 수 있겠느냐는 우려였다.

　전체적으로 보아 18세기는 기계로 생산되는 풍요의 혜택을 환영했고, 지금의 우리라도 그랬을 것이다. 그때도 소비자 입장에서 기계는 더 나은 삶을 약속했고, 21세기에 들어선 우리도 기계 덕분에 삶의 질이 더없이 향상되는 길을 걸어왔다. 의약품과 주택, 식품을 비롯해 질과 양 모든 측면에서 살기 좋아진 것들은 이루 다 말할 수 없을 정도다. 근대 이후 유럽의 근로 빈곤층이 누리는 물질적인 생활 수준은 여러모로 17세기 부르주아 계급보다 더 낫다. 흑림의 깊은 숲 속으로 들어간 마르틴 하이데거도 현대의 잣대로는 아주 소박한 삶에 만족한 것이지만, 나중에 그의 오두막에 설치된 전기와 현대적인 배관은 그 옛날에는 누릴 수 없던 것들이다. 이러한 소비생활의 측면보다 계몽주의 사상가들이 더 우려했던 문제는 기계의 생산적 측면(즉 물건을 만드는 일에 기계가 미치는 영향)이었는데, 여전히 걱정거리로 남아 있는 문제다.

　몇몇 계몽주의 사상가가 보기에 기계의 우월성이 인간의 절망을 초래할 문제는 아니었다. 아이작 뉴턴은 결국 자연계 전체를 거대한 기계로 묘사했고, 이런 생각은 쥘리앵 오프레 드 라 메트리(Julien Offray de la Mettrie)를 비롯한 18세기 작가들에게서 극단적인 모습을 띠기도 했다. 또 합리성에 근거한 향상과 진보, '인간의 완벽성'을 주창하는 사상가들도 나타났는데, 제임스 와트(James Watt)의 증기기관처럼 새로 출현한 효율적인 기계가 그 가능성을 보여주는 구체적인 모델로 비쳤다. 그럼에도 이런 모델을 다른 시각에서 보는 사상가들도 나타났다. 이들은 새것을 배격하고 전통을 옹호했던 게 아니라 인간과 기계를 비교하는 과정에서 인간에 대한 생각을 더 많이 했다. 이들은 여러 모로 제약도 많고 단순한 게 인간이지만, 오히려 이런 특징이 인류가 문화를 일구는 데 이바지하는 인간의 장점이라고 봤다. 이러한 생각에 기계적이라고 할 만한 것은 없다. 이들은 기계의 힘에 의존하는 풍요와 거창하지는 않아도 인간 냄새가 물씬한 어떤 가치를 이어줄 중간다리로, 장인의 일과 장인의식을 관심 있게 지켜봤다.

사회적인 면에서 장인은 새로운 전환기를 맞았다. 18세기에 와트가 증기기관을 처음으로 만들 때는 스트라디바리의 공방과 비슷한 작업장 조건에서 제작이 이루어졌다. 곧이어 표준화된 조립이 도입됐고, 이어서 여러 산업에 증기기관이 활용될 때는 사회적 배경이 아주 달라져 있었다. 1823년에 이르러 증기기관 제작 방법은 명문화된 매뉴얼로 완전히 체계화됐다. 와트 본인은 공학 세계의 스트라디바리처럼 작업했지만, 이 공학의 마스터는 더 이상 비밀을 유지하지 못했다. 이런 현상은 앞서 청사진의 역사에서 봤듯이 19세기 공학의 포괄적인 변화를 반영한다(즉 그것은 지식의 주도권이 사람의 체득 지식에서 명시적 지식으로 넘어가는 변화였다). 물론 작업장 방식의 일은 과학이나 예술, 일상적인 소매거래 등 여러 가지 형태로 이어지기는 했다. 하지만 작업장은 그저 다른 기관을 세우기 위한 수단으로 변해가는 양상을 띠게 됐다. 다시 말해 공장으로 가기 위해 잠시 들르는 간이역 같은 존재다.

기계문화가 성숙해감에 따라 19세기의 장인은 갈수록 기계와 조화를 이루는 중재자의 모습을 잃어가고, 점점 기계의 적으로 비치게 됐다. 오늘날 장인은 정밀하고 완벽한 기계의 반대편에서 사람의 개성을 상징하는 존재가 됐고, 수작업에서 생기는 여러 가지 변이와 결함, 불규칙성이 그 상징이 담고 있는 긍정적 가치다. 이러한 문화적 가치의 변화를 알리는 전조가 일찍이 18세기 유리 제조에서 나타났다. 이어서 낭만주의적 견지에서 장인의 실기를 분석했던 존 러스킨(John Ruskin)은 산업화 이전의 작업장이 사라지는 것을 못내 아쉬워했다. 러스킨은 19세기 장인노동을 기계와 자본주의에 맞서는 저항의 깃발로 내세우며 한때 시대를 풍미했던 사람이다.

문화와 사회 전반에 걸친 이러한 변화는 우리 시대에도 그대로 이어지고 있다. 문화 생활 면에서 우리는 여전히 인간의 한계에서 기계적인 것과는 다른 긍정적인 의미를 찾고자 애쓰고 있다. 반면 사회 생활 면에서는 반기술주의(anti-technologism)와 계속 맞서고 있다. 실기 수작업은 여전히 이 두 가지 흐름 각각의 한복판에 있다.

거울 도구
복제품과 로봇

거울 앞에 서면 몸이며 옷이며 우리의 모습을 보고 생각을 한다. 거울 도구(mirror-tool)는 내가 고안한 용어인데, 이렇게 거울처럼 우리 자신에 대해 생각하도록 도와주는 장치를 말한다. 복제품(replicant)과 로봇(robot), 두 종류의 거울 도구가 있다.

현대적인 옷을 입은 복제품은 복제인간을 그린 영화 「블레이드 러너(Blade Runner)」에 나온다. 아이라 레빈(Ira Levin)의 소설 『스텝포드 시의 부인들(Stepford Wives)』에서 묘사된 완벽한 여성들 또한 복제품이다. 이런 공상 세계를 떠나 우리 주변을 둘러보면, 심장의 생리적 기능을 인위적으로 유지해주는 심박조절기는 복제품으로 기능하는 기계다. 이렇게 고안된 장치들은 모두 우리를 똑같이 흉내 냄으로써 거울로 비추듯 우리를 복제한다.

반면 로봇은 인간을 확장시켜주는 기계다. 즉 우리보다 더 강하고, 더 빨리 일하며, 인체와 달리 지치는 일이 없다. 인간을 확장시킨 기계가 로봇이지만, 이런 기계의 기능을 이해할 때는 우리 자신을 기준점으로 삼는다. 아이팟(iPod)을 예로 들면, 이 조그만 기계는 기억을 담당하는 로봇을 탑재하고 있다. 3만 5000분이 넘는 음악을 저장할 수 있어서 바흐(J. S. Bach)의 전 작품 분량에 육박하며, 인간 두뇌의 최대 기억용량을 초과한다. 이 조그만 로봇은 인간의 기억용량을 놀이공원의 확대거울처럼 거대한 크기로 확장시켜준다. 하지만 이렇게 기억용량이 거대해도 기껏해야 인간이 들을 수 있는 한도 내의 노래나 웬만한 길이의 음악만을 저장하고 출력하는 데 쓰인다. 아이팟 사용자들은 어느 순간에도 그 최대 기억용량을 사용하지 못한다.

복제품과 로봇, 그리고 모방과 확장 사이에는 모호한 영역도 존재한다. 영화 「블레이드 러너」에서 인간의 복제품들은 일상생활에서 거칠고 사악한 행동이 인간보다 더욱 심하다. 반대로 메리 셸리(Mary

Shelley)의 『프랑켄슈타인(Frankenstein)』은 복제인간이면서 정상적인 인간으로 대우받고 싶어하는 인조 거인의 이야기를 다루고 있다. 하지만 일반적으로 봐서 복제품은 우리를 있는 그대로 보여주고, 로봇은 우리가 할 수 있는 가능성을 보여준다.

크기와 규모는 '확장되는 방식'을 가늠하는 두 가지 척도다. 건축물 가운데는 아주 커다란 건물도 인간에게 친숙한 규모로 느껴지는 게 있는가 하면, 작은 크기의 구조물 중에도 아주 크게 느껴지는 것들이 있다. 역사가 제프리 스콧(Geoffrey Scott)이 볼 때, 장대한 바로크 양식의 교회들은 규모가 친숙한 느낌을 주는데, 벽의 곡면과 장식이 인체가 움직이는 동작을 모방해 만들어졌기 때문이다. 반면 르네상스기 조각가 도나토 브라만테(Donato Bramante)가 지은 템피에토(Tempietto)는 성당 안뜰에 세워놓은 조각품 크기지만, 이 건축품의 모델이었던 판테온(Pantheon) 신전만큼 크고 확장된 느낌을 준다.[5] 이와 같은 크기와 규모 사이의 차이는 기계에도 똑같이 적용된다. 신장투석기는 덩치 큰 기계지만 인간의 신장을 복제한 것인 반면, 천체물리학자 마틴 리스가 구상하는 미래 공포물 가운데 대기권을 전부 먹어치우는 어마어마한 규모의 로봇은 초소형 크기다.

계몽주의 시대에 처음으로 등장한 정교한 복제품들은 상냥한 장난감 같은 기계였다. 자크 드 보캉송(Jacques de Vaucanson)은 가톨릭 예수회 학교에서 공부했던 기계 발명가였는데, 그가 만든 특이한 자동인형이 1738년 파리의 어느 상점에 전시되었다. '플루트연주자(Flute Player)'로 명명된 그 물건은 키가 실제 인물과 비슷한 168센티미터 정도의 인형으로 플루트를 연주하는 기계였다. 사람들에게는 악기가 플루트였다는 사실이 놀라웠다. 왜냐하면 건반을 때리는 것만으로 소리를 내는 하프시코드(16~18세기의 건반 악기로 피아노의 전신)는 기계적 장치로 소리내기가 훨씬 쉬웠지만, 손가락 동작에다 호흡 동작까지 동시에 맞춰줘야 하는 플루트는 기계 조작이 훨씬 어려웠기 때문이다. 곧이어 보캉송이 새로 만든 '똥 싸는 오리(Shitting Duck)'는 곡식을 집어먹고 곧바로 항문으로 배설하는 자동기계였다. 똥 싸는 오리는 흥미로운 물건이었지만 한 가지 속임수가 드러났다(이 기계 오리가 실제로 곡식을 소화한다고 했지만, 사실은 배설용 곡물이 기계 내부에 따로 있었다). 하지만 플루트연주자는 진짜였다.[6]

보캉송은 플루트연주자를 작동시키기 위해 파이프 세 개를 통해 로봇 가슴 부위를 관통하는 아홉 개의 복잡한 풀무 장치를 로봇 아랫부분에 설치했는데, 이것이 바람을 불어넣는 기능을 했다. 또 혀를 작동시키는 동력 전달 물림장치와 입술을 안팎으로 움직이게 하는 물림장치가 기계 내부에 설치돼 있었다. 이 기계가 전체적으로 작동하는 모습은 그야말로 경이로웠다. 볼테르(Voltaire)는 보캉송을 두고 "근대의 프로메테우스"라고 불러서 그 경이로운 감흥을 표현했다.

그러나 보캉송의 플루트연주자는 인간을 뛰어넘는 성능을 가진 것은 아니어서 복제품에 불과했다. 사람보다 빨리 연주하지 못했기 때문이다. 또 음악가로서는 한참 모자란 자동기계여서 단순한 강약의 대조만을 구사하는 데 그쳤다. 더욱이 하나의 음표 소리를 끊지 않고 다음 음표와 섞어서 매끄럽게 이어가는 레가토(legato) 주법은 전혀 구사하지 못했다. 그러니 분명히 복제품이었고, 인간의 연주 능력을 잣대로 그 작동 수준을 쉽게 가늠할 수 있었다. 이 기계는 모방 수단에 대한 궁금증을 유발해서 보캉송의 작업장을 찾는 사람들의 상상력을 자극했다. 도대체 파이프 세 개로 묶어놓은 아홉 개 풀무 장치가 어떻게 사람의 호흡을 따라 할 수 있을까?

불행한 일로 이어졌지만, 바로 이 복제품이 로봇을 낳는 계기가 됐다. 프랑스 국왕 루이 15세는 과학에 조예가 깊지 않았지만, 보캉송의 재능을 흥밋거리 장난감을 만드는 것보다 더 좋은 일에 쓸 수 있지 않을까 생각했다. 그러고는 곧이어 1741년 이 발명가에게 프랑스의 견직물 제조 일을 맡겼다. 18세기 초 (특히 리옹에서 많이 생산되던) 프랑스의 견직물은 품질이 균일하지 못했다. 제작 도구도 보잘것없었고, 임금도 변변치 못해 근로자들은 걸핏하면 파업을 일으켰다. 보캉송은 조예가 깊은 복제품 지식을 발휘해서 인간이 간여할 일이 없는 로봇을 제작할 방법을 궁리했다.

그는 '플루트연주자'를 제작할 때 익혔던 호흡 동작의 긴장을 조절하는 지식을 직조(織造, weaving) 기계에 활용했다. 직물을 촘촘하게 짜려면 짜들어갈 씨실과 날실을 팽팽하게 유지해야 했는데, 이 기계는 그 긴장 정도(즉 장력)를 미세하고 정확하게 계측했다. 이를 기초로 정확한 직조 밀도를 유지하면서 실을 물고 왕복하는 북(shuttle)의 기계적인 동작을 작동시켰다. 이 작업은 그 이전 수작업 방식에서는 근로자들이 '감(感)'과 눈썰미로 처리했던 일이다. 나아가 그의 직조 기계는 씨실과 날실을 짤 때 장력을 똑같이 유지할 수 있는 유색 견사의 올 개수를 더 늘려서, 사람이 두 손으로 잡아당겨 처리했던 예전 방식 때보다 훨씬 많은 올을 처리할 수 있게 됐다.

리옹에서 이런 기계에 투자하는 비용이 마침내 노동에 투자하는 비용보다 저렴해졌고, 기계 작업의 질까지 좋아졌다. 다른 곳들도 속속 리옹의 뒤를 따랐다. 이런 현상의 배후에 있는 문제의 핵심을 정확하게 파악한 게이비 우드(Gaby Wood)는 플루트연주자가 "인간의 오락을 위해 고안"된 것인 반면, 보캉송이 리옹에서 만든 이 직조 기계는 "인간이 필요 없음을 인간에게 보여줄 의도"였다고 지적하였다.[7] 1740~1750년대 리옹의 직조공들은 보캉송이 거리를 나다닐 엄두를 못 낼 정도로 그를 볼 때마다 공격했다. 보캉송은 기술혁신에 몰입해서 이들의 핏대를 더욱 치솟게 했다. 이제는 꽃과 새 등 오밀조밀한 무늬까지 소화해내는 기계를 개발했던 것이다. 이 복잡한 직조 기계는 당나귀를 동력으로 활용했다.

장인들을 기계로 갈아치우는 고전적인 이야기는 이렇게 시작됐다. 보캉송이 내놓은 기계들은 근대 이후 경제 현실에서 수공업 장인들의 속을 뒤집어놓았던 첫 사례일 것이다. 이처럼 위협적으로 인간의 한계를 가르쳐줬던 우울한 이야기는 복제품이 아니라 로봇에서 시작됐다. 좀 더 희망적인 이미지를 주는 다정한 거울 도구는 없는 것일까?

계몽주의 장인
디드로의 『백과전서』

앞의 질문을 풀어가려면 꼬리에 꼬리를 무는 심연으로 빠져들 위험도 있지만, **계몽주의**(Enlightenment)라는 말 자체를 파고들 필요가 있다. 문자 그대로 '계몽(啓蒙)'이란 말은 영어(인라이튼먼트enlightenment)와 독일어(아우프클래룽Aufklärung), 프랑스어(에클레르시스망éclaircissement) 모두 '빛을 비추다'는 뜻이다. 계몽주의 시대를 가리키는 프랑스 어구가 또 하나 있는데, '빛(혹은 지성)의 세기(siècle des Lumières)'를 뜻한다. 사회규범이나 관습, 가치관 등에 이성의 빛을 비추는 과정으로 풀이되는 계몽주의는 (오늘날 '정체성'이란 말처럼) 18세기를 풍미하던 유행어였다. 이 말은 1720년대 파리에서 유행했고, 그 한 세대 뒤에는 베를린으로 퍼져나갔다. 18세기 중엽에는 벤저민 프랭클린(Benjamin Franklin)이 주도적 지성으로 이끌었던 계몽주의가 미국에 나타났고, 철학자와 경제학자들을 중심으로 에든버러의 안개 속에서 지성의 빛을 찾아나섰던 스코틀랜드에도 계몽주의가 나타났다.

'계몽주의'가 (특히 기계를 염두에 둔) 물질문화와 맺는 관계가 어떤 윤곽인지 살펴보려면, 아마도 그 무렵의 베를린으로 시간여행을 떠나는 게 가장 간결한 방법이 될 것이다. 1783년 12월 신학자 요한 췰너(Johann Zöllner)는 「베를린월보(Berlinische Monatsschrift)」 독자들에게 "계몽주의란 무엇인가?"라는 질문에 답해달라는 공고를 냈다. 그 후로 이 연재물은 12년 동안 이어졌다. 이 질문에 응모한 많은 사람이 진보와 향상을 떠올렸다. 계몽주의에 힘을 불어넣는 에너지는 이런 말들에서 나왔다. 다시 말해 물질적 환경을 지배하는 인간의 통제력은 계속 커질 수 있을 거라는 생각이다. 목회자이기도 했던 췰너는 이러한 답변이 인간의 한계는 보지 못하고 팽창하는 인간의 힘을 자축하는 태도라는 점에서 못내 마음에 걸렸다. 췰너의 교구민들은 그가 인간의 죄악에 대한 성서 구절을 교회에서 낭독할 때면 다소곳이 경청하는 태도를 보였지만, 영원한 생명인 그들의 영혼에 닥친 위험을 말할 때는 그저 격식으로 예의를 차릴 뿐이었다. 관용이나 포용이라는 게 남들을 우아하게 비하하는 의미가 돼버린 지 오래였다. 어쩌면 그가 보기에 확신에 찬 이성은 옛날 신의 이름으로 처단했던 흉악한 사탄의 자식들보다 더 나쁜 것이었을지도 모른다.

이러한 쵤너의 주장에 당대 발군의 사상가들이 응수했다. 이들의 생각에는 열정이 담겨 있었다. 그 열정이란 도그마를 모두 걷어내고 살아가자는 열망과 그런 인간의 능력에 대한 확신이었다. 이처럼 열정에 찬 확신은 이마누엘 칸트의 말에서 가장 웅장하게 드러났다. 칸트는 1784년 9월 30일자 「베를린월보」에 다음과 같이 썼다. "계몽은 인류 스스로 자초한 미성숙에서 탈피하는 것이다. **미성숙**이란 스스로 알 수 있는 것을 남의 지시 없이는 활용할 줄 모르는 무능력한 상태다. 이 **무능력을 스스로 자초했다**고 함은 알지 못해 무능력한 게 아니라, 남의 지시 없이도 그 앎을 활용하겠다는 결단과 용기가 없는 상태를 가리킨다. 자신의 앎을 사용할 '용기를 갖자!(사페레 아우데Sapere aude)!' 이것이 바로 계몽주의의 표어다."[8] 이 글에서 칸트가 힘주어 말하는 부분은 바로 생각을 전개하는 **행동**이다. 생각의 자유(自由), 즉 스스로 말미암아서 생각함은 무턱대고 어린아이처럼 믿는 태도를 버리고 마음의 격을 높이는 것임을 그는 힘주어 강조하고 있다.

이처럼 자유롭게 생각하자는 주장에 기계적이라고 할 만한 것은 아무것도 없다. 이따금 지적되는 바이지만, 18세기는 뉴턴 역학을 너무나 심각하게 받아들였다. 뉴턴이 설명한 대로 정밀하고 정확한 균형을 이루는 자연의 역학적 체계를 사회질서의 모델로 삼아야 한다고 주장했던 볼테르도 그랬다. 이런 시각에서는 물리학이 사회를 보는 절대적 표준이 되는 셈이다. 칸트는 이런 식으로는 생각하지 않았다. 물론 그 또한 파괴적인 미신을 떨쳐버리기 바랐지만, 기도하지 말고 똑같은 동작을 반복하는 기계를 본받자고 했던 것은 아니다. 자유로운 정신은 항상 비판적 판단에 근거해서 자신이 따를 규정과 지침을 바로잡아 간다고 칸트는 봤다. 여기서 그의 핵심은 질서와 규범을 수립해놓자는 게 아니라, 그에 대해 판단하고 곰곰이 생각하는 행위 자체다. 그렇다면 자유로운 이성은 그 정반대인 무질서와 혼돈의 나락으로 치달을 수도 있는 것인가? 프랑스대혁명이 암울한 모습을 드러내자, 요한 아담 베르크(Johann Adam Bergk)와 같은 정치운동가들은 굴레에서 벗어난 이성의 자유가 사회 전체를 혼란에 빠뜨리는 것은 아닌지 반문했다. 1796년에 「베를린월보」는 이 연재를 더 이상 이어가지 않았다.

계몽을 거론한 「베를린월보」와 칸트의 글에서 이성과 혁명, 전통을 운운하는 거창한 조류는 찾아보기 어렵다. 이런 식의 거창한 조류에는 「베를린월보」에서 거론된 좀 더 일상적인 물질문화에 대한 이야기들이 빠져 있다. 그 이야기 중에서 가장 계몽적인 생각은 모제스 멘델스존(Moses Mendelssohn, 우리에게 익숙한 작곡가 펠릭스 멘델스존Felix Mendelssohn의 할아버지)에서 엿보인다. 가난한 유대인 태생으로 베를린으로 이주한 그는 랍비가 될 생각이었으나, 『탈무드』에 바탕을 둔 유대학교의 편협한 훈육을 거부했다. 그 대신 멘델스존은 독일어와 그리스어, 라틴어 서적을 읽으며 철학자의 길로 들어섰다. 1767년 그는 『파이돈(Phaidon)』을 써서 조상 대대로 이어온 신앙과 절연하고, 종교의 자리에 자연을 가져다놓는 물질주의적 계몽주의를 선언하기에 이른다. 「베를린월보」에서 오간 계몽주의에 대한 토론에서 멘델스존이 기여한 것은 이 물질주의를 토대로 구축된 내용이었다.

그는 **수양=문화+계몽**이라는 등식을 새롭게 제시했다.[9] **수양**(Bildung)은 교육을 뜻함과 동시에 가치관의 형성과 사회관계에서 사람이 따라야 할 행동까지 포함하는 의미다. **계몽**(Aufklärung)은 칸트가 말하는 자유로운 이성이다. **문화**(Kultur)는 예절과 풍류가 아니라, '하는 일과 하지 않는 일'을 뜻한다고 멘델스존은 말한다.[10] 이는 실생활의 문화를 아주 폭넓고 포용적으로 보는 시각이다. 그는 '하는 일과 하지 않는 일'이라는 평범한 생활상이 그 어떤 추상적 개념 못지않게 중요하다고 믿었고, 이에 대해 합리적으로 생각하는 과정에서 우리 자신을 더 낫게 이끌 수 있다고 봤다.

'수양=문화+계몽'은 멘델스존이 대단한 책 하나를 읽고 집약해 낸 표현이다.[11] 그 책은 드니 디드로(Denis Diderot)가 주로 편집을 맡아 출간된 『백과전서: 과학, 예술, 직업에 대한 합리적 사전(Encyclopedia, or Rational Dictionary of Sciences, Arts and Crafts)』였다. 1751~1772년 사이에 총 35권 분량으로 세상에 나온 이 『백과전서』는 러시아의 예카테리나 대제(Catherine the Great)로부터 뉴욕의 상인들에 이르기까지 수많은 사람에게 읽힌 베스트셀러가 됐다.[12] 이 전집은 글과 그림을 통해 실용적인 물건들이 어떻게 만들어지는지 방대하게 기술했고, 그 각각을 개선할 방법들까지 궁리해서 적어넣었다. 프랑스의 **백과전서파**(encyclopédistes)와 독일의 사상가들이 강조하는 내용에는 커다란 차이가 있었다. 『백과전서』에 참여한 프랑스인들이 중요시했던 것은 하루하루의 일하는 행위였고, 칸트식의 주체적인 자기이해나 멘델스존식의 자기수양이 아니었다. 이러한 강조점으로부터 『백과전서』의 신조가 나오게 됐다. 즉 일 자체를 위해 일을 잘하려고 애쓰는 사람들을 높이 평가하자는 것이다. 이렇게 해서 장인이 계몽주의의 상징으로 부각됐다. 하지만 이처럼 계몽주의의 모범으로 부각된 장인들 머리 위에는 로봇의 망령, 즉 보캉송의 손을 빌어 탄생한 뉴턴 역학의 그림자가 맴돌고 있었다.

이 장인노동의 바이블을 이해하려면 저자의 의도를 이해해야 한다. 디드로는 가난한 지방 출신으로 태어나 파리로 이주한 뒤, 말이 끊일 새가 없고 수많은 친구들과 어울리며 남의 돈을 빌려 쓰고 살았던 인물이었다.[13] 디드로는 빚을 갚기 위해 잡글을 쓰느라 인생의 대부분을 허비했다. 『백과전서』도 처음에는 빚 독촉에서 벗어날 요량으로 맡았던 일거리였다. 이 출판 프로젝트는 번역일로 시작되었는데, 1728년 영어로 발행된 에프라임 체임버스(Ephraim Chambers)의 『백과전서: 예술 및 과학 일반사전(Cyclopedia, or An Universal Dictionary of Arts and Sciences)』을 프랑스어로 번역하는 일이었다. 이 영어 백과사전은 과학의 '대가들'이 정리한 내용을 모아 매력적으로 꾸며놓은 것인데, 짜임새는 취약한 편이었다. 18세기 중엽에는 '대가(virtuoso)'라는 말이 호기심 넘치는 아마추어를 뜻했다. 이런 대가들의 호기심을 채워주는 것이 잡글로 돈을 벌 만한 일이었다. 그러니까 읽어서 알아들을 만한 내용을 매끈한 문장 몇 개로 적어주면 이 대가들이 점잖은 대화 자리에서 이야깃거리로 써먹을 상품이 될 수 있었다.

아기자기하기는 하지만 그런 단편적인 내용을 수백 쪽이나 번역하는 일은 디드로 정도의 재능을 타고난 사람에게는 너무나 지루한 일이었다. 일단 일을 맡아 시작해보니 일의 내용이 변해가고 있었다. 오래지 않아 그는 체임버스의 원문은 아예 무시하며 적어나갔고, 항목별로 원문보다 분량도 많고 깊이 있는 글을 써줄 협력자들까지 규합했다.[14] 『백과전서』는 사실상 직업인들이 쓸 기술적 매뉴얼 용도가 아니라 일반 독자를 대상으로 삼았다. 디드로는 그의 독자들을 '얄팍한 대가'로 보기보다 '생각하는 사람', 즉 철학자로 보고 그들의 생각을 자극하고 싶었다.

장인의 노동을 계몽주의의 상징으로 주장할 수 있었던 큰 줄기를 『백과전서』는 어디에서 찾았을까?

무엇보다도 육체노동을 정신노동과 똑같은 무게로 취급했는데, 밑바탕에 흐르는 관점이 아주 날카로웠다. 『백과전서』는 조상 덕에 엘리트 계층에 속한 사람들은 아무 일도 안 하기 때문에 사회에 보탬이 되지 않는다고 비난했다. 백과전서파 사람들은 상고시대 그리스 노동자들이 누리던 지위로 육체노동자들을 복권시킴으로써 전통적인 특권에 대한 칸트의 비판과 똑같은 효력의 도전을 펼쳤다. 하지만 도전의 성격은 전혀 달랐는데, 과거를 향해 도전장을 낸 주체는 자유로운 이성이 아니라 쓸모 있는 노동이었다. 알파벳 순서대로 진행되는 서술 순서 자체가 세상이 더 고귀하게 쳐주는 일이든, 육체노동이든 간에 그 윤리적 가치는 똑같다는 『백과전서』의 신념과 자연스럽게 맞아떨어졌다. 한 예로 프랑스어로 왕을 뜻하는 '루아(roi)'는 고기 굽는 이를 뜻하는 '로티쇠르(rôtisseur)'의 바로 옆에서 기술됐고, 영어에서도 뜨개질을 뜻하는 '니트(knit)'가 왕을 뜻하는 '킹(king)'에 뒤따라 나왔다. 역사가 로버트 단턴(Robert Darnton)이 지적하고 있듯, 『백과전서』는 이와 같은 낱말의 배치에 신나는 우연 이상의 의미를 부여했다. 그 자체로 절대군주를 수많은 것 중의 하나, 즉 평범한 것으로 취급함으로써 그 권위를 실추시켰다.

둘째로, 『백과전서』의 각 쪽에서 쓸모 있는 것과 쓸모없는 것을 부각시키는 시선은 더욱 예사롭지 않았다. 한 장의 그림으로 모든 걸 말해주는 어느 삽화에서는 한 하녀가 귀부인의 머리모양을 꾸미느라 열심히 일하는 모습이 보인다. 하녀의 모습에서는 뭘 해야 한다는 목적의식과 에너지가 배어나는 반면, 귀부인은 권태를 주체하지 못하고 축 늘어져 있다. 솜씨 있게 손을 놀리는 하인과 권태에 빠진 상전의 모습은 생동감 있는 활력과 게으른 부패를 대조하는 우화로 비친다. 디드로는 인간의 모든 감정 중에서 권태가 인간의 의지를 좀먹는 가장 해로운 것이라고 봤다(그는 사는 동안 권태의 심리를 계속 추적해서 마침내 소설 『운명론자 자크Jacques le Fataliste』를 쓰게 됐다). 『백과전서』에서 디드로와 그 동료들은 사회적 약자의 고통에 대해 고민하기보다 생동감 넘치는 활력을 예찬했다. 바로 이 활력에 눈을 돌린 백과전서파는 평범한 근로자들을 가련하게 보는 게 아니라 찬양하고 싶어했다.

이러한 적극적인 강조는 18세기 윤리의 한 잣대로 자리 잡았던 공감의 힘에 바탕을 두고 있었다. 우리 선조들이 생각했던 공감은 "이웃을 너 자신처럼 대하라"는 성서의 도덕률과는 분위기가 많이 달랐다. 한 예로 애덤 스미스는 『도덕감정론(The Theory of Moral Sentiments)』에서 이렇게 말하고 있다. "남들이 느끼는 감정을 우리가 직접 체험할 수 없듯이, 내 감정은 내가 느끼는 감정일 뿐이다. 그러니 우리가 남들과 같은 상황에 처하더라도 그때의 내 감정을 남들이 어찌 받아들일지는 전혀 알 수 없는 노릇이다."[15] 그러므로 남들의 삶에 들어서려면 **상상력**을 동원해야 한다. 이렇게 생각하는 관점은 데이비드 흄(David Hume)의 『인간이란 무엇인가(Treatise of Human Nature)』에서도 나타난다. "끔찍한 외과 수술 현장을 보게 됐다고 생각해보자. 환자와 조수들의 얼굴에는 수술 전부터 불안하고 걱정스러운 모습이 역력할 것이다. 수술 도구를 준비하는 동작, 붕대를 가지런히 챙기는 일, 인두를 벌겋게 달구는 모습이 보인다. 이런 광경을 보고 있노라면 내 마음도 흔들리지 않을 수 없어, 나도 모르게 딱하고 끔찍하다는 강렬한 감정이 일 것이다."[16] 이 두 철학자는 모두 '공감'을 내가 남과 아무리 달라도 '내가 남이라면' 하고 상상하는 행위로 봤다. 이것은 단순히 '남도 나 같을 것'이라고 간주하는 것과는 다르다. 그래서 스미스는 『도덕감정론』에서 자기 안에 존재하는 남으로서 '공평한 관찰자(Impartial Spectator)'를 상기시킨다. 마음속에 있는 나 아닌 나인 이 관찰자는 자신의 처지에 따라 남들을 판단하지 않고, 자신이 남들에게 어떤 인상을 줄 것인가를 생각해 판단한다. 사람을 보는 우리 자신의 생각을 처음으로 일깨워주는 것(즉 계몽해주는 것)은 이성이 아니라 이처럼 상상력을 동원해서 교감하고 공감하는 행위다.

모제스 멘델스존이 살던 그 시절의 베를린으로 가보자. 그때 그곳에서는 나 이외의 바깥세상으로 공감의 나래를 펼치는 놀이가 도시 시민계급 사이에서 유행했다. 저녁모임에 함께 어울린 사람들은 응접실에 둘러 앉아 문학작품이나 역사상의 유명한 인물을 정해 역할놀이를 하면서 저녁 내내 즐겼다. 여기는 베를린 시민의 집이지 이탈리아 베네치아의 카니발이 아니다. 베네치아에서 르네상스의 여왕 마리아 데 메디치(Maria de'Medici)도 가면놀이를 하면서 즐겼을 것이다. 하지만 그 즐거움이란, 육중한 보석을 몸에 걸친 그녀가 벌거벗다시피 한 어느 소크라테스의 펑퍼짐한 뱃살을 눈요기 삼아 포도주를 마시는 일밖에 없었을 것이다. 이와 달리 그때 베를린 사람들이 하던 놀이는 다른 사람이 되어보는 게 어떤 것일지, 그들의 생각과 감정과 행동은 어떠했을지 상상하는 감정이입의 훈련이었다.[17] 한편 파리에서는 확대경을 사회 아래층으로 조준한 『백과전서』가 응접실에 앉아 책을 마주한 독자들에게 삶의 현장에서 일과 씨름하는 서민들을 흉내 내진 못해도 찬양하자고 요구했다.

『백과전서』는 독자들을 그들의 자아 밖으로 끌어내 수공업 장인들이 사는 세계로 데려가고자 했다. 그곳 장인의 작업장에서 벌어지는 훌륭한 일의 내용을 명료하게 보여주려고 했다. 『백과전서』 각 권에는 여러 작업장에서 전개되는 지루하기도 하고, 위험하기도 하며, 또 아주 복잡한 일과 씨름하는 사람들의 삽화가 나온다. 그 각각의 얼굴을 보면 똑같이 조용하고 정적인 표정들 일색이다. 이 삽화들을 두고 철학자 아드리아노 틸거(Adriano Tilgher)는 "무언의 보람된 마음으로 작업수칙과 방법에 따라 차근차근 일하는 과정에서 나오는 평정심"을 지적하고 있다.[18] 이 삽화들은 잘 만든 평범한 물건들로 독자의 시선을 잡아당기며, 그렇게 일하는 보람이 삶의 전부인 세계로 들어오라고 손짓한다.

고대 신화에서는 뭇 신들이 저마다 뽐내는 묘기가 찬란한 무기로 묘사된다. 이런 무기들은 끝없이 펼쳐지는 전쟁 속에서 갈고 닦아 얼은 영광스러운 것이다. 인간의 노동에도 이처럼 신성한 영광을 부여해 일하는 모습을 영웅적인 투쟁으로 묘사하는 이야기가 헤시오도스의 『노동과 나날』이나 베르길리우스(Vergilius)의 『전원교향시(Georgica)』에서도 나타난다. 또한 우리 시대에도 나치와 구소련의 저속 예술을 보면, 용광로나 쟁기를 짊어진 산업현장의 전사들이 웅장한 거인으로 등장하곤 한다. 일하는 모습을 무슨 전쟁에 출정하는 듯 묘사하는 이 전사의 이미지를 18세기 중엽의 계몽사상가들은 깨부수려고 했다. 경제사가 알베르트 히르시만(Albert Hirschmann)은 격렬한 움직임은 사라지고 조용한 계산으로 바삐 돌아가는 회계 업무의 광경에서 이러한 전사 이미지를 잠재우는 효과가 엿보인다고 봤다.[19] 한 발 더 나아가 그들은 장인의 작업장에서 이런 이미지를 파괴하고자 했다.

디드로는 장인노동의 즐거움이 혼외정사의 짜릿함보다 배우자와의 성애관계에 더 가깝다고 봤다. 디드로가 그린 유리와 종이 만드는 장인들의 그림을 보면, 그 표정에서 묻어나는 고요함은 장 바티스트 시메옹 샤르댕(Jean-Baptiste-Siméon Chardin)의 정물화에서 느끼는 분위기와도 같다. 좋은 구성으로 잘 꾸며진 물건을 볼 때처럼 고요하고 차분한 만족감이 전해온다.

간략하지만 『백과전서』의 탄생 배경과 이 책에 담긴 일반적인 취지를 살펴봤다. 하지만 이 책이 태어나는 과정에서 눈여겨볼 또 하나의 대목은 사람들이 자신의 한계에 직면할 때 무얼 배우게 되느냐는 점이다. 디드로에게도 인간의 한계를 묻게 되는 순간이 찾아왔는데, 그가 안락의자를 박차고 작업현장으로 발을 들여놓을 때부터였다. 사람들이 어떻게 일하는지 알아내기 위해 그가 썼던 방법은 마치 현대의 인류학자들처럼 사람들에게 묻는 일에서 시작됐다. "우리는 파리와 나라 전역에서 백공기예(百工技藝)로 소문난 장인들을 찾아다녔다. 그들의 작업장을 일일이 방문해서 질문을 던졌고, 그들이 말하는 대로 받아적었으며, 그들의 생각을 좇아가며 정의하는 작업을 했고, 각 직종 특유의 용어들을 명확히 밝히려고 노력했다."[20] 이런 식의 연구는 조만간 난관에 부딪혔다. 왜냐하면 장인들이 보유한 지식은 대부분 암묵적 지식이었기 때문이다. 그들은 무슨 일을 하는 방법은 알아도 그걸 말로 표현하는 게 잘 되지 않았다. 디드로는 자신이 겪은 조사 과정에 대해 이렇게 말했다. "천 명을 만난다고 치면, 그중에 그들이 쓰는 도구나 기계 그리고 그들이 제작하는 물건에 대해 웬만큼 또렷하게 설명할 줄 아는 사람이 열댓 명만 있더라도 운이 좋은 셈이다."

이러한 디드로의 지적에는 아주 커다란 문제가 숨어 있다. 말이 어줍고 조리가 없다고 해서 어리석은 것은 아니다. 사실 물건으로 무슨 일을 할 때보다 무언가를 말로 표현하는 게 제약도 많고 더 어려운 일이기도 하다. 장인들의 실기작업은 인간이 말로 표현할 수 있는 능력을 넘어서는 기능과 지식의 영역이라고 할 수 있다. 글로 먹고사는 전문 작가라고 해도 좀 복잡한 매듭을 어떻게 매는지 정확히 묘사하라고 하면 그의 진이 다 빠져도 모자랄 것이다(나 또한 엄두를 낼 수 없는 일이다). 여기에 아마도 가장 근본적인 인간의 한계가 있을 것이다. 다름 아니라 인체의 물리적 동작을 그대로 본뜨는 '거울 도구'라고 하기에는 언어가 턱없이 부족하다는 점이다. 그럼에도 나는 물리적 작업에 대한 책을 쓰고 있고 독자들은 읽고 있다. 디드로와 이 일에 의기투합한 백과전서파 동료들은 바로 이런 내용으로 두께가 족히 180센티미터나 되는 책들을 엮어냈다.

언어의 한계를 해결할 수 있는 한 가지 방법은 말을 그림으로 대체하는 것이다. 『백과전서』가 여러 사람의 손을 거쳐서 풍부하게 실은 삽화는 작업자들이 말로 표현할 수 없는 부분을 해결해주는 수단이 됐다. 또 같은 그림이라도 특수한 방법으로 그림을 활용했다. 유리 제작을 그린 삽화를 예로 들어보자. 이 제작 공정은 대롱에 공기를 불어넣어 유리를 성형하는 것인데, 유리 액체를 유리병으로 만드는 각 단계를 각각 다른 그림으로 그려놓았다. 어느 작업장에서나 보이는 너저분한 잡동사니는 모두 무시했고, 삽화를 그린 관찰자는 용해된 유리 액체를 병으로 변형시키는 각 단계의 공정에서 손과 입으로 해야 할 일의 내용에만 주목했다. 달리 말해, 각 공정의 동작을 일련의 선명한 그림들을 이용해 명료하고 단순하게 보여주고 있다. 이런 식의 묘사 방법은 사진작가 앙리 카르티에 브레송(Henri Cartier-Bresson)이 '결정적 순간(decisive moments)'이라고 불렀던 것과 같다.

어쩌면 무언가를 깨닫는 경험은 엄격히 말해서 이처럼 촬영 절차를 밟아가는 시각적 경험으로 볼 수도 있을 것이다. 말하자면 물건을 비추는 시각적 영상을 통해 우리 눈이 생각하는 행위를 대신하는 것이다. 수도원에서처럼 정적이 흐르는 가운데 사람 간의 의사소통은 최소한으로 줄이는 대신, 어느 물건이 만들어지는 과정을 깊이 관조하는 것이다. 선(禪) 불교에서는 이처럼 말을 배제한 참선수행을 따르는데, 참선의 '장인'은 수행을 인도할 때 상징으로만 말한다. 즉 아무 말 없이 무언가를 보여줌으로써 깨달음의 단서를 던져주는 식이다. 참선에서는 궁도(弓道)를 이해하는 데 궁사가 될 필요는 없다고 말한다. 그 대신 우리 마음속의 고요한 영상으로 결정적인 순간들을 만들어보라고 가르친다.

서유럽의 계몽주의는 앎에 도달하기 위한 경로로 이러한 촬영 방식과 아울러 다른 방법도 활용했다. 언어의 한계를 극복하는 방법으로는 실제 작업에 본격적으로 뛰어드는 것도 있다. 디드로가 택한 해결책은 그 자신이 직접 작업자가 돼보는 것이었다. "도저히 말로 설명이 안 되는 기계들과 도무지 감을 잡을 수가 없는 기능들이 있다… 번번이 그런 기계를 붙잡고 작동시켜본 다음, 직접 일을 해볼 필요가 있었다."[21] 이는 응접실에서만 놀던 사람에게는 커다란 도전이었다. 디드로가 정확히 어떤 기능의 작업을 해봤는지는 알 수 없지만, 그의 직업을 생각해보면 아마도 활자를 맞추고 동판을 작동시키는 것과 비슷한 일이었을지도 모른다. 그가 육체노동에 뛰어들었다는 게 좀 이례적일지는 몰라도, 자기 세계 밖으로 나와 다른 삶으로 들어가 보라고 속삭이는 공감의 정서가 있는 문화에서는 극히 논리적인 행동이었다. 하지만 실습을 통해 깨닫는 계몽, 요샛말로 '하면서 배운다(learning by doing)'는 체험학습은 소질이라는 문제를 제기한다. 다시 말해 실제로 일을 해봐도 영 소질이 따라주지 않아 별로 배우지 못할 수도 있는 것이다.

디드로와 의기투합했던 많은 이들은 과학자여서 시행착오를 일종의 실험 방법과도 같은 길잡이로 봤다. 그중 한 사람인 니콜라 말브랑슈(Nicolas Malebranche)는 시행착오를 처음에는 오류가 많다가 점점 줄어드는 과정, 즉 실험을 통해서 꾸준하게 향상되는 과정으로 봤다. '계몽'이란, 오류가 줄어들면서 점점 밝아오는 과정인 셈이다. 작업장 일을 체험해보고 나서 디드로는 "도제가 되어 일을 망쳐보는 체험은 일을 잘하는 방법을 배우기 위한 방편이다"라고 말했다. 얼핏 보면 이 말은 말브랑슈와 같은 과학적인 견지에서 오류는 줄어들게 마련이라는 이야기처럼 보인다. '일을 망쳐보는 체험'은 좀 더 치열한 생각을 자극해서 향상된 결과로 이끌 것이라는 생각이다.

하지만 똑같이 시행착오를 하더라도 판이한 결과가 나올 수 있다. 아무리 해봐도 숙달 단계에 도달하기에는 소질이 안 따라주는 경우도 생기기 때문이다. 디드로의 경우도 그랬다. 실제 작업에서 그가 저지른 실수와 오류 중에는 '교정이 안 되는' 것들도 많았다. 용기를 내서 어느 실기작업에 뛰어들었다가 **실수**를 통해 배우기보다 **실패**만 체험하다 보면, 아무리 해도 안 된다는 한계를 느낄 수도 있다. 하면서 배운다는 체험학습이 진보적인 교육방법론에서는 만병통치약처럼 장려되고 있지만, 이 같은 한계 상황에서는 잔인한 처방이 될 수도 있다. 우리가 능력이 모자란다는 느낌에 빠져들게 되면 장인의 작업장은 사실 잔인한 학교가 되고 만다.

사회철학의 견지에서 일과 소질을 함께 놓고 보면, 행위 주체의 능동성이라는 아주 일반적인 문제를 다시 생각하게 한다. 누구나 일에 적극적으로 달려드는 게 수동적으로 피하는 것보다 낫다는 생각을 가지고 있다. 품질을 추구하는 것도 이런 능동성의 문제이며, 장인의 강력한 동기에서 비롯된다. 하지만 이러한 능동적인 태도는 사회와 무관하게 생기는 것도 아니고 감정이 배제되는 것도 아니다. 질 높은 작업의 경우는 더욱 그렇다. 무슨 일을 잘해보겠다는 욕구는 그렇게 마음먹는 일부터 결과로 돌아올 성패까지 개인 차원에서 판가름 나는 문제다. 내가 노력한 성과가 영 시원치 않게 나타나면 누구나 상처를 받는다. 이런 상처는 사회적 지위의 대물림이나 현상적인 부(富)의 불평등으로 겪는 상처와는 성격이 다르다. 바로 나 자신의 문제라는 점이기에 그렇다. 일을 잘해보겠다고 달려들었는데 결국 할 수 없다는 사실에 접하면, 우리의 자의식은 멍들게 된다.

우리 선조들은 이 문제를 경시할 때가 많았다. 진보의 물결에 올라탄 18세기는 '재능에 길을 열어주는 직업 기회'의 장점을 강렬하게 주장했다. 사회 상층으로 이동하는 지위 변동은 대물림이 아니라 바로 재능이 기초가 돼야 한다는 것이다. 이런 원칙을 내세우는 사람들은 특권의 대물림을 파괴하는 데 주력하다 보니 재능 본위의 경쟁에서 밀려나는 낙오자들의 운명을 무시하기 쉬웠다. 디드로는 초기 작품부터 『라모의 조카(Rameau's Nephew)』나 『운명론자 자크』와 같은 원숙기 작품에 이르기까지 이런 패배자들에 대한 관심을 놓지 않았다는 점에서 특히 이례적이다. 그의 작품에서는 사회 상황이나 순전한 운보다 재능 부족이 가장 뼈에 사무치는 파멸을 초래한다. 그렇더라도 어쩔 수 없이 자신을 내보여야 하고 일에 뛰어들어야 한다. 디드로는 어느 편지에서 말하길, 어리석어도 별 탈이 없는 사람들은 부자들밖에 없다고 했다. 이 말의 속뜻은 나머지 사람들에게 능력은 필수조건이지, 선택하고 말고 할 게 아니라는 이야기다. 그래서 재능을 다투는 줄다리기가 시작된다. 이와 같은 줄거리로 전개되는 비극 작품도 하나 있지만, 다른 작품에서는 패배자들도 얻을 게 있다는 생각을 내비친다. 즉 실패는 패배자들의 모난 곳을 둥글게 만들어주는 것이어서 입에는 쓰더라도 겸양의 밑바탕을 가르쳐주는 보약이 될 수 있다는 이야기다.

이렇게 입에 쓴 약과도 같은 '이로운 실패(salutary failure)'는 일찍이 미셸 드 몽테뉴(Michel de Montaigne)의 수필에서 신은 인간이 할 수 없는 것을 보여줘서 인류에게 가르침을 준다는 이야기로 등장한 적이 있다. 그저 보잘것없는 인간의 평범함에서 이로운 실패를 맛보는 느낌은 어떤 것일까? 몽테스키외(Montesquieu)나 (야릇한 구석은 있지만) 벤저민 프랭클린도 그러한 일을 겪었던 사람들이다. 디드로는 그러한 극적인 사례를 장인의 작업장에서 발견했다.

디드로의 『백과전서』에서 기계는 이러한 극적인 사례를 사실과 그림으로 보여준다. 복제품이 인간에게 이로운 실패를 가르쳐줄 일은 전혀 없지만, 로봇은 그럴 가능성이 농후하다. 복제품은 우리 자신과 우리 몸의 작동을 더 궁리해볼 계기가 된다. 이보다 더 강력하고 지칠 줄 모르는 로봇은 도저히 인간이 넘볼 수 없는 표준을 정해버릴 수 있다. 이런 이유 때문에 우리 인간이 고통을 겪고 의기소침해야 하는 것인가?

『백과전서』에서 다룬 종이 제작 사례는 그렇지 않음을 보여준다. 이 항목을 집필한 백과전서파 필자는 파리에서 10킬로미터가량 떨어진 몽타르지(Montargis) 시 근처의 랑글레(L'Anglée)라는 공장을 설명하면서 계몽적인 종이 제작을 제시한다. 18세기 펄프 만드는 일은 지저분하고 볼썽사나웠는데, 재료로 넣을 넝마는 종종 썩은 나무를 벗겨서 썼고, 목질 조직을 연화시키기 위해 통 속에 넣고 두어 달 더 부패시켰다. 이 항목에서 『백과전서』는 인간과 로봇의 협력을 통해 이 실기작업을 향상시킬 수 있는 방법을 제안하고 있다.

첫 번째 방법은 아주 간단하다. 위생을 염려하는 18세기의 강박관념을 반영해, 공장 바닥을 먼지 한 톨 없이 깨끗하게 청소한다. 두 번째로, 작업자들이 악취 때문에 구역질에 시달리지 않을 방안을 강구해놓았다. 그 방법으로 나무 재료를 썩히는 통을 공기가 통하지 않도록 완전히 밀봉한 모습으로 삽화에 그려놓았는데, 이 생각은 실제로 한 세대 후에 도입된 혁신을 내다본 것이다. 세 번째로, 목질 조직을 두들겨서 펄프로 만드는 일은 가장 지저분한 공정이었는데, 이것을 처리하는 방에는 아예 사람이 없고 재료를 밟아 뭉개는 기계 하나가 움직이고 있다. 이 로봇은 지금의 눈으로 보면 원시적인 자동화로 보이지만, 이 생각 역시 오래지 않아 증기기관 기계로 실현되기에 이른다. 네 번째로, 가장 난이도 높은 인간의 분업이 진행되는 방에서는 통 안에 있는 펄프를 주형 상자의 얇은 판 안으로 부어넣는데, 장인 세 사람이 무용하듯 손발을 맞춰서 일하고 있다. 펄프를 퍼올려 부어넣는 이 동작은 힘이 무척 많이 드는 일이었지만 그들의 표정은 고요하다. 작업자들은 합리적 분석을 통해서 이 공정을 처리한다.

이와 같은 묘사는 일련의 정지 영상을 그려서 구성한 이야기인데, 나중에 랑글레에서 실제로 일어난 혁신을 미리 내다본 것이어서 아주 흥미롭다. 이 항목을 작성한 필자와 인쇄용 판화를 그린 삽화가는 상상력을 동원해 가장 '험악한' 노동을 기계적인 도구가 대신하는 종이 제작 공정으로 재구성했다. 아울러 이들은 인간의 판단과 협력을 중요하게 취급해주는 기계를 보여주고 있다. 여기서 기계를 이용하는 일반적인 원칙은 인간의 몸이 취약해 처리하기 어려운 일은 기계가 보완하거나 대신해야 한다는 것이다. 즉 기계는 인체를 대신하는 이질적인 몸이다. 펄프를 펼치고 밟아 뭉개는 일을 하는 이 펄프분쇄기 로봇은 인간의 팔과는 전혀 다르게 작동한다. 인간과는 아주 이질적이고 또 인간보다 월등하지만, 인간을 험악하게 대하는 기계는 아니다.

이러한 기계를 보면 인간의 한계가 분명히 드러나기는 해도, 생산 과정의 결과는 성공적이다. 또 인간과 기계의 능력 차이는 크지만 상대적인 차이다. 이처럼 우호적인 로봇을 이용해 종이를 제작하는 방식은 인간과 기계 사이의 불평등을 긍정적으로 활용하는(즉 계몽의 빛으로 비추는) 모델이다. 이 모델과는 반대되는 사례로, 『백과전서』는 본연의 이로운 실패를 이해하기 위해 유리 제작 과정을 탐구한다. 이 두 가지 대조적인 사례에서 인간과 기계의 관계를 이해하려면 유리라는 물질에 대해 알아둬야 할 것이 있다.

유리 제조는 적어도 2000년이나 이어온 일이다. 고대의 제조 비결은 모래에 산화철을 섞어서 청록 빛깔의 반투명 유리를 만드는 것이었다. 결국 시행착오를 거쳐서 좀 더 투명한 유리를 만들게 됐는데, 양치류의 재(fern-ash)나 잿물(탄산칼륨, potash), 석회암(limestone), 망간을 섞는 방법을 썼다. 이 상태에서도 유리의 질은 여전히 좋지 못했고, 제조공정도 까다롭고 험했다. 중세 때 창문 유리를 만드는 일은 긴 대롱을 입으로 불어서 고온의 유리 용해물에 공기압을 가하는 방식을 썼다. '공기취입(空氣吹入) 성형(glassblowing)'이라고 부르는 방법인데, 용해물을 판판한 형태로 펼치기 위해 작업자가 대롱을 이리저리 돌려가며 빠른 속도로 공기압을 가해야 했다. 고온의 용해물이 판판해지면 석판 위에 놓고 내리누른 다음, 작은 정사각형 단위로 잘라냈다. 하지만 이런 제조 공정은 시간도 오래 걸리고 비용도 많이 들어서 경제성이 없었다. 이런 이유로 판유리가 아주 귀하다 보니 노섬벌랜드

(Northumberland) 공작은 여행으로 성을 비울 때마다 창문의 유리를 떼어내 숨겨두기까지 했다고 한다. 고대와 마찬가지로 중세 때도 대다수 평범한 건물의 창문은 유리 대신에 기름 먹인 종이를 썼다.

사람들이 투명하고 큰 창문을 찾았던 것은 환기와 아울러 바람과 비, 거리의 지독한 냄새를 차단하기 위해서였다. 17세기 말 프랑스의 유리 제작자들은 더 넓은 판유리 만드는 비결을 생제르맹 유리제작소의 아브라함 테바르트(Abraham Thévart)에게서 배웠다. 이 사람은 1688년 판유리 한 장을 가로가 102~119센티미터, 세로가 203~213센티미터 크기로 불어내는 기록을 세운 사람이다. 역사가 사빈 멜시오르보네트(Sabine Melchior-Bonnet)에 따르면, 유리의 화학 성분 자체는 중세 전통과 다를 게 없었지만 "그 무렵 이 정도 크기의 판유리는 동화에나 나올 법한 것"이었다.[22] 18세기 초에 유리를 가열하는 오븐의 성능이 향상되면서 판유리를 더 크게 만드는 기술 변화에 속도가 붙었다. 아울러 유리 용해물을 붓고, 납작하게 펼치고, 재가열하는 실기작업의 내용도 예전보다 정교해졌다. 이러한 결과를 1746년 수도원장 플뤼슈(Pluche)가 『자연의 장관 (Spectacle of Nature)』에서 기술할 무렵에는 창문용 대형 판유리 제작이 경제성을 갖추게 됐다. 이때의 기술 혁신으로 프랑스의 생고뱅 제작소가 오랫동안 쌍벽을 이뤘던 이탈리아 베네치아의 경쟁자(무라노 섬의 유리제작소들)를 앞설 수 있게 됐다.

18세기의 전통적인 유리 제작자는 벽돌을 만들 때처럼 유리 용해물을 거푸집에 부어넣었지만, 근대의 유리 제작자는 둥근 압연기로 유리 용해물을 밀가루 반죽 밀듯이 뽑아낼 생각을 했다. 백과전서파는 그 무렵 파리에서 이루어진 여러 가지 실험에서 착상을 얻어 이 근대적인 제작 방법을 묘사한다. 삽화가는 두 가지 방법을 대비시켜서 생각을 제시했다. 우선 유리 용해물에 공기압을 가하는 전통적인 공기취입 성형을 그림 하나로 그렸다. 다음 그림에서는 유리 제작자가 압연기계를 써서 판유리 만드는 모습을 그렸다. 이 기계적인 공정에서 나오는 판유리는 전통적인 제조 방식으로는 달성 불가능한 높은 표준(두께가 완벽하게 균일한 유리)을 달성하게 된다.

이 두 번째 제작 방식에서는 기계가 품질의 조건을 결정하고, 인간의 손과 눈으로는 도저히 달성 불가능한 표준으로 품질 수준을 올려놓는다. 이것을 앞 장에서 살펴본 금세공인의 일과 비교해보면 시사점을 얻을 수 있다. 금세공인 길드에서는 직접 손으로 작업해보지 않으면 품질에 대한 지식을 배울 수 없었다. 금세공 도제는 마스터가 일하는 모습을 모방해서 그의 실기를 습득했다. 그런데 새로운 판유리 제작 방식에서는 유리 제작자가 기계를 모방할 방도가 없다. 압연기계는 사람이 육안으로 식별해 열심히 불어대는 것과는 작동 방식도 다를 뿐 아니라, 품질 표준도 사람이 할 수 없는 수준이다.

보캉송이 만든 직조기와 그 후속품들이 숙련된 수공업자를 내몰고 이익을 독차지했던 것처럼, 유리 압연기계도 같은 길을 갈 수밖에 없는 형국이었다. 이 새로운 기술을 보고 공기취입 전통을 따르던 장인들과 『백과전서』독자들은 무엇이 이로울 거라고 봤던 것일까?

이 문제에 답하기 위해 철학자들이 즐겨 쓰는 방법을 활용해보자. 우선 일반적인 문제로 눈을 돌린 다음 이와 무관해 보이는 주제에 적용해보고 다시 돌아오는 것이다. 여기서 일반적인 문제란 우리가 모델의 목적을 무엇으로 보느냐 하는 것이다. 모델은 무슨 일을 하거나 무얼 만들 때 따라야 할 방법을 말한다. 완벽한 기계가 상징하는 모델은 작업이 아무런 오류 없이 완료될 수 있다는 것이다. 유리 압연기계가 인간의 육안보다 '재능'이 뛰어나다면, 유리 만드는 일은 전적으로 기계가 담당해야 옳을 것이다. 하지만 이런 식의 추론은 모델의 목적을 잘못 생각하는 것이다. 모델은 제안이지 명령이 아니다. 뛰어난 모델에서 얻는 자극은 모델을 모방하라는 게 아니라 혁신하기 위함이다.

이 모방과 혁신의 관계를 이해하려면, 잠시 유리제작소를 떠나 아이들을 돌보는 18세기 보육현장을 둘러볼 필요가 있다. 계몽주의가 일상생활에서 거둔 성과 가운데 하나는 육아를 하나의 실기로 설명했다는 점이다. 당시 『백과전서』 외에도 수백 가지 책이 아이 기르는 방법을 다루었다. 아이를 어떻게 먹이고 청결하게 씻길 것인지, 아플 때는 어떻게 약을 먹일 것이며, 또 어떤 방법을 써야 걸음마를 시작한 아이들이 용변을 잘 가릴 것인지가 화제에 올랐다. 그중에 무엇보다도 중요한 문제는 어릴 때부터 아이들에게 자극을 주고 교육시키는 방법이었다. 이런 문제에 대한 일반상식은 부적절해 보였고, 다른 전통적 지식처럼 선입견만을 퍼뜨리는 것 같았다. 아이를 기르는 문제에서는 이런 선입견이 특히 해로워 보였는데, 의학이 진보한 덕분에 부모들이 조금만 신경 쓰면 영아 사망률을 훨씬 떨어뜨릴 수 있었기 때문이다. 『백과전서』가 나오고 한 세대 후에 예방접종이 부모들 사이에 논쟁거리가 되기도 했다. 예전 생각에 따라 의학의 진보를 거부했던 부모들이 있었는가 하면, 그 무렵 의학의 처방에 따라 엄격한 예방접종 계획을 수용했던 부모들도 있었다.[23]

아이의 소양을 개발하는 데 어떤 훈련이 필요한가를 두고 모델 문제가 등장했다. 장 자크 루소(Jean-Jacques Rousseau)는 아이들을 자유로운 인격체로 길러내는 '실기'를 언급하는 글에서 부모 양쪽의 역할이 서로 다르다고 생각했다. 엄마는 자연스럽게 공감하는 마음으로 아이들이 거리낌 없이 행동하도록 격려하는 게 좋으며, 아빠는 권위를 세우기보다 합리적으로 생각하도록 아이들을 고무하는 게 좋다고 봤다. 이러한 루소의 생각은 특히 『신엘로이즈(Julie: ou la nouvelle Héloïse)』에서 두드러지게 나타난다. 하지만 그 이면에는 부모 양쪽이 각각 모범적 모델로서 행동해야 한다는 생각이 흐르고 있다. 즉 '나는 네가 닮아야 할 어른'이니 날 모방하라는 것이다.

디드로와 친구관계였던 루이즈 데피네(Louise d'Épinay)는 손녀에게 보내는 서한집 『에밀리의 대화(Conversations d'Émilie)』에서 이 같은 부모 모델에 반론을 제기했다.[24] 제일 먼저 그녀는 루소가 이야기한 성별에 따른 부모의 분업을 문제 삼았다. 엄마가 자기 본능에 따라 행동하는 것만으로는 아이의 품성을 형성하는 데 충분하지 않을 것이요, 아빠가 이성을 따르는 엄격한 남자로 행동하는 태도는 아이를 내성적으로 몰아갈 위험이 있다고 비판한다. 모델의 의미를 생각할 때, 그녀는 더욱 중요한 논점을 던진다. 즉 부모가 모범적인 모델이어야 한다는 루소의 이상형을 비판하면서, 어른은 '완벽한' 부모가 되려고 하기보다 '웬만한' 부모에 머물 줄 알아야 한다고 피력한다. 이런 사상을 지녔던 데피네는 현대에 들어 가장 유익한 육아 길잡이를 썼던 벤저민 스폭(Benjamin Spock)의 정신적 선구자였다. 상식적으로 말해서 부모는 자신들의 한계를 인정할 필요가 있으며, 어쨌거나 독립적으로 생각할 줄 아는 아이들은 스스로 배울 것이라는 교훈을 받아들여야 한다는 것이다. 하지만 더욱 중요한 문제는 부모가 아이들에게 다가설 때 드러내는 자기 이미지다. 부모로서 "나를 따라 해"라고 하는 것보다 더 훌륭한 충고는 "나는 이렇게 살았단다"라는 간접적인 메시지다. 이런 메시지로 다가서는 부모의 이미지는 아이들이 부모를 사례로 삼아 깊이 생각하도록 유도한다. 이러한 충고는 "그러므로 너는 이러저러해야 한다"고 명령하는 게 아니다. 그 빈자리를 채우는 메시지는 "네 스스로 길을 찾아라. 무조건 따라 하지 말고 혁신하라"는 것이다.

데피네 부인을 철학의 무대로 몰고 갈 생각은 없지만, 세상이 눈여겨보지 않았던 그녀의 소책자는 의미심장한 시각을 담고 있다. 한계를 인식하고 인정하라고 요청하면서 칸트가 환기시켰던 '뒤틀린 인간성(twisted timber of humanity)'이란 이미지에 버금가는 힘이 느껴진다. 다시 유리제작소로 시선을 돌리면, 이러한 요청은 어린이 보육이나 책 읽기 못지않게 작업장에도 중요하다. 이상적 모델은 어디까지나 사람들이 자기 생각에 비추어 자신의 조건에 맞게 사용할 수단으로 봐야 한다. 작업장이 직면한 문제는 바로 이 점이다. 작업현장에서 기계가 하는 일은 보육현장에서 부모가 하는 일처럼, 일을 어떻게 하면 좋을지 보여주는 하나의 제안이다. 그런 제안은 우리가 곰곰이 생각해야 할 대상이지, 그것에 굴복해야 할 대상이 아니다. 즉 모델은 자극제이지 명령이 아니다.

볼테르는 이 방향으로 생각의 방향타를 잡아갔다. 그는 띄엄띄엄 익명으로 글을 써서 『백과전서』 편찬에 힘을 보탰다. 뉴턴 역학의 기계적 세계관에 동조했던 그지만, 한편으로는 『백과전서』의 각 항목이 묘사하는 기계들이 그 자체만으로 역사의 진보를 가져올 수 있을지 미심쩍어했다. 인류는 무엇보다도 자신의 약점을 인정해야 하고, 일을 완전히 그르칠 소지가 그 자신에게 있음을 알아야 한다. 진정으로 인간의 약점을 받아들일수록, 완벽한 기계가 그 약점을 교정할 해결 수단으로 보이지 않을 것이다. 그러한 견지에 설수록 인간을 교정한다는 인식과는 다른 차원의 대안을 적극적으로 찾아나서게 될 것이다. 볼테르는 그의 소설 『캉디드(Candide)』에서 이런 생각을 유려하게 그려내고 있다.

볼테르가 그려낸 우화들은 강간, 고문, 노예, 배신을 소재로 이야기를 풀어간다. 이런 끔찍한 일들은 팡글로스(Pangloss) 박사로 말미암아 생긴다. 팡글로스는 독일 철학자 라이프니츠(G. W. Leibniz)를 가리키는 극중 인물로, 일을 엉망으로 망칠 리 없는 합리적 이성의 대변자로 등장한다. 사실 이 극중 인물은 실제 인물처럼 명석하다. 기계적인 완벽성을 예찬하는 그가 "온 세상 만물이 최선 중에서도 최선으로 되어 있는" 이유를 설명하는 논리는 더할 나위 없이 완벽하다. 반면 반바지와 가발을 걸치고 오디세우스처럼 떠돌아다니는 젊은 캉디드는 순박하고 우둔하다. 그렇지만 그는 결국 자신의 선생이 일러준 그 더할 나위 없는 가르침이 너무나 위험하다는 것을 깨닫는다. 마지막에 이르러, 캉디드는 그 유명한 결론을 속삭인다. "우리의 밭을 가꿔야 합니다(Il faut cultiver notre jardin)." 삶에 짓밟혀 만신창이가 된 사람을 치유해줄 약은 바로 소박한 일이다.

캉디드(즉 캉디드를 통해 말하는 볼테르)가 통한의 슬픔을 던지기보다 밭을 가꾸자고 한 것은 좋은 조언임이 틀림없다. 그렇다고 그리 간단한 조언은 아니다. 캉디드나 팡글로스는 밭일을 알 만한 인물도 아닐뿐더러 어쩌면 삽 잡는 법도 몰랐을 것이다. 그들 역시 상류사회 사람이었던 탓이다. 이 소설이 직업훈련을 도입하자는 정책 제안일 리는 없다. 설령 그렇더라도 육체노동은 팔레루아얄(Palais Royal) 극장에서 내다보는 모습보다는 훨씬 더 복잡하다는 사실을 그 역시 상류사회 출신인 볼테르도 『백과전서』를 통해서나마 보았을 것이다. 이 조언의 핵심은 사람이 스스로 꾸려갈 수 있는 것을 선택하자는 데 있다. 또한 한계는 있다고 해도 구체적인 것, 그래서 인간적인 것을 중시하자는 데 있다. 볼테르가 전하는 요지는 완벽에 도달하지 못할 가능성을 인정하는 사람만이 삶을 판단하는 현실적인 혜안을 기를 수 있다는 점이다. 그래야만 한계가 있다고 해도 구체적이며, 그래서 인간적인 길을 볼 줄 알게 될 것이라는 점이다.

이러한 조언에는 볼테르가 살던 시대가 기계를 처음으로 접하면서 품기 시작했던 정신이 담겨 있다. 『백과전서』는 유리 제작을 설명하는 항목에서 불완전한 유리 수제품의 장점을 주장한다. 불규칙하며 특징이 있는 상태, 그리고 그 항목의 필자가 모호하게 '성격'이라고 묘사했던 것이 그런 장점들이다. 따라서 유리 제작에서 균일한 완벽성과 특수한 성격, 이 두 가지 이미지는 따로 존재하는 게 아니다. 즉 무언가를 완벽하게 할 수 있는 방법을 이해할 때에야 비로소 그와 다른 대안으로서 특수성과 성격을 지닌 대상을 인식할 수가 있다. 입자 사이에 거품이 끼어들거나 표면이 고르지 못한 유리 제품에도 가치를 부여할 수 있다. 반면 완벽한 표준을 고집하면, 실험과 변화의 여지가 허용되지 않는다. 여기서 볼테르가 동료 계몽사상가들에게 던지는 준엄한 메시지를 찾아볼 수 있다. 완벽의 추구는 인간에게 진보가 아니라 비통을 가져다줄 수도 있다는 점이다.

『백과전서』는 여러 항목을 기술하면서 앞서 봤던 종이공장과 유리제작소 각각이 대변하는 두 가지 극단을 놓고, 계속 그 사이를 오고간다. 종이공장은 인간과 로봇이 조화롭게 양립하는 모델이고, 유리제작소는 완벽과는 거리가 먼 작업에 가치를 부여하는 모델이다. 후자에서 완벽한 작업은 완벽성과는 다른 결과를 추구하는 노동이 돋보이도록 하는 의미를 가진다. 계몽주의 장인은 예술적 독창성을 찬양했던 르네상스 장인과는 사뭇 다른 길을 걸으면서 개성의 가치를 발견하고 높이 평가할 수 있었다. 그러나 훌륭한 장인이 이 길을 밟아가려면 볼테르의 경고를 받아들여야 했다. 바로 인간이 불완전하다는 사실을 인정하라는 경고다.

기계의 위력을 처음으로 접한 근대 세계는 여러 가지가 촘촘하게 뒤엉킨 복잡하고 모순된 문화를 만들어냈다. 일찍이 근대에 앞서 밀려들기 시작했던 풍족한 재화를 기계는 더욱 대단위로 찍어냈다. 물질적으로 풍요로워지자 계몽주의는 인간을 스스로 권능을 확장해가는 이상적인 존재로 봤고, 이제 전통의 굴레를 벗어던질 때라고 생각했다. 이 굴레를 인류가 던져버릴 수 있을 거라는 확신에 찬 미래상이 「베를린월보」의 지면을 수놓았다. 기계는 굴복을 강요하는 또 다른 힘으로 작용하게 될 것인가? 그런데 어떤 종류의 기계인가? 사람들은 복제품을 보고 놀랐고, 로봇을 두려워했다. 이 교묘한 물건들은 낯설었을 뿐 아니라, 그 제작자인 인간의 신체보다 월등했다.

디드로의 『백과전서』는 처음부터 가장 기본적인 인간의 한계를 인정함으로써 이 문제에 본격적으로 뛰어들었다. 그 한계란, 사람(특히 작업 중인 장인)이 몸을 가지고 일하는 동작을 말로 설명하기 곤란하다는 언어의 한계였다. 작업자 자신은 물론, 그 일을 분석하는 사람도 무슨 일이 일어나고 있는지 제대로 설명할 수가 없었다. 스스로 갖가지 일의 내용을 알아보려고 장인의 실기작업에 뛰어든 디드로는 또 하나의 한계를 발견했는데, 바로 재능이라는 문제다. 실제 작업을 해봐도 잘 안 되는 작업은 그의 지능으로 이해할 수가 없었다. 로봇이 덜커덩거리는 위험한 우리 속에도 들어가 봤는데, 그곳에선 인간이 초라해 보일 만큼 기계의 '재능'이 완벽함의 모델을 보여주고 있었다.

『백과전서』가 세상에 나온 지 딱 한 세대 만에, 애덤 스미스는 기계가 계몽이란 프로젝트의 종말을 가져올 거라고 결론지었다. 그는 『국부론』에서 이렇게 단언했다. "공장에서 몇 안 되는 단순한 작업에 생활의 전부를 소모하는 인간은… 인간이라는 피조물을 보고 상상할 수 있는 가장 어리석고 무지한 상태로 변하는 게 일반적이다."[25] 디드로를 중심으로 한 백과전서파 사람들은 이와는 다른 결론에 도달했다. 그들의 결론을 집약하면 다음과 같다.

기계를 현명하게 사용하기 위해 염두에 두어야 할 것은 기계의 잠재력이 아니라 우리 인간의 한계다. 바로 그 점에 비추어서 기계의 힘을 판단하고 그 용도를 설정하는 것이 올바른 방법이다. 우리는 기계와 경쟁해서는 안 된다. 어느 모델이든지 그대로 따라야 할 명령이 아니라 제안으로 봐야 하듯, 기계도 마찬가지다. 바로 이 점에서 인류는 완벽을 모방하라는 명령에서 벗어나야 마땅하다. 완벽을 요구하는 입장과는 반대로, 우리 자신의 개성을 주장할 수 있다. 그리고 개성을 통해 우리가 하는 일에 특징적인 성격을 부여할 수 있다. 장인의 일에서 이러한 성격을 획득하려면 겸손해야 하고 우리 자신의 부족함을 알아야 한다.

독자들은 내가 작업장에 들어선 디드로인양 그의 말을 대변하고 있음을 알 것이다. 이것은 아마도 계몽주의가 말하고자 한 취지가 250여 년이 지난 뒤에야 분명하게 드러났기 때문일 것이다. 어느 분야에서든 좋은 실기작업이 되려면 기계에 대한 건전한 판단이 필요하다. 일을 올바로 한다는 게 일의 쓰임을 뜻할 수도 있고 기계적인 완벽성을 뜻할 수도 있다. 그 어느 의미에서든 우리가 우리 자신을 이해하는 데 보탬이 되지 않는다면 그런 식의 올바른 일은 가야 할 길이 아니다.

낭만주의적 장인
존 러스킨, 근대 세계를 겨냥해 싸우다

근대 경제 시스템이 제 모습을 갖추게 될 즈음인 19세기 중엽에 이르자, 산업질서에서 수공업 장인들에게 돌아갈 명예로운 자리가 있을 거라는 계몽주의적 희망은 시들해지고 있었다. 노동이 기계와 접하면서 벌어진 일련의 사태는 미국과 영국에서 그 성격이 선명하게 드러나고 있었다. 이 두 나라는 일찍부터 산업발전을 목적으로 실험적인 기계 도입을 적극 권장했다. 대량 생산을 목적으로 탄생한 기계는 점차 고숙련 기술공들의 기반을 위협했고, 반숙련 기술직과 미숙련 단순노무직의 숫자를 증대시켰다. 다시 말해 기계는 고비용 숙련노동을 대체하는 경향이 강했고, 랑글레 종이공장의 계몽적인 펄프 분쇄기에서 보듯 미숙련 단순작업이나 일하기 고된 작업이 기계로 대체되는 일은 별로 없었다.

미국 제철소의 노동자들은 여타 많은 기초 산업에서 일어난 변화를 잘 보여주는 대표적인 사례다. 강철은 철과 탄소강화물의 합금이다. 1855년부터 쓰이기 시작한 베세머 전로(Bessemer converter)는 거대한 타원형 산화실을 새로 도입해 강철 합금을 대량으로 생산했다. 강철 생산 과정에서 첨가물을 추가하는 공정은 값비싼 기술 인력의 판단에 따라 통제되었는데, 1865~1900년 사이 산업기계 설계는 이러한 숙련 노동을 시범 기술로 대체하는 식의 기술적 쾌거에 중점을 뒀다. 또한 금속 용해물의 냉각 과정을 조절하는 인간의 판단을 숫자로 대체하는 영리한 기계도 나왔다.[26]

19세기 철강 산업에서 고숙련 기술공들은 기술혁신으로 말미암아 두 가지 갈림길에 서게 됐다. 그 하나는 숙련기능을 포기하는 것이었고, 다른 하나는 해고당하는 일이었다. 첫 번째 길을 택하면 적어도 일자리는 유지하는 셈이었다. 1900년 무렵 미국 제철소에서 고숙련 기술공들의 약 절반은 이런 운명을 받아들였고, 나머지 절반은 다른 종류의 금속가공 작업을 찾아나섰다. 하지만 강철 제조와 관련된 숙련 기능은 다른 종류의 주조 작업으로 쉽게 '이전'되지 않았는데, 이것은 과거나 지금이나 여러 기초 산업에서 나타나는 두드러진 특징이다.

고도로 전문화된 숙련기능은 수많은 작업 절차를 단순히 합해놓은 게 아니라, 각각의 작업 주변에 형성되는 하나의 문화다. 1900년 철강 산업에서는 귀청이 터질 듯한 소음과 어둑한 조명 아래서 대단위 집단의 작업자들이 일정한 체계에 따라 일해야 했다. 노동자들은 이런 작업 환경에 적응하면서 묵시적인 집단 문화를 형성하고 있었다. 이런 방식으로 안전을 기하며 일하는 과정은 특화된 기계 작업소와 같이 작업자가 개별적인 몸동작에 집중해야 하는 오밀조밀한 공간으로는 잘 이전되지 않았다. 이것은 18세기 크레모나의 현악기 장인들이 좀처럼 해결할 수 없었던 기술 이전 문제와는 종류가 다른 것이었다. 현악기 장인의 오밀조밀한 작업장에서는 개인적 재능을 전수하는 게 문제였다. 반면 금속 제조에서는 이미 자리를 잡은 숙련기능이 문화가 다른 새 공간으로 적응하는 과정에서 기술이전 문제가 생겼다. 다른 연구 기회에 이런 유형의 문제를 다룬 적이 있는데, 1995년 메인프레임 컴퓨터를 기반으로 일했던 프로그래머들이 개인용 컴퓨터와 게임기 분야로 일자리를 옮겼을 때도 비슷한 문제가 생겼다. 순수한 컴퓨터 연산처리 문제와는 다른 일터의 규범이 적응에 걸림돌로 작용했다.[27]

숙련 기술공들은 그동안 기술 변화에 맞서 세 가지 전선에서 싸웠다. 첫 번째는 고용주였고, 두 번째는 그들의 일자리를 잠식하는 미숙련 노동자들이었으며, 세 번째 전선은 기계였다. 미국 노동총연맹(American Federation of Labor: AFL)은 이 점에서 상징적인 노동조합이 됐다. 오랜 활동 기간에 AFL 산하의 여러 직종별 조합은 고용주에 대항해서 효과적으로 투쟁했다. 또 많은 조합이 고용주들이 선호하는 미숙련 노동자들(주로 이민 노동자)과 상호협정을 맺었다. 그러나 세 번째 전선에서는 효과적으로 싸우지 못했다. AFL 산하의 노동조합들은 기계 자체의 설계에 개입해서 대안을 찾는 전략에는 투자하지 못했다. 즉 장인들은 숙련 기술공 집단의 필요성을 유지해줄 기계에 대한 연구 활동을 후원하지도 못했고, 그들 스스로 기계를 고안하지도 못했다.

기계를 도입하는 변화는 이렇게 **일방적으로** 노동자 집단에 들이닥쳤지, 노동운동의 내부로부터 나오지 못했다.

이 세 번째 전선에서 일말의 성과를 보았다면 기계는 덜 위협적으로 진화했을지 모른다. 하지만 기계와 접한 이 전선에서 완전히 실패함으로 말미암아 기계의 위협은 그 상징적 위력을 더욱 증폭시키는 길을 걸어왔다. 현대 산업에서 숙련 기술공들은 기계를 만지며 살아가고 기계를 다룰 줄 알아야 살 수 있지만, 기계를 만들어내는 일은 거의 없다. 이런 식으로 가다 보니 기술진보가 늘 노동을 지배하는 양상으로 전개되는 듯하다.

이러한 기계의 지배에 맞서 저항한 빅토리아 시대의 인물 가운데 영국 작가 존 러스킨만큼 정열적인 사람은 없었다. 그는 독자들에게 기계문명이라는 생각 자체를 내다버리라고 호소했다. 그의 눈에는 중세 길드의 육체노동자들이 근대 공장의 노동자들보다 더 수준 높은 제도 아래서 더 나은 삶을 살았던 것으로 보였다. 러스킨이 주창하는 미래상은 근대사회 전체가 산업화 이전 시대로 돌아가는 게 마땅하고 또 가능하다는 근본적이며 급진적인 성격을 띠고 있었다.

러스킨은 실기 수작업자들의 대장이 될 만한 인물은 아니었고, 육체적인 일에 발을 들여놓을 사람도 아니었다. 유복하고 화목한 집안에서 태어난 그는 내성적인 소년이었다. 성인이 돼서도 민감하고 유약한 편이어서 옥스퍼드대학교의 회랑이 마음의 안식처였지만, 그렇다고 내면의 삶이 평화로운 것은 아니었다. 어떤 면에서는 여러 가지 물건과 수공예가 기분을 전환하는 소일거리가 되기는 했어도, 세세한 부분을 들먹이는 예술 애호가들과는 전혀 어울리지 않는 성격이었다. 나중에 괄목할 만한 러스킨의 전기를 썼던 팀 힐턴(Tim Hilton)은 그를 "더 이상 파편처럼 살지 말고, 다만 연결하라(Live in fragments no longer. Only Connect)"는 포스터(E. M. Forster)의 말을 그에 앞서 삶으로 구현했던 사람으로 묘사한다. 러스킨이 연결하고자 했던 세계, 그것은 수제품을 만드는 장인의 세계였다.[28]

러스킨은 이탈리아(특히 베네치아)를 둘러보는 여행 초기에 성글게 다듬어진 중세 건물에서 예상 밖의 아름다움을 봤다. 이무깃돌, 아치형 출입문, 창문 등 석공들이 쪼아 만든 물건들이 후기 르네상스의 추상적인 기하 문양이나 18세기 고급가구 제작자들의 완벽한 솜씨보다 더욱 매력적으로 다가왔다. 그는 이 성긴 물건들을 보면서 일었던 감흥을 그 자리에서 그림으로 그렸다. 자유자재로 선을 그어가는 그의 손끝은 베네치아의 돌들이 발산하는 아름다운 불규칙성을 담아냈다. 이렇게 그림으로 그리면서 촉감이 주는 즐거움을 맛봤다.

러스킨의 글을 읽어보면 농밀한 주관이 넘쳐난다. 또 그 자신의 감흥과 경험에서 갖가지 생각과 원리를 끌어내기도 한다. 그가 뿜어내는 호소력을 요즘 말로 한다면 아마도 "몸으로 느끼라"가 적당할 것이다. 휘날리듯 써내려가는 그의 글을 보면, 해묵은 돌덩이의 축축한 이끼를 만진다거나 햇빛에 반짝이는 먼지를 보는 것처럼 살갗을 파고든다. 연구가 깊어지면서 과거와 현재를 대비하는 그의 시선은 점점 더 신랄해졌다. 이탈리아의 대성당을 영국의 공장과 대비하는가 하면, 이탈리아 사람들의 노동에 담긴 자기표현을 영국 산업현장의 지루한 일과와 대비하기도 했다. 1850~1860년대 옥스퍼드대학교에서 러스킨은 "몸으로 느끼라"는 자신의 주장을 행동에 옮겼다. 상류층 자제들이 다니는 이 학교의 학생들을 데리고 교외로 나가 도로건설 현장에서 같이 일하기도 했다. 힘겨운 일의 고통, 손에 생기는 굳은살을 느끼면서 현실의 삶과 연결된 보람의 증거를 체험하도록 한 것이다.

'러스킨주의'는 성긴 형태의 아름다움을 높이 평가했고, 고된 육체 노동을 성적인 애착에 비유할 만한 감흥으로 바라봤다. 이러한 미적 가치관은 러스킨의 독자들이 느끼고는 있었지만 뭐라고 꼬집어 말할 수 없었던 우려를 명확히 밝혀준 것이었다. 산업시대는 물질적 풍요를 절정으로 몰고 갔다. 기계는 의류와 가재도구, 서적, 신문들을 쏟아냈고, 기계를 만드는 기계도 만들어냈다. 빅토리아 시대 사람들은 선조들과 마찬가지로 이런 물질적 풍요를 놀라워했고 동시에 근심스러워하기도 했다. 기계는 양(量)과 질(質)의 관계를 새로운 차원으로 몰고 갔다. 한결같이 똑같은 물건을 거의 무한정 만들 수 있게 되자, 전에 없던 새로운 현상이 전개됐다. 바로 양 자체가 질과는 무관해 보이는 현상이다. 이로 말미암아 숫자가 감각을 둔화시키고, 기계가 찍어내는 한결같이 완벽한 제품이 사람들의 공감이나 개인의 주관이 담긴 반응을 전혀 유발하지 못한다는 우려가 일었다.

이렇게 질과 양이 뒤집힌 관계는 낭비로 표출됐다. 이 문제는 물자가 부족한 시대에는 꿈속에서나 있을 법한 것이었다. 오늘날에도 낭비 실태를 보여주는 현상으로, 실용적으로 한참 더 쓸 수 있는 제품이 폐기되는 숫자를 보면 이 문제를 역으로 짚어볼 수도 있다. 일례로, 2005년 영국에서 중고차 시장에 나온 자동차의 92퍼센트가 적어도 5년 이상 더 쓸 수 있는 차들이었다. 또 2004년 새 컴퓨터를 샀던 사람의

86퍼센트가 전과 똑같은 프로그램을 썼다. 이러한 낭비 현상은 소비자들이 실제로 사용할 성능을 구매하는 게 아니라, 잠재적인 성능을 산다는 데서 그 원인을 찾을 수 있다. 즉 새롭게 장만한 자동차는 시속 160킬로미터로 달릴 수 있지만, 실제로는 교통체증 때문에 그런 속도를 낼 일이 거의 없다. 현대 사회의 낭비에 대한 또 하나의 원인은 소비자들의 구매 욕구가 물건을 쓰는 일보다 미리 예상하는 기대감에 의해 더 강하게 유발된다는 점이다. 즉 새로 나온 최신 제품을 손에 넣는다는 사실 자체가 그 물건을 오래 쓰는 일보다 더 중요해진 것이다.[29] 그 이유야 어느 쪽이든 물건을 쉽게 내다버릴 수 있다는 것은 수중에 있는 물건을 보는 우리의 느낌을 무감각하게 만든다.

빅토리아 시대에 양적 과잉이 피부에 와 닿는 물건의 가치를 떨어뜨릴 수 있음을 알아챈 사람은 러스킨이 처음은 아니었다. 낭비 문제는 일찍이 1845년 벤저민 디즈레일리(Benjamin Disraeli)의 소설 『시빌, 또는 두 국민(Sybil, or the Two Nations)』에서도 묘사된 바 있다. 정치논설과 다름없는 이 소설의 핵심은 영국 일반대중이 처한 궁핍한 현실과 대비해 부(富)의 실상을 공격하는 것이었다. 절반만 먹고 덩이째 쓰레기통으로 들어가는 쇠고기, 맛만 보고 병째로 버려지는 포도주, 계절마다 한두 번 입고 내던지는 옷가지처럼 그가 그려낸 부의 실상이란 다름 아닌 낭비였다. 빅토리아 시대에는 많은 작가가 끔찍한 빈곤 실태를 이야기로 다루었다. 디즈레일리의 논조는 이 소설을 포함한 삼부작에서 낭비를 특권적인 태만으로 묘사한 데서 아주 특징적으로 드러난다. 이런 시대적 맥락에서 러스킨은 사람들의 공감을 불러일으켰다. 물자가 넘쳐나는 시대를 살았던 그가 지내기 좋아했던 방은 별로 장식이랄 게 없이 텅 빈 방이었다. 러스킨은 빅토리아 시대를 살았던 현자로서 빈 공간의 심미성을 주창하는 교훈을 내놓았다. "채워놓는 물건이 적을수록 그 하나하나를 더 귀히 여긴다."

양은 얼마나 많으냐가 기준이 되기도 하고 또 얼마나 크냐가 기준이 되기도 하다. 이 중 두 번째 기준인 크기를 러스킨의 세대에 상징적으로 보여준 물건은 1851년 런던 대박람회(Great Exposition)에 출품된 어느 기계였다. 이 박람회는 산업이 일궈낸 풍요를 뽐냈던 19세기의 잔치였다.

섭정 왕세자 조지 4세의 착상으로 시작된 이 박람회는 그 자체로 근대적인 기계류와 공산품을 대대적으로 전시하는 자리였고, 조지프 팩스턴(Joseph Paxton)의 설계와 지휘로 지어진 거대한 유리 건물에서 열렸다. 출품된 물건들로는 정교한 증기기관, 증기기관을 장착한 각종 장치부터 사기 양변기나 기계로 제작된 머리빗에 이르기까지 없는 게 없을 정도였다. 수제품들도 있었는데, 영국의 드넓은 식민지에서 제작된 수공예품을 전시하는 별도 공간을 마련해 눈에 잘 보이도록 배치했다. 영국에서 만들어진 물건들은 수세식 양변기와 같은 공산품의 '일반형(type-form)'이 얼마나 다채로운 모양을 띨 수 있는지 부각시키도록 전시됐다. 이를테면 변기 용기가 단순한 그릇 모양부터 항아리 모양인 것도 있었고, (내가 즐겨 떠올리는) 무릎을 꿇은 코끼리 모양도 있었다.[30] 이 전시회 초기의 들뜬 분위기에서 쏟아져 나온 소비재 공산품들은 그 기능과 형태 사이에 엄격한 상관관계가 없었다.

산업기계의 위력을 뽐내는 이 잔치의 개최 장소였던 팩스턴의 거대한 유리 건물 자체도 『백과전서』에서 내다봤던 유리 제조의 혁신으로 이루어진 결과였다. 굽은 모양의 커다란 판유리를 건축에 쓸 만한 견고한 재질로 만들기 위해선 유리 재질의 소다석회 비율을 다시 맞춰야 했고, 항상적인 고온을 견딜 수 있는 주철 압연기가 발명되어야 했다. (이 같은 제조 조건은 수정과는 전혀 무관한 것이어서, '수정궁Crystal Palace'은 이 유리 건물의 이름으로 어울리지 않는 것이었다.) 이러한 혁신은 마침내 1840년대에 일어났다.[31] 이보다 일찍 19세기 초에 건축된 파리 아케이드는 천장에 유리 지붕을 올렸지만, 판유리 크기도 작았고 지붕 유리판 사이의 틈새도 더 컸다. 반면, 런던의 이 전시관은 유리를 금속 골조에 단단히 결합해 실내공간을 전부 유리로 덮었다. 이 건축물은 기계의 힘을 빌지 않고는 불가능한 아름다움을 담고 있었는데, 그 미적 요소는 완벽한 투명성과 그로 말미암아 실내와 실외의 시각적 구분이 없어졌다는 점이다.

1851년 대박람회에서 단일 품목으로 기계의 위세를 극적으로 연출한 물건은 '두닌 백작의 강철인간(Count Dunin's Man of Steel)'이라는 로봇이다. 제작자의 이름을 따서 명명된 이 로봇은 수정궁 내 연사가 올라서는 연단 바로 밑의 명예로운 자리에 설치됐다. 금속판과 용수철 등 강철 조각 7000개로 조립된 이 금속인간은 고대 그리스의 아폴로 조각상(아폴로 벨베데레Apollo Belvedere) 모양이었는데, 한쪽 팔을 악수를 청하듯 내밀고 서 있었다. 손잡이 하나를 돌리자 이 금속인간은 용수철과 바퀴의 작동으로 속에 있던 금속판들을 몸통 밖으로 내밀면서 몸집이 불어나기 시작했다. 모양은 아폴로 조각상 형태를 그대로 유지한 채 두 팔 벌린 골리앗의 크기로 불어나는 장관을 연출했다. 이 금속인간이 실물 크기의 두 배로 변신하는 시간이나 다시 원상태로 줄어드는

시간은 30초밖에 걸리지 않았다.[32]

그리스 조각상을 본뜬 이 금속인간은 보캉송이 파리에서 선보인 복제품(플루트 부는 자동인형)과는 달리 인간이 하는 일을 모방하지 않았다. 또 보캉송이 리옹에서 발명한 로봇(견직물 직조기)과도 다르게, 인상적인 기계 작동을 제외하면 아무것도 생산하지 않았다. 오늘날 필요 이상의 성능을 뽐내는 자동차에서 묻어나는 정서가 바로 이 빅토리아 시대의 로봇에 담겨 있다. 즉 아무런 목적 없이 크기만 할 뿐이다.

이렇게 순전히 기계적인 위력에서 나오는 강렬한 인상이 대박람회가 의도하는 전부였다. 러스킨은 바로 이것을 표적으로 삼아 깎아내리고자 했다. 과거를 동경하는 그의 향수가 급진적인 힘을 분출했던 맥락은 여기서 비롯된다. 그가 품었던 정서는 회한의 한숨이 아니라 분노였다. 그의 글은 근대의 물질적 풍요에 맞서 싸우고, 물건을 마주하는 인간의 오감에 다시 활력을 불어넣자는 외침을 쏟아냈다. 또한 수공업 장인들에게 사회를 향해 자신의 가치를 당당히 주장하라고 촉구하는 외침이기도 했다.

1850년대 중엽에 러스킨은 런던 레드라이언 광장 곁의 한 집에 노동자대학(Working Men's College)을 세우는 일에 힘을 보탰다. 그의 친구 폴린 트리벨리언(Pauline Trevelyan)에게 보낸 편지에서 러스킨은 자신의 학생들을 이렇게 묘사했다. "한 번에 약 200명 정도씩 돌아가며 짤막한 강의를 할 생각이네. 내 강의를 들을 사람들은 실내 장식가와 글쓰기 교사, 가구 장식가들이 될 테고 석공, 벽돌공, 유리 제작공, 도공 등이 되겠지." 이 강의를 통해 일반형에 씌워놓은 겉치레 가면을 벗겨내서 기계적 생산의 본질인 획일성을 학생들에게 일깨우는 게 그가 의도했던 목표 중 하나였다. "인쇄업을 확 뒤집어놓고 싶네. 이 시대의 커다란 해악이 그것과 화약일세. 혐오스러운 인쇄술이 모든 해악의 근원이라는 생각이 드네. 이것이 모든 면에서 획일적인 생활을 받아들이도록 사람들을 길들이고 있단 말일세." 러스킨은 장인들의 오감을 일깨우기 위해 새로운 공간을 만들고자 했다. 옛날처럼 정말로 개성을 담은 몇 안 되는 물건을 진중하게 구상하고, "하루 종일 누구라도 그 안에 들어가 보면 언제나 좋은 것밖에 볼 게 없는 공간"이 그가 바라던 것이었다.[33] 그는 학생들이 중세 후기의 그림이나 조각은 물론, 18세기의 유리와 같은 수제품에서 불규칙성이 주는 깊은 맛을 즐길 줄 알기를 원했다.

노동자대학의 이면에는 장인의식을 긍정적으로 바라보는 개념이 자리 잡고 있었다. 즉 아주 폭넓은 시각으로 손과 머리를 같이 쓰는 사람들을 모두 포괄하는 개념이다. 이러한 장인의식 개념은 러스킨의 명성을 높여준 1849년의 책 『건축의 일곱 가지 등불(The Seven Lamps of Architecture)』에 이르러 견고한 형태를 갖췄다. 그는 고딕 양식의 석조 작업을 일종의 '문법'으로 보는데, 하나의 형태가 다른 형태를 낳으면서 불꽃이 타오르듯 변화하는 '불꽃 변형(플랑부아양 flamboyant)' 문법이라고 부른다. 때로는 석공의 의지에 따라 변하기도 하고, 때로는 순전히 우연에 의해 변화하기도 한다. 여기서 '불꽃 변형'은 '실험'을 뜻하는 러스킨의 용어다. 그가 1851~1853년 사이에 쓴 『베네치아의 돌(The Stones of Venice)』에서 이 말은 더 깊은 의미를 담게 된다. 앞서 리눅스 프로그래머들에서 봤던 것처럼, 이때부터 러스킨은 문제를 푸는 일과 문제를 찾는 일 사이의 긴밀한 연결고리를 깊이 생각하게 된다. 활력과 열정에 차 있는 작업자는 '불꽃'처럼 변화무쌍하다. 그는 자기 일을 수행할 열쇠를 잃어버릴지라도 기꺼이 그 위험을 감수한다. 기계는 작업을 작동시킬 열쇠가 사라지면 작동을 멈추지만, 사람은 새로운 발견이나 우연한 사건에서 단서를 찾는다. 잠시나마 작업의 열쇠를 상실하는 상태로부터 러스킨은 훌륭한 장인의식을 기르는 비결과 장인의식이 어떻게 습득되어야 하는지 그 실마리를 발견한다. 『베네치아의 돌』에서 러스킨은 이렇게 자기 작업의 열쇠를 일시적으로 상실한 도면 작업자의 모습을 떠올리고 있다.

> 누군가에게 직선 그리기를 가르칠 수 있다. 또 곡선을 한 획으로 긋거나 여러 획으로 끊어 그리는 작업도 가르칠 수 있다… 아주 기막히게 빠르고 정확하게 그리도록 가르친다. 그러다 보면 그런 작업에서 그의 솜씨가 완벽해지는 게 보인다. 하지만 그렇게 그린 모양들 가운데 어느 하나라도 그의 생각을 물어보고 더 낫게 할 방법이 없겠는지 스스로 궁리해보라고 하면, 그는 작업을 멈춘다. 손놀림이 자꾸 멈칫거린다. 그는 지금 생각하고 있으며, 십중팔구 그 생각은 빗나간다. 생각한 것을 작업에 옮길 때도 자꾸만 첫 단추부터 잘못된다. 그는 작업 도중에도 여전히 생각을 되풀이한다. 이런 과정에서 스승은 그를 계속 사람으로 생각했겠지만, 사실 그전에 완벽하게 그리던 그는 그저 기계였고 살아 움직이는 도구였던 것이다.[34]

러스킨이 묘사한 도면 작업자는 회복될 것이고, 그가 겪은 위기 덕분에 솜씨는 더 나아질 것이다. 흠집과 실수를 남길 수밖에 없는 석공의 경우든, 아니면 정확한 직선을 그리는 실력을 다시 찾은 도면 작업자의 경우든 이 장인은 작업을 보는 다른 눈, 즉 자기의식이 생긴다. 그가 숙달한 실력은 별 노력 없이 성취된 게 아니다. 여러 가지 난관을 지나왔고, 그로부터 배웠다. 현대의 장인은 이렇게 난관을 겪어가는 도면 작업자를 모델로 삼아야 한다. 두닌 백작의 금속인간은 그의 모델이 아니다.

러스킨의 『건축의 일곱 가지 등불』은 난관을 겪는 장인을 위한 길잡이, 즉 '등불'로 일곱 가지를 제시했다. 이 길잡이는 물건을 직접 다루는 사람이라면 누구에게나 도움이 되는 것으로, 다음과 같다.[35]

- 희생(sacrifice)의 등불: 러스킨은 이 말을 나와 마찬가지로 무언가를 **그 자체**를 위해 잘하려는 의욕으로 이해한다. 즉 헌신이다.
- 진리(truth)의 등불: '끊임없이 끊겼다가 다시 찾아오는' 진리다. 난관과 저항, 모호함을 긍정적으로 수용함을 뜻한다.
- 힘(power)의 등불: 절제된 힘이다. 맹목적인 의지 대신에 표준을 따라가는 힘이다.
- 미(beauty)의 등불: 커다란 것보다는 손으로 다룰 만한 크기의 아기자기한 물건이나 장식에서 느끼는 아름다움이다.
- 생명(life)의 등불: 투쟁과 활력은 생명이며, 생동감 없는 완벽은 죽음이다.
- 기억(memory)의 등불: 기계가 지배하기 전 오랜 역사에서 얻는 가르침이다.
- 복종(obedience)의 등불: 마스터가 만드는 개별 작품보다는 그가

일로 확립하는 모범에 대한 복종이다. 달리 말하면 스트라디바리처럼 되도록 애쓰는 일을 뜻하는 것이지, 그가 만든 특정한 바이올린을 모방하는 태도를 뜻하는 것이 아니다.

기질적으로 급진적 사상가였던 러스킨은 현재를 거부하고, 미래를 보기 위해 과거로 눈을 돌린다. 그는 모든 부류의 장인들에게 잃어버린 자유의 공간을 찾아나서는 욕망을 불어넣고자 했고, 사실 그러한 공간을 끈질기게 요구하는 태도를 강조했다. 사람들이 실험할 수 있는 자유로운 공간, 잠시 일을 수행할 통제력을 잃더라도 그들이 의지할 수 있는 공간을 만들어보자는 생각이었다. 하지만 현대 사회에서 이러한 조건을 만들려면 투쟁해야 한다. 러스킨은 산업시대의 엄밀성이 자유로운 실험과 이로운 실패를 짓밟는다고 믿었다. 만약 그가 더 오래 살았다면, 미국에는 두 번 다시 기회가 없다고 지적한 스콧 피츠제럴드(F. Scott Fitzgerald)를 높이 평가했을 것이다. 러스킨이 볼 때, 장인은 '망설이고 실수할' 기회가 절실히 필요한 모든 사람을 대변하는 상징적 존재다. 장인은 기계의 '등불'이 비추는 대로 일하는 것을 초월해야 한다. 다시 말해 스스로 궁리함으로써 '살아 움직이는 도구'를 넘어서는 존재가 되어야 한다.

만약 러스킨이 장인의 길잡이로 제시한 이 일곱 가지 등불을 디드로가 들었다면, 어떻게 평가했을까? 분명히 러스킨이 생각한 인간성을 높이 평가했을 것이다. 하지만 디드로는 인간성을 펼쳐가는 데 이성이 더 큰 역할을 할 수 있고, 인간이 자신을 알아가는 데 현대적인 기계도 (심지어 로봇이라도) 쓸모가 있다고 주장했을 것이다. 이 말에 대해 러스킨은 디드로가 아직 산업의 위력이 행사하는 냉혹한 참모습을 보지 못했다는 말로 응수할지도 모른다. 그러면 디드로는 러스킨의 등불은 장인들이 어떻게 자기 일을 해왔는지 잘 조명해주고 있지만, 근대 장인의 입장에서 실질적인 지침은 못 된다고 반박할 수도 있을 것이다. 현대의 관점에서 보면, 러스킨을 하이데거와 견주어볼 수 있을 것이다. 러스킨은 은둔 생활을 할 이상적인 오두막을 갈망하지는 않았지만, 그와는 다른 식의 물질문화를 실천하고 사회에 참여할 방안을 모색했다.

러스킨이 표방한 장인은 그 시대에 낭만주의적인 존재로 비쳤고, 낭만주의라는 같은 옷을 입은 만큼 예술가를 기교의 대가로 떠받드는 낭만주의를 견제하는 역할을 했다.

18세기 초에 『백과전서: 예술 및 과학 일반사전』을 집필한 체임버스 같은 대가는 관심거리가 아주 많아서 아마추어로서의 자기 모습을 자랑스러워하기도 했다. 안토니오 스트라디바리는 한 우물만 파는 사람이었으니, 체임버스가 활동하던 시절에는 대가 축에 끼지도 못했을 것이다. 영국에서는 돈깨나 있는 한량들 가운데 아마추어 신사를 잘난 체하는 속물처럼 보는 시선도 있었고, 무슨 재주거리를 아주 잘한다지만 별로 애쓴 흔적이 안 보이는 사람도 똑같은 취급을 받았다. 까다로운 암 수술을 받아야 할 처지라면, 이 두 가지 유형의 의사 중 어느 쪽에도 몸을 맡기고 싶지 않을 것이다. 하지만 전문성을 갖춘 대가의 경우에도 기술이 불편한 문제를 낳을 수 있다.

18세기 중엽 음악계에서는 연주의 기술, 즉 기교를 제일의 덕목으로 쳤던 대가들이 무대에 올랐다. 공개연주회라는 새로운 문화공간을 찾은 청중들은 순전히 능수능란한 손놀림을 전시품처럼 돈을 내고 소비했다. 아마추어 청취자들은 환호하기 시작했다. 대가보다 수가 낮은 하수가 보내는 갈채다. 이와 달리 궁정의 공연은 아주 딴판이었다. 이를테면 프러시아의 계몽군주 프리드리히 대제(Frederick the Great)는 직접 플루트를 불면서 궁정 음악가들과 합주곡을 연주했다. 또 그보다 일찍이 베르사유 궁에서 호화로운 궁정잔치가 열릴 때면, 프랑스 국왕 루이 14세도 번번이 앞장서서 춤을 추기 시작해 무도회의 시작을 알리곤 했다. 이 두 군주의 공연 솜씨가 뛰어나기도 했지만 궁정에서는 공연자와 관중을 가르는 경계선이 분명하지 않았고, 기교를 가지고 대가와 아마추어를 구분하는 생각도 별로 없었다. 디드로의 소설 『라모의 조카』는 그의 시대에 그어지기 시작한 이 경계선이 점점 뚜렷해지는 경향에 주목한다. 작중의 일부 대화에서 원숙한 기교가 무엇이냐는 물음에 인간이 악기를 상대로 펼치는 웅대한 투쟁의 결실이라는 대답이 흘러나온다. 이어지는 대화에서는 현란한 기교란 게 온전한 예술성을 해치는 것이냐는 질문도 나온다. 음악의 역사에서 이 질문에 답하는 일은 19세기 전반이 지나면서 갈수록 시급해졌는데, 니콜로 파가니니(Niccolò Paganini)에 이어 지기스몬트 탈베르크(Sigismond Thalberg)와 프란츠 리스트(Franz Liszt)가 공개 연주회에 등장하면서부터였다. 이 음악가들의 연주는 기교의 극치라고 할 만큼 극적이었지만, 결국 음악에서 단순함과 평범함은 파가니니와 탈베르크에 의해 그 가치가 퇴색됐다.

1850년대로 내려오면 음악의 대가란, 관중석의 아마추어 연주자들이 기가 죽다 못해 자신은 아무 가치도 없다고 느낄 만큼 기교가 완벽의 경지에 도달한 사람으로 인식됐다. 대가가 무대에 오를 때면 침묵과 정적이 장내를 뒤덮었고, 청중은 부동자세로 그에게 경의를 표했다. 곧이어 대가의 연주에 청중이 놀라움과 경외감에 휩싸이면, 대가는 청취자들이 자기 솜씨로는 연출할 수 없는 감흥을 선사했다.[36]

하지만 러스킨은 이와 같이 낭만주의 대가를 바라보는 정서를 혐오했다. 사실 장인의 망설임과 실수가 그러한 공연과 서로 통할 게 있을 리 없다. 장인을 높이 평가하는 러스킨의 정서를 음악에서 찾자면, 아마도 아마추어들이 자기 형편에 따라 클래식 음악을 배우는 '가정음악(하우스무지크haus-musik: 주로 독일에서 15, 16세기경부터 음악애호 가족이나 동호인들이 집에 모여 연주하면서 발달한 음악 ―옮긴이)'이 될 것이다. 하지만 러스킨은 역겨운 대가들이 출몰하는 무대를 음악공연장이 아니라 공학적 작업에서 찾았다.

이점바드 킹덤 브루넬(Isambard Kingdom Brunel)이라는 엔지니어가 이 책 2부에서 많이 다루어지는데, 그와 같은 엔지니어들은 러스킨이 보기에 기교적 기술이 끼치는 해악의 본보기였다. 그는 강철로 배를 만들고, 총연장이 길거나 높다란 교량을 만드는 기술의 대가였다. 하지만 일하는 방식 면에서는 러스킨의 '등불'과 일맥상통하는 면도 있었다. 실험적인 작업을 많이 벌였고 실패도 여러 번 했기 때문이다. 그리고 좀 더 조심스러웠다면 더 많은 돈을 벌 수도 있었을 사람이어서, 열정이 넘치지는 않아도 헌신적인 장인이었다. 하지만 그의 작업이 내세웠던 가치는 러스킨으로서는 묵과할 수 없는 순전히 기술적인 쾌거나 묘기였다. 이에 대한 러스킨의 거부는 가히 종교적인 광신에 가까운 것이어서, 기계를 이용하는 일은 아무리 대단해도 인간적인 정감을 말살하는 비인간적인 것이었다.

결국 러스킨은 아마추어 수준도 아니고 그렇다고 대가 수준도 아닌 작업의 가치를 주장하고자 했다. 이 중간지대가 장인이 하는 일이다. 그리고 이러한 장인상은 도전적이고 불운한 노동자의 모습으로 러스킨의 시대로부터 우리 시대로 이어지고 있다. 그때와 달리 지금은 '낭만적'이라는 겉 표식이 사라졌을 뿐이다.

러스킨은 1900년에 세상을 떠났다. 그로부터 10년이 지나, 미국의 사회학자 소스타인 베블런(Thorstein Veblen)은 기계 제작품보다 수제품을 더 중시하는 러스킨의 관점을 높이 평가했다. 베블런은 『제작기술의 정신(The Spirit of Workmanship)』에서 다음과 같이 지적했다. "수제품에서 보이는 불완전성은 오히려 경의를 표할 만하다. 뛰어난 작품성이나 실용성을 대변해주는 표시이고, 어쩌면 이 두 가지를 모두 말해주는 것이다."[37] 그가 1893년에 시카고에서 직접 관람했던 대박람회는 사라진 장인의 빈자리를 확인해주는 듯했다. 출품된 수공예품은 대부분 그가 얄궂은 어감을 담아 표현했던 '원시적'이거나 '미개발된' 지역에서 제작된 것들이었다. 전체 분위기를 압도했던 문명권의 제품은 종류도 수없이 많았고, 기계가 획일적으로 찍어낸 것들이었다. 베블런은 장인의 소멸을 경제적인 관점에서 소비 유형과 결부지어 이해했다. 베블런이 보기에 1851년 런던 대박람회는 이제 기계를 날개로 달고 발동을 걸기 시작하는 '과시적 소비'의 전주곡이었고, 대중광고의 첫 리허설이었다. 이러한 시대적 흐름과는 달리, 훌륭한 장인은 세일즈맨으로서는 별 볼 일 없는 사람이다. 무언가를 잘하려고 몰입해

있지만, 자신이 하는 일의 가치를 설명할 줄 모른다.[38]

베블런의 뒤를 이은 라이트 밀스의 눈에도 기계는 장인의 종말을 부채질하는 도구로 보였다. 그가 본 장인은 일에서 깊은 보람을 느끼고, 실험과 불규칙성을 수용하며, 별 다른 이유 없이도 세심하고 까다롭게 일하는 사람이다. 밀스는 "이러한 장인상(匠人像)은 시대착오적인 것이 되고 말았다"고 선언한다.[39] 하지만 이러한 밀스의 지적 또한 러스킨적인 것이다. 어쩌면 장인들 스스로 러스킨적이 자기의식에 갇혀 있었기 때문에, 미국 철강 산업의 숙련 기술공들이 그랬듯이 노동조합을 통해서 기술혁신에 간여할 노력을 하지 않았던 것인지도 모른다. 또 그들을 위협하는 싸움에서 전면전을 펼치지 못했던 이유도 거기서 찾을 수 있을 것이다. 더불어 이러한 역사에서 짚어봐야 할 근본적인 문제를 하나 보게 된다. 장인노동에 대한 계몽주의적 시각과 낭만주의적 시각, 이 두 가지 중에서 우리는 어느 것을 선택해야 할 것인가? 나는 역사상 먼저 등장했던 시각에 무게를 두어야 옳다고 본다. 즉 기계와 싸우는 일보다 기계를 다루는 일에서 인간 해방의 근본적인 숙제를 찾자는 시각이다. 지금의 우리가 당면한 숙제이기도 하다.

4장
물질의식
Material Consciousness

의사와 간호사들의 복받치는 감정이 끓어올랐던 2006년 영국 의학
협회 총회 때 사람들이 넘쳐나서 총회 강당으로 다 들어갈 수가 없었
다. 의료진과 기자, 그리고 나 같은 일반회원들이 이리저리 떠돌다가
어느 방으로 들어가게 됐다. 그 방에서는 바로 전에 무슨 의학 관련 발
표가 있었던 모양이다. 방 앞 정면의 커다란 화면에 수술 장갑을 낀 손
이 외과수술을 받는 어느 환자의 대장 일부를 꺼내 올리는 총천연색
장면이 보였다. 기자들은 이 대문짝만한 영상을 흘깃거리다가 너무 끔
찍해 보였는지 눈길을 다른 데로 돌렸다. 하지만 그 방에 있던 의사와
간호사 들은 관심 있게 화면을 쳐다봤다. 특히 실내 스피커에서 개혁
에 대한 정부 공직자들의 단조로운 목소리가 들려올 때마다 눈을 점점
더 크게 뜨고 화면을 들여다봤다.

정지 화면이었기 때문에 대장을 집어든 그 손이 취하려는 조치가 어

떤 것인지 정확하게 알기는 어려워도, 그게 무엇이든 간에 눈앞에 펼쳐진 그 광경에 빨려 들어가듯 주목하는 관심이 바로 물질의식(material consciousness)이다. 모든 장인은 이런 의식을 가지고 있다. 도무지 알다가도 모를 희귀 예술이라도 그 일에 종사하는 사람들에게는 이런 의식이 살아 있다. 화가 에드가르 드가(Edgar Degas)에 대해 전해 내려오는 이야기가 하나 있는데, 언젠가 그가 시인 스테판 말라르메(Stéphane Mallarmé)에게 이렇게 말한 적이 있다고 한다. "이보게. 뭔가 시가 될 만한 근사한 생각이 떠올랐지만, 도무지 표현할 길이 없네." 그러자 말라르메의 대답은 이랬다고 한다. "보셔요, 에드가르. 시는 생각이 아니라 말로 쓰는 것이랍니다."*

충분히 짐작할 수 있듯이, '물질의식'은 철학자들에게 생각의 침을 샘솟게 하는 말이다. 사물을 생각하는 우리의 의식은 그 사물 자체와는 별개의 것인가? 우리가 아랫배를 만지면서 어느 부위의 내장을 느낄 때처럼 말에 대한 우리의 생각도 그런 것일까?

이러한 철학의 숲에서 길을 잃으니, 어느 대상에 관심이 쏠리도록 하는 것이 무엇인지 들여다보는 게 더 나을지도 모른다. 이것은 장인 본연의 의식이 항상 맴도는 영역이다. 질 좋은 작업을 완성해내려고 여러모로 애쓰는 장인의 정성은 모두 그 주변의 물건에 대한 호기심에서 비롯된다.

---

* 이 두 사람이 잠시 동문서답을 나눴는지도 모르지만, 드가는 인상파 화가답게 그림처럼 시상이 떠올랐을 수도 있고, 말라르메는 상징파 시인답게 상징으로 쓸 말이 없으면 인상도 없다고 생각했던 것일지도 모른다. ─옮긴이

이처럼 대상에 몰입하는 물질의식을 고찰하기 위해 아주 간단히 이렇게 생각해보자. 어떤 사물에 대한 우리의 관심이 각별하게 쏠리는 것은 우리가 그것을 바꿀 수 있을 때다. 인간의 내장을 화면에 비춘 거대한 이미지가 호기심을 끄는 이유는 그 손의 주인공인 외과의가 (화면에 보이는 것처럼) 손에 쥔 내장에 뭔가 범상치 않은 조치를 취할 것이기 때문이다. 사람들은 그들이 변화를 줄 수 있는 사물에 생각을 투자하고 집중한다. 그렇게 활성화되는 의식은 세 가지 핵심적인 양상으로 나타난다. 즉 변형과 존재, 의인화다. 변형(metamorphosis)은 작업자의 조치가 바뀔 때마다 바로바로 나타난다. 예를 들어 도공은 점토 반죽을 쟁반에 놓고 빚은 뒤 회전판 위로 옮겨 성형을 한다. 그가 손을 대는 흙이 반죽에서 그릇으로 변한다. 그 변형은 흙에 머무는 게 아니라, 도공의 생각도 계속 흙을 따라간다. 당연히 그는 반죽 빚기와 성형 두 가지 작업의 기술이 어떻게 다른지 몸으로 느끼고 머리로 안다. 존재 (presence)는 "나는 생각한다. 고로 나는 존재한다"가 아니라, 단순히 "이걸 만드는 내가 존재한다"고 느끼는 의식이다. 인간은 물건에다 제작자 표시를 남기며 그런 생각을 한다. 일례로, 벽돌공이 벽돌에 새기는 흔적이 그것이다. 의인화(anthropomorphosis)는 자연 상태의 물질에 인간의 다양한 특징을 부여할 때 활성화되는 의식이다. 뒤집어 말하면 인간의 특성을 떠올리며 물질을 이해하고 또 몰입하는 행위다. 우리가 원시문화라고 칭하는 문화에서는 나무에 정령이 살고 있고, 그나무를 깎아 만든 창에도 정령이 있다고 생각한다. 또 어느 장롱의 마감 처리를 묘사할 때 세련된 사람들은 "정숙하다"거나 "친근하다"는 말로 물건을 사람처럼 취급한다.

이 장에서는 흙을 만지며 일하는 장인들에게 바싹 다가서서 이 세 가지 물질의식의 각 형태를 좀 더 깊이 탐구한다.

변형
도공 이야기

도자기 그릇을 가장 손쉽게 만드는 방법은 타래 모양으로 빚은 점 토 반죽을 평평한 원반 가장자리를 따라 말아 올리는 것이다.[1] 타래가 무너지지 않게 쌓아올리려면 흔들거리지 않는 묵직한 원반이 좋다. 처 음에는 그랬지만 적절한 바가지를 절단해 원반 밑에 받치니까 타래를 쌓아올리는 사이사이 원반을 조금씩 돌려주면 타래 말기가 더 좋았다. 이 작은 혁신으로 말미암아 훨씬 커다란 진보를 내딛게 되는데, 바로 자유회전 원반을 사용하게 된 것이다.

이 진보는 기원전 4000년경 지금의 이라크 지역에서 일어나 서쪽으 로 전파되어, 기원전 2500년경에 지중해 연안으로 확산되었다. 그리 스 도공들이 기원전 1000년경부터 썼던 회전원반은 나무나 돌로 된 무거운 원반이었고, 돌에 고인 지지점 위에서 회전했다. 도공의 조수 가 회전원반을 흔들리지 않게 돌리면, 도공은 두 손으로 타래를 쌓아 올렸다. 일단 회전원반을 쓰게 되자, 타래쌓기 대신에 회전력을 이용 하는 전혀 새로운 방법을 생각하게 됐다. 축축한 반죽 형태에서 곧바 로 그릇 모양으로 성형하는 게 가능해졌다. 이렇게 빚은 도자기는 크 기는 작아도 구조적으로 하나의 조각이다. 작은 회전원반 위에서 커다 란 도자기를 한 번에 성형할 수는 없지만, 위아래가 맞는 튜브 모양을 여러 개 빚어 결합해서 만들 수 있었다. 작은 도자기나 큰 도자기나 일단 점토의 습기가 말라붙기 시작하면, 회전반 위에 올려놓고 돌리면서 군더더기 점토를 뾰족한 침으로 깎아냈다.

상고시대와 고대의 도자기들은 좀 더 복잡한 모양을 띠기 시작했는데 기원전 800년경부터 이러한 현상이 분명해진다. 순수한 쓰임새만으로는 이 변화가 설명되지 않는다. 왜냐하면 타래쌓기만으로도 쓸모 있는 도자기는 얼마든지 만들 수 있었고, 회전반을 이용한 성형보다 속도도 훨씬 빨랐기 때문이다. 또한 도자기 표면에 장식을 새기는 것도 쓰임새에서 비롯된 생각은 아니다.

모든 도자기는 이장(泥漿, slip)을 이용해서 모양을 꾸밀 수 있다. 이장은 여러 가지 색깔의 점토를 아주 미세하게 으깬 것으로, 그 각각을 건조시켜 혼합하면 더 강렬한 색깔을 만들 수 있고 이것으로 도자기 표면에다 색칠을 할 수도 있다. 고대의 이장은 현대 도자기의 유약과 달리 규토(silica, 이산화규소) 함유량이 높지 않아 광택 내기가 어려웠지만, 그리스인들은 도자기 표면이 유리질 광택을 띨 수 있도록 가마 가열을 조절하는 기법을 개발했다. 현대의 도예가 수사네 슈타우바흐(Susanne Staubach)는 그리스 도공이 어떻게 광택 나는 채색 효과를 구현했는지 고대의 기법을 복원해 확인했다. 가마를 일종의 화학실험실처럼 활용하는 방법이었다. 섭씨 900도로 가마를 가열해 점토를 산화시킨 뒤 톱밥을 가마에 투입하면, 환원(산화 과정을 역으로 되돌리는 화학반응) 과정이 진행됐다. 하지만 이 상태로 놓아두면 이장은 특징적인 색채를 보존하지 못했다. 그리스 도공들은 가마의 통풍 조절문을 열어서 점토를 다시 한 번 산화시키는 방법을 발견했다. 그러면 도자기의 몸통은 붉게 변했고, 이장으로 그려넣은 무늬는 검은색 그대로 남았다. 반대로 무늬의 배경을 이장으로 칠해서 색을 대조시키는 방법도 등장했다.[2]

이장 기법에 여러 가지 변화를 줄 수 있게 되자, 도공들의 표현이 다채로워지는 길이 열렸다. 저장과 취사를 위한 실용적 도자기들은 꾸밈이 단순했는데, 이제 그리스 도공들은 그리스 신화의 성격과 중요한 역사적 사건을 그림으로 담아 자기 동족에게 보여주게 됐다. 그리스 도자기가 진화하는 과정에서 이런 그림들은 기존의 이야기를 단순하게 옮기는 데 그치지 않고, 사회논평을 담아내기도 했다. 이를테면 육중하게 축 늘어진 생식기를 드러낸 비둔하고 대머리 벗어진 남자들이 근육질의 민첩한 젊은이들을 쫓아가는 그림에서 부조리한 구세대의 욕망을 꼬집고 있다.

이런 식으로 도자기 모양을 꾸미는 일은 경제적 가치도 있었다. 고전학자 존 보드먼(John Boardman)은 모양을 낸 도자기는 "국내나 외국의 구매자들에게 즐거움을 선사하고 교육 기능도 하는 회화 작품"이 됐다고 설명한다.[3] 조만간 도자기는 지중해 연안 무역의 중요한 품목으로 자리 잡았다. 그 몇 세기 전에 바가지 대신에 회전원반을 실험적으로 써봤던 도공들은 그 실험의 가치를 짐작하기도 어려웠을 것이다.

회전원반에 대한 도공들의 생각을 전해주는 기록은 없다. 하지만 그들이 쓰던 도구와 작업 내용이 변했고, 고전시대 초기 도공들이 회전원반을 도입하기 이전의 방법과 이후의 방법 두 가지를 모두 활용했다는 점을 고려하면, 그들이 자기가 하는 작업을 잘 의식하고 있었다고 추론할 수 있다. 이러한 추론을 도출하고자 하는 이유는 기술에 대한 이해를 왜곡하는, "저절로 그렇게 됐다"는 식의 설명보다는 좀 더 신중하게 생각할 단서가 되기 때문이다.

'저절로 그렇게 됐다'는 설명은 일정한 방향으로 변화가 일어날 수밖에 없고, 각 단계는 그다음 단계로 넘어가게끔 되어 있다고 가정한다. 즉 그와 다른 방식으로는 제작자들이 일할 방법도 없을뿐더러 달리 생각할 여지도 없을 거라는 주장이다. 마치 '흩날인 쐐기 모양의 끝이 **필연적으로** 겹날인 망치 못뽑이로 이어졌다'고 설명하는 식이다. 이렇게 당연하다는 설명은 이미 다 알고 있는 지난 과거를 그냥 그렇게 됐다고 보는 방식이다. 도자기에서도 과거의 흔적을 되돌아보면, 자유회전 원반이 타래 쌓기에서 입체 성형으로 넘어가는 변화를 초래한다는 설명은 완벽한 논리를 갖추고 있다. 하지만 처음으로 원반 밑받침을 바가지에서 돌로 바꿔봤던 사람이 지금 우리가 아는 내용을 어떻게 알 수 있었을까? 아마도 그 도공은 어리둥절했을 수도 있고, 새로운 발견에 흥분했을 수도 있을 것이다. 이러한 도공의 상태는 '바로 이런 식으로 일어날 수밖에 없었다'는 생각보다는 훨씬 더 작업에 몰입한 의식 상태다.

앞서 작업장을 다룬 장에서, 지속되는 시간의 길이가 실기와 예술이 갈라지는 하나의 기준점이라는 것을 살펴봤다. 생업으로 이어지는 실기는 오랜 시간의 연장선에서 행해진다. 반면 독창적인 성격의 예술은 이보다 훨씬 순간적인 사건이다. 고대의 도공은 길게 연장되는 시간 속에서 살았다. 원반을 중심축에 고여서 회전시키는 방법이 처음으로 출현한 뒤, 수세기가 지나서야 점토 반죽에서 곧바로 입체 성형하는 작업이 일상화되었다. 이렇게 어느 작업 방식이 **장기 지속**(longue durée)되는 이유는 작업이 반복을 통해 자리를 잡아가는 과정에서 찾을 수 있다.* 다시 말해 손을 놀려가며 작업하는 행위가 점차 암묵적 지식으로 형성되는 과정이다. 여기서 주의 깊게 생각해야 할 문제가 나온다.

애덤 스미스의 뒤를 잇는 몇몇 사람들은 실기작업이 자리를 잡는 데 오랜 시간이 걸린다는 사실을 인식했다. 하지만 한 세대의 현상에만 주목해 육체노동자들은 스스로 생각하는 게 별로 없다고 이해했다. 즉 육체노동자들은 주어진 절차를 그대로 받아들이고 그들이 알고 있는 대로만 일을 처리할 뿐이라는 것이다. 존 러스킨의 저술은 이렇게 육체노동자들을 정신이 멍하다고 보는 시각에 반대하는 입장이었다. 러스킨은 어떤 일이든지 작업에서 생기는 오류와 결함, 변이는 세대를 타고 이어진다고 이해한다. 이렇게 의심스럽고 개운치 않은 문제가 일으키는 정신적 자극 또한 세대에서 세대로 이어져서, 시간이 흘러도 장인의 기억 속에서 사라지지 않는다는 게 그가 보는 전통의 의미다. 에게 해 연안의 도자기들은 기원전 600년경에 질적인 변화가 아주 크게 일어났다. 장인들 자신은 이 변화를 의식했을 것이고 중시했을 거

---

* 장기 지속(longue durée)은 '역사학의 교황'으로도 불리는 페르낭 브로델(Fernand Braudel, 1902~1985)이 주창한 개념이다. 그는 역사를 삼분구조로 파악했는데, 그가 즐겨 쓰는 바다의 비유를 들어 다음과 같이 설명할 수 있다. 역사의 맨 아래층에는 "거의 움직이지 않는 역사"가 있고, 그 위에 "완만한 리듬을 가진 역사"가 있으며, 맨 위에는 "표면의 출렁거림"이 있다는 것이다. 여기서 수백 년 동안 변함없이 지속되며 '거의 움직이지 않는 역사'의 속성이 장기 지속이다. 그는 역사의 장기 지속을 이해할 수 있어야 진정한 역사를 복원할 수 있다고 주장한다. 다음 자료를 참고했다. 「자본주의의 비굴한 출발」(백동인, http://hsalbert.blogspot.com/2009/03/longue-duree_01.html). - 옮긴이

라는 게 러스킨의 생각이다. 고정원반에서 회전원반으로 넘어갔던 일도 이와 똑같이 장인들이 의식했던 변화였다. 이것을 하나의 원리로 말하자면, 변형은 의식을 일깨운다는 것이다. 장인이 일하는 시간은 오랫동안 천천히 흐르기 때문에, 어느 한순간만을 봐서는 점토 형태나 작업에서 생기는 변화가 어느 정도의 범위에 걸친 것인지 분명하게 드러나지 않는다.

고대의 신화를 보면, 변형은 일종의 강박관념이었다. 역사가 도즈(E. R. Dodds)의 말을 빌면, 고대 세계는 형태 변화를 비합리적 세계와 연관 지어 생각했다.[4] 마법 이야기에서는 짐작할 수 없는 일들도 자주 일어나고 이것저것이 둔갑을 하면서 경이와 공포를 일으킨다. 로마의 시인 오비디우스(Ovidius)는 『변신 이야기(The Metamorphoses)』의 첫머리에서 이렇게 말했다. "내가 하려는 이야기는 다른 모습으로 계속해서 변해가는 몸뚱이에 대한 것이다." 그 이야기의 소재를 악타이온(Actaeon)에서 찾았다는 것은 유명한 일화다. 그리스 신화에서 악타이온은 본의 아니게 벌거벗은 여신을 목격한 불경을 저지른 탓에 신들이 그를 순식간에 수사슴으로 둔갑시켰고, 결국 그는 자신이 기르던 개들에게 물어뜯겨 죽고 말았다. 판도라의 상자에서 흘러나오던 향기가 돌림병으로 돌변하는 것처럼, 판도라 신화에서도 경이와 공포를 몰고 오는 것은 변형이다. 신화에 나오는 내용은 이렇게 마법으로 일어나는 변형이다.

그러나 고대인들이 생각했던 변형이 완전히 비합리적인 것만은 아니었다. 신화는 자연의 원리, 즉 물리에까지 생각이 미친다. 헤라클레이토스나 파르메니데스 같은 고대 물질주의자들은 자연의 모든 실재는 끝없이 재구성되고 쉴 새 없이 형태를 바꾼다고 생각했다. 계속 변화해가는 물질의 내용과 형태를 결정하는 것은 불, 물, 흙, 공기의 자연계 4대 원소다. 현대 과학에서 생각하는 진화는 변화의 화살이 점점 복잡해지는 방향으로 날아간다. 하지만 고대인들이 보기에 자연의 모든 과정은 가장 원초적인 4대 원소로 다시 형태가 해체되는 과정이고, 그런 의미에서 엔트로피가 증가하는 방향이다. 즉 물에서 물로, 흙에서 흙으로 다시 돌아가며 이 원초적인 상태로부터 다시 새로운 구성과 새로운 변형이 일어나게 된다.[5]

이러한 자연의 변형 추세에 저항하는(즉 해체에 맞서 싸우는) 것이 문화가 해결해야 할 숙제다. 플라톤은 이 문제에 대한 답을 철학에서 찾았다. 『국가(The Republic)』에서 제시한 유명한 '선분(divided line)'의 비유가 그것인데, 그가 그은 선(線)은 점점 참되고 영원한 이데아로 발전하는 앎을 뜻한다. 해체되는 자연의 사물은 그림자일 뿐이지만 그 그림자의 본체인 형태, 즉 이데아는 변함없이 영원하다.[6] 쉼 없는 물질적 변화를 거론하는 자리에서 플라톤은 수학 공식은 공식을 적은 잉크와는 따로 존재하는 이데아라고 주장했다.[7] 아리스토텔레스도 똑같은 이유에서 말로 표현하는 것은 말의 구체적인 소리에 국한되는 게 아니며, 어느 언어를 다른 언어로 번역할 수 있는 것도 바로 이 때문이라고 주장했다.

해체되는 물질과 달리 무언가 지속적인 것을 찾는 욕망은 서구 문명을 낳은 원류 중의 하나다. 이데아는 영원한 것이니 모름지기 손보다 머리가 우월하며 장인보다 이론가가 고차원적이라는 관념이 그것이다. 세상 사람들이 이 관념대로 믿어준다면 철학자야 기분 좋은 일이겠지만, 그렇게 믿을 이유는 없다. 그리스어에서 이론, 즉 **테오리아** (theoria)는 말 그대로 '구경하는 장소'를 뜻하는 극장, **테아트론** (theatron)과 같은 어원에서 나왔다.[8] 철학자는 오래 쓸 만한 견고한 개념을 찾기 위해 이데아의 극장에 돈 내고 들어갈 용무가 있겠지만, 작업장에 몸담은 장인은 그럴 용무가 없다.

상고시대 극장에는 구경하는 사람과 연기하는 사람을 분할하는 경계가 별로 없어서, 보는 것과 하는 것이 별로 다르지 않았다. 극장에서 어울린 사람들은 춤추며 소리 내어 말하다가 돌을 의자 삼아 쉬면서 다른 이들의 춤을 구경하기도 하고, 앉은 채로 큰 소리로 대사에 끼어들기도 했다. 아리스토텔레스의 시대에 이르자, 배우와 가수가 옷 품새나 대사, 몸동작에서 특별한 기능을 갖춘 사회계급처럼 변했다. 이들을 보는 관중은 무대에서 물러나 있다 보니, 구경꾼으로서 해석하는 그 나름의 기능을 개발하게 됐다. 이제 관중은 비평가로서 무대에 선 사람들이 잘 소화하지 못하는 극중 인물의 성격을 찾아내기도 했다(물론 무대 위의 합창단이 관중 대신 이런 역할을 할 때도 있었다). 고전학자 마일스 버닛(Myles Burnyeat)은 고전시대 극장의 바로 이 대목에서 "마음의 눈으로 본다"는 말이 비롯됐다고 본다.[9] 쉽게 말해 가만히 앉아서 보기만 한다는 것으로, 행동에서 이해가 분리됐다는 뜻이다. 여기서 '마음의 눈'이란 행위자의 눈이 아니라 관찰자의 눈을 말하는 것이다.

장인은 손과 머리를 써서 마주한 물건과 끊임없이 대화하는 게 생업이어서 이런 분리를 겪지 않는다. 따라서 행동이든, 생각이든 간에 그 일으킴 자체가 좀 더 온전한 상태다. 장인을 보는 플라톤의 시각이 두드러지게 양가적(兩價的)이었던 것은 바로 이 점을 그가 잘 알고 있었다는 이유도 있다. 생각은 생각을 적어놓은 잉크를 초월한다고 설파했던 철학자지만, 동시에 장인들을 **데미오에르고이**로 높이 평가하기도 했다. 장인은 마주하는 물건과도 결합돼 있을 뿐 아니라, 동시에 장인들끼리도 결합돼 있었다. 극장에 버금가는 권리가 작업장에도 있으며, 이론에 버금가는 권리가 행동에도 있다. 하지만 장인은 모든 걸 해체시키는 시간의 힘으로부터 그의 생업을 어떻게 지킬 수 있었을까? 가장 철학적 재료인 흙을 들여다보면, 장인들이 자기 생업인 흙 다루는 실기의 변형을 어떻게 이끌어갔는지 크게 세 가지 방식으로 구분해볼 수 있다.

변형이 질서 있게 전개되는 가장 대표적인 방식은 일반형의 진화다. '일반형(type-form)'은 물건을 포괄적인 범주로 묶어서 가리키는 기술용어인데, 그 범주에 속하는 하나하나의 구체적인 물건들이 새로 만들어지면서 일반형이 진화하게 된다. 고대 도자기를 예로 들면, 그릇에 색을 입힐 수 있는 이장(泥漿) 기술이 자리를 잡고 나자, 바탕색이 붉은 그릇도 나왔고 검은 그릇도 나왔다. 이처럼 이장 도색 도자기라는 일반형은 붉은 그릇이나 검은 그릇과 같은 구체적인 종(種)들이 생겨나면서 진화한다. 이와 달리 서로 별개인 일반형들로부터 아주 복잡한 종들이 태어나기도 한다. 그 현대적인 사례로, 사회학자 하비 몰로치(Harvey Molotch)는 크라이슬러의 승용차 피티크루저(PT Cruiser)를 꼽고 있다. 이 승용차는 21세기 기술을 1950년대 복고풍 차체에다 끼워넣었다.[10] 영국의 건축문화에서 파운드버리(Poundbury) 마을도 이런 식으로 진화한 일반형이다. 현대적인 시설을 바탕으로 주택과 상가를 갖추어놓았지만, 건물의 외양과 거리는 여러 시대의 양식(중세, 엘리자베스 시대, 조지아 시대)으로 꾸며놓았다. 물질적 조건의 변화와 더불어 새 도구를 새로운 일에 쓰게 될 때 일반형은 더욱 복잡하게 진화한다. 고대 도자기 예로 다시 돌아가면, 일단 불을 때는 가마 온도를 높일 수 있게 되자 통풍 조절문을 다채롭게 이용하는 방법이 뒤따르게 됐다. 통풍 조절문은 전에 없던 도구였고 또 전혀 새로운 역할을 했다.

어떤 잘못이 생기면 이를 교정하는 변화를 유발하게 된다. 기술 역사가 헨리 페트로스키(Henry Petroski)는 이러한 실패가 기본 틀을 공고히 하는 일반형의 내적 변형에 이롭게 작용한다고 주장했는데, 매우 타당한 지적이다. 그릇처럼 단순한 물건이 금이 가서 사용하지 못하게 되거나 교량처럼 복잡한 물건이 흔들거린다고 치자. 분석가들이 어디가 문제인지 따져볼 때는 우선 자질구레한 구석들부터 살펴보게 된다. 그렇게 문제를 찾아내면 서둘러 조치를 취하게 되고, 일반형에 몇 가지 작은 변형이 생겨서 진화가 뒤따르기 쉽다. 이렇게 미세한 조치는 실패와 시행착오를 해결하는 합당한 해결책으로 보인다. 더욱이 페트로스키는 이런 조치가 건강한 문제의식을 유발한다고 본다. 어쩔 줄 몰라 하며 중심을 잃게 되면 오히려 배움을 얻기가 곤란한데, 가령 작은 문제에 놀란 나머지 전체 계획이 망가질 것처럼 생각할 때가 그런 경우다. (이렇게 난감해하는 사례로 밀레니엄 다리Millennium Bridge에 대한 영국인들의 반응을 들 수 있다. 이 다리는 오브애럽앤드포스터파트너스Ove Arup and Foster Partners라는 건축사사무소에서 설계한 것으로, 템스 강을 건너는 좁은 도보용 다리였다. 이 다리가 처음에 약간 흔들거리자, 사람들은 무너질 것처럼 질겁했다. 사실은 무너질 만한 다리가 아니어서, 완충장치의 변경으로 흔들림이 교정됐다.) 이 같은 페트로스키의 언급에서 모델에 대한 데피네 부인의 생각을 한 발 더 전개시킬 단서를 찾을 수 있다. 잘못이 생겨서 작은 변화를 가하면 나머지 각 부분의 상호관계가 전부 변하게 되어, 마치 전체의 유기적 구조를 바꿔야 할 것처럼 보인다. 하지만 이를 바로잡을 기술적 조치가 꼭 그런 식으로 전개되는 것은 아니다. 다시 말해 일반형을 전부 바꿀 필요는 없다. 일반형에서 갈라져 나온 각 종(種)이 진화할수록, 일반형은 일반적인 모델로서 점점 효력을 더해가며 탄탄해진다.[11] 이렇게 일반형이 견고해지는 모습은 고대 도자기에서도 쉽게 확인할 수 있다. 즉 갖가지 시각적 작업이 보태지면서 겉모습은 다채롭게 변했지만, 이 도자기들은 조각품으로 모델이 바뀐 게 아니라 어디까지나 도자기라는 모델로 남았다.

인간이 도입한 두 번째 변형은 두 가지 이상의 이질적인 요소가 결합될 때 생긴다. 무선통신 기술과 유선전화 기술의 결합과 같은 경우다. 이 문제에서 장인은 두 가지 방식의 결합 중 어느 게 적합할지 곰곰이 판단해야 한다. 하나는 전체가 각 부분과 완전히 달라지는 화합물로 합성되는 경우고, 다른 하나는 각 부분이 그대로 유지되며 전체 속에서 공존하는 혼합물이 되는 경우다. 지금까지 살펴본 실기작업 중에서 금세공은 혼합을 중시했다. 금세공인은 금으로 주물을 만들 때나 시금을 할 때나, 금과 함께 섞여 있는 이물질에서 금을 분리하는 게 중요했기 때문이다. 정직한 금세공인은 연금술사가 내놓는 엉터리 금 합성물을 의심쩍게 여겼다. 반면 유리 제작의 경우, 합성을 좀 더 긍정적으로 보는 태도가 필요했다. 중세 때 유리에서 불투명 색조를 제거하려면 망간과 석회암을 투입해서 유리 성분의 화학 분자식 자체를 새로 만드는 게 필요했다. 그러고 나면 합성 결과를 판단하는 방법은 유리가 얼마나 투명한지 육안으로 식별하는 간단한 것이었다. 고대 도공도 여러 가지 유약을 활용할 때 이와 같이 합성과 혼합 두 가지 방법 중에서 결정을 해야 했다. 검은 색을 입힌 고대 도자기를 보면, 같은 검은 색이라도 여러 가지 색조가 있었다. 유약을 화학적으로 합성해 나온 검은 색도 있었고, 덧칠로 검은 색을 내는 (한 번 입힌 유약 위에 다른 유약을 발라 가마에서 굽는) 방법도 있었다.

형태를 유지해가려는 제작자의 의식이 가장 크게 드러나는 변형은 '영역이동(domain shift)'이다. 이 말은 내가 만든 용어인데 처음에 어느 목적에 썼던 도구를 다른 목적에 쓰거나, 하나의 작업에 적용되는 원리가 다른 작업에도 적용되는 것을 가리킨다. 그러니까 일반형이 한 나라 안에서 자리를 잡아가는 형태라면, 영역이동은 어떤 형태가 이 나라에서 저 나라로 국경을 넘나드는 식이다. 고대의 도공들이 밟아왔던 변형은 일반형의 내적인 변형에 속한다. 한편 헤파이스토스 찬가에서 노래했던 길쌈(직조)은 그 실기작업의 형태가 여러 영역을 돌아다녔던 사례여서 좋은 대조를 이룬다.

집 안에서 피륙을 짜는 데 썼던 고대의 베틀은 단순한 모양으로, 수직으로 세워놓은 기둥 두 개와 이 둘을 가로지르는 수평 막대로 되어 있다. 이 수평 막대에 날실을 붙잡아 매고 무거운 추를 밑에 매달아 팽팽하게 늘어뜨린다. 작업자는 두 수직 기둥 사이를 오가면서 씨실을 날실과 직각이 되게(즉 수평 방향으로) 얽어매는데, 피륙을 팽팽하게 짜기 위해 씨실을 위쪽으로 바싹 조여 주면서 위에서 아래로 짜 내려온다. "촘촘하게 짜서 좋은 피륙을 만들라. 날실의 좁은 구간 안에 많은 씨실을 짜 넣어야 한다"고 설명하는 역사가 헤시오도스의 글도 찾아 볼 수 있다.[12] 씨실과 날실 각 올이 직각으로 팽팽하게 묶이면, 매끈한 모양의 피륙이 나오게 된다.

날실과 씨실의 피륙 결합이 선박 제조의 장부맞춤에 적용되는 영역 이동이 일어났다. 장부맞춤은 나뭇조각 두 개 중 한 조각의 측면에 구 멍을 파고 여기에 다른 조각의 끝을 깎아서 박아넣는 결합이다. 암수 결합 부위에 구멍을 뚫어서 핀을 박기도 하고, 핀을 박아넣을 필요가 없도록 암수 결합 부위를 비스듬하게 깎아 결합하기도 한다. 장부맞춤 은 피륙을 짜는 것처럼 나무를 짜는 방법이다. 피륙을 짜는 일이나 나 무를 짜는 일이나 결합의 핵심은 촘촘하게 꽉 끼는 직각 결합이다. 지 금까지 알려진 바에 따르면 상고시대의 목공들은 나무를 결합하는 일 에 오랫동안 끌을 사용했지만, 장부맞춤을 만들려고 끌을 쓰지는 않았 다. 피륙 결합이 선박 제조로 넘어가는 영역이동은 그리스 사람들이 멀리까지 식민지 도시를 넓혀갈 때 일어났다. 그 무렵 목선을 만들 때 는 나뭇조각에 빗각을 내 맞추는 연귀이음(mitered joint)을 하지 않고 결합 부위에 타르를 발라서 방수처리를 했다. 하지만 오랜 항해로 말 미암아 나뭇조각 결합 부위가 마모되기 시작했다. 기원전 6세기에 이 르자 배에 물이 새들어오는 문제를 해결하기 위해 목공들이 장부맞춤 을 사용하기 시작했다.

이러한 변형은 다른 영역으로 더 확장됐다. 피륙과 나무를 수직으 로 맞춰 결합하듯 도시의 거리를 조성하게 된 것이다. 오래된 격자식 도시 설계는 건물 각각을 쭉 연이어 배치했는데, 기원전 627년 시칠리 아 섬에 건설된 그리스 도시 셀리누스(Selinous)는 날실과 씨실을 빼박은 듯 거리가 조성됐다. 즉 길과 길이 만나는 교차지점을 비워두는 대신, 그곳에 커다란 조형물을 배치해 강조했다. 도시의 기본 구조를 가리키는 영어 '어번 패브릭(urban fabric)'이란 말에 피륙을 뜻하는 '패브릭'이 사용된 것은 우연한 비유가 아니라 극히 사실적인 묘사다. 셀리누스는 배처럼 촘촘하고 탄탄한 모양으로 조성됐다.

도공들의 작업에서처럼 피륙 짜기에서 나온 원리가 순차적으로 이동하는 과정은 아주 천천히 일어났으며, 이론을 적용해 나온 게 아니라 작업이 거듭되면서 걸러진 결과다. 유구한 시간의 파괴력에도 불구하고, 한결같이 지속되며 사라지지 않았던 것은 직각을 의식하는 기술이다. 아무런 가감 없이 영역이동의 내용만을 보면, 직관적으로 이해가 가지 않는다. 배를 피륙과 비교한다는 생각 자체가 얼핏 보면 말이 되지 않는 것처럼 보인다. 하지만 오랜 세월 속에 천천히 이어지는 장인의 작업은 영역이동의 논리를 뽑아내고 그 형태를 유지해간다. 직관적으로는 말이 안 돼 보이는 명제가 많지만, 사실 직관에 반하는 것은 아니다. 명제를 구성하는 연결고리들을 우리가 **아직** 모르고 있을 뿐이다. 장인들의 실기작업이 밟아온 길을 천천히 훑어보면 이러한 고리들이 모습을 드러낸다.

현대의 인류학자 클로드 레비스트로스(Claude Lévi-Strauss)는 오비디우스 못지않게 변형에 주목했다. 그를 매료시켰던 변형은 영역이동이다. 변형은 그가 평생을 바친 연구 주제였는데, 연구의 토대가 됐던 실기는 도자기 빚기나 피륙 짜기, 목공이 아니라 요리였다. 하지만 그가 바라보는 변형의 논리는 모든 실기에 잘 적용된다. 레비스트로스는 변형을 요리의 삼각형으로 제시하는데, 그의 용어로 하면 "꼭짓점 세 개에 '날것(raw)', '익힌 것(cooked)', '썩은 것(rotted)'이 대응하는 '삼각 의미장(triangular semantic field)'"이다.[13] 날것은 인간이 보는 그대로의 자연의 영역이다. 요리는 문화란 영역을 만들어낸다. 즉 자연(날것)이 변형되는 과정이다. 문화가 생산되는 과정에서 음식은 '먹기 좋은 (bonne à manger)' 것이기도 하고, '생각하기 좋은(bonne à penser)' 것이기도 하다고 했던 레비스트로스의 설명은 아주 유명하다. 그는 말 그대로의 의미를 좇아가며 설명한다. 불을 때서 음식을 요리하는 행위는 불 때는 행위에 다른 목적을 부여하는 관념을 낳는다. 들짐승을 잡아 익힌 요리를 나눠먹는 사람들은 데워진 집을 나눠쓴다는 생각을 하게 된다. 사람들은 이제 "그는 따뜻한 사람이야"('붙임성 좋다'는 의미에서) 라는 말에 담긴 '따뜻함'의 추상적 의미를 느낄 수 있게 된다.[14] 불을 때는 일이 영역을 이동한 것이다.

흙도 레비스트로스의 연구에 아주 잘 어울렸을 법하다. 흙도 고기 처럼 '생각하기 좋은' 물건이기 때문이다. 도자기 제작에서는 성형도 구를 쓰기도 하고 가마를 쓰기도 해서 자연 상태의 흙을 '요리한다.' 사실 가마는 문자 그대로 불을 때서 굽는 일에 쓰인다. 이렇게 구워낸 흙은 그림을 새겨넣을 매체가 되고, 그릇에 새긴 여러 그림을 이어서 보면 이야기가 된다. 이 이야기는 이제 세상을 돌아다니면서 사람들이 거래하고 구매하는 문화적인 공예품이 된다. 레비스트로스가 강조하 는 것은, 물건을 만드는 과정에서 태어나는 상징적 가치는 제작 과정 의 물질적 조건을 의식하는 사람의 생각과 분리될 수 없다는 점이다. 물건을 만드는 사람은 이 두 가지(즉 물질적 조건과 상징적 가치)를 같이 생각했다.

요약하면, 변형은 세 가지 방식으로 물질의식을 자극한다. 첫째는 일반형의 내적인 진화이고, 둘째는 혼합과 합성에 대한 판단이다. 셋째는 영역이동을 동반하는 생각이다. 영국 의학협회 총회에 갔을 때 대문짝만한 대장(大腸) 사진을 보고 그 방에 있던 의료계 사람들의 눈빛은 빨려 들어갈 듯 번득였다. 이들의 관심을 자극했던 것이 물질의식을 자극하는 이 세 가지 방식 가운데 어느 것인지 알아내려면, 내가 전혀 아는 게 없는 의학 지식이 필요할 것이다. 하지만 나는 그게 영역이동일 거라고 짐작한다. 내 옆 자리에 있던 의료계 인사가 그 화면을 보고 무언가 "예사롭지 않다"고 했기 때문이다. 그녀는 그 화면을 이상하다고 인식할 눈이 있었다. 또 생소한 것이라고 해도 그녀에게는 그것을 주목하고 그로부터 배울 능력도 있었을 것이다. 왜냐하면 그 알 수 없는 영역으로 그녀를 인도해줄 의료 실기를 이미 닦았기 때문이다.

존재
벽돌공 이야기

예로부터 물건 만드는 이는 자기가 만든 물건에 흔적을 남겼다. 금속이나 나무, 흙에 새긴 이 제작자 표시는 물질의식을 보여주는 두 번째 범주다. 제작자는 자신의 존재를 나타내는 개인적인 표시를 물건에 남긴다. 장인노동의 역사에서 보이는 이러한 제작자 표시는 벽에 휘갈겨 쓴 낙서나 비문과 달리, 대개 정치적인 의사 표시가 없다. 이름 없는 일꾼들은 아무 말 없는 물질에 라틴어로 **페키트**(fecit)라는 아주 단순한 말만을 남겼다. 이 말은 "내가 만들었다", "이 일에 내가 있었노라", 말하자면 "나는 존재한다"는 뜻을 담은 것이다. 이런 의사 표시를 모든 소외 계층에 발언권을 주어야 한다는 정치철학자 앤 필립스(Anne Phillips)의 '임석(臨席)의 정치(the politics of presence)' 관점에서 이해할 수는 없을 것이다. 또 미국 흑인 노예들을 연구했던 역사학자들도 그들이 작업현장에 남긴 제작자 표시를 정치적 의사 표시로 보지 않을 것이다. 고대의 벽돌에도 이와 같은 원초적인 의사 표시가 남아 있다. 이것을 이해하려면 벽돌 자체를 좀 더 자세히 들여다볼 필요가 있다.

흙벽돌이 건축에 사용된 지는 거의 1만 년에 달한다. 요르단 강 서쪽의 예리코(Jericho) 성에서 고고학자들이 발견한 벽돌이 그중 오래된 것이다. 이곳에 남아 있는 순수하게 점토만으로 만든 벽돌은 1만 년의 세월이 흐른 것이고, 점토에 밀짚이나 거름을 섞어 만든 어도비(adobe) 벽돌은 기원전 7600년경으로 거슬러 올라간다. 이러한 흙벽돌은 거푸집에서 햇볕에 말려 만들었는데, 값싸고 빨리 만들 수 있었지만 날씨 변화에 취약했고 비를 오래 맞으면 쉽게 물렁해졌다. 가마에서 불로 구워낸 벽돌은 기원전 3500년경에 발명되었는데, 벽돌 건축에서 신기원을 이룩한 일이었다. 비로소 벽돌로 쌓은 건물이 사시사철을 잘 이겨냈고 다양한 기후에서 두루 쓰일 수 있게 됐다.

불로 구운 벽돌의 발명은 오븐의 발명과 같은 길을 걸어왔다. 몇 가지 유물을 보면, 처음에는 요리할 때나 벽돌 구울 때나 모두 같은 오븐을 썼던 것으로 보인다. 벽돌을 구울 때 내벽을 둘러쳐 밀폐시킨 가마를 쓰면, 바깥 공기에 노출된 상태로는 불가능한 고온 가열을 할 수 있게 된다. 발견된 유물 중에서 가장 오래된 가마도 가열 온도가 섭씨

1000도를 훨씬 웃돌았다. 이 온도로 가열할 때 점토 비율이 50퍼센트인 벽돌은 8~15시간을 구워야 하고, 금이 가지 않게 냉각하려면 같은 시간 동안 천천히 식혀야 한다.

벽돌은 점토를 얼마나 섞느냐에 따라 그 종류가 다양하다. 굽지 않은 흙벽돌은 보통 점토 비율이 30퍼센트 미만이고, 점토를 많이 넣고 굽는 테라코타 벽돌(테라코타terra-cotta는 '구운 흙'을 뜻하는 이탈리아어)은 보통 75퍼센트가량 점토가 들어간다. 점토에 모래와 밀짚, 물 등을 섞으면 부피를 불릴 수도 있다. 하지만 구운 벽돌의 경우 돌이나 자갈은 가마에서 고온으로 가열할 때 폭발할 수도 있으므로 점토 반죽에서 완전히 제거하거나 미세하게 분쇄해 넣어야 한다.[15]

작고 운반이 간편한 벽돌은 커다란 건물의 모양과 짜임새에 파격적인 영향을 미쳤다. 이집트 사람들은 적어도 기원전 3000년부터 구운 벽돌로 아치와 둥근 천장을 만들기 시작해, 그 이전의 원시적인 건축물에 많이 쓰였던 보와 인방(beam-and-lintel)의 직각 형태에 곡면을 도입했다. 또한 메소포타미아 사람들은 벽돌에 유약을 바르고 채색하는 기술에 능해서 색이 변하지 않는 건물 담장이 등장했다.

고대 그리스 사람들은 수직으로 쌓는 벽돌에서는 큰 혁신을 이룩하지 못했다. 그리스의 집들은 대부분 돌로 지을 만큼 크지 않았지만, 건축에 쓸 만한 단단한 돌이 많았다는 점과 일부 관련이 있을 것이다. 그리스 사람들은 공공건물을 지을 때 깎아 만든 돌에서 나오는 질감을 좋아했다. 흙을 이용한 건축에서 그리스 사람들이 기여한 것은 수평으로 이는 기와를 만든 일이다. 테라코타 지붕기와는 기원전 2600년 이후부터 아르고스(Argos) 인근에서 만들어지기 시작했고, 이로부터 연결 부위가 겹치게 이는 기와의 세 가지 유형이 뒤따르게 됐다.

로마의 벽돌은 모양과 크기는 극히 다양했지만 전체적으로 납작한 편이었다. 로마인들은 벽돌 굽는 일에 아주 능해서, 이 기술로 건축 역사의 쾌거에 속하는 쐐기꼴 벽돌을 만들어 아치를 지을 수 있었다. 초기의 아치형 구조물은 직사각형 벽돌을 잇기 위해 바르는 모르타르 두께를 한쪽 끝은 두껍게 하고 다른 쪽은 얇게 해서 곡면 구조물을 만들었다. 하지만 모르타르가 약화되면 구조물이 위험해지기도 했다. 로마인들이 개발한 쐐기꼴 벽돌은 건축 작업에서 안정적인 아치를 만드는 데 혁신을 가져왔다. 그리고 이 아치 형태는 수로교(水路橋, aqueduct)에서 가옥에 이르기까지 로마 건물의 구석구석으로 확산됐다. 벽돌을 쐐기 모양으로 만들려면 더 복잡한 거푸집이 필요했고, 가마에 구울 때도 획일적인 벽돌처럼 기계적인 가열 작업은 불가능했다. 벽돌공은 쐐기꼴 벽돌을 거의 구운 상태에서 다시 골고루 열을 가해야 했는데, 철판에서 고기를 볶듯 계속 뒤집으면서 굽는 작업을 했다.

로마의 벽돌 구조물은 또 하나의 기술적 성과인 정밀한 콘크리트의 개발과 따로 떼어 볼 수 없다. 콘크리트의 원시적 형태는 그냥 석회와 물을 섞어 빚은 연약한 모르타르였다. 로마인들은 이 전통적인 모르타르에 포졸라나(pozzolana: 베수비오Vesuvio 화산 근처의 포추올리Pozzuoli에서 발견됨)라는 화산재를 섞었는데, 이 화산재와 석회가 화학반응을 일으켜 훨씬 강도 높은 콘크리트가 탄생하게 됐다. 이 콘크리트 반죽으로 돌조각들을 단단히 결합함으로써 두꺼운 담장을 쌓을 수 있었다.

기원전 3세기경에 이르러서는 콘크리트 반죽을 부어넣는 기술 덕분에 원리적으로 완전히 새로운 건축 방식이 등장했다. 기원전 193년경에 건설하기 시작한 포르티쿠스 에밀리아(Porticus Aemilia)라는 광대한 물류창고 단지는 콘크리트의 위력을 웅장하게 연출했다. 그 엄청난 공간을 말 그대로 반죽을 부어서 만들었다. 한편 벽돌과 콘크리트를 함께 써서 조화를 연출하기도 했다. 예컨대 깎아낸 마름돌처럼 모양을 뽑을 수 있도록 거푸집을 짜서 벽돌 구조물 외곽에 둘러친 뒤 콘크리트를 부어넣으면 모양도 나고 더 견고한 건물을 지을 수 있었다. 또 벽돌 담장을 두 열로 쌓아 그 사이에 콘크리트를 부어넣기도 했다. 도시에서는 벽돌과 콘크리트가 서로 다른 용도로 쓰일 때가 많았다. 즉 벽돌은 도로와 수로교, 일반 가옥과 같은 사회간접자본 건설에 쓰였고, 콘크리트는 기념 건물이나 웅장한 건물과 같이 시각적인 효과를 주는 재료로 많이 쓰였다. 프랭크 브라운(Frank Brown)의 지적처럼, 건물을 전부 대리석이나 반암(斑巖)으로 만든 것처럼 보이도록 외장 처리를 하는 방법도 개발됐다. 실제로 쓰인 재료와 다른 재료로 만든 것처럼 건물을 치장한 것인데, 바로 근대에 많이 등장한 재질을 위장하는 방법이다.[16]

로마 군대가 새 영토를 점령하면, 곧이어 로마의 엔지니어들이 본국의 도시를 본떠서 도시를 건설하는 작업에 들어갔다. 이렇게 해서 로마제국은 벽돌로 건설됐고, 도로를 내고 교량과 수로교를 놓고 건물을 짓는 일에 벽돌이 들어갔다. 역사가 조지프 리쿼트가 보여준 것처럼, 로마가 식민지를 만들고 건물을 짓는 일에는 종교적 상징이 깊숙이 파고들었다. 곳간과 같이 하찮은 건물에도 로마의 기원과 신들을 나타내는 큼지막한 외관이 설치됐다. 이렇게 기술은 종교와 분리되지 않았지만,[17] 정치와도 분리되지 않았다. 어느 건물이나 정치적 의미를 지니고 있었고, 로마의 위정자들은 취약한 지반 위에 위태롭게 지어진 빈민가 가옥들도 무심코 지나치지 않았다.

　로마의 일꾼들은 이와 같은 조건에서 벽돌을 굽고 벽돌을 쌓는 실기작업에 임했다. 하드리아누스(Hadrianus) 황제가 통치한 서기 100년 무렵 구조물 건축을 맡은 로마의 건축가는 청사진의 맹아 격인 상세하고 치밀한 도면들을 그렸고, 구조물의 모습을 3차원으로 조감하기 위해 테라코타나 회반죽으로 빚은 모형도 만들었다.[18] 그다음 일은 장인들의 길드가 도맡았다. 즉 철거팀에서 벽돌 설치공, 목공(콘크리트를 부어넣을 거푸집을 짰다), 또 도장공과 치장벽토를 바르는 미장공에 이르기까지 장인 길드가 조직돼 있었다. 이 길드 하나하나가 작업 규칙부터 누가 무엇을 언제 하는지 세세하게 지시하는 일까지 결정하는 작은 국가나 다름없었다. 벽돌을 제작하고 설치하는 일을 맡았던 이 기술자들 다수는 자기 신병에 대한 권리가 없는 노예들이었다.

　역사가 키스 홉킨스(Keith Hopkins)는 로마 특권층이 하층민들을 선별적으로 대했다는 점을 상기시킨다. 실제로 특권층은 일반 병사들의 생활을 예민할 정도로 의식하고 있었다. 또 물리적으로 아주 가까이 거주했기 때문에 집안일을 시키는 자유민이나 노예 신분의 하인들을 잘 알고 있었다.[19] 바로 앞서 열거한 실기작업을 도맡는 일꾼들(특히 노예 일꾼들)은 이런 대상에 들지 못했다. 그들은 전쟁터도 아니고 상전 뒷바라지도 아닌 그 사이 익명의 공간에서 살았다.

　로마인들은 이러한 지배를 정당화하기 위해 그리스인들이 나눠놓은 이론과 행동의 구분을 활용했다. 다음과 같이 주장하는 로마의 마스터 건축가 비트루비우스(Vitruvius)의 소책자에서 아리스토텔레스의 모습이 다시 등장한다. "각종 기술은 두 가지로 구성된다. 즉 장인노동과 이론이다." 그는 논의를 더 전개하며 다음과 같이 언급한다. "장인노동은 해당 작업을 훈련한 사람들만이 맡는다. 이론은 교육을 이수한 모든 사람의 공유물이다. 이론에 관한 한은 모든 게 공통된 것이지만, 손이나 기술을 정밀하게 쓰는 작업은 그 작업을 다루는 직종에서 특수한 훈련을 받은 사람들이 맡는다."[20] 이러한 견해는 교육을 이수한 제너럴리스트가 스페셜리스트인 장인 위에 군림한다는 생각이고, 수직적 위계가 분명한 로마의 국가 체제를 반영하는 것이다. 로마 건축의 교과서 격인 비트루비우스의 『건축십서(Ten Books of Architecture)』(기원전 30~20년)는 그나마 몇 개 소절에서 벽돌 건축을 다루기라도 했다.[21] 하지만 그 밖의 저명한 건축 저술가들인 프론티누스(Frontinus), 파벤티누스(Faventinus), 팔라디우스(Palladius)는 말 그대로 로마 제국을 건설한 재료인 벽돌을 아예 언급조차 하지 않았다.[22] 그러니 벽돌을 누가 만들었느냐는 질문은 할 사람도 답할 사람도 없었을 것이다.

그렇지만 작업 과정에서 장인들은 그들의 흔적을 남길 방법을 찾아냈다. 건설 작업의 지시와 현장의 실행 사이에 존재하는 공백 때문에 그럴 만한 여지가 생기기도 했다. 현대의 영국 국립의료서비스(NHS) 의료진처럼 작업 현장에서 즉흥적으로 처리하는 일이 상당히 많았다. 집이나 도로, 하수도를 제대로 쓸 수 있게 공사하려면 형식적인 '오류'를 많이 저질러야 했다. 비천한 일꾼들 생각에야 그저 잘못된 부분을 바로잡거나 바꾸는 일쯤으로 생각했겠지만, 운이 없으면 화를 부를 수도 있는 일이었다. 왜냐하면 필요한 일이었다고 해도 이러한 작업 변경을 불복종으로 취급하는 길드 마스터가 많았기 때문이다. 또 멀리서 끌려와 일하는 많은 노예가 로마식 모델을 알 턱이 없었던 탓에 자기 판단에 따라 작업을 처리해야 하는 경우도 생겼다. 노예 주인이 휘두르는 채찍으로 그들이 해야 할 일을 납득시키는 데는 한계가 따랐기 때문이다.

제작자가 남기는 표시는 독특한 상징이다. 그리스인들의 제작자 표시가 두드러지게 나타났던 것은 도공들이 정교한 그림을 넣을 수 있게 됐을 때부터였다. 이때부터 물건을 만들 때 자기 표시를 남겼는데, 사는 지역의 이름을 새겨넣기도 했고 자기 이름을 넣기도 했다. 이런 식으로 제작자 서명이 들어가는 것이 경제적 가치에 보탬이 되기도 했다. 로마 건설현장에서 노예 작업자들이 남긴 표시는 그 자리에 그들이 있었다는 사실만을 말하고 있다. 로마의 변두리에 속하는 골 지방의 건물 유적 몇 곳에 이들이 새겨놓은 표시를 보면, 사람 이름은 아주 드물고 일꾼들이 살았던 고향이나 그들의 출신 종족을 뜻하는 상징이 훨씬 더 많다. 인도 무굴 제국의 석공들이 타지마할의 건물 표면에 새겨놓은 제작자 표시는 거대한 장식에 버금갈 만큼 **빽빽**한데, 골 지방의 벽돌 건물에 새겨진 표시도 이에 못지않게 촘촘하다. 로마의 벽돌 건물에서 불규칙하게 변형된 구석들을 보면, 장식처럼 돋보이게 꾸며놓거나 세세한 부분에서 화려한 변화를 준 곳이 많다. 이를테면 결함이 있는 이음새는 그 위에 모르타르를 덧바르고 그림을 새긴 타일로 장식해놓는 식이다. 이러한 것들도 일종의 제작자 표시로 볼 수 있다.

이렇게 고대의 벽돌에 얽힌 사연에는 실기작업과 정치 사이의 특수한 관계가 엿보인다. 현대적인 사고방식에서 누군가 '있다'는 존재감

을 떠올리면, 그 당사자 입장에서의 일인칭 '나'라는 어감이 강조된
다. 한편 고대의 벽돌 작업에서 드러나는 누군가의 존재는 그냥 작은
흔적으로 새긴 삼인칭 '그것'일 뿐이다. 비천한 노예 신분의 로마 장
인들이 살아가는 방식에서는 밝힐 이름이 없다는 사실과 그럼에도 내
가 존재한다는 사실을 같이 의식하는 게 전혀 이상한 일이 아니었다.
벽돌을 만들던 고대 노예들은 현대적인 의미에서 '표현'이라는 생각
자체가 없었다. 게다가 (러스킨이 눈여겨봤듯이) 불규칙한 작업을 통해
장인의 자유로운 능동성을 표현했던 중세 석공의 활동공간이 그들에
게 주어졌던 것도 아니다.

벽돌의 크기도 이렇게 얼굴 없는 이들의 메시지에서 중요한 의미를
차지한다. 벽돌을 깊게 파고들었던 역사가 앨릭 클리프턴테일러(Alec
Clifton-Taylor)는 사람의 손에 딱 들어갈 만큼 작은 크기가 벽돌의 가장
중요한 특징이라고 지적한다. 그렇기 때문에 벽돌로 쌓은 담장은 "작
은 일 하나하나의 성과가 합쳐진 결과이고, 그만큼 장대한 석조 건축
과 달리 인간적이고 친밀한 특징이 벽돌에 있다"는 게 그의 설명이다.
나아가 벽돌 작업에는 "일정한 제약이 따르고… 벽돌 자체가 기념비
적 건축과는 상반된다… 벽돌 한 장의 작은 크기는 그리스-로마 고전
주의의 웅장함이나 그 열망과는 어울리지 않았다"고 지적한다.[23] 고대
의 벽돌 작업자들은 고전시대 제국의 장대한 건설현장에서 일했던 장
본인들이지만, 그들이 손에 들고 일했던 물건은 장대함과는 물질적인
함의가 전혀 다른 작은 벽돌이었다. 그리고 얼굴 없는 노예로 벽돌을
만들고 또 설치했던 작업자들이 그들의 존재를 새겼던 곳은 바로 이러
한 벽돌이었다. 역사가 모시스 핀리(Moses I. Finley)는 고대의 제작자

표시를 현대의 잣대로만 봐서 저항의 상징으로 이해하지 말아야 한다는 마땅한 조언을 잊지 않고 있다. 그들의 뜻은 "나는 저항한다"가 아니라 "나는 존재한다"는 것이다. 어쩌면 "나는 존재한다"는 게 한 사람의 노예가 전할 수 있는 가장 절실한 메시지일지도 모른다.[24]

의인화
물건에서 발견하는 덕과 멋

물질의식의 세 번째 종류는 아무 말 없는 물건에 인간의 속성을 부여하는 것이다. 내가 거래하고 있는 자동차 정비기사는 설치하는 데만 1000달러나 든다는 변속장치를 권하면서 이렇게 말한다. "요놈은 정말 멋지게 돌아간다니까요." 벽돌은 의인화가 어떻게 나타나는지 살펴보기에 좋은 대표적인 물건이다. 벽돌을 만들어온 유구한 세월 동안 그 제작자들은 어느 순간부터 이 구운 흙덩이에다 윤리적 색채의 인간적 속성을 부여하기 시작했다. 이를테면 "벽돌이 정직하다"든가, "벽돌담이 친근하다"는 느낌으로 이 물건들을 대했다. 이렇게 의인화하는 언어는 현대의 물질의식에서 큰 자리를 차지하고 있는 두 가지 차원의 원류를 이룬다. 즉 자연스럽다(natural)는 것과 인위적(artificial)이라는 서로 대조적인 두 가지 차원이다.

이러한 의인화의 태동을 이해하기 위해 생물학자 메이너드 스미스가 떠올렸던 식으로 장구한 시간을 초고속 영사기로 돌려보자. 로마인들은 영국에 주둔할 당시, 곳곳에 쌓은 벽돌에 자신의 흔적을 남겼다. 제국이 멸망하고 로마인들이 떠나자, 영국에서 벽돌 만드는 일은

1000년 가까이 쇠락의 길로 접어들었다. 이 1000년의 세월 동안 영국의 건설 작업자들은 벽돌 대신 숲에서 나무를 베고 산에서 바위를 떠내서 썼다. 그러다가 1400년대에 이르러서야 로마의 섬세한 벽돌 건축 기술에 버금갈 만한 건물이 다시 나타나기 시작했다. 벽돌 작업이 다시 출현한 것은 어쩔 수 없는 필요 때문이었는데, 1666년 런던 대화재 때 도시의 목조 가옥 대부분이 소실되었던 탓이다. 이때 도시를 재건하는 임무를 맡았던 크리스토퍼 렌(Christopher Wren)은 벽돌 산업의 확대를 최우선 과제로 삼았다.

좀 더 세월이 흐른 17세기 말에 영국의 벽돌 제작자들은 벽돌을 대량으로 값싸게 만들 수 있게 됐다. 그런데 이런 발전은 런던이 아니라 다른 곳에서 일어났다. 점토가 풍부한 촌락의 주민들이 자기 집 뒤뜰에 설치한 조그만 '초가집 가마(cottage kiln)'가 벽돌을 만드는 주된 본거지였고, 벽돌 제조가 시골 생활에서 일상적인 기술이 됐다. 초가집 가마가 곳곳에 생기다 보니 벽돌에 새로운 미적 요소가 생기게 됐는데, 벽돌의 색깔이 그것이다. 16~17세기 영국의 벽돌 건물은 대체로 붉은 색이었지만, 지역마다 점토 성질도 다르고 집집마다 굽는 방식도 달라서 같은 붉은 색 계통이어도 색조는 각양각색이었다.

여기서 벽돌을 사람처럼 묘사하는 의인화가 나타났다. 지역과 굽는 사람에 따라 색깔이 달라지다 보니, 벽돌에도 사람과 비슷한 성격이 있다는 생각이 나타날 만도 했다. 클리프턴테일러의 말에 따르면, 튜더 왕조와 스튜어트 왕조 때의 건물들은 벽돌로 쌓은 외벽이 "인상파 화가들의 색조"를 닮아서, 붉은 색조의 미세한 색깔 차이가 불빛에 가물거렸다.[25] 18세기 사람들의 눈에는 이러한 색감이 어느 건물은 "머리 갈기가 반짝거린다"거나 "피부가 얼룩덜룩하다"는 식의 다채로운 느낌으로 다가왔다. 벽돌 건물이 오래돼서 붉은 색조가 갈색이나 검은 색으로 변하면 "세월에 찌든 노인의 얼굴 같다"고 표현하기도 했다.

이처럼 다채로운 느낌이라고 해도, 묘사에 동원된 말 자체에는 별다를 게 없다. 사람에 비유한 '분홍빛 손가락을 한 새벽(rosy-fingered dawn)'이란 말처럼, 사람들은 비유가 발휘하는 표현력을 활용한다. "따뜻한 사람이야"라는 말 한마디가 발휘하는 공감의 힘은 아파서 미열이 나는 사람을 지칭할 때보다 어느 사람의 성격을 전할 때가 훨씬 강력하다. 이러한 비유의 색채를 청교도적으로 냉대해 갖가지 형용사나 부사를 전부 의혹의 눈초리로 검열한다면, 언어는 극도로 빈곤해지고 말 것이다. 사실 새벽이 분홍빛 손가락 같다고 해봐야 운무에 반사되고 흡수되는 빛이 여명의 색채를 어떻게 결정하는지에 대해 밝혀주는 것은 별로 없다. 물건을 두고 인간처럼 정직하다거나 수수하다거나 또는 인간미가 있다는 식으로 윤리적인 속성을 부여하는 행위는 설명을 하자는 게 목적이 아니다. 그 목적은 물건 자체를 보는 우리의 의식을 고양시키는 것이고, 그로써 물건의 가치를 곰곰이 생각하는 데 있다.

18세기에 이런 식의 풍부한 비유가 영국 벽돌 제조 현장의 언어에 많이 유입됐다. 읽고 쓰기 학습이 보급되면서 일하는 대중 사이에 책 읽는 사람이 늘어났고, 인쇄 책자가 장인들 사이에도 확산됐다. 현직 요리사들이 요리책을 쓰는 일도 생겼다. 이에 앞서 17세기에 런던의 길드들은 직종별 전문 서적을 발행하기도 했다. 길드에서 발행한 전문서적들은 장인들의 지식을 집단적으로 추려낸 것인데, 책을 쓴 장인 개인의 이름을 밝힌 경우도 일부 있었다.[26] 노하우를 담은 기술적인 내용 면에서 이 책들은 모두 체임버스의 『백과전서』보다 훨씬 풍부했고, 디드로의 『백과전서』 중에서 몇 개 책자에 버금갈 만큼 자세했는데 철학적인 시각은 없었다. 이렇게 새로 출현한 '직종별 서적' 가운데 벽돌 건축을 다룬 책을 보면, 여러 지방에서 가마로 구워낸 다양한 벽돌의 유형이 나와 있고, 제작 절차의 설명과 아울러 각각의 장점을 상세하게 설명하고 있다.

질 좋은 벽돌 건축의 특성을 설명하고 비교하는 부분에서 윤리적인 어감을 담은 비유적 표현들이 튀어나왔다. 가장 기본적인 표현으로 '정직한' 벽돌이 등장하는데, 점토에 인위적인 색깔을 추가하지 않은 벽돌을 가리킨다.[27] 일찍이 중세 금세공인들도 '정직한' 금을 추구했지만, 이들이 생각했던 준거의 틀은 18세기 정직한 벽돌과는 달랐다. 금의 '정직함'은 엄격한 화학적 속성(즉 금의 순도)을 뜻했던 반면, 18세기 벽돌의 '정직함'은 건축 작업에 들어가는 벽돌의 구성과 설치 방법을 가리켰다. 이를테면 똑같은 가마에서 구워낸 벽돌만 써서 모든 벽돌을 '네덜란드식 쌓기(Flemish bond)'로 설치한 작업 상태를 가리켜 '정직한' 벽돌이라고 했다. 더욱이 '정직한' 벽돌에는 벽돌로 쌓은 부분이 숨김없이 건물 표면에 드러나도록 지은 상태라는 뜻도 있었다. 다시 말해 "매춘부의 짙은 립스틱"은 물론, 화장을 하나도 하지 않은 맨얼굴에 비유됐다. 이런 생각이 나타난 이유로 인위적인 조작과 자연스러움의 상반된 의미를 놓고 왈가왈부하는 말들을 벽돌을 놓는 작업자들이 귀담아듣기 시작했다는 점, 또한 이런 논쟁에서 바로 그들의 일이 거론되고 있다고 생각했다는 점을 들 수 있다. 자연을 크게 의식했던 계몽주의의 고민이 자연의 재료인 흙을 잘 쓰려면 어떻게 써야 하느냐는 문제로도 나타났던 것이다.

이와 같이 벽돌에다 사람을 가져다 붙이는 은유의 역할은 오늘날 우리가 유기농 식품을 대하는 사고방식을 짚어보면 짐작할 수 있다. 엄격히 말해, 유기농 식품은 물질 그대로의 순수함을 뜻하고 제조 과정에서 인위적 조작을 최대한 줄인 것을 말한다. 이를테면 닭장에 가두는 스트레스를 주지 않고 방목해 기르는 닭이 유기농 닭인 셈이다. 그렇다고 이런 닭을 건강한 닭이라거나 행복한 닭이라는 말로 굳이 사람에 비유할 필요는 없다. 유기농 식품은 오히려 사람의 간섭을 배제한 자연 상태로 놓아둔 것이기 때문이다. 하지만 러스킨의 생각을 좀 더 깊게 따라가면, 우리가 사람과 무관한 것을 두고 사람인 양 말한다는 게 어떤 의미인지 음미할 수 있다. 울퉁불퉁하고 못생긴 토마토를 예로 들어보자. 벌레가 먹어 상처가 난 이 토마토는 기계적으로 재배한 대형 할인점의 토마토보다 윤택도 안 나고 생기기도 못생겼다. 하지만 획일적이고 예쁜 토마토를 마다하는 소비자들에게 비싼 값으로 팔린다. 이렇게 성글고 못생긴 채소를 더 좋아하는 행위는 바로 우리 자신이 찾는 무언가의 의미를 말해주고 있다는 게 러스킨의 생각이다. 못생긴 유기농 토마토를 찾으면서 우리는 돌아가고픈 '고향'을 찾고 있다. (실제로 우리 입맛에는 대형 할인점의 토마토가 더 달콤하다.)

건축의 거장인 아이작 웨어(Isaac Ware)가 1756년에 저술한 『건축대계(The Complete Body of Architecture)』는 자연스러움을 나름대로 이해하려고 시도한 책이다. 그가 생각하는 자연스러움은 무슨 재료로 건물을 지었으면 밖에서 봐도 그 재료가 그대로 드러나야 한다는 것이다. 웨어는 그래야 정직한 건물이라고 보았는데, 그 역시 성글게 다듬어지고 불규칙한 것을 존중했고 서민들의 초가집 가마에서 구워내는 벽돌의 감각적인 색감을 좋아했다. 1754년 루텀 공원(Wrotham Park)의 설계를 맡아 단조로운 붉은 색 벽돌로 건물을 지을 때만 해도 웨어는 런던에서 빈곤층 주택의 주류를 이뤘던 '정직한 벽돌'을 높이 평가했다 (한편 벽돌로 지었던 루텀 공원의 건물은 19세기에 들어 치장벽토治裝壁土로 덧발라졌다). 하지만 18세기 건축 조류의 방향타 역할을 하기도 했던 웨어는 벽돌이 서민적인 분위기를 풍기는 탓에 시야에서 가려야 한다는 모순된 생각을 하기도 했다. 일례로, 그는 '분별 있는 건축가'는 '위엄이 있어야 할' 건물의 정면을 벽돌로 처리하지 말아야 한다고 경고했다. 그가 보기에 돋보이는 꾸밈에 어울릴 만한 재료는 벽돌과 대조적인 치장벽토였다.

치장벽토는 로마 시대부터 사용된 것으로, 석회와 곱게 거른 모래를 섞어 만든 반죽이다. 영국 건축가들은 1677년부터 '글래시스(glassis)'라는 유사한 벽토를 쓰기 시작했는데, 이 반죽은 물기가 마른 뒤 닦아내면 윤기가 나는 특성이 있었다. 또 1773년부터는 이보다 표면 광택이 강한 '리어뎃 시멘트(Liardet's cement)'가 도입됐다. 이것 말고도 1770년대에 새로 등장한 재료로는 발명자 엘리너 코드(Eleanor Coade)의 이름을 딴 '코드스톤(Coade stone)'이란 것이 있었는데, 그 성분은 테라코타와 비슷하지만 외양을 대리석처럼 만들 수 있었다. 이런 것들이 모두 치장벽토의 변종이고, 다양한 물건을 진짜처럼 본뜰 수 있는 유연한 재료다. 예를 들어 장식용 기둥을 이 치장벽토를 부어서 만들면 간단히 설치할 수 있었다. 그 밖에 조각상을 비롯해 각종 단지나 목각 등 건축가의 상상력만 있다면 고객이 원하는 대로 건축에 구현하지 못할 게 거의 없었다.

웨어는 치장벽토를 '위장 재료'라고 혐오했던 현대의 역사가 존 서머슨(John Summerson)의 선배 격이었다. 그럼에도 그의 『건축대계』가 아주 정성들여 다루고 있는 내용을 보면 꼭 그렇지만도 않다. 즉 실내 출입문 틀 위에 화살을 쥐고 있는 아기자기한 큐피드 상들을 글래시스 반죽으로 설치하는 방법을 설명하는가 하면, 방수 치장벽토로 돌고래나 물의 요정을 그려넣어 그럴듯한 인공 석굴을 저렴하게 설치하는 방법도 예시하고 있으며, 창문틀을 광택 나는 치장벽토로 만들어 이탈리아의 카라라산(産) 대리석처럼 보이게끔 색조와 결을 넣는 방법까지 다루고 있다.

치장벽토는 영국에서 상류사회를 동경하는 사람들의 총애를 받았던 재료라고 할 만하다. 거창한 건축물을 빠르고 값싸게 지어 올릴 수 있었기 때문이다. 나중에는 치장벽토를 써서 로마 제국의 양식을 모방하는 것이 싫어도 따라 해야 하는 중산층의 풍조가 됐다. 일례로, 19세기 런던의 리젠트 공원 인근에서 건물주가 세를 놓으려면 "그렇게 꾸며놓은 치장벽토가 색깔이 바래는 일 없이 언제나 배스스톤(Bath stone: 로마와 중세에 걸쳐 건축자재로 널리 쓰인 온화한 연노랑 빛으로 유명한 석회암-옮긴이)과 똑같은 색깔이라야 했다."[28]

하지만 치장벽토는 그 변화무쌍한 변신으로 놀이와 꿈의 재료였다. 치장벽토가 발휘하는 묘미는 자유로움이었고, 적어도 장인들에게는 그랬다. 『빌더스매거진(Builder's Magazine)』은 '정직한' 벽돌의 가치를 환기시키면서도, 한편으로는 치장벽토 덕분에 장인들의 실험적 작업이 얼마나 자유로워질 수 있는지 세세히 언급하기도 했다. 가령 치장벽토로 장식용 실내 기둥을 만들 때 처음에는 표준형 거푸집을 쓰지만, 일단 거푸집을 걷어내고 나면 아주 다채로운 변화를 작업자 손으로 연출할 수 있었다. 이 세공 작업에 능숙한 작업자는 건축 업종에서 명인이라는 소리를 듣기도 했다. 같은 일에 몸담은 사람이 보아도 절로 찬사가 나오는 그 솜씨를 일컬어서 장 앙드레 루케(Jean André Rouquet)는 '손재주(jeu de main)'라는 프랑스 말로 묘사했다.

'정직한 벽돌'은 건축 작업을 사람에 비유한 개념이지만, 치장벽토로 깎은 돌처럼 본떠 만든 기둥에서는 사람에 비유하는 개념이 등장하지 않았다. 그런 기둥은 그냥 모조 기둥일 뿐이다. 돈을 들여 자기 집 뒤뜰에 인공 석굴을 설치하면서 손님들이 그걸 보고 천연 석굴로 생각해주길 바랐던 것은 아니다. 인공 석굴을 보고 좋아하는 그 고객은 그것 자체가 모조품임을 잘 알면서 즐거움을 느낀다. 이렇게 모사해 만든 자연의 모습은 그걸 만드는 장인에게는 자신을 기만하는 일이 될 수 있다. 솜씨를 발휘한 건축물이지만 더 자연스럽게 보이려면 자기 솜씨를 잘 숨겨야 하기 때문이다.

이와 비슷한 다른 예로, 18세기 말 영국의 정원을 들 수 있다. 겉보기에는 초목들이 제멋대로 자란 것 같지만, 사실은 보는 사람의 눈을 최대한 의식해서 심어놓은 것들이었고 정원의 산책로도 걷는 이들에게 펼쳐질 광경을 세심하게 연출해 만들었다. 또한 정원을 거닐면 소와 양들이 자유롭게 뛰노는 것처럼 보였지만, 사실은 땅속 깊이 판 도랑을 따라 설치한 울타리 너머에 가두어둔 상태였다. 당연히 산책로에서는 지면 위만 보이니 동물들이 아주 가까이서 뛰노는 것 같은 환영을 보는 셈이다. 자연의 모습 그대로라는 영국의 정원은 자연과는 아무 상관도 없는, 오히려 치장벽토로 꾸민 것이나 마찬가지다.

근대에 들어 벽돌의 영역에서는 자연스러움의 가치와 그 정반대에 있는 가공과 기교의 자유를 둘러싸고 큰 논쟁이 일었고, 이 두 가지는 실기작업을 보는 상반된 시각으로 굳어졌다. 웨어가 살던 시대에 벽돌은 루소의 정치논설에서 드러나듯 참된 본모습을 추구하는 열망에 더 잘 어울리는 건축 재료였다. 벽돌에 담겨 있는 계몽주의적 욕망은 샤르댕이 그림에 담은 모습처럼 단순한 물건들로 소박하게 살자는 욕망이었다. 또한 이 계몽주의적 욕망은 집안에서 여성의 몸매를 드러내는 부드러운 모슬린 옷처럼 있는 그대로의 우리 모습으로 살자는 욕망이기도 했다. 정물화를 그렸던 샤르댕은 그림 같지 않은 실물처럼 그렸고, 몸매를 잘 드러내는 옷을 만든 재봉사는 안 입은 것 같은 옷을 만들었다. 그러니 이 화가와 재봉사는 자연을 인공적으로 연출했던 영국의 정원처럼, 그림과 옷에서 그들의 존재를 숨기려 했던 셈이다. 아마도 이 점을 극명하게 드러내주는 것은 18세기 사람들이 몸에 걸쳤던 옷일 것이다. 이때는 남자들이 밖에 나다닐 때 가발을 쓰던 시대였지만, 그런 그들도 집에 들어와서는 단순하고 '정직한' 옷을 입기 좋아했다. 그렇다고 집안에서 누더기를 입었던 것은 절대 아니다. 착용자의 몸매를 기막히게 드러낼 수 있도록 한껏 기교를 발휘해 재단한 옷들이었다. 그 기교만큼이나 절묘한 솜씨가 길거리에 나선 영국 여성과 프랑스 여성의 머리모양에도 등장했다. 푸른 바다색으로 염색하고 기름을 덧발라 물결치는 모양까지 냈는데, 그뿐 아니라 이

두 나라의 전쟁 승리를 기념하기 위해 축소형 군함 모형을 머리에 얹기까지 했다.[29]

오랫동안 다양한 조류의 철학자들이 자연과 문화를 나누는 게 잘못된 구분이라는 생각을 제기해왔다. 여기서 짧게 훑어본 벽돌의 역사는 이러한 주장이 중요한 요점을 비켜가고 있음을 말해준다. 자연과 문화의 구분은 사람이 건물을 짓듯 사람이 만들어내는 구분이다. 중요한 건 어떻게 구분할 것이냐 하는 문제다. 구운 흙덩이가 장인의 손을 거쳐 자연의 정직함을 가리키는 상징이 됐다. 이와 같은 자연스러움의 가치는 발견된 게 아니라 사람이 만든 것이다. 프랑스의 『백과전서』는 유리를 만드는 두 가지 제조 방법을 놓고, 어느 하나를 골라야 할 선택지로 보지 않았다. 서로 다르지만 같이 있어야 할 짝이라는 시각으로 봤다. 이와 마찬가지로 인간의 의미를 부여하는 재료에서도 정직과 가공, 벽돌과 치장벽토는 서로 필요한 짝이었다. 이 두 가지는 같이 어울려 놀았다. 더불어 18세기는 인간이 만드는 물건에 인간의 의미를 이입하는 한 가지 기법을 보여준다. 자연스러움과 인위성이 서로 상반된 성격으로 등장하면, 인간다운 가치는 자연스러움에 이입하고 자유는 인위성에 이입하는 기법이다. 이것은 역사상 수많은 문화와 시기에 나타났던 기법이다. 장인의 실기는 이 이입을 일로 구현하는 데 쓰이는 기술이다. 그로써 물건의 가치를 보는 우리의 의식을 고양하는 게 장인이 하는 일이다. 시골의 진짜 초가집 가마에서 구워낸 벽돌들이 런던으로 밀려들어 올 때, 감식가처럼 입맛이 까다로운 건축가였던 웨어는 자신의 가치관에 부합하는 최고급 벽돌만을 엄선해 썼다. 단순하고 정직한 모습의 건물을 짓는 장인도 가공의 기교를 연출하는 장인 못지 않게 생각하는 게 많다. 수수한 듯한 이 장인도 화려한 장인만큼이나 영악하게 일하는 사람이 아닐까?

아이작 웨어가 왔다간 뒤로 벽돌 제조의 변천에 대해 보탤 이야기가 하나 더 있다. 산업시대에 들어서 이 평범한 물건이 '시뮬레이션 (simulation)'을 둘러싼 논쟁에도 등장하게 됐다. 시뮬레이션은 실물과 똑같이 본뜨는 '모사(模寫)'를 뜻한다. 모사는 정직하지 않은 것인가? 또 파괴적인 영향을 미치는 것인가? 추상적인 질문이랄 것도 없는 것이 컴퓨터 지원 설계(CAD)로 지어 올린 많은 건물이 말해주듯, 컴퓨터 모사(computer simulation, 혹은 컴퓨터 모의실험)는 이제 '설계'와 '디자인'의 동의어처럼 쓰이기도 한다.

이미 18세기에도 기계를 조작해 전통 수제품과 똑같아 보이는 물건을 만들 수 있다는 게 분명히 드러났다. 공장의 직조기계가 고풍스러운 융단을 그대로 재생하는 경이로운 광경이 『백과전서』에도 나오는데, 컴퓨터 모의실험의 본질인 모사 현상을 디드로도 목격한 셈이다. 하지만 이런 융단은 비용이 많이 드는 특제품이었다. 벽돌 제조에서는 '정직한 벽돌'이 지닌 특성의 상당 부분을 그대로 모사하는 기계가 등장했고, 그것도 저렴한 비용으로 엄청난 대량 생산이 가능하다는 게 곧 분명해졌다. 기계가 등장한 이래 그렇게 찍어낸 물건이 과연 완벽한가를 둘러싼 논쟁은 우리 시대까지 이어지고 있다.

기계가 쏟아내는 벽돌의 양이 그야말로 엄청나지자, 벽돌의 자연적 속성을 놓고 윤리적인 논쟁을 해봐야 소용없는 일처럼 보였다. 웨어가

세상을 떠난 지 100년이 지나, 생산지별 색깔 차이가 완전히 사라진 획일적인 벽돌이 생산됐다. 광물 염료를 섞는 기법으로 다양한 점토 색깔이 '교정'됐고, 증기기관으로 작동되는 분쇄기와 주조기 속에서 점토 성분은 더욱 동질화됐다. 1858년 호프만(Hoffmann) 가마가 도입됨에 따라 벽돌의 동질성은 더욱 확실해졌다. 이 가마를 쓰면 24시간 연속 똑같은 온도로 가열할 수 있어서 균질한 벽돌 생산이 가능했고, 쉬지 않고 찍어낼 수 있으니 벽돌 생산량이 파격적으로 늘어날 수 있었다. 빅토리아 시대에는 공장에서 획일적으로 찍어내는 벽돌이 산더미를 이뤘고, 그 획일성은 그 누구보다 러스킨이 가장 혐오했던 것이다.

그런데 획일적인 대량 생산을 가져온 기술진보가 여러 가지 특성을 모사하는 데도 쓰일 수 있었다. 즉 색깔을 추가할 수도 있었고, 점토와 모래 비율을 바꿔가면서 전통적인 다양한 지방색의 벽돌과 아주 근사한 점토 성분을 재생할 수 있었다. 산업혁명 이전의 벽돌 제작자들도 완전히 순진했던 것은 아니다. 새로 만든 벽돌을 오래된 것처럼 보이게 하는 전통적인 방법 가운데 하나는 이미 설치한 벽돌에다 돼지거름 진흙을 덧칠하는 것이었다. 아예 처음부터 벽돌 만드는 공장에서 이런 효과를 낼 수도 있었다. 그러면 벽돌이 현장에 오는 대로 바로 설치하면 그만이었고, 돼지거름을 만질 일도 없었다. 지식인들은 '모조품(simulacrum)'을 '탈근대'의 산물로 짐작하지만, 벽돌 작업자들은 아주 오래전부터 모조품과 대적해야 했다. 벽돌 제조 분야에서 전통을 준수하는 장인이 자신을 방어할 수 있는 방법은 진품과 모조품의 차이를 감별해서 주장하는 것밖에 없었지만, 그 동료들과 감정가들 말고는 아무도 신경 쓰지 않았다. 현실에서는 벽돌 산업의 발전과 더불어 그 차이를 감별해내기가 점점 어려워졌다. 우리가 유기농 빵을 찾는다고 해도 이런 빵들이 재료 배합과 반죽부터 굽기까지 대단위 공장에서 쏟아져 나오는 지금, 어느 빵이 어느 정도나 유기농 빵인지 감별해내기 어려운 것이나 마찬가지다.

현대에 들어 아이작 웨어의 기준대로 재료의 진정성을 강조한 대표적인 벽돌 건물은 알바 알토(Alvar Aalto)가 지은 베이커하우스(Baker House)다. 이 건물은 1946~1949년에 지은 매사추세츠공과대학교의 학생 기숙사다. 이 기숙사는 길고 완만하게 굽은 모양으로 지어져서 침대에서 내려다보이는 찰스 강(Charles River)의 모습이 방마다 다르면서도 똑같이 훌륭하다. 구불구불한 벽은 벽돌로 지었고, 의식적으로 '원시적'인 방법을 써서 만든 벽돌을 사용했다. 이 건물을 어떻게 지었는지 알토의 설명을 들어보면 이렇다. "지표 상층부에서 햇볕을 잘 받은 표토(表土)를 채취한 점토로 벽돌을 만들었다. 수작업으로 만든 피라미드 가마에서 벽돌을 구웠고, 땔감은 참나무만을 썼다. 구운 벽돌은 별다른 분류 없이 품질만 확인하고 담장을 쌓았기 때문에, 담장의 전체적인 색조는 주황색이었지만 군데군데 검정에서 밝은 노랑에 걸친 변화가 생겼다." [30] 이렇게 일부러 전통적 방식에 따라 벽돌을 만들었다는 것을 보면, 이야기가 다시 원점으로 돌아가는 것 같다. 알토는 벽돌담 표면에 드러나는 모습에서 자신의 벽돌 제조가 '정직했음'을 강조한다. 벽돌을 쌓아가는 사이사이 일정 간격마다 과다한 가열로 뒤틀린 벽돌을 끼워넣었다. 이렇게 검게 그을리고 뒤틀린 벽돌 사이로 쭉 늘어선 정상적인 벽돌의 모습이 신선한 느낌을 준다. 이와 같은 대조를 통해서 두 가지 벽돌 모두의 특징이 부각되고, 아울러 벽돌이 어떤 것인가를 눈여겨보면서 생각할 계기가 된다. 아무런 변화 없이 한결같이 완벽한 벽돌만 있다면, 벽돌이라는 물건에 대해 이렇게 생각할 일이 없을 것이다.

18세기에 모사가 유발했던 자극은 장인의 영역에서 그대로 이어지고 있다. 사진에 비유하면, 그 자극은 '진정한' 양화(陽畵, positive)를 인화하기 위해 필요한 음화(陰畵, negative)다. 공장에서 대량 생산되는 모조품을 보면서 우리는 자연을 더 많이 생각하게 된다. 알토가 인화한 양화는 덕과 멋의 상징인 불완전한 벽돌이었다. 자연과 아울러 덕과 멋을 생각할수록 우리는 우리 자신을 생각하는 것이다.

흙으로 물건을 만들어온 오랜 역사는 물질을 생각하는 의식이 어떻게 유발되는지 그 세 가지 방식을 보여준다. 즉 물건에 변화를 주고, 물건에 표시를 남기며, 물건을 우리 자신처럼 생각하는 행위다. 이 세 가지 행위에는 각각 나름의 구조가 자리 잡고 있다. 첫째로, 변형은 일반형의 발전, 형태의 결합, 영역이동을 통해서 일어난다. 둘째로, 물건에 표시를 남기는 행위는 정치적 행위이기는 하지만 특별한 의도가 있는 게 아니라 자신이 발 디딘 세계에 객관적인 자기 존재를 표출하는 훨씬 원초적인 차원의 행위다. 셋째로, 물건에 인간의 의미를 이입하는 의인화에서는 비유의 위력과 상징을 만드는 기법을 볼 수 있다. 흙을 빚어 만든 물건의 역사를 보면, 이와 같이 요약하는 게 무색하리만큼 이 세 가지 중 어느 것도 그리 단순하지 않았다. 흙을 생업으로 삼았던 이들은 아주 느리지만 일과 세월의 변화에 대응했다. 기술변화에 대응했고, 작업자의 존재감을 짓밟는 정치적 억압에 대응했으며, 물건에 투영되는 인간 속성들의 충돌에 대응했다. 흙이란 재료를 단순히 음식을 해먹거나 집을 짓는 데 필요한 물건으로 생각할 수도 있을 것이다. 그러나 이러한 공리주의적인 생각에 빠져 있다면, 흙이라는 이 원초적 물질에서 생겨난 문화의 대부분을 우리 머릿속에서 지워버리게 될 것이다.

1부 요약

여기서 우리가 1부에서 밟아온 길을 되돌아보는 게 유익할 것이다.

장인은 수공업자보다 폭넓은 개념이다. 그들은 어떤 구체적인 일 자체를 위해 일을 잘해보려는 우리 안의 욕망을 대변한다. 지금 우리가 접하는 첨단기술의 발전은 고대로 치면 장인의식이 지향했던 모델과 다를 게 없다. 하지만 현장의 모습을 보면, 좋은 장인이 되고자 열망하는 이들은 사회제도에 의해 사기가 꺾이고 무시당하고 있으며 그들의 모습대로 이해받지 못하고 있다. 이러한 문제들은 아주 복잡하게 얽혀 있다. 그도 그럴 것이 일하는 근로자들을 불행하게 만들자고 출발한 제도는 별로 없기 때문이다. 물질적인 세상일에서 얻는 게 없고 그 삶이 공허해지면 사람들은 자기 내면으로 도망가려고 한다. 또 세상은 정신적인 탐구를 구체적인 경험보다 더 귀하게 쳐준다. 일의 잣대가 되는 품질 표준은 일의 설계와 일선의 실행을 끊어놓는다.

수공업 장인들이 지나온 길은 이와 같이 훨씬 광범위한 고통과 해악을 들여다볼 수 있는 역사이기도 하다. 우리는 서로 대등할 수 없는 마스터와 도제가 엄격한 상하관계로 만나는 중세 작업장부터 훑어봤다. 르네상스기 예술이 실기에서 분리됨에 따라 작업장의 사회관계는 변화를 맞게 됐고, 작업장에서 하는 일의 기능이 독창적인 성격의 일로 변해감에 따라 작업장의 변화는 더욱 심해졌다. 이 과정에서 작업장에서 개인화가 진행됨에 따라 작업장의 자립 기반은 약화됨과 동시에, 개인의 의존성은 사회 전체적으로 커지기만 하는 역사를 밟아왔다. 또 기능의 전수와 기술 이전에 장애가 생기는 장기적인 추세가 뒤따랐다. 이로 말미암아 작업장이 발 디딜 사회공간은 부서진 파편처럼 돼버렸고, 권위란 것도 의미를 찾기 어려워졌다.

18세기 중엽의 진보적 지성들은 이렇게 깊게 금이 가고 있는 사회적 단층을 바로잡아 보고자 했다. 그러기 위해 그들은 근대 특유의 도구인 산업기계를 깊이 살펴봐야 했다. 기계를 인간에 보탬이 되는 긍정적인 측면에서 이해하려 했고, 동시에 인간의 능력을 초월하는 기계의 위력에 비추어 인간 자신을 새롭게 볼 수 있는 의미를 찾으려고 했다. 그러고는 100년이 흐르면서 기계는 더 이상 이러한 인간성을 용납하지 않는 모습을 드러냈다. 한마디로 기계의 위세가 세상을 지배하는 듯했다. 기계에 저항하는 가장 근본적인 방법으로 근대성 자체에 등을 돌리자는 사람들도 나타났다. 이런 낭만주의적 행보는 영웅적인 호소력은 있었지만, 기계에 희생당하지 않을 방법을 찾을 수 없었던 수공업 장인들의 몰락을 부채질했다.

고전시대 문명이 출발할 때부터 장인들은 학대를 받아왔다. 그들이 인간의 삶을 살아갈 수 있게 해준 것은 일에 대한 신념이고, 또 작업할 물건과 마주하는 열의와 관심이다. 물질의식은 오랜 시간이 흐르는 동안 이 장에서 살펴본 세 가지 형태를 취해왔다. 일하는 사람을 풍요롭게 해주지는 못했어도 일을 이어갈 수 있었던 밑바탕에는 이러한 의식이 있었다.

지금까지 이 책에서 훑어왔던 여정을 한마디로 하자면, 아마도

1930년대에 "사물 없이는 관념도 없다"고 선언했던 시인 윌리엄 카를로스 윌리엄스(William Carlos Williams)의 말일 것이다. 그는 관념적 공상에 넌더리를 냈고, "하루를 살면서 손에 쥘 수 있는 일들"을 하며 사는 게 더 낫다고 생각했다.[31] 지난날 장인들이 살아온 신조도 이것이었다. 이제 2부에서는 물건을 손에 쥐는 물리적 기능을 장인이 구체적으로 어떻게 획득하고 또 발전시키는지 살펴본다.

·

2부

Craft

실기

The Craftsman

5장
손
The Hand

기술이라고 하면 별로 좋지 않은 어감을 준다. 인간다운 면모가 없어 보이는 탓이다. 하지만 손기술이 고도로 숙달된 사람들은 기술을 그렇게 보지 않는다. 이런 사람들은 기술이 아주 긴밀하게 표현으로 이어진다. 이 장은 기술과 표현이 어떻게 연결되는지 탐구하는 첫걸음을 내딛는다.

200년 전 이마누엘 칸트는 지나가는 말로 "손은 마음에 이르는 창문"이라고 한 적이 있다.[1] 이 말은 그동안 현대 과학이 입증하려고 했던 것이기도 하다. 손은 인간의 팔다리 중에서 가장 움직임이 다채롭고, 사람의 의지대로 동작을 조절할 수 있는 신체기관이다. 그동안 과학은 이러한 손의 동작이 우리 사고에 어떤 영향을 미치는지 밝혀내고자 했다. 손을 써서 다양한 방식으로 물건을 잡는 동작이나 손으로 느끼는 촉감도 그런 연구거리에 속한다. 이 장에서는 이와 같은 손과 머리의 연결을 세 부류의 장인을 통해서 살펴본다. 손이 고도로 숙달된 전문가인 음악가와 요리사, 입으로 대롱을 불어서 유리를 성형하는 유리공이 그들이다. 이들이 구현하는 손기술은 고도로 전문화된 것이지만, 그 속 내용은 좀 더 일반적인 경험에도 적용된다.

지능적인 손
탐색할 수 있는 능력

손에서 비롯되어 인간이 되다 | 잡기와 촉감

일찍이 다윈의 전 세대인 찰스 벨(Charles Bell)이 『손(The Hand)』을 출간했던 1833년에 '지능적인 손(intelligent hand)'이란 이미지가 과학계에 등장했다.[2] 독실한 기독교인이었던 벨은 손은 창조주 신에게서 비롯됐고, 신이 창조한 여느 물건들처럼 목적에 맞도록 완벽하게 설계된 신체기관이라고 믿었다. 그는 창조적인 일에서 차지하는 특권적 지위를 손에 부여했다. 여러 가지 실험을 언급하면서 두뇌는 손의 접촉을 통해서 더 신빙성 있는 정보를 입수하며, 번번이 엉뚱하고 잘못된 겉모습을 인식하는 눈보다 손의 촉감이 더 정확하다고 주장했다. 벨은 시간의 흐름과 무관하게 손의 모양과 기능이 항상 똑같다고 믿었지만, 다윈은 이런 그의 생각을 배격했다. 팔과 손은 유인원이 이동할 때 몸을 지탱하고 균형 잡는 역할을 했는데, 이와 다른 목적에 팔과 손이 쓰임에 따라 유인원의 두뇌가 더 커지는 진화가 이루어졌다고 다윈은 추론했다.[3] 두뇌 용량이 확장되면서 인류의 조상들은 손으로 하는 여러 가지 일을 배웠다. 물건을 잡는 방법을 배웠고, 손에 쥔 물건을 보면서 생각했다. 나중에는 손에 쥔 물건의 모양을 바꾸는 방법도 배웠다. 이렇게 해서 인원(人猿, man-ape: 인간과 유인원의 중간 단계)은 도구를 만들 수 있게 됐고, 인간은 문화를 만들 수 있게 됐다.

최근까지 진화론자들은 손의 구조 변화보다는 손의 **쓰임새**가 두뇌 크기의 확장과 더 밀접한 것으로 생각했다. 즉 50년 전에 프레더릭 우드 존스(Frederick Wood Jones)는 "완벽한 것은 손이 아니라, 손의 동작을 일으키고 조율하고 통제하는 전체적인 신경계의 작용"이라고 언급했다. 이 작용을 통해 인류, 즉 **호모 사피엔스**(Homo sapiens)가 발전했다는 게 그의 생각이다.[4] 이제는 손의 물리적인 구조 자체도 진화했다는 사실이 인류가 지나온 최근 역사에서 밝혀졌다. 현대 철학자로서 의사도 겸했던 레이먼드 탤리스(Raymond Tallis)는 그러한 진화의 일부를 엄지손가락을 얼마나 자유자재로 놀릴 수 있는가에서 찾았다. 즉 원숭이와 인간은 '큰마름뼈-손허리 관절(trapezio-metacarpal joint: 엄지손가락을 받치는 손허리뼈metacarpus와 그 밑 손목 부위의 큰마름뼈trapezium를 잇는 관절)'이 크게 달라지면서 엄지손가락의 움직임이 대조적으로 변하게 됐다는 점이다. "이 관절은 원숭이와 인간 모두 볼록한 면과 오목한 면이 이중으로 맞물리는 모양의 '안장 관절(saddle joint)'인데, 원숭이는 이 안장 모양의 접합이 아주 깊게 물려 있어서 엄지의 움직임이 제한된다는 게 인류와 다르다. 이로 말미암아 원숭이들은 특히 엄지와 나머지 손가락을 맞붙이는 동작이 어렵다."[5] 존 네이피어(John Napier)를 비롯한 여러 학자가 엄지와 나머지 손가락을 맞붙이는 동작을 점점 자유자재로 구사할 수 있게 된 호모 사피엔스의 진화 과정을 밝혔다. 이 맞붙임 동작의 진화는 집게손가락을 뒷받침해주는 다른 뼈

들의 섬세한 변화와 함께 일어났다.[6]

이와 같은 구조적 변화에 힘입어 인류는 손으로 물건을 잡는 독특한 신체적 체험을 할 수 있게 됐다. 잡는 동작은 의지가 들어가는 행동이다. 눈꺼풀을 깜빡거리는 무의식적 동작과는 완전히 다른 의식적인 결정이다. 인종학자 매리 마르츠케(Mary Marzke)는 우리가 물건을 잡는 기본 방식을 세 가지 유용한 개념으로 분류했다. 첫째는 작은 물건을 엄지손가락 끝과 집게손가락 면 사이에 넣어 '집는(pinch)' 동작이다(네이피어가 구분한 두 가지 잡기 유형 중 '정밀한 잡기precision grip'에 해당 – 옮긴이). 둘째는 물건에 손바닥을 깊숙이 밀착시키고 엄지와 나머지 네 손가락을 서로 마주보게끔 조여서 잡는 방법이다. 이 방법은 힘을 실어서 물건(방망이나 라켓 등)을 휘두르기 좋다(네이피어의 '강력한 잡기 power grip'에 해당 – 옮긴이). (진화가 많이 된 영장류는 이 두 가지 잡는 동작을 할 수 있지만, 우리만큼 능숙하지는 못하다.) 셋째는, '감싸잡기(cupping grip)'다. 손바닥을 중심으로 다섯 손가락을 둥근 컵처럼 만들어서 공이나 좀 큰 물건을 그 안에 넣고, 힘이 센 엄지와 집게손가락을 손바닥 쪽으로 당겨서 물건을 고정시킨다. 이 동작은 다른 영장류에 비해 인류에서 특히 발달된 동작이다. 감싸잡기를 하면 한 손으로 물건을 단단히 움켜쥐고 다른 손으로 그 물건에 작업을 할 수 있다.

우리와 같은 동물이 이러한 세 가지 방법의 잡는 동작에 익숙해지면 문화적인 진화가 발생한다. 마르츠케는 **호모 파베르(제작자 인간)**의 출현 시점을 한 손에 물건을 쥔 채로 다른 손으로 추가 작업을 가할 수 있을 만큼 단단히 물건을 잡을 수 있는 존재가 나타난 시점으로 보고 있다. "엄지손가락을 포함해 지금과 같은 인간의 손에서 보이는 독특한 특징들은 대부분… 이렇게 단단히 움켜잡고 석기 도구를 만들거나 조작하다가 생기는 스트레스로 설명될 수 있다."[7] 이어서 손에 쥔 물건을 곰곰이 따져보는 생각을 하게 된다. 미국 영어에서는 흥분하거나 당황한 사람에게 조언해줄 때, "마음 좀 잡아(get a grip)"라고 말한다. 또 "문제를 붙잡다(come to grips with an issue)"는 말이 진지하게 따져보고 대처한다는 아주 일반적인 뜻으로 쓰인다. 이러한 비유적 표현은 손과 뇌가 서로 주거니 받거니 대화하면서 말 자체도 진화했음을 말해준다.

하지만 잡는 동작에는 문제가 하나 있는데, 특히 손기술을 아주 높은 수준으로 숙달하는 사람들에게 중요하다. 잡은 걸 다시 어떻게 놓느냐는 문제다. 음악을 예로 들면, 피아노 건반(혹은 현악기의 현이나 관악기의 밸브)에서 손가락을 떼는 방법을 익혀야만 빠르게 연주할 수 있고 청량한 소리를 낼 수 있다. 어느 문제를 골똘히 생각할 때도 중요한 게 무엇인지를 더 잘 이해하려면, 잠시나마 문제를 잊고 거리를 두는 게 필요하다. 그러고 나서 새롭게 문제에 달려들어야 한다. 신경심리학자들은 이제 신체적으로나 인지적으로나 긴장을 얼마나 놓을 수 있느냐가 공포나 강박관념에서 벗어나는 능력을 좌우한다고 믿고 있다. 이렇게 긴장을 놓는다는 것은 다른 이들에 대한 통제(즉 그들을 붙잡고 있는 상태)를 포기하는 일처럼 윤리적인 차원에서도 의미하는 바가 많다.

기술을 둘러싼 허상 가운데 고도의 기량을 닦을 사람은 처음부터 남다른 신체 조건을 갖추고 있어야 한다는 생각이 있다. 손에 국한해서 본다면 이런 생각은 별로 맞지가 않다. 예를 들어 아주 빠르게 손을 움직이는 능력은 모든 사람의 신체에 다 갖춰져 있으며, 뇌의 피라밋로(pyramidal tract)가 관할한다. 어느 사람이든 엄지가 집게손가락과 직각을 이루게끔 훈련하면 손을 넓게 펼칠 수 있다. 손이 작은 피아니스트나 첼리스트는 그만큼 연주하기 불편하지만, 이런 식으로 신체적 한계를 극복할 방법을 찾을 수 있다.[8] 외과의들도 까다로운 동작을 수행해야 하지만, 처음부터 특별한 손을 타고나야 하는 것은 아니다. 오래전에 다윈은 모든 유기체의 행동에서 타고난 물리적 조건은 적응의 출발점이지 최종적인 게 아님을 발견했다. 사람의 손기술도 분명히 그렇다. 잡는 동작은 인류라는 종 차원에서도 발달해왔지만, 개인 차원에서도 발달한다.

촉감은 지능적인 손에 대한 여러 가지 문제를 던져준다. 철학에서도 그렇지만, 의학의 역사에서도 촉감이 눈과는 다른 종류의 감각 정보를 뇌에 전달하는지를 둘러싸고 오랫동안 논쟁이 뒤따랐다. 촉감은 날카롭고 급속하게 번지는 '무제한적인' 정보를 실어 나르는 반면, 눈은 일정한 틀에 갇힌 이미지만을 전달하는 것으로 여겨졌다. 벌겋게 달아오른 난로에 손을 대면, 돌발적인 트라우마처럼 온몸이 자지러진다. 하지만 아무리 끔찍한 광경을 보더라도 두 눈을 감기만 하면 충격은 순간적으로 완화된다. 100여 년 전에 생물학자 찰스 셰링턴(Charles Sherrington)은 이런 논의의 틀을 다시 정립했다. 그는 의식적 목표를 마음에 두고 손가락 끝을 가져가는 행위로 '능동적 촉감(active touch)'이란 것을 탐구했다. 촉감이 수동적인 반응만 하는 게 아니라, 선제적인 작용도 하는 게 아니냐는 생각이다.[9]

그리고 100년이 흐르면서 셰링턴의 연구는 새로운 국면을 맞게 됐다. 즉 사전에 의식적인 목표를 염두에 두지 않고도 손가락의 촉감을 통해 선제적인 탐색 행위를 시도할 수 있다는 점이다. 이를테면 어느 물건의 특정 부분을 손가락 끝으로 더듬게 되면, 뇌가 생각을 시작하도록 자극받게 된다. 이런 접촉을 '국부적 촉감(localized touch)'이라고 부른다. 앞에서 이런 사례 하나를 이미 봤는데, 중세 금세공인이 시금하던 방식이 바로 이런 것이었다. 그는 이 금속성 '흙'을 자기 손가락으로 굴려보고 눌러보면서 순금 같지 않아 보이는 구석이 있는지 살펴보다가 판단을 내린다. 금세공인은 이렇게 그의 감각으로 입수하는 국부적 증거로부터 거꾸로 금이라는 물질의 속성을 추론했다.

직업상 손을 많이 쓰는 사람들에게 생기는 굳은살은 국부적 촉감의 아주 특수한 사례로 들 수 있다. 원리적으로 보자면 굳은살이 박여서 피부가 두꺼워지면 감각은 당연히 둔화될 것 같지만, 실제로는 그 정반대의 일이 나타난다. 굳은살은 손에 퍼져 있는 신경 말단을 보호함으로써 탐색 행위의 머뭇거림을 줄여준다. 이런 일이 나타나는 생리학적 근거는 충분히 밝혀지지 않았다. 하지만 나타난 결과로만 보면, 굳은살은 미세한 물리적 공간을 파악하는 손의 감각을 예민하게 하고 손가락 끝의 감각을 더욱 자극한다. 굳은살이 손에 하는 역할이 볼록렌즈가 카메라에 하는 역할과 같다고 상상해볼 수 있겠다.

찰스 벨은 손의 물리적인 신경 작용을 생각하던 중, 서로 다른 감각 기관들은 뇌에 전달하는 신경 경로가 분리돼 있어서 각각의 감각이 따로 떨어져 있다고 생각했다. 오늘날의 신경과학에서 이런 생각은 잘못된 것으로 드러났다. 눈과 뇌와 손으로 이어지는 신경망을 통해서 만지고, 잡고, 보는 일이 한꺼번에 진행된다는 것이다. 공을 잡을 때를 예로 들면, 뇌는 공에 관해 기억된 정보를 이용해서 공의 2차원 영상을 인식하는 한편, 잡고 있는 손으로 느끼는 공의 곡선과 무게를 이용해서 3차원 공간을 배경으로 공을 생각할 수 있게 된다. 공의 3차원 이미지를 형성할 때마다, 뇌는 달라지는 관측 각도에 맞추어 항상 공의 평면 영상을 불러내 참조한다.

프리헨션 | 무언가를 잡는 행위

무슨 '물건을 잡는' 동작을 취하려면, 먼저 표적을 향해 손을 뻗어서 접촉해야 한다. 흔히 하는 일로 유리잔을 잡을 때 우리의 손은 유리잔에 손이 닿기 전, 잔을 감싸 잡기에 적당하도록 둥그런 모양을 취하게 된다. 우리 몸은 손에 쥘 물건이 얼마나 차갑고 뜨거운지 알기 전에 미리 쥘 준비를 한다. 이처럼 감각 정보를 획득하기 전에 몸이 미리 준비해서 움직이는 동작을 가리켜, 전문용어로 '프리헨션(prehension)'이라고 한다.*

정신적으로도 우리가 어느 개념을 이해하게 될 때 "파악한다"고 한다. 파악이란 '잡을 파(把)'와 '쥘 악(握)' 두 글자를 써서 그냥 잡는다는 뜻이다. 예컨대 a/d = b + c와 같은 방정식의 개념을 파악했다고 하면, 기계적인 공식대로 푸는 게 아니라 이해하는 상태를 말한다. 물리적인 동작에서도 미리 움직여 잡듯이, 정신적으로 이해할 때도 미리 시작되는 사고 행위가 일어난다. 즉 우리는 모든 정보가 손에 들어올

---

* 손동작(혹은 일반적으로 동물의 촉수 운동)에 수반하는 신경 전달이나 행태를 다루는 연구를 보면 '프리헨션'이 이런 선행적 동작을 포함해, 잡는 동작 전체를 가리키는 용어로 쓰일 때도 많다. -옮긴이

때까지 기다리지 않고 미리 생각하며 그 의미를 예상한다. 선발대나 첨병처럼 미리 움직인다는 점에서 프리헨션은 신경을 세우고, 몰입하며, 위험을 감수하는 행위가 한꺼번에 일어남을 뜻한다. 따라서 정신적인 태도 면에서 신중한 회계사와는 정반대다. 회계사들은 보통 모든 숫자를 손에 쥐기 전에는 아예 생각을 시작하지 않기 때문이다.

신생아들은 출생 2주차부터 앞에 매달아놓은 노리개에 손을 뻗어 잡으려는 프리헨션 동작을 시작한다. 눈과 손이 보조를 맞춰서 움직이게 되므로 신생아가 목을 가눌 힘이 생기면 프리헨션 동작도 빈번해진다. 목을 이리저리 가누어 눈을 돌릴 수 있으니 표적을 더 잘 볼 수 있다. 출생하고 5개월이 되면 눈에 보이는 물체에 혼자 힘으로 접근해갈 수 있을 만큼 팔의 신경근육이 발달한다. 그다음 5개월 동안에는 손의 신경근육이 발달해 물건을 잡는 여러 가지 손 모양을 취할 수 있게 된다. 팔로 기어가고 손으로 물건을 잡는 두 가지 기능은 뇌에 위치한 피라밋로의 발달에 좌우되는데, 뇌의 이 부위는 대뇌피질의 '일차운동영역(primary motor region)'과 척수가 이어지는 통로다. 프랭크 윌슨(Frank Wilson)에 따르면, 생후 일 년이 지난 시점에 "평생 손으로 물건을 탐색할 수 있는 능력이 갖춰진다." [10]

프리헨션이 언어에 미치는 영향은 철학자 토머스 홉스(Thomas Hobbes)가 아이들을 대상으로 해봤던 실험에서 잘 드러난다. 그는 영국의 화학자이자 물리학자 캐번디시(Cavendish) 가족의 아이들을 가르치던 중, 어두운 암실에 생소한 물건들을 채워놓고 아이들을 들여보냈다. 아이들더러 암실에서 물건을 만져보라고 시킨 뒤, 밖으로 불러내서 그들이 손으로 '봤던' 것들이 뭔지 말해보라고 했다. 홉스는 아이들이 밝은 공간에서 볼 수 있을 때 사용하는 말보다 더 예리하고 정교한 말을 사용한다는 걸 알게 됐다. 이런 현상이 나타난 부분적인 이유로, 그는 아이들이 어둠 속에서 '촉각으로 감지했던' 게 한참 뒤 밝은 곳에서 말로 표현하는 자극제가 됐을 것으로 봤다. 어둠 속에서의 순간적인 감각 자체는 암실 밖에서 '흐릿해진' 뒤 그때 남았던 생생한 기억이 언어 활용을 자극했다고 해석한 것이다.[11]

물건을 잡을 때 미리 움직이는 프리헨션처럼, 무슨 동작이든 표적을 의식하고 미리 움직이는 행위가 행동의 결과를 좌우한다. 일례로 지휘자가 악단을 지휘할 때 연주자가 소리 내는 시점보다 그의 손이 먼저 움직인다. 만약 아래로 긋는 그의 지휘봉 동작이 연주 시점과 정확히 일치하면, 그 시점에 이미 소리가 나버리므로 지휘자는 연주를 지휘하지 못하게 된다. 크리켓에서 타자들도 이와 유사하게 "타격 시점을 당기듯 때리라"는 조언을 듣는다. 베릴 마크햄(Beryl Markham)의 뛰어난 회고록 『아프리카를 날다(West with the Night)』에서도 이런 사례가 나온다. 비행사에게 필요한 계기 정보가 많이 부족했던 그 시절에 그녀는 아프리카의 밤하늘을 날 때, 상승이나 선회를 시작할 바로 그 순간을 앞질러 조종한다는 감으로 비행했다고 전한다.[12] 이러한 갖가지 작업에 필요한 기술적인 솜씨의 밑바탕에는 우리가 유리잔에 손을 뻗을 때 하는 동작이 자리 잡고 있다.

이렇게 살펴본 프리헨션에 대해서 레이먼드 탤리스는 아주 충실하게 분석해놓았다. 그는 이 현상을 네 가지 차원으로 구분해 이해한다. 첫째는 미리 준비하는 '예상'이다. 유리잔에 손을 뻗을 때 미리 손 모양을 만드는 것과 같은 행위다. 둘째는 뇌가 촉감을 통해 감각 자료를 획득하는 순간에 일어나는 '접촉'이다. 셋째는 '언어 인식'으로, 손에 쥔 물건에 이름을 지어주는 것이다. 넷째는 방금 수행한 동작을 떠올리는 '회상'이다.[13] 탤리스는 이 네 가지 차원의 행위를 행위자 스스로 머릿속으로 의식하고 하는 것은 아니라고 본다. 대상 자체에 의식이 쏠려 있는 상태에서는 그런 자기 행동을 의식하지 못할 수도 있다. 다시 말해, 손이 하는 행동을 손이 알고 있을 뿐이다. 탤리스가 정리한 이 네 가지에다 나는 다섯째 요소를 하나 더 추가하겠다. 즉 고도로 숙달된 손이 만들어내는 '가치'다.

손의 가치
표현하는 감각

손가락 끝에서 | 진실성

현악기 연주를 배우는 아이들은 처음에 정확한 음높이를 내기 위해 손가락을 지판(指板, fingerboard)의 어디에 놓아야 할지 모른다. 일본의 바이올린 연주자이자 음악 교육자인 스즈키 신이치(鈴木鎭一)가 생각해낸 스즈키 교습법(Suzuki method)을 따르면, 이 문제가 순식간에 해결된다. 지판에 얇은 플라스틱 테이프를 붙이는 방법이다. 바이올린을 배우는 아이들은 음표에 맞게 정확한 소리를 내기 위해 컬러 테이프에다 손가락을 놓는다. 이 방법은 악기를 배우기 시작할 때 귀로 깨닫는 소리의 아름다움을 강조한다. 스즈키는 이것에 대해 아름다운 곡조를 연주하는 데 따르는 복잡한 기교를 완전히 걷어낸 '소리 내기 (tonalization)'란 말로 표현했다. 성악의 발성법(發聲法)에 해당하는 악

기의 발음법(發音法)인 셈이다. 해야 할 손동작은 손가락 끝을 정해진 위치에 가져다놓는 게 전부다.[14]

이와 같이 친숙한 방법을 씀으로써 배우는 아이는 순식간에 확신감을 얻는다. 네 번째 교습시간에 벌써 어린이 노래 「반짝반짝 작은 별」을 대가처럼 연주할 수 있게 된다. 게다가 스즈키 교습법은 개별적인 확신을 집단적인 공감으로까지 끌어올린다. 일곱 살짜리 오케스트라 전 단원이 「반짝반짝 작은 별」을 힘차고 정확하게 연주해내는 것이다. 각 단원의 손이 자기 할 일을 정확히 알고 있기 때문에 가능한 일이다. 하지만 이처럼 행복한 확신감은 지판 위의 테이프를 떼어내는 순간 무너져버린다.

원칙적으로 볼 때, 습관적으로 반복하다 보면 동작이 정확하게 몸에 밸 것이다. 우리 생각에는 지판에서 테이프를 떼어냈다고 해도 손가락은 테이프가 있던 바로 그 위치를 다시 찾아갈 거라고 짐작할 것이다. 그런데 이런 기계적인 방식의 습관은 생각처럼 잘 되지 않는다. 여기엔 물리적인 이유가 있다. 스즈키 교습법은 손가락 마디를 기준으로 작은 손을 뻗도록 훈련시키지만, 실제로 바이올린의 현을 누르는 손가락 끝의 감각을 훈련시키는 것은 아니기 때문이다. 결국 손가락 끝의 감각으로 지판을 익힌 상태가 아니라서 아이들은 테이프를 떼자마자 엉뚱한 소리를 내기 시작한다. 사랑에서도 그렇듯이 기술에서도 순진한 확신은 오래가지 못하는 법이다. 게다가 아이들이 손가락을 어디에 놓아야 할지 몰라 지판을 힐끗힐끗 보게 되면, 연주는 더욱 엉망이 된다. 바이올린 지판의 밋밋하고 시커먼 표면을 본다 해도 눈은 아무런 답도 찾을 수 없기 때문이다. 이래서 그렇게도 일사불란하게 연주하던 아이들의 오케스트라는 테이프를 떼어내는 순간, 군중의 괴성을 내고 만다.

여기에는 '잘못된 확신'이라는 문제가 있다. 테이프를 붙인 악기 연습이 부딪친 문제는 물리학 실험을 컴퓨터 모의실험으로만 하는 성인 대학생의 문제와 비슷하다. 이에 대해 빅토르 바이스코프는 이렇게 경고했다. "컴퓨터는 답을 알고 있는 게 분명해. 하지만 자네들은 모르는 것 같아." 성인들에게서 보이는 또 하나의 비슷한 사례는 문서 작성 프로그램의 '문법 검사' 기능일 것이다. 이 버튼을 눌러 문장을 바로잡더라도, 이런 표현보다 저런 표현이 더 나은 이유를 정작 그 당사자는 모를 때가 많다.

이런 잘못된 확신의 문제를 스즈키는 잘 알고 있었다. 그는 아이가 음악을 연주하는 즐거움을 느끼게 되면, 곧바로 테이프를 제거하라고 조언했다. 독학으로 음악을 공부했던 자신의 경험을 통해 스즈키는 이 점을 알고 있었다(그가 음악에 처음으로 관심을 가졌던 것은 1940년대 말에 미샤 엘먼Mischa Elman이 연주한 프란츠 슈베르트의 「아베 마리아」의 녹음곡을 들었을 때였다). 바로 진실성은 손가락 끝에 있다는 사실이다. 그 손끝의 촉감이 소리를 좌우한다. 여기서도 금세공인의 시금과 비슷한 점을 다시 보게 된다. 그의 손가락 끝은 순간적인 잘못된 확신을 거부하면서 순금 여부를 판별해야 할 물질을 천천히 더듬어서 탐색한다.

우리는 이와 같이 잘못된 확신을 걷어내는 진실이 과연 어떠한 것인지 알아보려고 한다.

음악에서 귀와 손가락은 소리를 같이 탐색한다. 좀 건조하게 말하면 음악가는 악기의 현을 여러 가지 방식으로 눌러보고 그때마다 달라지는 갖가지 소리를 들어보면서 원하는 소리를 반복하거나 재생할 방법을 탐색한다. "내가 방금 어떻게 한 거지? 그걸 다시 해보려면 어떻게 해야 하지?"와 같은 질문의 답을 찾아가는 실제 연습 과정은 아주 어렵고 괴로운 투쟁이기도 하다. 현에 손끝이 닿을 때 손가락은 움직이고 손끝은 느끼기만 하는 게 아니다. 현을 잡고 만지는 행위에서 손끝은 단순한 보조자가 아니라, 손끝에 닿는 촉감을 기점으로 손놀림 방법을 거꾸로 찾아가는 동작을 주도한다. 여기서 원리는 결과(소리)로부터 원인(촉감)을 추적하는 것이다.

이 원리를 따라 연습하는 사람은 어떤 과정을 겪게 될까? 현악기 지판의 테이프를 떼어낸 뒤 정확한 음조에 맞춰 소리를 내려고 애쓰는 아이가 있다고 치자. 지금 한 음을 정확하게 연주했다는 느낌이 든다. 그런데 운지법(運指法) 포지션을 높여 다음 음을 내보면 영 어긋난 소리가 들린다. 이런 문제가 생기는 데는 물리적인 이유가 있다. 모든 현악기는 음을 높여감에 따라 진동하는 현의 길이가 짧아진다. 그 길이가 짧아질수록 지판의 종 방향으로 늘어서는 각 손가락의 손끝 간격도 좁혀야 한다. 높은 음으로 옮겨갈수록 소리의 변화를 들어보면 손가락 마디 능선을 지판의 횡 방향으로 틀어서 손끝 간격을 더 좁혀야 함을 느끼게 된다. (프랑스의 첼리스트 장피에르 뒤포르Jean-Pierre Duport의 「연습곡 Étude」에는 첼리스트가 61센티미터나 되는 현을 꼭대기부터 맨 끝까지 따라가면서 모든 현을 각 손가락을 써서 짚어가는 유명한 연습법이 나온다. 처음부터 끝까지 손끝 간격을 계속 좁혀가는 동작과 동시에 손 모양을 둥그렇게 유지하는 동작을 서로 맞춰가는 연습이다. 이런 연습은 각 손끝의 촉감으로 탐색해야 한다.) 테이프를 막 떼어낸 초보 연습생이 시행착오를 통해 손가락 마디를 밀착시키는 방법을 터득할 수도 있지만, 정확한 음을 찾기 위한 해답은 쉽게 보이지 않는다. 손을 지판과 직각이 되도록 잡았을 수도 있다. 아마도 그다음엔 손바닥을 저 위쪽 줄감개 쪽으로 들어올려서 기울이는 동작을 시도할 텐데, 이게 도움이 된다. 정확한 소리를 낼 수 있게 됐다면, 그 이유는 손바닥을 기울여 길이가 다른 집게손가락과 가운뎃손가락 사이의 균형점을 찾았기 때문이다. (그런데 손을 지판과 완벽한 직각이 되게 하면 길이가 긴 가운뎃손가락에 심한 긴장이 걸린다는 게 골치 아픈 문제다.) 하지만 이 새로운 손가락 포지션을 찾고 나면, 바로 그 직전에 숙달했다고 여겼던 손가락 마디 능선의 조율 상태를 망치고 만다. 그렇게 계속된다. 정확한 음을 낼 때마다 새로운 문제에 부딪히게 되고, 그때마다 그전에 찾았던 해답을 다시 생각해야 한다.

도대체 무슨 동기 때문에 어린아이가 이처럼 까다로운 과정을 밟아나갈 수 있을까? 심리학의 한 학파는 그러한 동기가 인간이 성숙해가도록 이끄는 하나의 근본적인 경험에서 비롯된다고 말한다. 모성에서 처음으로 떨어지는 원초적 분리에서 어린아이는 호기심을 배우게 된다는 것이다. 이런 생각은 20세기 중반 영국의 심리학자 위니콧(D. W. Winnicott)과 존 볼비(John Bowlby)의 연구에서 시작됐다. 이들은 인간의 성장 초기에 엄마의 젖가슴에서 유아가 떨어질 때부터 경험하는 애착과 분리에 주목했다.[15] 이러한 모성 분리가 불안과 슬픔을 유발한다는 게 통속 심리학의 이야기다. 하지만 이 심리학자들은 모성 분리가 그보다 훨씬 더 풍요로운 결실을 가져오는 이유를 밝혀내고자 했다.

위니콧은 유아가 항상 엄마의 몸에 붙어 있다가 떨어지게 되면 새로운 자극을 받고 외부로 관심을 돌리게 된다는 가설을 제시했다. 볼비는 아이들이 물건을 만지고, 집어들고, 이리저리 움직여보는 행동에 모성 분리가 어떤 영향을 미치는지 연구했다. 그는 어린이집으로 들어가 하루하루의 아이들 행동을 세심하게 관찰했다. 이전에는 별 관심을 끌지 못했던 주제였다. 이 연구로부터 우리의 목적에 중요한 내용이 하나 나온다.

이 두 심리학자는 아이들이 '중간대상(transitional objects)'에 몰입하는 에너지를 강조했다. 이 말은 사람이든 물건이든 대상이 변하더라도 계속 관심을 보내는 능력을 뜻한다. 이 심리학파는 어릴 적 겁에 질렸던 트라우마로 고생하는 성인들이 인간관계의 변화를 좀 더 편안하게 수용할 수 있도록 치료하는 게 목적이었다. 좀 더 일반적으로 보면 이 '중간대상'이란 것은 호기심을 일으키는 대상을 뜻하는데, 불확실하거나 불안정한 경험이 유발하는 효과를 말한다. 이런 관점에서 보더라도, 악기 공부나 그 밖의 까다로운 손재주를 익힐 때 아이들이 겪는 불확실성은 특수한 경우다. 배우는 도중에 하나를 해결했다 싶으면 금세 새로운 문제에 부딪히는 몹시 속상한 과정이 계속 이어지기 십상이다. 손에 익어간다는 느낌도, 정서적인 안도감도 쉽게 생기지 않는다.

그래도 음악가에게는 정확한 음정이라는 객관적인 표준이 있으므로 그리 암울한 처지만은 아니다. 진실을 가늠할 객관적 표준이 분명해야만 높은 기량을 달성할 수 있다는 말도 옳을 것이다. 1장에서 봤듯 실무 인력이 기절할 만큼 육중한 업무지침을 내리는 정책 담당자들은 그렇게 주장한다. 음악의 세계에서 보듯, 우리가 정확한 표준이 있다고 **믿어야** 기량이 잘 는다는 사실만 봐도 그렇다. 호기심을 가지고 중간대상을 눈여겨보게 되면 그 대상이 어떠어떠한 거라고 생각하는 정의(定義)를 낳게 된다. 소리가 날 때 느끼는 음질은 그와 같은 정확성의 표준이다. 스즈키에게도 그런 표준은 분명히 존재한다. 그가 '소리 내기'를 출발점으로 삼는 것도 이 때문이다. 기술이 달성해야 할 정확성을 굳게 믿고 그 표준을 추구하다 보면 표현으로 나아가게 된다. 음악에서 이 단계로 넘어가는 것은 음정에 잘 맞게 연주한다는 물리적인 기준에서 좀 더 심미적인(이를테면 악구樂句 하나를 잘 소화해내는) 기준으로 연주의 표준이 변화할 때 일어난다. 어떤 작품을 연주할 때 모름지기 이렇게 들려야 한다는 특별한 표준을 생각하지 않았더라도, 저절로 그 방법을 찾게 되거나 운 좋게 알아낼 수도 있다. 그래도 작곡가든 연주자든 무언가의 기준이 없다면 어떤 게 좋은 운이고 더 나은 것인지 분간할 수가 없다. 기술을 높여가는 과정에서 우리는 중간대상을 정의로 취급하고, 그 정의를 기준 삼아 판단을 내리게 된다.

작곡가나 연주자는 '내면의 귀'로 듣는다는 말이 있지만, 이런 근거 없는 은유는 허상이다. 일례로 아널드 쇤베르크(Arnold Schoenberg) 같은 작곡가들이 자기가 쓴 악보를 실제 연주로 들어보고는 기절초풍한 적이 있다는 유명한 일화도 있다. 또한 연주자가 악보를 머리로 공부하는 것은 필요하겠지만, 현악기의 활(관악기에서 입술)을 어떻게 구사할지를 놓고 보자면 충분한 준비는 못 된다. 진실이 드러나는 순간은 바로 소리가 울릴 때다.

소리가 울릴 때 진실이 드러나므로 음악가가 잘못을 알게 되는 것도 바로 이 순간이다. 나는 연주자로서 내 손끝에서 잘못을 느낀다. 내가 바로잡아야 할 오류다. 이래야 한다는 표준이 있더라도, 내 감각과 연주가 과연 맞는 것인지 그 진실성은 '내가 잘못을 범했구나' 하고 인식하는 바로 그 사실을 통해 알게 된다. 과학 분야에서는 때때로 이러한 인식이 "실수로부터 배운다"는 말로 통한다. 음악의 기술은 이처럼 단순하지 않다. 기어이 정확한 음을 내겠다고 하면, 기꺼이 잘못을 범할 줄 알고 악보를 잘못 연주할 마음을 먹어야 한다. 이것은 스즈키 교습법으로 시작한 어린 음악가가 테이프를 떼어내고 진실성을 향해 내딛는 의지다.

연주할 때 손가락 끝과 손바닥은 서로 맞추기 어려운 관계지만, 이로 말미암아 생기는 흥미로운 결과는 물리적인 안정감을 찾아가는 단단한 토대가 거기서 나온다는 점이다. 그리고 순간순간 손가락 끝의 오류를 되풀이하는 연습을 해보면 실제로는 확신감이 늘어난다. 다시 말해 무언가를 정확하게 연주하기를 두 번 이상 해보면 그때부터는 틀리는 것이 그리 겁먹을 일이 아니다. 더욱이 무언가를 두 번 이상 해내게 되면, 곰곰이 생각할 거리가 생긴다. 이렇게 해보고 또 저렇게 해보다 보면, 똑같은 게 무엇이고 다른 것이 무엇인지 차근차근 탐색하게 된다. 이래서 연습은 하나의 서사를 써가는 과정이 되고, 단순한 손놀림의 반복에 그치지 않는다. 공을 들여 숙달할수록 동작은 몸속 깊숙이 배게 돼서 연주자의 기량은 차츰 늘게 된다. 반면 테이프를 붙여놓고 하는 연습은 금세 지루해지고 똑같은 내용의 반복에 머물게 된다. 이런 상태로 연습하면 당연히 손동작이 더 나빠지기 쉽다.

그림을 그리다가 잘못되면 다시 그릴 수도 있지만, 무대 위에 선 음악가는 그럴 수 없다. 그렇기 때문에 이런 예술에서는 실수할지도 모른다는 두려움을 줄이는 게 무엇보다도 중요하다. 연주하는 중에 저지른 실수를 뒤로하고 다시 회복할 수 있다는 확신은 개인의 성격 문제가 아니라 배워서 숙달하는 기능이다. 연주든 무엇이든 이렇게 연습해

나가면, 정확한 길을 찾아가는 탐색과 잘못될지언정 한번 해보겠다는 의욕 사이에 끊임없는 대화가 오가면서 기술이 발전한다. 이 두 가지 는 결코 떨어져 있는 게 아니다. 음악을 배우기 시작한 아이가 정확한 방식을 전해 받고 그 안에 갇혀 있게 되면, 잘못된 확신감에 빠지게 된 다. 이와 반대로 소질이 돋보이는 새내기가 호기심을 분출하는 것은 좋지만, 정확성의 표준을 고민하지 않고 눈앞의 중간대상에만 관심을 두다 보면 절대로 실력이 늘지 않는다.

이처럼 정확한 표준과 잘못된 실행은 서로 끊임없이 대화가 오가는 관계란 점에서 실기작업에서 자주 등장하는 개념인 '목적에 맞춘' 전 용 도구나 방법에 대해 다시 생각해볼 필요가 있다. 목적에 맞춘다는 것은 이미 정해놓은 목표에 쓸모없는 방법이나 절차는 전부 걷어내겠 다는 생각이다. 디드로의 『백과전서』에서 쓰레기나 지저분한 종잇조 각 하나 없도록 청소한 랑글레 종이공장의 삽화에서 엿보이는 생각이 기도 하다. 또한 요사이 프로그래머들 사이에는 '딸꾹질' 정도의 사소 한 장애도 없앴다는 시스템이 입에 오르고 있다. 스즈키 테이프도 '목 적에 맞춘' 도구로 고안된 것이다. 목적에 맞췄다는 그 상태는 출발점 이 아니라 성취해야 할 대상으로 생각해야 옳다. 그 목표에 도달하기 위해서는 깔끔한 성격으로는 영 개운치 않은 작업 과정을 거쳐야 한 다. 잘못하기도 하고, 시작부터 꼬이기도 하며, 막다른 골목에 막히기 도 하는 엉망진창인 상태를 중간에 체험하게 된다. 사실 예술과 마찬 가지로 기술에서도 이런 일이 생긴다. 장인들은 작업을 탐색하다가 엉 망진창이 되기도 하지만, 어쩌다가 그렇게 되는 것만은 아니다. 그런 엉망진창인 상태를 만듦으로써 작업 방법을 깨닫게 되는 것이다.

목적에 맞추는 행동은 앞서 본 프리헨션과 맥락이 비슷해 보인다. 프리헨션은 목적에 맞게 손을 적합한 상태로 준비시키는 것 같지만, 여기서 끝나는 게 아니다. 음악을 연주할 때 우리는 분명히 준비를 한다. 하지만 손놀림이 틀렸다고 해서 그만두면 안 된다. 이를 바로잡으려면 잘못된 상태를 어느 정도 길게 체험할 의욕(나아가 욕망)을 가져야 한다. 그래야만 자세나 초기 동작에서 어디가 잘못됐는지 충분히 이해할 수 있다. 기능을 향상시켜주는 실습 경험은 결국 세 단계의 시나리오로 진행된다. 첫째로 준비하고, 둘째로 잘못을 체험하고 지속하며, 셋째로 잘못에서 회복하는 것이다. 이렇게 하나의 서사처럼 밟아가는 과정에서 목적에 맞춘다는 건 나중에 성취하는 것이지, 미리 정해놓는 게 아니다.

두 개의 엄지
조화로부터 협력

유구하게 전해오는 장인들의 미덕은 작업장이라는 사회적 이미지에 나타나 있다. 디드로는 랑글레 공장의 제지 공정을 담은 삽화에서 작업장에서의 협력을 이상적으로 묘사했다. 거기서 작업자들은 보조를 맞춰 함께 일하고 있다. 서로 협력해 일하는 데는 무언가 신체적인 근거가 있는 건 아닐까? 최근 들어 사회과학계에서는 이 문제가 이타주의를 거론하는 틀에서 다루어질 때가 많았다. 논의가 집중됐던 문제는 이타주의가 인간의 유전자 속에 자리 잡고 있느냐는 것이었다. 나는 이를 다른 각도에서 바라보고 싶다. 몸의 서로 다른 부분을 조화롭게 쓰는 신체적 체험으로부터 사회적 협력에 대한 메시지를 발견할 수도 있지 않을까? 두 손이 어떻게 조화를 이루고 또 협력하는지 탐구해봄으로써 이 문제를 구체적으로 들여다보자.

열 손가락은 저마다 힘도 다르고 유연성도 달라서 똑같이 움직이기도 어렵고, 각각을 똑같이 놀리려고 해도 조화가 맞지 않는다. 두 엄지손가락만 봐도 오른손잡이냐 왼손잡이냐에 따라 이 두 손가락의 능력이 달라진다. 손놀림을 고도로 숙달한 사람은 손가락 간의 불균형이 많이 완화되는데, 엄지와 다른 손가락의 어울림을 통해서 각각의 손가락이 홀로 할 수 없는 일을 해낸다. 남을 도와주는 일을 '손을 빌려준다'거나 '도움의 손길'이라고 말하는 것은 그와 같은 본능적인 경험이 언어에 침투한 것이다. 사람이 손으로 하는 일은 두 손과 각 손가락의 고르지 못한 능력이 서로 보완되면서 이루어진다. 이 점을 보면, 하나의 기능을 똑같이 가지고 있는 사람들이라야 형제애적인 협력이 가능한 것은 아니라는 생각도 하게 된다(물론 짐작일 뿐이다). 이 절에서는 불균등한 구성원 사이의 조화와 협력을 탐색해보는 소재로 음악을 계속활용할 텐데, 악기를 현악기에서 피아노로 바꿔서 다루겠다.

피아노 연주에서는 각 손가락과 두 손을 각각 따로 움직이는 게 아주 중요하다. 평범한 피아노 음악에서 주된 멜로디는 고음이어서 오른손에서 가장 힘이 약한 넷째 손가락과 새끼손가락이 이 역할을 맡고, 저음계의 화음은 왼손에서 역시 가장 힘이 약한 이 두 손가락이 맡는다. 양손 가장자리의 이 손가락들은 힘이 강화돼야 하고, 가장 힘이 센

두 엄지손가락은 약한 손가락들을 뒷받침해서 조화를 이루는 방법을 익혀야 한다. 음악을 배우는 초보자는 왼손보다 오른손의 역할을 더 중히 여기기 십상인데, 그래서 처음에는 양손의 불균형을 조화시키는 문제에 부딪히게 된다.

재즈 피아노는 이런 물리적인 문제가 훨씬 더 어려워진다. 19세기 말 술집에서 연주되던 블루스도 그랬지만, 오늘날 현대적인 재즈 피아노는 두 손을 멜로디와 화음으로 나누는 경우가 거의 없다. 한때는 왼손이 리듬을 맡기도 했지만, 현대 재즈 피아노는 왼손보다 오른손이 리듬을 주도할 때가 많다. 철학자면서 피아니스트를 겸했던 데이비드 서드나우(David Sudnow)는 재즈 피아노를 배우기 시작할 때 두 손의 조화를 새로 익히기가 얼마나 어려운 일인지 실감했다. 고전음악을 배웠던 서드나우는 『손이 가는 길(Ways of the Hand)』이란 대단한 저서에서 자신이 어떻게 재즈 피아니스트로 변신했는지 설명하고 있다. 그는 논리적인 순서를 밟아 훈련했지만, 잘못된 방법이었다.[16]

재즈 피아노 연주에서 왼손을 쓸 때는 이 음악의 독특한 화음을 내기 위해 손바닥을 수평으로 넓게 뻗거나 여러 손가락을 동시에 오므려야 할 때가 특히 많다. 서드나우는 뻗는 동작과 오므리는 동작을 순차적으로 연습하는 방법으로 시작했다. 논리적으로 충분히 일리가 있는 방법이다. 마찬가지로 건반의 넓은 공간을 넘나드는 오른손의 빠른 수평 동작도 따로 연습했다. 오른손은 전통 재즈에서 '성큼성큼' 뛰어다니는 바쁜 손이다. 좀 더 현대적인 재즈는 건반의 높은 음역으로 빠르게 진입해서 리듬의 박동이 항상 높게 흐른다.

그런데 기술적인 문제를 부분 부분으로 나누는 방식은 오히려 역효과를 냈다. 왼손과 오른손을 나누고 또 손가락을 놀리는 각각의 기법을 따로따로 하는 연습은 왼손 오므리기와 빠르고 넓게 움직이는 오른손의 주법을 동시에 구사하는 데 별로 도움이 되지 않았다. 설상가상으로 따로따로 구분해놓은 연습을 지나치게 많이 하는 바람에 즉흥적인 연주에는 치명적이기도 했다. 이보다 섬세한 문제도 있었는데, 두 손을 분리해서 하는 연습으로 말미암아 엄지손가락을 쓰는 데 문제가 생겼다. 두 엄지손가락은 재즈 피아니스트에게는 가장 귀중한 손가락으로, 두 손이 건반 위를 항해할 때 쓰이는 닻이다. 그런데 그의 두 엄지손가락은 각각 항로도 다르고 크기도 다른 두 배의 닻처럼 함께 일할 수가 없었다.

막혔던 길이 갑자기 터지는 순간이 찾아온 것은 주법의 동선을 잡는 데 '단 하나의 음으로 족하다'는 것을 발견했을 때였다. "음표 하나는 한 화음이 머무는 동안 연주하면 되고, 바로 그다음 음표는 새 화음이 진행되는 동안 연주하면 됐다. 그렇게 멜로디가 흘러갈 수 있었다."[17] 연주 기법 면에서 보면 이 이야기는 각 손가락이 엄지손가락처럼 쓰이기 시작했고, 동시에 두 엄지손가락이 서로 역할을 주거니 받거니 하면서 필요할 때마다 같이 호흡하기 시작했음을 뜻한다.

일단 이 순간을 건너고 나자 서드나우는 연습 방법을 바꿨다. 손가락 하나하나가 같이 어울리는 동료가 되게끔 모든 손가락을 사용했다. 이 동료들 가운데 어느 하나가 물리적으로 지나치게 약하거나 지나치게 강해서 연주가 힘겨운 음률을 만나면, 바로 그 순간 다른 손가락이 그 일을 하도록 했다. 전통적인 피아노 교사들은 서드나우가 연주하는 사진을 보고 질겁했다. 그의 손자세가 뒤틀려 보였던 것이다. 하지만 그의 연주를 들어보면, 그가 얼마나 편안하게 연주하는지 느껴진다. 그렇게 연주가 편안해질 수 있었던 이유는 손가락 놀림의 조화를 일정 수준까지 목표를 정해 매번 연습했기 때문이다.

고르지 못한 신체기관들이 조화롭게 움직이는 데는 생물학적인 이유가 있다. '뇌들보(corpus callosum)'는 대뇌의 우측 '운동피질(motor cortex)'과 좌측 운동피질이 만나는 관문이다. 이 관문은 좌우 양측 중 한쪽의 신체운동이 다른 쪽의 신체운동으로 이어지도록 조절하는 정보가 지나가는 곳이다. 손동작을 부분 부분으로 쪼개는 연습은 이 신경 전달을 약화시킨다.[18]

신체기관 사이의 보완에도 생물학적인 근거가 있다. 호모 사피엔스는 '한쪽으로 쏠린 유인원(lopsided ape)'으로 일컬어지기도 했다.[19] 잡는 동작도 한쪽으로 쏠려 있다. 물건을 손으로 잡을 때 양손 중 한쪽 손을 더 많이 쓰는데, 인간은 대부분 오른손을 더 많이 쓴다. 매리 마르츠케가 설명한 감싸잡기로 힘이 약한 손이 물건을 쥐면, 힘이 센 손이 물건에 작업을 한다. 프랑스의 심리학자 이브 기아르(Yves Guiard)는 이런 쏠림 상태가 어떻게 바로잡아지는지 연구한 결과 몇 가지 놀라운 사실을 발견했다.[20] 두 손을 예로 들면 약한 손의 힘을 키우는 방법이 있겠지만, 이것만을 목표로 연습하면 약한 손의 취약한 손놀림이 더 나아지지 않는다. 강한 손이 평상시 쓰는 힘을 바꿔줘야 약한 손의 손놀림을 향상시킬 수 있다. 손가락도 마찬가지다. 힘이 센 집게손가락이 힘이 약한 넷째 손가락에게 '보탬이 되려면', 집게손가락 자체가 넷째 손가락인 것처럼 움직여야 한다. 두 엄지손가락도 그렇다. 서드나우의 연주를 들어보면, 두 엄지손가락이 한 몸처럼 같이 움직이는 듯하지만, 생리학적으로 더 힘이 센 엄지가 힘을 억제한다. 특히 엄지 손가락이 힘이 약한 넷째 손가락을 뒷받침할 때는 더욱 그렇다. 넷째 손가락을 도울 때는 엄지도 넷째 손가락인 것처럼 움직여야 한다. 화음을 연속해서 빠르게 구사하는 '아르페지오(arpeggio)'를 연주할 때는 왼손 엄지를 쭉 뻗어서 오른손의 약한 새끼손가락을 돕는데, 양손이 협력해 조화를 이루는 방식 가운데 물리적으로 가장 까다로운 동작일 것이다.

기능을 숙달하는 방법에 대해서는 엄청난 환상이 존재하지만, 조화를 연출하는 실제 손놀림을 보면 이와는 전혀 딴판이다. 우리는 보통 부분적인 기능을 따로따로 익혀서 각 부분을 합치는 방식으로 기능을 숙달해간다고 생각한다. 기능 숙달이 부품을 조립하는 공장의 생산라인과 비슷하다는 생각이다. 그런데 이런 식으로 해서는 손놀림의 조화가 잘 되지 않는다. 조화로운 손놀림은 산발적이고 분리된 개별 동작이 합쳐진 게 아니어서, 오히려 처음부터 두 손을 함께 쓰는 게 훨씬 효과적이다.

디드로를 포함해 생시몽, 푸리에, 로버트 오웬(Robert Owen)은 형제애적 협력을 이상적으로 봤지만, 그 협력이란 같은 기능을 가진 사람들의 협력이었다. 아르페지오 연주는 이런 생각에 하나의 시사점을 준다. 함께 일하는 사람들의 진정한 결속은 같은 기능을 가진 사람의 능력이 불균등하다는 점을 인식하는 데서 비롯된다. 이브 기아르가 물리적인 손동작의 조화에서 가장 중요한 요소로 봤던 것은 힘이 센 손가락의 자제이고, '형제애적인 손'에 담을 수 있는 뜻을 여기서 찾을 수 있다. 사회적인 면에서도 이러한 특징을 발견할 수 있을까? 손기술을 숙달해갈 때 힘을 최소한으로 줄여 쓰는 게 어떤 역할을 하는지 살펴보면, 시사점을 좀 더 얻을 수 있다.

손·손목·팔뚝
힘을 최소한으로 줄여 써라

힘을 최소한으로 줄여 쓰는 게 무엇인지 보려면 다른 종류의 숙달된 손놀림을 살펴보는 게 좋다. 요리의 대가들, 바로 주방장의 손이다.

고고학자들이 발견한 절단 용도의 날카로운 석기는 250만 년 전까지 거슬러 올라간다. 청동으로 만든 칼은 적어도 6000년 전에 만들어졌고, 망치질로 벼려 만든 쇠칼은 3500년 전까지 거슬러 올라간다.[21] 철은 청동보다 주물로 만들기가 용이했고, 날카롭게 벼리기도 쉬워서 더 나은 칼을 만드는 계기가 됐다. 이처럼 거친 방법으로 예리한 칼날을 만들려는 노력은 오늘날 강철을 단련해 만든 칼에서 절정을 이룬다. 사회학자 노르베르트 엘리아스의 지적에 따르면, 칼은 항상 '위험한 도구이자 공격 무기'로 비쳤다. 이로 말미암아 평화기에는 어떤 문화에서나 칼을 엄하게 금기시해야 했고, 특히 가정용으로 쓰이는 칼은 더욱 그랬다.[22] 그러다 보니 식탁을 차릴 때도 칼은 날이 선 쪽을 앉은 사람의 몸 안쪽으로 놓는 문화가 생겼다. 칼날을 바깥쪽으로 둬서 옆 사람을 위협하지 않기 위해서다.

언제든 위험한 무기로 돌변할 수 있는 탓에 칼이라는 물건에는 절제의 상징이 따라다녔고, 칼을 쓰는 일에도 몸놀림을 삼가는 예식이 생기게 됐다. 예를 들어 1560년에 칼비악(C. Calviac)이 쓴 『예절(Civilité)』

에는 젊은이에게 고기 썰어 먹는 법을 가르치는 이런 내용이 나온다. "고기는 써는 받침에 놓고 아주 잘게 썬" 다음, 입으로 가져갈 때는 "오른손을 쓰되… 세 손가락만 사용한다." 그전에는 음식을 큰 덩이째 찍어 입에 대고 뜯어 먹었는데, 이렇게 칼을 창처럼 쓰다가 칼비악이 묘사한 좀 더 얌전한 방식으로 바뀌었다. 그는 예전처럼 먹으면 육즙이 볼에 묻어 흐르기 쉽고, 코로 콧물과 코딱지를 들이마실 위험이 있을 뿐 아니라 도무지 얌전하게 먹는 모양새가 아니라고 비판했다.[23]

칼비악이 권고한 청결하고 얌전한 식사 방식은 고작 500년밖에 되지 않지만, 중국 식탁에서는 수천 년 동안 작은 음식을 청결하고 얌전하게 먹을 수밖에 없는 젓가락을 썼다. 게다가 젓가락은 칼을 식탁에서 몰아낸 평화의 상징이기도 했다. 칼을 써야 할 곳은 어디까지나 주방이어서 야만적인 칼 대신에 평화로운 젓가락으로 먹을 수 있게끔 음식을 만드는 일은 주방의 장인이 해결해야 할 문제였다. 살인 도구로 쓸 때는 예리한 칼끝이 중요하지만, 요리 도구로 쓸 때는 측면의 칼날이 더 중요하다는 게 이 문제를 풀 수 있는 실마리 가운데 하나다. 철기를 망치질로 벼려 만들 수 있게 된 주(周)나라 때에 이르러, 요리에만 쓰는 주방용 칼이 처음으로 등장했다. 측면의 칼날은 아주 예리하고 칼끝은 네모나서 꼭 도끼처럼 생긴 중국 주방장의 칼이 그것이다.

주나라 때부터 최근까지 중국의 주방장은 고깃덩이를 조각내고('샤오'), 편육을 뜨고('쯔'), 잘게 다지는 ('후이') 등 온갖 일을 이 칼 하나로 처리하는 게 자랑거리기도 했다. 반면 솜씨가 떨어지는 요리사들은 그때마다 다른 칼을 사용했다. 도가(道家) 사상의 초기 경전인 『장자(莊子)』에는 칼로 '뼈마디 틈바구니까지 짚어서' 사람의 치아로 먹을 수 있는 육질을 샅샅이 정밀하게 도려내는 요리사 팅(丁)의 솜씨를 칭찬하는 말이 나온다.[24] 주방장은 아주 정밀하게 생선 육질을 뜨고 채소 조각을 내므로 같은 재료를 쓰더라도 먹을 수 있는 음식을 최대한 많이 만들어낸다. 그뿐 아니라 고기와 채소를 똑같은 규격으로 조각내기 때문에 주방 용기에 담아 열을 가할 때 좀 더 균일하게 익힐 수가 있다. 이런 칼솜씨를 발휘할 수 있는 비결은 최소한의 힘을 계산하는 것인데, 칼을 거의 무게만을 이용해 떨어뜨린 뒤 곧바로 재료가 받는 압력을 줄여주는 기법이다.

칼을 쓰는 고대의 기법이 등장한 것은 우리가 집안에서 망치로 나무에 못을 박을 때 어느 방법을 선택할 것이냐는 문제와 동일한 문제에서 비롯됐다. 한 가지 방법은 망치 자루를 잡을 때 엄지손가락을 적당히 뻗어 자루에 붙여서 망치를 잡는 것이다. 이 엄지의 감각을 기준 삼아 내리쳐야 할 못을 조준한다. 그러면 타격하는 힘은 전부 손목에서 나온다. 다른 방법은 엄지손가락을 나머지 손가락과 반대 방향으로 자루를 휘감아 잡는 것이다. 이때는 팔뚝 전체에서 타격하는 힘이 나온다. 우리가 두 번째 방법을 쓰게 되면 타격 자체의 위력은 커지지만, 정확하게 조준하는 게 어려워진다. 고대 중국의 주방장은 이 두 번째 방법으로 칼을 잡았는데, 정밀한 칼질을 위해 망치질과는 달리 팔뚝과 손과 칼, 이 셋을 한꺼번에 활용하는 새로운 방법을 구사했다. 타격하듯 칼을 내리치지 않고, 팔꿈치 관절을 조절해 팔뚝과 손 그리고 칼 전체를 움직여 칼날 끝이 재료 속으로 파고들도록 **떨어뜨렸다.** 이어서 칼날이 재료에 접촉하는 순간, 팔뚝 근육을 수축시켜 재료에 가해지는 **압력을 완화시켰다.**

주방장의 엄지손가락은 칼자루를 휘감아 잡고 있다는 점을 상기하자. 팔뚝은 이렇게 움켜쥔 칼자루에 붙어 있을 뿐이고, 팔뚝 전체를 움직이는 역할은 팔꿈치가 한다. 부드러운 재료를 썰 때처럼 힘을 최소한으로 쓰는 경우에는, 아무 힘도 가하지 않고 떨어뜨리는 칼의 무게만으로 말랑말랑한 재료가 뭉개지지 않게 쪼갠다. 음악으로 치면 '피아니시모(pianissimo, 아주 약하게)'로 연주하는 칼질이다. 좀 더 딱딱한 재료를 썰 때는 팔꿈치 돌리는 힘을 '포르테(forte, 강하게)'로 올려야 한다. 하지만 칼질을 조절하는 기준선, 그러니까 그 출발점은 어디까지나 화음의 저음과 마찬가지로 최소한의 힘을 가늠해 사용하는 것이다. 주방장은 내리치는 힘을 줄여서 쓰지, 높여서 쓰지 않는다. 이러한 그의 손놀림은 재료가 다치지 않도록 깔끔하게 썰어내려는 주방장의 정성에 이끌려 그렇게 훈련된다. 채소류는 힘을 지나치게 많이 가해서 일단 뭉개지고 나면 되돌릴 방법이 없다. 하지만 고기는 한 번에 베어지지 않더라도 힘을 약간 더 주어 썰면 된다.

최소한의 힘만을 쓸 수 있도록 조절할 줄 알아야 한다는 생각은 출처는 불분명해도 논리적으로 완벽한 고대 중국 요리의 조언에 잘 나타나 있다. 바로 훌륭한 요리사가 되려면 익힌 밥알을 써는 것부터 배워야 한다는 것이다.

이 요리실기 규칙에 어떤 의미가 있는지 알아보기 전에, 힘을 최대한 줄일 때 생기는 물리적 동작 하나를 더 정확히 이해해둘 필요가 있다. 힘주어 잡고 있는 것을 놓는 동작이다. 요리사가 망치질 할 때처럼 칼을 내리치고 나서도 계속 붙잡고 있게 되면, 반대 방향으로 튕기는 힘이 팔로 전달된다. 그러면 팔뚝 전체로 긴장이 퍼지고 무리가 가게 된다. 또한 아직 생리학적 이유는 잘 알려져 있지 않지만, 타격 직후 빨리 힘을 빼는 게 잘될수록 타격 동작이 더욱 정확해져 타격 지점의 정확도가 높아진다. 피아노 연주도 그렇다. 누른 건반을 다시 놓는 동작은 건반을 누르는 동작과 일체를 이뤄야 한다. 즉 건반을 때리는 그 순간, 손가락에 들어간 힘을 멈춰야만 건반의 다른 위치로 손가락을 편안하고 신속하게 이동할 수 있다. 현악기 연주에서도 다른 음으로 넘어갈 때는 지금 누르고 있는 현을 놓아야 하는데, 다음 음을 내기 직전에 놓아야만 매끄럽게 넘어갈 수 있다. 음악에서는 크고 강하게 울리는 소리보다 맑고 부드러운 소리를 내는 손동작이 더 어렵다. 크리켓과 야구에서도 타격 직후 힘을 빼는 기술이 중요하다.

손과 손목과 팔뚝을 동시에 움직이며 힘을 뺄 때, 프리헨션이 하는 중요한 역할이 하나 있다. 손에서 팔뚝으로 이어지는 팔 전체가 컵에 손을 뻗는 동작처럼 미리 준비하는 동작(즉 예상)을 한다. 다른 점이 있다면 힘주기 전부터 힘 빼는 동작을 예상한다는 점이다. 이제 막 힘을 가하려는 바로 그 순간에도 팔은 타격 직후의 다음 단계를 준비한다. 말하자면 놓기(힘을 빼기) 위해 잡는(힘을 주는) 격이다. 이 단계의 동작을 레이먼드 탤리스도 다루고 있는데, 망치나 칼을 잡고 있는 긴장을 다시 풀어서 좀 더 헐겁게 쥐게 된다고 설명하고 있다.

결국 '밥알을 써는' 일에는 몸을 움직이는 두 가지 규칙이 아주 긴밀하게 연결돼 있다. 써야 할 힘의 기준을 최소한으로 줄여 잡는 게 그 하나이고, 다른 하나는 놓는(힘을 빼는) 기술을 익히는 것이다. 이 연결고리의 기술적 내용이야 동작을 조절하는 것이지만, 인간적인 면에서 찾아볼 수 있는 의미도 많다. 요리를 다룬 고대 중국의 책자들에는 이러한 내용들이 잘 설명돼 있는데, 일례로 『장자』에는 "주방에서는 무사처럼 움직이지 말라"는 조언이 나온다. 도가 사상은 이로부터 아주 폭넓은 **호모 파베르의 도**(道, ethics)를 이끌어낸다. 즉 자연에서 얻는 재료를 공격적이고 적대적으로 다뤄서 득 될 게 없다는 가르침이다. 나중에 일본의 선(禪) 불교는 이 유산을 이어받아, 궁도(弓道)로 구체화된 '놓음의 도'를 탐구했다. 활을 다루는 궁도에서 훈련의 초점은 활시위를 놓는 동작에서 긴장을 푸는 데 있다. 참선 저술가들은 시위를 놓는 바로 그 순간에 물리적인 공격 의사가 완전히 증발된 흔들림 없는 마음의 정적을 강조한다. 이러한 마음 상태라야 표적을 정확하게 타격할 수 있다는 것이다.[25]

　서유럽 사회에서 칼의 사용은 공격을 최소한으로 줄이는 문화적 상징으로 기능하기도 했다. 노르베르트 엘리아스에 따르면, 유럽인들이 중세 초기에는 위협적인 칼을 상당히 쓸모 있게 생각했다고 한다. 그러다가 칼의 상징적 중요성이 커지면서 그가 말하는 '문명화 과정(civilizing process)'을 통해서 칼을 둘러싼 문화와 예절이 생기기 시작했다. 이를테면 여러 사람의 마음속에 칼은 해로운 악으로 비치기도 했지만, 동시에 충동적인 폭력을 막아줄 이로운 약으로 비치기도 했다. 이렇게 어느 물건이 사람들에게 일으키는 상징 작용이 커지면, 그 물건을 쓰는 문화나 예절이 생기게 된다. "사회는 사람들을 위협하는 위험 요소들을 제한하기 시작했는데, 실제 위험뿐 아니라 그런 상징들에도 접근하지 못하도록 장애물을 설치했다"고 엘리아스는 지적한다. "그러다 보니 칼을 제한하고 금지하는 일들이 늘어났고, 아울러 개인 스스로 억제하는 일도 늘어났다."[26] 그가 언급하는 그런 사례들을 보면, 가령 1400년에는 사람들끼리 어울려 저녁 회식을 하다 말고 갑자기 칼싸움이 벌어져도 그러려니 하는 분위기였지만, 1600년에 이르러서는 그런 돌발 사태를 보는 시선이 곱지 않았다고 한다. 또 다른 예로, 길가다가 낯선 사람을 스칠 때 자기도 모르게 칼자루에 손이 가는 일이 1600년에는 없어졌다고 한다.

'교양 있게 자란' 사람들은 기본적인 생리 작용을 억제할 수 있도록 몸가짐을 훈련했다. 아무 데서나 방귀를 끼고 흐르는 콧물을 소매로 닦아서 미국 속어로 '지저분한 사람들(slobs)'로 취급하는 촌놈이나 시골뜨기, 농사꾼들과는 달랐다. 그러한 자기통제가 가져온 결과로는 사람들 사이에 공격을 유발하는 긴장이 완화됐다는 점을 들 수 있다. 자기통제와 긴장 완화가 어떻게 연결된다는 것인지 엉뚱해 보이지만, 주방장의 칼솜씨를 상기하면 그럴듯하게 들린다. 힘을 조절하는 자기통제는 편안한 마음 상태, 즉 긴장 완화와 짝을 이룬다.

엘리아스는 17세기 궁정사회의 형성 과정을 검토하다가 자기통제와 긴장 완화, 이 두 가지의 결합이 어떻게 우아한 귀족을 낳게 됐는지 발견하고 놀랐다. 귀족들은 남들을 아주 편안하게 대하고 자기 자신을 잘 통제했다. 품위 있게 먹는 것은 귀족의 사교 기술 중 하나였다. 점잖은 식탁 예절이 귀족사회의 특징으로 자리 잡을 수 있었던 것은 무엇보다도 물리적 폭력의 위험이 줄어들었고 식탁에서 위협적인 칼놀림도 사라졌기 때문이다. 18세기 부르주아적인 생활양식이 급증하자 이러한 규칙이 사회계급의 한 단계 아래로 내려갔고, 그 성격도 변화했다. 즉 긴장한 내색이 없는 편안한 자기절제는 계몽사상가들이 높이 평가하는 '자연스러움'의 징표가 됐다. 나아가 식탁 자체도 그렇지만,

식탁 예절은 사회적인 구별 짓기를 뜻하기도 했다. 한 예로 중산층은 날 끝이 무딘 포크로 살살 뜯어내거나 찍을 수 없는 음식만을 칼로 썰어야 한다는 규칙을 지켰고, 칼을 창처럼 쓰는 하층민들을 멸시했다.

엘리아스는 경탄할 만한 역사가지만, 내가 보기에 그가 생생하게 묘사하는 사회생활의 분석에서는 잘못된 점이 엿보인다. 그는 예절을 얄팍한 겉치레로 보는 한편, 그 밑에는 견고하고 좀 더 개인적인 경험, 즉 사람들이 스스로 절제하도록 만드는 진짜 촉매제인 수치심이 자리 잡고 있다고 본다. 그가 짚어가는 긴 역사에서 코풀기나 방귀 뀌기 그리고 사람들이 보건 말건 소변 보는 행위가 변하게 된 것은 식탁 예절과 마찬가지로 자연스러운 신체 기능과 생리 작용의 표출을 부끄러워하는 데서 비롯되는 현상이다. '문명화 과정'은 자연적인 충동을 억제한다. 엘리아스가 보기에 수치심은 내향적인 감정이다. "우리가 '수치심'이라고 부르는 불안은 남들의 눈으로부터 첩첩이 가려져 있으며, 소란스러운 몸동작을 통해 직접적으로 표출되지 않는다. 수치심은 그 사람 개인 안에 있는 갈등이고, 스스로 열등하다고 느끼는 감정이다."[27]

이러한 지적은 귀족들에게는 맞지 않는 이야기이고, 중산층의 습속과는 좀 더 어울리는 편이다. 장인이 추구하는 긴장 완화와 자기통제는 이런 설명과는 아주 다르다. 장인은 수치심 때문에 힘을 최소한으로 줄이는 절제와 힘을 빼서 놓는 기술을 배우는 게 아니다. 물리적인 측면만 생각하더라도 장인의 동인은 그런 방향으로 작용하지 않는다. 수치심을 동반하는 생리적 현상은 분명히 있고, 팔이나 위장의 근육 긴장으로 측정되기도 한다. 수치심과 불안과 근육 긴장은 인체의 유기 작용에서 불경스러움의 삼위일체다. 이러한 수치심의 생리 작용은 수공업 장인이 일할 때 필요로 하는 자유로운 몸동작에 장애를 유발한다. 근육 긴장은 물리적인 자기통제에 치명적이다. 생리적 사실에 기초해 보더라도, 근육의 부피와 세세한 섬유질이 발달할수록 근육의 긴장을 유발하는 반사 작용의 강도는 둔화된다. 이로 말미암아 물리적 동작은 더 유연해지고 급작스러운 경련도 줄어든다. 신체가 물리적으로 강한 사람이 약한 사람에 비해 힘을 최소한으로 줄여 구사하는 데 능한 것도 이 때문이다. 즉 근육에 힘을 넣고 뺄 수 있는 단계가 더 정밀하게 발달해 있는 것이다. 잘 발달한 근육일수록 힘을 빼는 동작이 더 유연해서 놓는 그 순간에도 근육의 외형이 그대로 유지된다. 이와 같은 물리적인 동작에서뿐 아니라, 정신적으로 볼 때도 그렇다. 말로 먹고사는 언어에 능한 장인도 근심과 불안이 많을 때는 단어가 잘 떠오르지 않을 것이다.

엘리아스의 생각을 공평히 보자면, 자기통제에는 두 가지 차원이 있다고 짐작할 수 있다. 하나는 개인적인 불안을 가리기 위해 사회 표층에서 출현하는 자기통제이고, 다른 하나는 육체와 정신 양면에서 실제로 긴장을 놓는 행위 그 자체로서의 자기통제다. 장인이 기능을 숙달할 때 연마해야 하는 것은 이 두 번째의 자기통제인데, 여기서도 사회적인 의미를 발견할 수 있다.

군사 전략이나 외교 전략은 언제나 전략을 따지기 이전에 순수하게 물리적인 무력이 어느 정도인지부터 계산해야 한다. 핵폭탄을 투하하기로 했던 전략가들은 일본의 항복을 얻어내기 위해 저항 불가능한 무력이 필요하다고 판단했다. 현대의 미국 군사 전략에서 '파월 독트린 (Powell doctrine)'은 병력의 수를 위협적인 규모로 지상에 펼치자는 생각을 제시하고 있다. 반면 '충격과 공포' 독트린은 병력전 대신 기술전을 채용한다. 즉 어마어마한 규모의 로봇 작동 미사일과 레이저 유도 폭탄을 한꺼번에 퍼부어 적국에 큰 타격을 주자는 생각이다.[28] 정치학자 겸 외교관인 조지프 나이(Joseph Nye)는 이 두 가지와 반대되는 전략을 '부드러운 힘(soft power)'이란 이름으로 제시했다. 그의 생각은 숙달된 장인이 일하는 방식에 가깝다. 손동작의 조화에서 가장 큰 문제는 힘의 불균등인데, 힘이 서로 다른 두 손은 함께 일함으로써 연약한 부분을 교정한다. 장인이 절제된 힘을 긴장 이완과 결합해 사용하는 것은 힘을 활용하는 진일보한 방식이다. 이 두 가지를 같이 활용함으로써 장인은 자기통제 하에 몸을 쓰고 동작의 정확도도 높인다. 맹목적이고 물리적인 힘은 손동작에서 오히려 역기능을 한다. '부드러운 힘'에는 이러한 모든 요소, 즉 '약자와의 협력'과 '절제된 힘', '공격 후 이완'이 반영되어 있다. 이 독트린은 역기능을 하는 맹목적인 힘을 초월하고자 한다. 영어에서 정치술이나 정치적 수완을 뜻하는 '스테이트크래프트(state-craft)'란 말 속에 들어 있는 장인의 실기를 여기서 발견할 수 있다.

손과 눈
집중의 리듬

요사이 '주의력 결핍 장애(attention deficit disorder: ADD)'를 걱정하는 교사와 부모가 많다. 이들의 걱정거리는 아이들이 주의를 집중할 수 있는 시간이 오래가지 못하고 극히 짧다는 문제다. 주의력 결핍의 원인이 호르몬 분비의 불균형에 있다는 지적도 있고, 문화적 요인에 있다는 지적도 있다. 문화적 요인을 살펴본 사회학자 닐 포스트먼(Neil Postman)은 텔레비전 시청이 아이들에게 미치는 부정적 영향에 대해 육중한 연구 결과를 쏟아냈다.[29] 하지만 ADD 전문가들이 자주 채용하는 주의지속 시간의 정의는 이 문제를 걱정하는 사람들에게 그다지 유용해 보이지 않는다.

이 책의 초두에서 언급한 것처럼 1만 시간은 어느 분야의 전문가가 되는 데 걸리는 시간으로 통상적인 기준이다. 심리학자인 대니얼 레비틴(Daniel Levitin)은 "작곡가, 야구선수, 소설가, 빙상 스케이트 선수, 범죄의 대가를 연구해보면 이 1만 시간이란 숫자가 계속 등장한다"고 지적한다.[30] 1만 시간이라고 하면 얼른 생각하기에도 아주 길어 보인다. 이 숫자는 복잡한 기능을 언제라도 쓸 수 있도록 몸에 배게 하는 (즉 암묵적 지식으로 체득하는) 데 걸리는 시간을 연구자들이 추정한 결과다. 범죄의 대가를 빼고 말하면, 이 숫자가 정말로 엄청난 시간은 아니다. 매일 연습해서 10년 동안 1만 시간을 채운다고 하면, 하루 세 시간 꼴로 연습하는 게 된다. 10년은 젊은 운동선수들에게서 흔히 보이는 훈련 경력이다. 중세 때 금세공 일을 배우는 도제에 적용해보면, 견습 기간이 7년이었으니 매일 다섯 시간 좀 못 되게 의자에 붙어 앉아 일을 배웠다는 이야기가 된다. 하루 다섯 시간이면 흔히 알려진 작업장 전통과 잘 들어맞는다. 의과대학 병원에서 인턴과 레지던트 수련의들의 진을 빼는 근무 조건에 적용해보자면, 3년 이내에 1만 시간을 채울 수 있다.

반면 주의력 결핍을 걱정하는 성인들은 이보다 비교도 안 될 만큼 짧은 주의집중 시간을 우려하고 있다. 즉 아이들이 어떻게 한 번에 한 시간 동안 주의를 집중할 수 있겠느냐는 것이다. 교육자들은 지능과 정서 양면에서 여러 주제에 대한 아이들의 관심을 유발해서 집중 능력을 키우려고 한다. 이러한 교육의 밑바탕에는 실질적 참여가 집중을 유발한다는 이론이 자리 잡고 있다. 오랫동안 손기술을 숙달해가는 과정을 보면, 이 이론과는 정반대의 현상이 나타난다. 다시 말해 오랜 시간 동안 집중할 수 있는 능력이 먼저이고, 그렇게 집중할 수 있을 때가 돼서야 정서나 지능 면에서 관심이 생긴다는 점이다. 몸동작을 조절하는 집중 능력은 그 자체의 규칙을 따라 숙달된다. 그 밑바탕을 이루는 것은 연습하는 걸 어떻게 배우느냐, 어떻게 반복하도록 배우느냐, 또 반복 경험에서 뭘 익히도록 배우느냐이다. 즉 집중에는 그 자체의 내적인 논리가 있고, 여러 해 동안이든 아니면 한 시간 동안이든 일관되게 작업하는 데 이 논리를 적용할 수 있다는 게 내 생각이다.

이 논리를 알아보려면 손과 눈 사이의 관계를 좀 더 들여다보는 게 좋겠다. 손과 눈, 이 두 기관의 관계는 실습 과정을 일관되게 조직할 수 있도록 해준다. 손과 눈이 서로 어울려 어떻게 집중하는 방법을 배우는지 보려면, 에린 오코너(Erin O'Connor)의 경험만큼 이상적인 길잡이도 없을 것이다.[31] 철학자로서 유리 성형을 배웠던 그녀는 포도주를 따라 마시는 유리잔을 직접 만들어보려는 각고의 노력 끝에 오랜 시간 동안 지속되는 주의집중이 어떻게 키워지는지 탐험했다. 어느 유서 깊은 학술지에 발표한 글에서 그녀는 이탈리아 바롤로(Barolo) 포도주를 즐겨 마셔왔던 차에 포도주 향을 '코'로 만끽할 수 있는 크고 둥그런 유리잔을 제작하려 했다고 말했다. 이 일을 달성하기 위해 오코너는 집중력을 짧은 시간에서 긴 시간으로 연장하는 법을 배워야 했다.

이 학습 과정을 좌우하는 기본 골격은 가늘고 기다란 대롱으로 유리 용해물을 빨아들이는 데 있었다. 이때가 유리를 성형하는 실기작업에서 결정적 순간이다. 찐득찐득한 유리 액체는 대롱을 계속 돌리지 않으면 한곳으로 뭉치며 푹 꺼진다. 유리 액체가 매끈하게 이어지는 모양이 되게 하려면, 찻숟가락으로 단지 속의 꿀을 빙빙 돌리며 휘젓듯이 손을 움직여야 하고 몸 전체가 이 손동작에 매달리게 된다. 대롱을 돌릴 때 몸에 긴장이 걸리지 않게 하려면, 작업자의 몸통 위쪽보다 아래쪽에 중심을 두고 허리를 앞으로 기울여야만 한다. 노 젓는 뱃사공이 노를 당길 때 아랫배에 중심을 두고 몸을 젖히는 것과 비슷하다. 이 자세는 작업자가 화로에서 유리 용해물을 빨아들일 때도 몸의 균형을 유지해준다. 하지만 이렇게 작업하기 위해서는 손과 눈의 관계가 결정적인 역할을 한다.

바롤로 유리잔을 제작하는 방법을 배우는 과정에서 오코너는 앞서 살펴봤던 음악가나 요리사들과 비슷한 단계를 거쳤다. 즉 단순한 유리잔들을 불어 만들 때 익혔던 습관들을 다시 '떼어내야' 했다. 그래야만 동작 중에 뜻대로 되지 않는 이유를 짚어볼 수 있었다. 예를 들어 몸에 익힌 손쉬운 방법대로 하면, 대롱 끝으로 빨아올린 유리 액체가 너무 적어서 원하는 모양대로 성형할 수가 없었다. 즉 충분한 양을 빨아올리려면 그전에 익혔던 습관을 다시 원점으로 돌려야 했다. 그래서 찐득찐득한 유리 액체와 그녀의 몸이 마치 이어져 있기라도 한 것처럼, 유리 액체와의 관계에서 몸을 이해하는 감각을 키워가야 했다. 유리와 몸이 이어져 있다고 하면 시적으로 들리기도 하지만, 아마도 다음과 같이 소리치는 고수의 고함소리에 이런 시적 은유가 떠오를 여유도 없었을 것 같다. "거기서 좀 천천히 해, 이 아줌마야! 그 상태 그대로 가라고!" 이런 순간에는 위축되고 뚱해지기 쉽겠지만, 오코너는 현명하게 처신해 별로 속상해하지는 않았다. 이런 과정을 통해 몸동작의 조화가 많이 향상됐다.

이제 오코너는 '지능적인 손'의 세 가지 요소(손동작의 조화, 눈, 뇌)를 더 잘 활용할 수 있게 됐다. 고수는 "유리에서 눈을 떼면 안 돼! 대롱 끝에 유리덩이가 이제 매달리기 시작했단 말이야!"라고 소리쳤다. 시키는 대로 해보니 대롱을 쥐는 강도가 약해지는 효과가 있었다. 주방장이 칼을 잡을 때처럼 대롱을 가볍게 잡아 몸과 대롱을 조절하는 능력을 키워갔다. 하지만 이렇게 집중하는 시간을 연장하는 방법을 더 배워야 했다.

집중력 연장은 두 단계로 진행됐다. 우선 뜨거운 유리 액체**와 닿아 있는** 자신의 몸에 대한 의식은 사라지고, 그다음에는 일의 목적 자체인 유리 액체에 몰입하게 됐다. "쥐고 있는 손바닥을 통해 의식하는 대롱의 무게감은 점점 사라졌고, 그 대신 대롱의 중간 지점을 걸쳐놓은 선반 가장자리를 느끼는 감각이 향상됐다. 그다음에는 대롱 끝에 당겨 붙는 유리 액체의 무게에 대한 감각이 향상됐고, 마침내 유리잔 성형에 필요한 만큼의 흡입량을 느끼는 감각이 향상됐다."[32] 철학자 모리스 메를로퐁티(Maurice Merleau-Ponty)는 오코너가 말하는 이 경험을 "사물과 한 몸이 된 상태(being as a thing)"로 묘사한다.[33] 철학자 마이클 폴라니는 이런 상태를 '초점 의식(focal awareness)'이라고 부르는데, 망치로 못을 박는 행위를 예로 들어 설명한다. "우리가 망치를 내려칠 때 망치 자루로 전달되는 손바닥의 충격을 느끼는 게 아니라, 망치 머리가 못을 때리는 충격을 느낀다… 내 손바닥으로 느끼는 감각은 일종의 '보조 의식(subsidiary awareness)'일 뿐으로, 못을 향해 내려치는 행위에 집중된 초점 의식 속에 통합되어 있는 상태다."[34] 달리 말해 이때 우리는 무언가의 일에 몰입해 있는 상태여서, 우리 자신을 느끼는 의식은 사라지고, 심지어 우리 몸 자체도 잊은 상태가 된다. 즉 지금 일하고 있는 물건이 돼버린 것이다.

이렇게 몰입된 집중 상태를 길게 연장하는 것이 오코너가 해결해야 할 숙제였다. 여기까지 오는 동안 오코너는 자세를 바로잡고 긴장을 푸는 일을 익혔고, 작업 대상에 의식을 몰입하는 것도 익혔다. 그 덕분에 유리 액체를 빨아들여 거품 모양으로 만들 수 있었고, 나아가 유리 액체를 바롤로 포도주와 어울릴 법한 근사한 모양으로 성형할 수 있었다. 하지만 이 단계에서 또 하나의 실패를 더 겪어야 했는데, 바라던 모양으로 성형한 유리 액체를 그냥 놓아두면 뜨거운 용해물이 식는 동안 '한쪽으로 쏠리며 뭉툭한' 모양으로 주저앉았던 것이다. 그녀를 지도한 마스터 장인은 그 꼴을 가리켜 늘씬한 유리잔이 아니라 '절구통' 같다고 했다.

오코너는 이 문제를 풀려면 '사물과 한 몸이 된 상태'인 그 순간에 그대로 머물러야 함을 깨닫게 됐다. 작업이 더 나아지려면 유리가 모양을 갖춰가는 내내 아직 도달하지 않은 다음 성형 단계에서 유리가 어떤 모양으로 변할지 예상하는 게 필요했다. 이걸 두고 그 고수는 정해진 경로를 "그대로 따라가라"고만 했다. 철학적 사유에 좀 더 익숙한 그녀는 이 경로가 '몸으로 느끼는 예상(corporeal anticipation)'이라고 이해했다. 유리란 물질은 뜨거운 용해물 상태에서 거품으로 변하고, 다시 자루가 달린 거품으로, 그다음에는 밑받침이 달린 자루로 모양을 갖춰간다. 이렇게 물질이 변화해가는 과정을 작업자는 몸으로 느끼며 언제나 그보다 한 단계 앞서서 미리 준비해야 한다. 그녀는 그러한 프리헨션을 항상적인 의식 상태로 유지해야 했고, 나중에는 그 방법을 배웠다. 성공과 실패를 거듭했고, 유리 용해물을 대롱으로 불어 성형하면서 유리잔을 만들고 또 만들었다. 어쩌다가 한번 성공했다고 해도 그녀는 그 과정을 다시 반복했을 것이다. 용해물을 대롱에 빨아 올려서, 불어내고, 손으로 회전시키는 동작을 매끄럽게 이어가겠다는 목적이 있었기 때문이다. 이러한 반복 연습은 반복하는 행위 자체가 목적과 통합돼 있다. 수영 선수가 똑같은 팔다리 동작을 반복하듯, 그저 반복하는 동작의 그 움직임 자체가 즐거움이 된다.

애덤 스미스가 공장 노동자들을 가리켜 말했듯 똑같이 반복되는 작업은 아무 생각 없이 하는 일이라고 여길 수도 있고, 무슨 작업을 수도 없이 되풀이하는 사람을 정신 나갔다고 말할 수 있을지도 모르겠다. 우리는 보통 반복되는 일을 권태롭게 느낄 것이다. 하지만 세련된 손기술을 익히는 사람들은 전혀 그렇게 느끼지 않는다. 무언가의 일을 계속 되풀이하더라도 그 작업이 예측을 동반하는 방식으로 흘러갈 때는 일하는 사람을 고무하는 작용을 한다. 똑같이 반복적인 작업이라도 반복의 내용(즉 실체)은 새로워지고, 변형이 일어나며, 향상될 수 있다. 하지만 작업자가 느끼는 정서적 보람은 반복적인 일을 다시 하는 바로 그 경험이다. 이러한 경험은 전혀 이상한 게 아니고 우리 모두가 알고 있는 것, 바로 **리듬**이란 것이다. 생리적으로 리듬을 타며 수축하는 인간의 심장처럼, 숙달된 장인은 그의 손과 눈을 쓸 때 리듬을 탄다.

리듬에는 두 가지 요소가 있다. 강약(타격의 세기)과 템포(행위의 속도)다. 음악 작품에서 템포에 변화를 주는 것은 다음 대목을 내다보고 예상하는 수단이다. '점점 느리게(리타르단도ritardando)'와 '점점 빠르게(아첼레란도accelerando)'가 악보에 등장하면 연주하는 사람은 준비를 해야 한다. 이처럼 템포가 변하면 연주자는 주의를 집중하게 된다. 이 정도의 변화는 템포가 크게 변하는 경우인데, 미세한 리듬의 변화도 마찬가지다. 왈츠를 연주하는 데 메트로놈을 기준 삼아 리듬을 정확히 맞추려고 하면, 처음에는 괜찮은 것 같아도 시간이 갈수록 집중하기 어려워진다. 규칙적으로 강약을 주려면 멈추는 동작과 힘차게 연주하는 동작을 찰나의 순간으로 좁혀서 구사하는 게 필요하다. 앞 장에서 살펴본 내용에 비추어보면 강약의 반복은 일반형이고, 템포의 변화는 이 일반형에서 갈라져 나온 다양한 변종과 같다. 프리헨션을 통해 의식의 한편은 계속 템포를 놓지 않는다. 연주자는 그 흐름을 밟고서 생산적으로 집중한다.

오코너가 아주 특징적으로 주의를 집중할 수 있었던 이유는 그 작업에 고유한 리듬이 있었기 때문이다. 그 리듬은 그녀의 눈에서 비롯된다. 눈은 쉴 새 없이 손동작을 지켜보고 판단하면서 동작을 조절해 손을 훈련시키는데, 이런 지속적인 과정을 통해 눈이 템포를 만든다. 여기서 복잡한 문제는 작업자가 자신의 손을 아예 의식하지 못하며, 심지어 자신이 지금 뭘 하고 있는지도 생각하지 않는다는 점이다. 작업자의 의식은 그가 보는 것에 초점이 맞춰져 있고, 몸에 익어버린 손동작은 바로 다음 단계를 앞당겨 보는 행위에 통합돼 있다. 앞서 예로 들었던 오케스트라에서도 이런 일이 일어난다. 지휘자의 동작을 시각적으로 관찰하면, 소리를 지시하는 그의 지휘봉이 연주자를 앞서는 시간은 찰나의 순간이다. 마찬가지로 연주자도 그가 소리를 내기 직전, 찰나의 순간에 지휘자의 신호를 잡아챈다.

집중이란 행위에서 일어나는 리듬을 묘사하기에는 내 표현력이 한계에 도달한 게 아닌가 싶다. 게다가 이 집중이란 경험을 실제보다 더 추상적으로 묘사했을 것이다. 작업이나 연습 중에 집중하는 사람의 모습은 구체적일뿐더러 집중한다는 게 역력히 드러난다. 숙달을 통해 잘 집중하는 사람은 귀나 눈으로 들어오는 신호에 따라 동작을 반복할 때, 몇 번이나 반복하는지 헤아리지 않는다. 내가 첼로 연습에 몰입할 때면, 물리적 동작을 좀 더 낫게 해보려고 그 동작을 다시 하고 다시 또 하고 싶다. 게다가 한번 성공하게 되면 다시 그리하려고 도전하고 싶어진다. 에린 오코너의 경우도 그렇다. 같은 작업을 하고 또 하는 일을 몇 번이나 하는지 세지 않을 것이다. 대롱을 불고 자기 손으로 대롱을 잡고 돌리기를 몇 번이고 되풀이하고 싶어질 것이다. 손동작의 반복과 함께 그녀의 눈은 템포를 만들어간다. 반복적인 일 중에도 리듬의 두 요소(강약과 템포)가 결합되면, 우리는 긴 시간 동안 주의를 집중할 수 있고 또 더 나아질 수 있다.

그러면 연습의 내용이 연습하는 행위에는 어떤 영향을 미칠까? 이를테면 작품 자체가 더 낫다고 해서 이그나츠 모셸레스(Ignaz Moscheles)의 연습곡보다 바흐의 3성부 인벤션(Invention)을 연주하는 게 연습이 더 잘될 것인가? 내 경험에 비추어보면 그렇지 않다. 반복과 예상을 균형 있게 잡아가는 연습의 리듬은 그 자체로 매력이 있다. 어릴 적에 라틴어나 그리스어를 배워본 사람도 똑같은 결론을 내릴 것이다. 이런 언어를 배우는 노력은 그 대부분이 '무작정 암기하는' 것이고, 암기하는 게 무슨 내용인지는 그냥 딴 세상의 이야기다. 라틴어나 그리스어를 배우려면, 그저 암기해야 할 것을 암기하고 또 암기할 수밖에 없다. 그렇게 해야만 오래전에 사라져버린 이들 희귀 언어와 문화에 대한 흥미가 차츰차츰 붙게 된다. 무슨 분야든 이제 막 일을 배우기 시작했는데 일의 내용이 쉽게 터득될 리는 없다. 이러한 견습 단계에서는 무엇보다도 집중하는 방법부터 배워야 한다. 숙달하려고 반복하는 모든 연습은 그 자체의 구조와 고유한 흥미로움이 있다.

주의력 결핍 장애를 치유할 때, 우리가 살펴본 숙달된 손동작에서 얻을 수 있는 실용적 가치는 어디에 있을까? 답을 찾아야 할 대목은 학생들이 배우고 직접 해보는 단위 실습시간을 어떻게 짜느냐는 문제다. 무작정 암기하는 방법이라고 해서 배격해야 할 것은 아니다. 각각의 실습시간은 실습 과정 자체에 리듬이 생기도록 설계함으로써 흥미로워질 수 있다. 실습시간이 길고 짧은 게 중요한 게 아니다. 숙달된 유리 성형이나 첼리스트가 구사하는 복잡한 동작들도 계속 똑같이 반복되는 시간 구조, 즉 리듬을 타는 방법으로 단순화될 수 있다. 주의력 결핍 장애가 있는 사람들에게 몰입하기 전에 이해부터 하라고 한다면 오히려 해가 되는 일이다.

이와 같이 연습을 보는 시각은 의지의 중요성을 경시하는 것처럼 비칠 수도 있다. 하지만 의지란 것도 두 가지 형태가 있다. 하나는 결정하는 행위이고, 다른 하나는 의무를 다하겠다는 책임감이다. 결정하는 행위는 구체적으로 어떤 행동이 그리할 만한 가치가 있는지, 혹은 어떤 사람이 같이 시간을 보낼 만한 가치가 있는지 판단하는 것이다. 책임감은 의무라든가 관습, 혹은 다른 사람의 필요처럼 우리 자신한테서 비롯되지 않은 약속을 이행하는 것이다. 리듬은 이 두 번째 부류의 의지에 끼어들 수 있다. 어떤 일을 이행해야 할 의무가 있다고 할 경우, 그 일을 하고 다시 하면서 그 방법을 배울 수 있다. 신학자들은 오래전부터 어느 종교 행위를 반복하는 일, 즉 종교의례는 날이 가고 달이 가고 해가 갈수록 반복해야 마음 깊이 수긍하는 믿음이 생긴다고 전한다. 이렇게 꾸준하게 반복하지만, 종교의례를 반복한다고 식상해지는 것은 아니다. 매번 의례에 참여하면서도 찬양하는 사람의 마음은 중요한 체험의 순간을 항상 기대한다.

갑자기 종교 이야기를 꺼낸 데는 이유가 없지 않다. 한 악구를 반복해 연주할 때나, 고기를 썰 때나, 또 유리잔을 입과 손으로 성형할 때도, 우리가 하는 연습에는 그와 같은 의례적인 성격이 있기 때문이다. 우리의 손은 반복 행위를 통해 훈련된다. 반복이기는 해도 리듬을 타며 예상하는 기능을 숙달하기 때문에, 지루해지는 게 아니라 예민하게 주의를 집중하게 된다. 이와 마찬가지로 무언가의 의무에 임하는 사람이 하고 또 하고 다시 할 수 있게 되면, 일종의 기술적인 솜씨가 생긴다. 이건 바로 리듬을 타는 장인의 솜씨이며, 그가 어느 신(혹은 신들)을 믿든 상관없는 일이다.

이 장에서는 손과 머리가 통일되어 있다는 생각을 좇아 그 구체적인 내용들을 살펴봤다. 손과 머리를 하나로 보는 시각은 18세기 계몽사상가들의 이상으로 표출되기도 했고, 19세기에 수작업 노동을 지키고자 했던 러스킨의 생각도 여기에 바탕을 두고 있다. 하지만 충분히 살펴봤다고는 할 수 없는데, 아주 전문적이고 희귀한 손기술 몇 가지만을 골라 그 기능을 숙달해서 체득하는 앎이 어떤 모습을 띠는지만 그려봤기 때문이다. 정확한 음정에 맞춰 연주하는 것이든, 밥알을 칼로 써는 것이든, 만들기 까다로운 유리잔을 성형하는 것이든 모두 일상적인 것은 아닌 탓이다. 하지만 이렇게 고도로 숙달해야만 할 수 있는 기능이라도 우리 인간의 몸을 쓰는 근본은 다 똑같다.

　손을 쓰는 기술은 일정한 과정을 거쳐 숙달하게 되고, 이 숙달 과정은 집중을 통해 완성된다. 손은 일단 접촉과 촉감을 통해 실험을 해봐야 한다. 이 실험적인 동작에도 객관적인 표준이 있다. 이어서 우리의 손은 두 손과 각 손가락의 고르지 못한 불균등을 해소하는 손동작의 조화를 배운다. 그다음에는 힘을 최소한으로 줄여서 쓰고 힘을 빼는 (즉 잡았던 것을 놓는) 기술을 익힌다. 손은 이런 학습 과정을 통해서 해야 할 동작들을 일사불란한 목록으로 체득한다. 나아가 손동작은 작업에서 생기는 리듬을 통해 더 정밀해지기도 하고 교정되기도 하는데, 역으로 이렇게 리듬을 타는 동작을 통해서 작업을 끌고 간다. 이렇게 기술을 숙달해가는 각 단계의 조타수는 미리 예상해 준비하는 프리헨션이고, 그 구체적인 내용이야 기술적인 것이지만 각 단계마다 윤리적인 의미가 충만하다.

6장
말로 가르쳐주는 표현
Expressive Instructions

이 장에서는 골치 아픈 문제 하나를 간략히 살펴본다. 디드로는 그가 탐방했던 인쇄공이나 식자공(植字工)들이 생업으로 하는 일인데도, 다른 사람들이 알아들을 수 있게 설명하지 못한다는 걸 알게 됐다. 나역시 손과 눈이 어떻게 조화를 이루는지 말로 명료하게 옮기는 것이 불가능함을 느낀다. 언어는 물리적인 동작을 묘사할 때 곤욕을 치른다. 그중에서도 무슨 일을 하라고 일러주는 말처럼 알아듣기 어려운 말도 없다. 구매자가 직접 조립해야 하는 책장을 샀다고 치면, 글로 써놓은 설명서를 보고 따라 해야 하지만 잘 되지 않는다. 짜증은 점점 치솟고, 이렇게 하라고 가르쳐주는 그 말과 그렇게 움직이려고 하는 우리 몸을 가르는 거대한 괴리를 실감하게 된다.

작업장이나 실험실에서는 할 일을 가르쳐줄 때 글보다는 입으로 하는 말이 더 효과적인 듯하다. 이렇게 하라고 해서 해봤는데 잘 안 되면 곧바로 그 사람에게 물어보면 된다. 서로 묻고 답하고 다시 물어가면서 의논할 수가 있다. 반면 인쇄물을 읽고 배워야 할 때는 다른 사람의 생각을 들을 수 없다. 궁금한 게 생겨도 혼자 묻고 답하는 수밖에 없다. 그래서 얼굴을 보며 직접 묻고 답하는 식이 훨씬 나은 것 같지만, 그래도 문제는 남는다. 얼굴도 보고 말도 하려면 묻고 답하는 사람이 같은 장소, 같은 시간에 있어야 한다.

대화형 학습은 이래서 배움의 효과가 좁은 범위로 국한된다. 게다가 말이 낫다고만은 할 수 없는 것이 특별한 준비 없이 오가는 말들은 어지럽기도 하고 종잡기 어려울 때도 많다. 이런 연유로 인쇄물이 필요하지만, 풀어야 할 숙제는 글로 써서 가르쳐주는 내용을 잘 알아들을 수 있게 만들어야 한다는 점이다. 바꿔 말하면 말(즉 언어)로 잘 일러줄 수 있는 표현을 찾는 일이다.

골치 아픈 이 문제에는 생물학적인 측면이 있는데, 손동작을 말의 사용과 연관 지어 다룬 연구들에서 그런 내용이 엿보인다. 그 가운데 우리의 목적에 아주 유익한 내용은 이렇게 하라고 지시하는 말과 손동작의 조화에 주목한 연구다. 연구자들은 이 두 가지의 연결관계를 탐구하는 방편으로 행위상실증과 언어상실증의 관계를 연구했다. '행위상실증(apraxia: 이미 습득한 동작 기능의 상실)'은 물리적인 근육과 운동력은 멀쩡한데도 셔츠에 단추를 끼우는 것과 같은 섬세한 동작이 안 되는 장애를 말한다. 한편 '언어상실증(aphasia: 말과 낱말을 사용하고 이해하는 능력의 상실)'은 신체상으로는 셔츠에 단추를 끼우는 동작에 전혀 문제가 없지만, 그렇게 하라는 말 자체를 이해하지 못하는 장애를 가리킨다.

신경학자 프랭크 윌슨(Frank Wilson)은 이 두 가지 장애를 모두 앓고 있는 환자들을 연구했다. 그 결과, 먼저 행위상실증부터 치료에 들어가는 게 언어상실증을 치료하는 데 도움이 된다는 처방을 제시하고 있다. 물리적인 동작 능력을 회복하는 것이 언어(특히 행동을 지시하는 언어)를 이해하는 데 있어 효과적으로 작용한다는 이야기다.[1] 실라 헤일(Sheila Hale)의 감동적인 회고록 『언어를 잃어버린 남자(The Man Who Lost His Language)』에서 보듯 언어상실증은 아주 다양한 증상을 띨 수 있지만, 그 유형을 불문하고 무언가 물리적인 동작을 해보라고 요구할 때 언어상실증 환자들은 특히 심한 스트레스를 받는다.[2]

월슨의 예리한 치유 방법론 덕분에 몸을 움직이는 행위가 언어의 밑바탕을 이룬다는 폭넓은 시사점을 얻게 됐다. 이 생각에 많은 연구자들이 공감했다. 그 결과, 큰 파장을 낳은 『몸짓과 언어 본성(Gesture and the Nature of Language)』이 탄생했다.[3] 이 연구를 이끌어간 이들의 기본 생각은 언어의 뼈대를 이루는 범주들 자체가 의도적인 손동작에서 비롯됐다는 것이다. 다시 말해 동사는 손동작에서 나온 말이고, 명사는 이름을 붙여서 사물을 '잡는' 말이며, 부사와 형용사는 손이 사용하는 도구들처럼 동작과 대상에 변화를 주는 말이라는 것이다. 여기서 핵심적인 문제는 이렇게 행동하라고 가르쳐줄(또 지시할) 때 손으로 만지고 잡는 체험이 말에 어떤 효력을 미치는가 하는 점이다.

신경학자인 올리버 색스(Oliver Sacks)는 다른 경로를 좇아서 손동작으로 가르쳐줄 수 있는 것이 무엇인지를 탐구했다. 그는 『나는 한 목소리를 보네(Seeing Voices)』에서 농아에게 수화(手話)로 의사를 전달하는 일을 탐색한다.[4] 수화자들의 손동작이 추상적인 기호를 내보이는 게 아니라 번번이 언어적인 개념을 동작에 담고 있다는 데 그는 크게 놀랐다. 이를테면 몸 가까이 있는 뭔가를 '조심하라'는 수화는 오른손의 집게손가락으로 전방을 가리키고, 나머지 네 손가락은 움츠리는 듯 손바닥 안으로 구부린다. 그가 농아를 염두에 두고 묘사하는 동작 방법들을 보면, 마치 르네상스기에 꽃피웠던 이탈리아의 즉흥극 형식인 코메디아 델아르테(commedia dell'arte)의 무언극이 떠오르고, 19세기에 들어 무언극을 끼워넣은 발레가 생각나기도 한다. 농아와 소통하는 수화자들은 무언극의 연기자처럼 물리적인 몸동작으로 보여주는 일을 한다.

보여주는 행위는 작가 지망생들이 번번이 접하는 글쓰기 요령에도 나온다. 바로 '말하지 말고 보여주라!'는 것인데, 소설을 써내려가는 방법이기도 하다. 예를 들어 말로 선언하듯 "그녀는 우울했다"는 식으로 쓰지 말라는 것이다. 그 대신 다음과 같은 방식으로 쓰라고 가르친다. "그녀는 축 늘어진 손에 컵을 걸치고 천천히 커피포트로 다가갔다." 우울한 게 어떤 것인지 그냥 보여줄 뿐이다. 이렇게 어떤 상황을 피부에 와 닿도록 보여주는 게 그 상황이 무어라고 이름 짓는 것보다 더 많은 내용을 전달한다. 말하지 않고 보여주는 것은 마스터가 몸소 일하는 방법을 시연하는 작업장 방식이기도 하다. 마스터가 보여주는 것 자체가 지침이다. 하지만 이런 방식에도 결점은 있다.

마스터가 가르쳐주는 대로 도제는 물 먹는 하마처럼 배울 거라고 생각하기 쉽다. 마스터가 시연을 통해 성공적인 작업을 보여주면, 도제는 일을 풀어가는 열쇠가 무엇인지 깨달아야 한다. 이렇게 시연을 통한 학습에서 부하가 걸리는 쪽은 도제이고, 게다가 본 대로 모방하는 게 금방 되는 양 여기는 사고방식도 깔려 있다. 물론 그렇게 잘 될 때도 꽤 많지만, 안 될 때도 많다. 음악전문학교를 예로 들면, 선생은 미숙한 학생 입장에서 지도하는 일이 말처럼 잘 안 된다. 이렇게 하면 틀린다고 실수하는 걸 보여주려고 해도 잘 되지 않는다. 이미 숙달된 상태여서 오로지 정확한 방법만을 보여준다. 수화의 신호를 배우는 농아의 경우를 보면, 눈앞에서 가르치는 지도교사의 행동을 보고 무슨 내용을 간파해야 할지 농아들이 정확히 깨닫는 데 엄청난 노력이 들어간다고 색스는 지적하고 있다.

글로 써서 가르쳐주는 언어를 잘 활용하면 이렇게 깨닫는 과정이 좀 더 구체적이고 분명해질 수 있다. 글 쓰는 사람은 전문적인 작업도구를 어떻게 활용하느냐에 따라 잘 일러주는 표현을 구사할 수 있다. 이 장에서는 이러한 도구들을 어떻게 효과적으로 사용할 수 있는지, 또 그렇게 일러주려는 내용을 생생하게 전달할 수 있는 방법은 무엇인지 살펴볼 생각이다. 그러기 위해 대표적인 작업설명서를 하나 골라 탐구할 것이다. 바로 요리 지침서, 누구나 따라 해봤을 조리법이다. 그중에서도 내가 선정한 조리법은 뼈를 발라내고 양념을 먹여서 닭을 요리하는 아주 까다로운 것이다. 알다가도 모를 듯한 이 일을 통해 장인의식에서 매우 어렵고 광활한 주제로 들어설 입구를 찾게 된다. 바로 상상력이 어떤 역할을 하느냐는 문제다.

나폴레옹 전쟁 때 쉬셰(Suchet) 장군은 지금의 스페인 발렌시아에 있는 알부페라 호수에서 영국군을 무찌르는 커다란 전과를 올렸다. 이에 흡족해한 나폴레옹은 쉬셰 장군에게 공작 작위를 하사하며 알부페라 공작이라고 이름 지었다. 알부페라 공작을 프랑스 말로 읽으면 '뒤크 달뷔프라(duc d'Albufera)'처럼 들린다. 이 일을 기념해 당대를 호령하는 유명한 요리사 카렘(Marie-Antoine Caréme: 1784~1833)이 여러 가지 귀한 요리를 마련했는데, '달뷔프라식 닭요리(Poulet à la d'Albufera)'가 그중 압권이었다. 뼈를 완전히 발라낸 이 닭요리는 쌀과 이슬 맞은 소나무에서 자란 버섯에다 오리 간을 양념으로 먹이고, 송아지 고기를 우린 국물에 은은한 후추와 크림을 버무린 소스를 얹었는데, 그야말로 19세기 고급요리 중에서도 정상급이다. 물론 이런 요리를 자주 즐긴다면 심장병에 걸리기 십상이다. 프랑스 요리들이 대부분 그렇듯이, 고차원적인 요리도 시간이 지나면 일반 가정의 웬만한 먹을거리로 변했다. 일반 가정에서는 이 요리를 뭘 보고 어떻게 따라 했을까? 그 실기 과정 속으로 들어가 보자.

죽은 표상
닭의 불행

이 닭요리를 하려면 우선 뼈부터 발라내야 한다. 미국인 요리사로 프랑스 남부 출신인 리처드 올니(Richard Olney)가 알려준 방법이 있다. 중국 주방장의 큼직한 칼이 아니라 날이 얇은 18센티미터 길이의 칼로 어떻게 하는지 자세히 설명하고 있다. "양쪽 어깻죽지를 날개가 붙어 있는 지점에서 베고, 왼손 엄지와 집게손가락으로 어깨뼈를 단단히 붙잡아 오른손으로 몸통을 잡아당겨서 뜯어낸다. 칼끝을 이용해 가슴뼈 모서리를 쭉 따라가며 가슴뼈에 붙어 있는 살집을 도려내 손가락으로 양 측면에 힘을 주어 분리한다. 가슴통뼈를 손가락으로 뺑 돌아가며 느슨하게 푼 다음, 최종적으로 가슴뼈 꼭대기에 칼을 대고 껍데기와 이어져 있는 연골 부위를 잘라낸다. 이때 껍데기를 칼로 찌르지 않도록 주의한다."[5] 올니는 보여주는 게 아니라 말로 일러주고 있다. 이 설명서를 접한 독자가 이미 뼈를 발라낼 줄 아는 사람이라면, 알고 있는 것을 다시 상기하는 데는 도움이 될 만하다. 하지만 초보자가 볼 때는 도무지 무슨 말인지 알아들을 수가 없다. 초보자가 이걸 읽고 따라 한다면, 험한 꼴로 만신창이가 될 닭들이 여러 마리를 헤아릴 것이다.

언어란 것 자체에 이렇게 험악한 재앙을 부를 만한 특별한 이유가 있다. 올니의 조리설명서에 나오는 각 동사는 이렇게 저렇게 하라는 명령을 담고 있다. 즉 '베다(sever)', '잡아당기다(pull)', '느슨히 풀다(loosen)'와 같은 동사 표현이 나온다. 이런 동사들은 행동하는 과정을 설명하는 게 아니라 그 행동에 **이름을 붙이는** 동사들이다. 그러니 보여주는 건 없이 말만 하는 게 된다. 한 예로 올니는 "가슴뼈 모서리를 쭉 따라가며 가슴뼈에 붙어 있는 살집을 도려내고"라고 설명하고 있지만, 뼈 모서리 바로 밑에 있는 닭의 살집이 손상될 위험은 전달하지 못하고 있다. 설명에 쓰이는 동사들은 수도 많고 자주 등장하지만, 공허한 주문을 읊어주는 격이다. 실제로 이 동사들은 아주 구체적인 행동을 가리키지만, 그 행위의 이름만 열거할 뿐 쓸모가 없다. 이런 일이 생기는 이유는 말을 듣고 떠올려야 할 표상이 실종돼버리는 '죽은 표상(dead denotation)'이라는 문제 때문이다. 구매자가 직접 조립해 쓰는 가구는 설명서에 갖가지 그림까지 나오지만, 이 그림들에도 똑같은 문제가 있다. 이렇게 돌리고 저렇게 꺾으라는 화살표와 여러 규격의 나사들이 그려져 있고 모두 다 정확하지만, 조립을 해보지 않은 사람에게는 쓸모가 없다.

죽은 표상을 해결할 방법 하나는 작가 지망생들이 자주 접하는 "아는 것만을 쓰라"는 조언이다. 전달하려는 의미를 읽는 이가 직접 겪어서 알고 있는 것으로 풀어서 쓰라는 지침이다. 그렇지만 이 해결책은 전혀 해결책이 못 된다. 알고 있는 것은 이미 익숙한 것이어서, 그 말이 뭘 뜻하는지 남들도 다 알고 있을 거라고 당연시하기 쉽다. 이를테면 어떤 건축가를 말하면서 이렇게 쓰는 표현이 나올 수 있다. "맥거피(McGuppy)가 설계한 매끈한 쇼핑몰은 본 조비(Bon Jovi)의 노래와 비슷하다." 인도네시아 보르네오 섬에 사는 독자라면 매끈한 쇼핑몰을 떠올릴 수 없을 것이고, 내 경우에는 본 조비의 노래를 들어본 적이 없다. 요새 나오는 글들을 보면 거리낌 없이 소비재 상표를 언급하는 경우가 많다. 이런 글들은 두 세대만 지나면 무슨 말인지 알 수 없게 된다. 익숙함에 기대면 죽은 표상을 더 많이 만들 위험이 있다. 죽은 표상에 숨어 있는 과제는 바로 암묵적 지식을 드러내는 일이다. 그러려면 너무도 명백하고 익숙해져서 그저 당연한 게 돼버린 암묵적 지식을 의식의 표면 위로 끄집어 올려야 한다.

그래서 나는 그동안 글쓰기를 가르치면서 학생들에게 새로 나온 소프트웨어의 사용설명서를 다시 써오라는 과제를 내주곤 했다. 이 건방진 인쇄물은 그야말로 표현 하나하나의 정확성이야 극치를 달리겠지만, 도무지 불가해할 때가 허다하다. 이런 문서들은 죽은 표상의 극치를 달린다. 설명서를 쓰는 엔지니어들은 '누구나 아는' '시시한 것들'은 적지 않을 뿐 아니라, 직유나 은유 또 다채롭게 묘사해주는 부사를 극도로 제한한다. 이처럼 그들이 무시하는 도구들은 상상력을 자극하는 도구들이다. 이런 도구들을 이용해서 지하 저장고에 묻혀 있는 암묵적 지식을 끄집어낼 수 있다. 예를 들어 하이퍼텍스트(hypertext)란 말이 수시로 나오는데, 이게 무슨 뜻인가? 컴퓨터가 아니라 숲에서 이 말뜻을 찾을 수도 있다. 새들은 지저귀는 소리로 신호를 주고받고, 벌들은 춤추듯 움직이는 동작으로 신호를 주고받는다. 새 하나하나를 낱말로 치고 새들이 모여 있는 새떼를 문서라고 치면, 다른 새떼에게 신호를 보내려고 지저귀는 새들이 하이퍼텍스트인 셈이다. 이러한 우회적인 사례들을 비유로 활용해서 사용설명서를 쓰면 도대체 하이퍼텍스트가 어떤 기능을 하는 것인지도 알아듣기 쉽게 설명할 수 있고, 하이퍼텍스트를 효과적으로 사용하는 방법도 쉽게 전달할 수 있다. (하이퍼텍스트는 한 문서 안에서 다른 문서를 호출해서 문서들끼리 오갈 수 있도록 하는 기능을 한다. 문서에 이런 호출이 너무 많으면 지저귀는 소리가 너무 많은 셈이다. 즉 하이퍼텍스트를 너무 많이 삽입하면 오히려 하이퍼텍스트의 가치를 떨어뜨리게 된다. 이렇게 가르쳐주면 금방 알아들을 수 있다.)

하이퍼텍스트를 지저귀는 새들에 비유한다면, 닮은꼴에 바탕을 둔 이미지를 생성하는 것이다. 나는 글쓰기 수업 학생들에게 이런 과제를 주었지만, 조리설명서는 이보다 한 단계 더 나간다. 상상력을 자극하는 비유가 곧바로 설명이 된다. 곧이어 예시할 텐데, 이렇게 끄집어낸 암묵적 지식이 어떻게 말로 잘 일러주는 표현이 되는지 여실히 드러날 것이다. 달볘프라식 닭요리를 예로 삼았는데, 현대의 요리사들 가운데 이 닭요리에 바탕을 둔 조리법을 작성한 세 사람이 있다. 그중 두 사람은 유명해졌고, 한 사람은 소식 없이 세상을 떠났다. 세 사람 모두 리처드 올니를 극찬했지만, 다행히 그처럼 글을 쓰지는 않았다. 이들이 남긴 닭요리 조리법에는 언어의 힘이 돋보인다. 그 힘을 활용하는 방식도 다채로워 각각 공감적 예시, 장면 서사, 은유에 중점을 두고 있다.

공감적 예시
줄리아 차일드가 설명하는 달뷔프라식 영계요리

미국인들은 공장에서 물밀 듯 쏟아내는 식품을 1950년대에 처음으로 접했다. 식품 소매점들은 과일이나 채소를 가져올 때 대부분 맛이 좋은 물건보다 포장과 운송이 용이한 물건들을 가져왔다. 식품 제조 면에서도 소, 돼지와 닭을 잡아 육류 상품으로 만드는 처리 과정이 표준화됐고, 육류를 포함한 신선 식품들은 전부 밀폐용 비닐로 포장됐다. 물론 미국 음식 중에도 대단한 솜씨와 세련미 넘치는 요리가 일부 있었는데, 주로 옛 남부 지역의 요리가 그렇다. 하지만 공장에서 나오는 메마른 음식 문화가 일색일 때여서 이런 변두리 지역의 주방장들은 외국 요리에서 영감을 구하는 경우가 많았다. 줄리아 차일드(Julia Child)는 이들을 프랑스로 안내했다.

차일드는 젊은 시절에 파리에서 배웠던 전문요리의 내용을 그녀의 요리교재에 추가해 독자층을 넓히고자 했다. 이때 배웠던 조리법을 프랑스 문화에 생소한 미국인 초보자들에게 전하자니 상상력을 한 번 더 발휘해야 했다. 이렇게 문화 단절을 건너는 과정에서 세세한 지시사항이 많은 조리법을 바꿔서 표현하게 됐다. 내 생각에 차일드는 조리법을 두 번 읽도록 쓴 것 같다. 즉 조리에 앞서 윤곽을 살펴볼 때 한 번 읽고, 두 번째는 주방에 재료를 차려놓고 실제로 조리할 때 각 단계별로 자세히 읽는 것이다.

차일드의 달뷔프라식 영계요리(Poularde à la d'Albufera)는 암탉 영계를 사용하는데, 프랑스 브르타뉴 지방에서 사육기간 내내 주로 놓아 기르다가 요리하기 직전 사육장에 가둬서 살을 찌운다. 네 쪽 넘게 써 내려간 그녀의 조리법은 총 여섯 단계의 세부 내용으로 나뉜다. (이 조리법은 뼈를 반만 발라낸 상태의 닭을 쓰는데, 가슴살과 가슴통뼈를 떼어내서 그 빈자리에 양념 등을 소로 넣고 날개 살을 말아넣어 고정한다.) 그녀는 각 단계마다 초보자들의 잘못을 예상해서 적고 있다. 예컨대 칼을 손에 쥔 초보자를 떠올리며 다음과 같이 조언해준다. "칼날은 항상 뼈 쪽을 향하도록 잡고, 살집을 향해 잡지 않는다."[6] 그녀는 텔레비전 요리 강좌에서 클로즈업을 집중적으로 활용한 선구자였는데, 이를 통해 한 가지 일에서 다음 일로 넘어가는 손동작을 확대해 보여줬다. 책에도 여러 그림을 넣어 손으로 다루기가 매우 까다로운 방법을 집중 조명했다.

차일드 조리법은 올니의 정밀한 지시와는 확연히 다르게 읽힌다. 왜냐하면 조리할 당사자와 공감하는 방식으로 이야기를 구성했기 때문이다. 그녀가 비추는 무대의 주역은 인간이지 닭이 아니다. 그러다 보니 비유가 많이 동원되는데, 느슨한 비유지 정확한 비유는 아니다. 비유가 느슨한 데는 이유가 있다. 닭의 힘줄을 자르는 것은 기술적으로 끈을 자르는 것과 비슷한데, 그렇다고 자를 때 느낌이 아주 비슷한 것도 아니다. 이렇게 느슨한 비유를 쓰면, 읽는 이들에게 배움의 순간을 열어준다. '똑같다'가 아니라 '비슷하다'고 하면, 힘줄을 자르는 바로 그 행위에 신경을 집중하도록 유도한다. 조리할 사람의 손과 뇌가 활발히 교류할 장이 열린다. 느슨한 비유는 정서적인 작용도 해서, 무슨 동작이나 행동을 처음으로 접하는 사람이 전에 해봤던 것과 비슷하다는 말을 들으면 자신감이 생긴다.

앞에서 봤듯이 18세기에는 공감이 사람들을 묶어준다고 여겼고, 그 선상에서 애덤 스미스는 독자들에게 다른 이들의 불행과 한계 속으로 들어가 보라고 피력했다. 그는 공감하는 행위가 윤리적인 가르침을 준다고 봤는데, 다른 이들의 불행과 역경을 똑같이 겪는 게 마땅하다는 이유 때문은 아니었다. 그들을 잘 이해하기 위해서였고, 그들의 필요에 잘 부응하려면 그래야 했기 때문이다. 남들에게 가르쳐주는 글을 써야 할 때, 공감하려고 애쓰는 작가는 그동안 반복을 통해 몸에 익어버린 지식을 거꾸로 한 단계 한 단계 거슬러 올라가야 한다. 그래야만 독자들을 한 단계씩 앞으로 데려갈 수 있다. 읽는 이들은 그렇게 하나씩 앞으로 나아가지만, 글 쓰는 이는 전문가로서 다음에 무엇이 나오며 위험한 구석이 어디인지 알고 있다. 초보자들이 겪을 난관을 자신의 지식을 바탕으로 예상해서 그들을 안내하는 게 전문가의 몫이다. 여기서 보듯이, 이렇게 공감과 프리헨션은 같이 가는 관계다. 줄리아 차일드의 방법은 바로 이것이다.

때로 차일드는 일선의 주방장들로부터 난삽하고 모호한 작가라는 비판을 듣기도 했고, 다른 쪽에서는 지나치게 자세하다는 비판을 듣기도 했다. 하지만 차일드가 설명한 여섯 단계는 그 각각이 다 필요한 것이다. 왜냐하면 이 특이한 요리를 만들 때는 일이 잘못될 만한 함정이 아주 많기 때문이다. 그런 대목들을 하나하나 짚어서 독자들을 돕는 일은 어느 작가라도 부담이 가는 일이다. 잘 가르쳐주는 표현을 찾아내려면 이런 부담이 생길 수밖에 없는데, 이미 익어버린 일이어서 자신한테서 멀어져버린 불안감을 애써 되살려야 하기 때문이다. 교육 자료의 언어는 대부분 듣는 사람의 기선을 제압하는 권위적이고 확신에 찬 논조로 흐르지만, 이것은 오히려 어디가 어려운 대목이고 빗나갈 수 있는 대목인지 짚어내지 못하는 무능력을 드러내는 것이다. 우리도 실기작업을 할 때 내가 필요해서 하는 일이면 빠른 길을 택하게 마련이다. 차일드는 텔레비전 요리 강좌에서 본 바로는 뼈 바르는 칼을 유별날 정도는 아니지만 아주 특이하게 잡는다. 일삼아 칼을 잡다 보니 그런 모양이 굳어진 것이다. 그녀의 동작에는 자신감이 배어났다. 일말의 주저함도 없이 일사불란하게 뼈를 발라낸다. 하지만 그렇게 습관처럼 익어지기 전 상태로 자신이 느끼는 기분이나 감정을 되돌려야 하다. 다른 사람에게 가르쳐주려면 그렇게 해야 하고, 그래야 배울 사람들이 따라올 수 있다. 특히나 한 번 쓰면 바꿀 수 없는 인쇄매체로 지도할 때는 더욱 그렇다. 그래서 차일드는 앞서 예로 들었듯이 닭의 살집을 향해 칼을 잡는 모습을 상상했던 것이다. 첼로를 잘 다루는 마스터로 치면, 악보와 달리 잘못 연주하는 상태로 돌아가야 한다. 이렇게 취약한 상태로 돌아가는 것은 지도자가 공감해주려는 노력의 징표다.

장면 서사
엘리자베스 데이비드의 베리숑식 닭요리

엘리자베스 데이비드(Elizabeth David)는 줄리아 차일드처럼 독자들에게 외국 음식의 조리법을 가르쳐주어 요리의 질을 높이려고 했다.

제2차 세계대전을 겪고 난 영국은 먹을 만한 음식이 미국보다 훨씬 적었다. 말 그대로 먹을거리가 씨가 마른 격이었다. 그러다 보니 가정에서 채소류를 조리할 때도 무슨 전쟁이라도 치르듯 뻣뻣한 줄기와 뿌리를 비롯해 모조리 삶아 먹었다. 데이비드는 이런 딱한 사정을 개선해보고자 독자들에게 외국 음식에 대해 가르쳐주고 싶었고, 아울러 늘 해오던 방법과는 다른 이국적인 조리법도 독자들에게 전하고 싶었다.

데이비드가 쓰는 조리법은 대부분 단순 명쾌하게 흘러가지만, 독자들에게 아주 낯선 이국적인 내용을 소개해야 할 때는 좀 색다르게 쓰는 걸 좋아한다. 카렘의 정상급 요리에 비하면 촌닭 요리겠지만, 그녀가 이를 본떠 만든 요리의 조리법이 바로 그런 사례. '베리숑식 닭요리(Poulet à la Berichonne)'가 그것인데, 데이비드는 늙은 암탉이 푸주한의 도마 위에 흉측하게 너부러져 있다가 파슬리로 수놓은 쌀밥에 살포시 올라앉은 닭요리로 변하기까지 마치 오비디우스의 『변신 이야기』처럼 다채롭게 변화하는 조리의 여정을 보여준다. 차일드와 달리 데이비드는 이러한 여정의 문화적 맥락을 짚어가는 방식으로 조리 기법을 설명하고 있다. 뼈를 반만 발라낸 닭을 삶아 익히는 그녀의 조리법을 보면, 제일 먼저 등장하는 것은 베리숑 요리의 본고장인 프랑스 베리(Berry) 지방의 주방장이다. 이 요리사는 부활절이 되면 산란계(産卵鷄)로 쓰지 못할 늙은 암탉을 어떻게 요리해 먹어야 할지 곰곰이 생각하는 중이다. 이리저리 궁리하느라 이 날짐승을 만져보기도 하고 손가락으로 찔러보기도 한다. 마치 바이올린에서 스즈키 테이프를 막 떼어내고 손가락 감각을 다시 익히는 음악도와도 같다. 이렇게 촉감을 동원한 궁리는 닭의 몸집 속에 곁들여 넣을 실한 재료들로 이어진다.

보통 파테(pâté)를 만드는 데 쓰는 것인데, 돼지고기와 송아지고기를 갈아서 짓이긴 고기 재료다. 이 고기 재료가 얼마나 담백한 맛을 낼 수 있을지 이 주방장의 연구가 계속된다. 그래서 브랜디와 포도주를 준비하고, 송아지고기를 우려 시원한 국물을 낸다. 이 술과 국물을 둘러친 고기 재료를 닭 몸통 속에 채워넣고 또 껍질 밑에도 발라넣는다. 계속해서 데이비드는 베리 지방의 요리사가 담백한 맛으로 삶아내는 방법을 묘사한다. 불을 낮춰서 익히는 데 백리향과 파슬리, 월계수 말린 잎이 향미료로 들어간 국물에 담가 천천히, 아주 천천히 익힌다.

이처럼 길게 내려 쓰는 조리법은 한 번 읽어볼 용도로 유익하다. 조리하기 **전에** 방향을 잡기 위해 단편소설 읽듯이 보면 된다. 그러고 나서 조리에 들어갈 때는 다시 보지 않아도 좋다. 이런 식의 내용은 시비를 걸 사람도 없으니 속 편하게 적을 수 있는 이야기다. 지금까지 데이비드의 독자 가운데 한 사람도 프랑스 한가운데에 숨어 있는 베리 지방을 다녀간 사람이 없을 게 분명하기 때문이다. 하지만 그녀에게 큰 도움이 됐던 여행기 작가 노먼 더글라스(Norman Douglas)의 말처럼, 낯선 지방 사람들이 하는 대로 해보려면 무엇보다도 그곳에 있는 느낌이 어떨지 상상해봐야 한다는 게 데이비드의 생각이다.

이 특이한 조리법에는 앞서 물질의식을 다뤘던 장에서 살펴봤던 영역이동이 작용하고 있다. 데이비드가 설명하는 조리 내용은 다채로운 변화를 이어가지만, 줄곧 그 흐름을 지배하는 중심축은 닭의 육질이다. 고대에 베틀로 피륙을 짜는 정확한 직각 물림이 전혀 종류가 다른 실기작업들로 옮겨다니며 길잡이 역할을 했던 것과 같다. 언제나 닭의 육질로 돌아갔다가 풀려나가는 내용을 길잡이 삼아, 초보 요리사는 이제 스스로 여행을 떠나면 된다. 어느 분야고 물건을 만드는 도중에 위치를 바꿔보면 도움이 될 때가 많다. 조각가는 조각상 주위를 이리저리 돌아보고, 목수는 수납장을 짜다가 뒤집어보곤 하면서 아직 생각지 못한 신선함 관점을 얻는다. 문서편집 프로그램을 쓸 때도 오려두기와 붙여넣기 기능을 이용해 한 문단을 새로운 장으로 가져가보면, 이야기를 풀어갈 신선한 실마리가 열리기도 한다. 영역이동에서 베틀의 직각이 됐든 닭의 육질이 됐든, 그 참조점을 꾸준하게 이어갈 수만 있으면 이동 과정에 끼어드는 각 작업이 불협화음을 낼 위험을 막아준다. 기준이 되는 참조점을 구체적으로 적어주는 도움말은 독자들이 여행을 떠날 때 필요한 여권인 셈이다.

이것은 '어떻게'를 보여줄 무대로 '어디서'가 부각되는 '장면 서사(scene narrative)'다. 신비로운 이국땅에 삼촌이 있어 언제든 그곳에 가볼 수 있는 사람이라면, 장면 서사가 발휘하는 교육적 파급 효과를 금세 이해할 것이다. 난생처음 보는 무언가를 이 삼촌이 안내해줄 때면 언제나 이런 말로 시작된다. "자, 이 이야기를 들어보렴." 이 말로 삼촌은 조카의 관심을 잡아당긴다. 듣는 사람을 자기 세계 밖으로 끌어내어 매력적인 장면에서 눈을 떼지 못하게 한다. 안타까운 일이지만, 기자들은 장면 서사를 너무 혹사해서 거의 쓸모없게 만든다. 중동의 정치협상이나 화학적 치료기법의 진보를 다루는 기사들을 보면, 언제나 어느 개인에 대한 짤막한 이야기로 시작해 독자들을 '거기'에 데려가려고 한다. 하지만 그 기사의 '거기'는 외교문서나 치료제여서 충분히 구체적인 내용이다. 효과적인 장면 서사는 말하고자 하는 내용을 손에 쥐여주지 않는다. 오히려 훌륭한 여행기 작가인 로버트 바이런

(Robert Byron)의 『옥시아나로 가는 길(Road to Oxiana)』에서 보듯, 독자들은 어딘가로 이끌려가고 그곳에선 무언가의 광경이 펼쳐진다. 눈에 들어오는 하나하나가 세세하고 분명한 광경이지만, 무얼 뜻하는지 좀 어리둥절하고 궁금증을 유발한다.

먼 이국땅에서 만난 삼촌이 일러주는 말도 그렇다. 지워지지 않을 메시지를 전하고 싶을수록 그가 데려가 보여주는 광경과 되새길 의미는 희미하게만 연결된다. 눈앞의 광경을 볼 수 있도록 안내해주는 틀이 일단 갖추어지고 나면, 의미를 찾아 나설 사람은 바로 나 자신이다. 이것은 우화가 우회적인 이야기로 여러 가지 의미를 유발하는 것과 같다. 엘리자베스 데이비드가 풀어가는 장면 서사도 구체적인 지시 사항을 독자들 손에 쥐여주지 않고 그 주변만을 맴돈다. 사실 이런 식의 글쓰기가 조리기법 자체를 비켜간다는 비판도 나왔다. 예컨대 뼈를 전부 발라낸 닭요리를 설명하는 곳에서 데이비드의 조리법은 뼈를 발라낼 엄두가 나지 않을 때는 이렇게 하라고 독자들에게 조언하고 있다. "정육점 푸주한에게 발라내 달라고 부탁해야 한다. 뼈를 깔끔하게 발라내는 푸주한이 꽤 많지만, 부탁해보지 않고서야 알 도리가 없다."[7]

데이비드를 변론하자면, 조리법을 배울 때 무심코 따라 하기보다 스스로 생각하면서 배워가도록 독자들을 흔들어 깨우는 게 그녀가 노리는 효과라고 할 수 있다. 요리도 기승전결이 있는 이야기다. 그 시작으로 요리 재료가 있고, 중간에는 재료를 배합하고 조리하는 과정이 있으며, 끝에는 맛있고 멋있게 먹는 일이 있다. 아직 손에 익지 않은 음식의 '비결'을 알아가자면, 조리 과정으로 곧바로 들어가기보다 그 이야기를 쭉 밟아갈 필요가 있다. 그것은 읽는 이가 자기 밖으로 나와 생소한 이 과정의 전체상이 어떨지 상상하는 일이다. 장면 서사는 모든 걸 해결해주는 게 아니라 한 가지 특수한 역할만 한다. 낯선 이국땅에 발을 들여놓을 수 있게 해주는 여권 같은 역할이다. 그녀는 그 발걸음이 신비함과 놀라움으로 가득하길 바라기 때문에, 데이비드의 문장에는 차일드의 글처럼 독자들에게 자신감을 주고 공감해주는 표현이 별로 없다. 그 대신 그녀는 조리법을 낯선 이국땅의 삼촌처럼 설명해준다.

은유로 가르쳐주다
벤쇼 부인의 달뷔프라식 닭요리 조리법

말로 가르쳐주는 표현을 쓰는 세 번째 방식은 내게 달뷔프라식 닭요리를 가르쳐줬던 벤쇼(Benshaw) 부인이 썼던 것이다. 벤쇼 부인은 1970년 망명자로 입국해 보스턴에 왔는데, 영어가 서툴러서 자기 이름도 발음하기 어려워했다. 복잡해 보이는 그녀의 페르시아식 이름을 이민국 직원이 영어식으로 줄여놓았기 때문이다. 그녀는 페르시아 요리는 물론, 프랑스와 이탈리아 요리까지 숙달한 놀라운 요리사였다. 나는 야간 요리학원에 등록해서 그녀의 수업을 들었고, 그녀가 세상을 떠나기까지 친한 관계로 지냈다. (벤쇼 부인의 이름은 파티마였는데, 항상 위풍당당하여 한 번도 이 이름으로 불러보지 못했다. 이 절에 등장하는 그녀는 그 옛날처럼 여전히 벤쇼 부인이다.)

벤쇼 부인은 영어가 짧았던 탓에 대부분 손수 조리하는 걸 보여주는 식으로 가르쳤는데, 약간의 미소와 강조하듯 찌푸리는 짙은 눈썹을 곁들이기도 했다. 두 번째 실습시간에 내가 뼈를 바르다가 왼손을 살짝 베었을 때 벤쇼 부인이 눈살을 찌푸렸다. 내 통증 때문이 아니라 도마에 피가 묻었다는 게 문제였다. (청결과 부엌의 정돈 상태는 그녀가 가장 중시하는 가치였다.) 그녀는 요리에 넣을 다른 재료들을 설명하려다가 장을 봐온 것들을 손으로 들어 보일 수밖에 없었다. 그녀는 영어를 몰라 재료 이름을 말할 수 없었고, 학생들도 무슨 재료인지 몰라 이름을 말해줄 수 없었다. 조리실습은 학생들에게 별로 효과가 없었다. 그녀의 손이 너무 빠르다는 게 문제였는데, 한번 움직이기 시작한 손은 쉬는 적이 없고 일말의 주저함도 없이 일사천리로 움직였다.

그래서 조리법을 좀 적어달라고 그녀에게 부탁했다. 내가 영어만 좀 손을 봐서 다른 학생들 세 명에게 전해줬다. (이 실습 과정에 등록한 네 명은 전부 고급 과정이어서, 기초적인 부분에서 문제될 것은 없었다.) 나는 이 조리설명서를 아직도 간수하고 있다. 부인이 한 달이나 공들여 작성한 것이기도 한 데다 기능의 대가가 적은 글이라고 하기에는 놀라운 것이었기 때문이다.

그 조리설명서를 가감 없이 적으면 이렇다. "네 아이가 여기 죽어 있다. 그 아이를 새 생명으로 준비시킨다. 흙으로 그를 채운다. 조심하라! 그 아이가 너무 많이 먹으면 안 된다. 금빛 외투를 입힌다. 목욕을 시킨다. 이제 아이를 데우는데, 주의해야 한다! 어린아이는 햇볕을 너무 많이 쐬면 죽는다. 아이에게 보석을 달아준다. 이게 내 조리법이다." 나는 무슨 뜻인지 이해하기 위해, 중간 중간에 들은 내용을 적어 넣었다. "네 아이가 여기 죽어 있다[닭을 가리킴]. 그 아이를 새 생명으로 준비시킨다[뼈를 발라냄]. 흙으로 그를 채운다[재료를 채워넣음]. 조심하라! 그 아이가 너무 많이 먹으면 안 된다[재료를 가볍게 넣음]. 금빛 외투를 입힌다[익히기 전 노릇하게 그을림]. 목욕을 시킨다[삶을 국물을 준비함]. 이제 아이를 데우는데, 주의해야 한다! 어린아이는 햇볕을 너무 많이 쐬면 죽는다[가열온도는 섭씨 130도]. 아이에게 보석을 달아준다[조리가 끝나면 부드러운 후추 소스를 뿌림]. 이게 내 조리법이다." 그때 이후로 여러 가지 페르시아 요리 조리법을 살펴보았는데, 이처럼 시적 언어로 표현된 것이 많다. 분명히 조리법이라고 나온 것들인데, 이런 표현이 어떻게 조리에 활용될 수 있는 것일까?

이것은 완전히 은유만을 이용해 적은 조리법이다. "네 아이가 여기 죽어 있다"는 직설적으로 푸주한이 막 잡은 닭을 뜻한다. 하지만 이렇게 은유로 대체하면, 이제 막 도살해 가져온 닭이라고 입에 올릴 때 벤쇼 부인이 마음에 걸려 할 문제를 해소해준다. 고전적인 페르시아 요리에서는 동물들도 사람과 다를 바 없이 내적인 존재인 영혼이 있다고 본다. "그 아이를 새 생명으로 준비시킨다"는 분명히 의미를 이입한 이미지다. 고대 이집트에서 죽은 사람을 미라로 만들던 사람이나 독실한 기독교인 장의사에게는 이런 말이 새로울 것도 없을 것이다. 하지만 요리사의 손을 일깨워주고 활기를 불어넣어 주는 말이다. 새 생명으로 준비시킨다는 이미지는 닭의 가슴뼈에서 살을 벗겨내는 사소한 일을 높은 차원으로 승격시킨다. 아울러 뼈를 발라낼 때 껍질이 다치지 않게끔 하는 기술도 아이를 잘 간수하는 행동으로 비치게 된다. 두 가지 주의사항도 요리사의 감각을 자극한다. 초보자들이 범하는 한 가지 실수는 닭 몸통에 재료를 과다하게 넣는 것이다. 벤쇼 부인이 "그 아이가 너무 많이 먹으면 안 된다"고 표현한 경고는 과다한 재료에 대한 거부감을 자극해 실수를 막도록 유도한다. "어린 아이는 햇볕을 너무 많이 쐬면 죽는다"는 천천히 익히라는 말을 명료하게 전해준다. 닭이라는 이 아이를 조리사가 만져봤을 때 뜨끈해야지, 델 정도여서는 안 된다. 내가 적어둔 섭씨 130도는 내 아이(실습시간에 내가 조리하는 닭)의 껍질을 만져봤을 때 내 손이 데일 정도가 되는 불의 가열온도를 가늠한 것이다. (이보다 온도를 더 낮추는 사람들도 있을 것이다.)

공상적인 이야기로 들리는가? 페르시아 사람에게는 전혀 그렇지 않다. 벽돌을 생각하는 물질의식에 등장하는 은유적 표현으로 '정직한' 벽돌이나 '순결한' 벽돌도 전혀 공상적인 게 아니다. 표현 자체가 중요한 게 아니라 그렇게 상상을 동원하는 행위가 어떤 목적에 쓰이느냐가 중요한 것이다.

은유를 연구하는 사람들은 두 가지 방식으로 은유를 취급한다.[8] 물질주의자 맥스 블랙(Max Black)은 '분홍빛 손가락을 한 새벽'과 같은 은유는 부분의 합보다 더 큰 전체를 만들어내고, 그 자체로 완전하며 안정적인 합성물이라고 생각했다. 철학자 도널드 데이비드슨(Donald Davidson)은 이러한 이해 방식을 좀 불만스러워했다. 그는 은유가 말이 만들어가는 프로세스에 더 가깝다고 본다. 프로세스로 본 은유의 특징은 앞으로도 구르고 옆으로도 번지면서 새로운 의미로 쓸 수 있게 해준다는 점이다. 반면 블랙이 보는 은유는 그 자체로 완전한 것이어서 고정된 것이 된다. 데이비드슨의 견해는 언어상실증을 다룬 언어학자 로만 야콥슨(Roman Jakobson)의 경험적인 연구 결과에서 비롯된 부분도 있다. 은유적 언어를 쓰면 좀 더 깊이 있는 이해를 얻을 수 있지만, 언어상실증 환자들은 이런 표현을 잘 활용하지 못한다. 그들은 은유

표현을 접하면 아무 의미 없는 죽은 언어로 느낀다. 환자들이 언어상실증을 극복하고 나면, 은유적 언어를 구사해보고 그 표현 능력에 스스로들 놀란다. (머리에 떠오른 생각을 글이나 말로 표현할 수는 없어도 정신적인 사고 능력이 완벽한 언어상실증 환자가 많다고 주의를 환기시킨 실라 헤일의 지적도 눈여겨볼 대목이다. 야콥슨이 연구했던 사례들을 가능한 데까지 더 자세히 찾아보면 돌발적인 충격으로 치명적인 내상을 입게 된 환자들이었다.)

벤쇼 부인이 은유를 쓰는 자세는 데이비드슨과 야콥슨으로 이어지는 진영에 속한다. 그녀가 사용하는 은유는 하나하나가 재료를 채워넣고, 볼긋하게 그을리고, 또 오븐에 완전히 앉히는 전 과정을 의식적이고 강렬하게 생각하기 위한 도구다. 은유는 우리가 똑같은 일을 반복해 암묵적 지식으로 체화한 과정을 거꾸로 되짚어가도록 재촉하지 않는다. 그 대신 은유는 상징적 가치를 보태는 일을 한다. 즉 뼈를 발라내고, 재료를 채워넣고, 익히는 일 각각이 동시에 은유란 옷을 입고 새로운 의미로 태어난다. 그래서 달성하는 효과는 매 단계마다 조리하는 사람이 추구하는 본질적인 목표를 명료하게 드러내준다는 점이다.

이 요리 과정에서 같이 공부한 세 사람은 "네 아이가 여기 죽어 있다"는 표현이 미국인들의 취향으로는 지나친 은유라고 느꼈지만, 주의사항으로 쓰인 은유는 충분히 쓸모 있음을 알게 됐다. 소스를 치는 은유는 그보다 더욱 유익하다는 것도 알게 됐다. "금빛 외투를 입힌다" 역시 육류뿐 아니라 채소를 노릇해지게 살짝 익힐 때 어느 정도나 익혀야 하는지 판단하는 데 아주 뛰어난 지침이다. "아이에게 보석을 달아준다"는 소스를 치는 목적을 분명히 해줄 뿐 아니라, 얼마나 살짝 쳐야 할지 일러줄 때 컵을 기준으로 얼마만큼 부으라는 식보다 훨씬 나은 지침이다. 소스는 음식을 덮어 가리는 게 아니라 장식으로 꾸며주는 것이다. 얼마 후 우리 학생들의 요리가 눈에 띄게 좋아졌다. 이를 맛본 벤쇼 부인은 마침내 흡족한 표정으로 말했다. "이게 내 조리법이다."

이 세 가지 방식으로 상상력을 자극하는 언어 표현은 실용적인 길잡이로 활용될 수 있다. 앞에서 살펴본 요리사 세 명을 다음과 같이 비교할 수 있을 것이다. 줄리아 차일드는 조리할 당사자 속으로 들어왔고, 벤쇼 부인은 음식 속으로 들어왔다. 엘리자베스 데이비드의 장면 서사는 독자들의 중심을 빼앗아 완전히 낯선 곳으로 데려가는 반면, 벤쇼 부인이 들려주는 이야기에서는 조리가 신성한 임무로 다시 태어난다. 줄리아 차일드의 언어는 일을 배우는 사람이 부딪칠 어려움을 가르치는 데 유용하다. 갖가지 어려운 대목을 미리 볼 수 있기에 가능한 일이다. 엘리자베스 데이비드가 고안한 장면 서사는 주변 자료를 활용한다. 조리와는 직접 관련되지 않은 사실과 일화, 여러 가지 특징을 끌고 들어온다. 벤쇼 부인의 언어는 은유만을 고수한다. 그래서 각각의 물리적 동작에 육중한 상징적 의미를 부여한다. 조리법을 써내려가는 이 세 가지 방식은 모두 일러주기보다는 보여줌으로써 길을 안내하고, 죽은 표상을 초월한다.

이 세 가지 종류의 길잡이는 조리법에만 국한되는 게 아니다. 말로 잘 가르쳐주는 표현 방식은 물리적인 실기작업에 상상력의 지평을 열어준다. 이런 방식의 언어 도구들은 음악 지도에도 쓰일 수 있고, 컴퓨터 사용설명서에도 쓰일 수 있으며, 철학에도 쓰일 수 있다. 그러면 물리적인 도구나 연장의 경우에는 어떨까? 이제 1부에서 살펴봤던 내용 가운데 기계에 대해 살펴볼 차례다. 역사상 사람들은 기계를 보고 여러 가지 생각을 해왔다. 이런 생각들 속에 숨어 있는 문제를 더 깊이 파고들 필요가 있다. 어떻게 하면 도구를 쓸 때 상상력을 가지고 활용할 수 있겠느냐는 문제다.

7장
의식을 깨우는 도구들
Arousing Tools

미국의 어느 피아노 공장을 찍은 빛바랜 사진 한 장을 보니 피아노 제작자가 도구들을 수납하려고 짠 연장함이 눈에 들어온다. 마호가니로 만든 함인데, 상아와 진주로 아름답게 상감해놓은 걸 보면 이 피아노 장인이 도구들을 얼마나 애지중지했는지 엿보인다.[1] 이 연장함에 있는 도구는 저마다 정해진 용도가 있는 전용 도구다. 피아노 줄의 핀을 조이는 데 쓰는 조율 스패너, 피아노 해머의 타격을 부드럽게 해주는 픽, 지음기(止音器)에 쓰는 펠트 나이프가 그것들인데, 이 각각의 도구는 쓸 일이 따로 있다. 이런 도구들은 쓰는 사람에게 분명한 메시지를 보낸다. 어떤 일을 무슨 도구를 가지고 해야 하는지 알아두라는 메시지다. 벤쇼 부인의 조리법이 전하는 메시지에 비하면 훨씬 분명한 메시지다. 하지만 연장함에 전용 도구들이 즐비하다고 해서 일을 잘 배우는 것은 아니다.

도구를 자꾸 쓰다 보면 솜씨가 늘기도 하겠지만, 부분적으로는 도구가 생각만큼 말을 듣지 않을 때 오히려 솜씨가 늘기도 한다. 이런 경우는 보통 해야 할 일에 도구가 딱 맞지 않을 때 생긴다. 도구가 시원치 않을 때도 있고, 어떻게 써야 할지 아리송할 때도 있다. 이 같은 도구들을 쓰다가 뭔가 잘못돼서 수정을 해야 하거나 원상태로 돌려야 할 일이 생기면, 답답하던 도구는 더욱 심각한 골칫거리가 된다. 쓰자니 답답하고 안 쓰자니 다른 묘안도 없다. 물건을 만들거나 수리할 때 이런 문제들이 생기면, 도구의 형태를 좀 바꿔서 해결하기도 하고 생긴 형태 그대로 쓰지만 엉뚱한 방식을 써서 급한 대로 마무리하기도 한다. 도구를 본래 활용하고자 했던 방식과는 다르게 사용한 것이다. 그래도 어떻게든 그걸 사용하기는 했다. 그 와중에 우리는 도구의 불완전성으로 말미암아 무언가를 배우게 된다.

이와 달리 만능 도구는 좀 특수한 경우다. 피아노 제작자의 연장함에서 끝이 밋밋한 일자형 드라이버가 만능 도구에 근접한 도구다. 나사를 박을 때도 쓰지만 끌처럼 써서 홈을 파거나, 틈새로 밀어넣어 뭔가를 들어올리기도 하며, 선을 긋는 데 쓰기도 한다. 이렇게 다양한 용도로 말미암아, 만능 도구는 아직 생각지 못한 갖가지 가능성을 탐색하는 도구가 되기도 하고, 닥친 일을 처리할 상상력이 따라주기만 한다면 일하는 솜씨를 키워가는 계기가 되기도 한다. 일자형 드라이버를 영험한 도구라고 불러도 별 거리낌은 없을 것이다. **영험하다**(sublime)는 말은 철학과 예술에서도 많이 나오는데, 간단히 '신통하다(potently strange)'는 뜻으로 이해하면 쉽다. 장인의 실기작업에서 이런 느낌은 모양은 아주 단순하면서도 무슨 일이든 척척 해결해줄 듯한 물건을 볼 때 생긴다.**

용도도 제한적이고 번번이 애만 먹이는 도구, 또 영험한 만능 도구 둘 다 이 책의 앞에서 이미 등장했다. 중세 연금술사들이 썼던 증류기처럼 정확한 정보라고는 하나도 주지 못했던 애먹이는 도구가 있었는가 하면, 보캉송이 만든 직조기에서 씨실을 나르는 북처럼 영험한 도구도 있었다. 우아하리만큼 간결한 작동을 선보였던 보캉송의 직조기는 수많은 산업용 기계에 응용됐는데, 그 하나하나가 노동자들을 험악한 궁지로 몰아넣을 만큼 기막힌 위력을 발휘했다. 우리는 이 두 가지 종류의 도구를 써서 장인이 어떻게 기능을 익혀가고 또 향상시키는지 알아보려고 한다. 이를 통해 우리가 가진 상상력에 대해 더 깊은 이해를 얻을 수 있다.

쓰기 어려운 도구들
망원경, 현미경, 메스

16세기 말에서 17세기에 걸쳐 근대 과학의 시대가 열리기 시작했을 때 과학자들은 자연에 대한 새로운 지식을 얻으려고 새 도구를 쓰기도 했고, 또 옛 도구들을 새로운 방식으로 활용하기도 했다. 인간이 우주에서 차지하는 위치와 육체를 이해하는 중세적 관점을 흔들어놓은 세

---

* 지은이가 선택한 '영험한 도구(sublime tool)' 라는 표현이 쉽게 다가오지 않을 수도 있겠지만, 도깨비 방망이나 만병통치약처럼 기막히게 효과가 좋아 오묘한 느낌을 주는 도구로 이해하면 좋을 것이다. - 옮긴이

가지 도구가 있었는데 바로 망원경과 현미경, 메스다. 망원경은 오랫동안 인간이 차지하고 있던 우주의 중심에서 인류를 끌어내리는 데 한몫했다. 육안으로는 보이지 않는 미세한 생명들이 우글거리는 모습이 현미경을 통해 드러났고, 해부학자들은 메스를 이용해 유기체에 대한 새로운 지식을 얻게 됐다. 이러한 과학 도구들은 새로운 사실을 드러내주는 그 위력을 통해 과학적인 사고를 자극하기도 했지만, 그에 못지않게 이들 도구의 결합과 한계가 과학적 사고를 자극하기도 했다.

일찍이 11세기에 아라비아의 물리학자 알하젠(Alhazen)은 육안에 보이는 것 너머로 천체를 탐색하고 싶어했지만, 구할 수 있는 유리가 신통치 않아 뜻을 이루지 못했다. 앞에서 보았듯이 고대의 제조법으로 만든 유리는 청록 색조로 그늘이 졌고, 중세 유리공들은 양치류의 재나 잿물, 석회암, 망간을 첨가해 그늘진 색조를 일부 제거하기도 했지만, 유리의 투명도는 여전히 열악했다. 유리의 주조 과정도 알하젠의 꿈을 가로막았는데, 유리 용해물을 곡면 구조의 거푸집에 부어넣으면 평평한 거푸집에 부을 때와 달리 유리 곡면에 왜곡이 일어났기 때문이다.

16세기 초 이러한 왜곡이 어느 정도 해결됐다. 모래덩이를 가열해 유리 물질을 추출하는데, 전보다 더 높은 온도로 가열할 수 있는 오븐이 개발됐기 때문이다. 네덜란드의 렌즈 연마사 요한 얀센(Johann Janssen)과 자카리아스 얀센(Zacharias Janssen) 이 두 사람은 1590년 최초의 복합현미경(compound microscope)을 발명한 것으로 추정된다. 복합현미경은 원통의 한쪽 끝에 볼록 대물렌즈와 반대쪽에 오목 대안렌즈를 단 구조였다. 천문학자 요하네스 케플러(Johannes Kepler)는 1611년 대물

렌즈와 대안렌즈 둘 다 볼록렌즈로 장착해 보기 배율을 대폭 확대한 도구를 생각해냈다. 관측 성능이 강화된 이 도구는 입사광이 두 볼록렌즈를 통과할 때 상이 뒤집혀서, 갈릴레오가 명명한 '뒤집힌 망원경'이라는 이름을 얻게 됐다. 근대에 들어 **현미경**(microscope)이라는 말은 1625년에 처음으로 등장했다.[2]

블레즈 파스칼(Blaise Pascal)은 망원경을 통해 새롭게 드러난 우주를 언급하면서 "이 한도 끝도 없는 우주 공간의 영원한 적막은 공포감을 일으킨다"고 말했다.[3] 현미경은 처음에 이러한 공포감보다는 흥미로운 놀라움으로 다가왔다. 프랜시스 베이컨(Francis Bacon)은 『신기관(Novum Organum)』에서 현미경 밑에 드러난 자연의 정밀한 세계에 놀라며 '눈에 보이지 않는 미세한 생명체들이나 벼룩의 정밀한 생김새와 특징들'을 이야기했다. 베르나르 드 퐁트넬(Bernard de Fontenelle)은 1680년대에 현미경 렌즈 밑의 좁은 공간에서 우글대는 생명을 신비로워했다. "우리는 코끼리처럼 큰 덩치도 보고 진드기처럼 작은 것도 보지만, 우리의 시야는 여기서 끝난다. 하지만 진드기보다도 더 작은 세계에 헤아릴 수 없을 만큼 많은 동물이 보이기 시작한다. 이 세계에서는 진드기도 코끼리만큼 큰 것이어서 그 무수한 동물들이 육안으로는 보이지 않는다."[4] 17세기에 등장한 이 두 가지 도구를 일컬어, 역사가 허버트 버터필드(Herbert Butterfield)는 이 시기의 과학이 "새로 쓰게 된 안경의 두 렌즈"라고 말했다.[5]

하지만 망원경과 현미경에 장착한 유리로는 여전히 부정확한 정보밖에 감지되지 않았다. 유리 렌즈는 깨끗하게 연마하기 어려운 상태였기 때문인데, 장석(長石)을 먹인 렌즈 닦는 천은 그 후 한 세기 뒤에나 나왔다. 망원경이나 현미경의 원통을 넓히고 길이도 늘여서 관측 배율을 높일 수는 있었지만, 배율이 확대되면 그만큼 렌즈 표면의 미세하고 불규칙한 상들도 같이 확대됐다. 현대의 망원경 애호가가 갈릴레오 시대의 망원경으로 하늘을 보면, 먼 우주의 별과 렌즈 표면의 작은 흠을 구별하는 데 애를 먹을 것이다.

이런 렌즈들은 한마디로 시원치 않은 답답한 도구의 보편적인 문제를 보여주는 도구였다. 한편 기능은 좋지만 어떻게 써야 잘 쓸 수 있을지 알기 어려운 도구들에도 똑같은 문제가 존재한다. 17세기에 메스가 그런 도구였다.

중세 의사들은 해부할 때 주방용 칼을 썼다. 외과의들이 일반적으로 이발사의 면도칼을 썼다는 것은 유명한 이야기다. 이 면도칼은 원시적인 철로 만든 것이어서 날카롭게 갈기가 어려웠다. 1400년대 말에는 유리 용해물에 넣는 규토(이산화규소)를 철에 혼합해서 단련이 더 잘되는 철을 만들 수 있었고, 이 철 소재로 만든 칼을 전통적인 가죽끈 대신에 접합석(接合石) 판에 갈아 더 예리한 칼을 만들 수 있게 됐다.

근대적인 메스는 이 기술의 산물이었다. 메스의 날은 주방용 칼보다 작고 손잡이는 더 짧았다. 해부와 외과시술의 특수한 용도에 맞추어 다양한 메스가 등장했다. 조직을 절단하기 위해 칼끝만 날을 세운 것들도 있었고, 혈관을 집어올리기 위해 곡면 날을 무디게 만든 대신 갈고리를 단 것들도 있었다. 뼈 절단용 톱과 가위는 16세기에 실용적인 도구로 쓰이게 됐다. 그전에도 이런 톱과 가위는 있었지만, 단련 상태가 안 좋은 철로 만든 것들이라서 날이 워낙 무뎠기 때문에 뼈를 절단한다기보다 으깨는 일이 많았을 것이다.

그런데 더 예리해진 도구들이 사용하기 더 어려운 것으로 드러났다. 메스의 정밀성이 오히려 의사나 해부자의 손기술에 문제가 됐던 것이다. 브뤼셀의 의사 안드레아스 베살리우스(Andreas Vesalius)는 1543년에 『인체의 구조에 대하여(De humani corporis fabrica)』를 출간했는데, 이 책은 인체에 대한 이해는 물론 손기술 면에서도 하나의 획을 그었다. 왜냐하면 베살리우스가 "본인 손으로 수많은 시체를 직접 해부해 관찰한 결과"를 담았기 때문이다.[6] 그 이전에는 이발사나 의대 학생이 시체를 닥치는 대로 절개해 몸속이 드러나면, 전문가라는 사람은 위에서 내려다보면서 이건 뭐고 저건 뭐라는 식으로 설명을 해줬다. 르네상스 시대 해부학자들은 그때까지도 고대의 갈레노스(Galenus) 원칙에 따라 피부와 근육 층들을 도려낸 뒤 장기를 들어낸 다음, 마지막으로 골격에 도달했다.[7] 베살리우스는 말 그대로 자기 손으로 직접 해부해서, 혈관이 근육과 장기 조직에 얼기설기 이어진 모습을 상세히 묘사하는 등 예전보다 훨씬 정확한 정보를 밝혀내려고 했다.

이와 같이 정확한 정보를 얻기 위해 베살리우스는 메스를 절묘하게 쓰는 손기술을 연구해야 했다. 인체의 몸속을 하나하나 해부해 들어가려면, 어깨와 상박의 동작은 줄이는 대신 손가락 끝을 쓰는 게 중요했고 앞서 5장에서 봤듯이 최소한의 힘을 써야 했다. 메스는 지나치게 예리해서 손을 조금만 잘못 놀려도 해부를 망치거나, 살아 있는 인체의 수술에 재앙을 초래했기 때문이다.

메스를 쓰기 시작한 첫 외과의 세대는 시행착오를 통해서 메스를 잘 쓰는 방법을 배워야 했는데, 아주 단조롭고 가벼운 메스의 특성 때문에 어려움이 따랐다. 중국의 주방장이 썼던 칼은 육중한 도끼처럼 오히려 그 무게감 때문에 있는 힘을 그대로 가할 때의 문제가 확연하게 드러나기도 했고, 그만큼 이 도구를 잘 조절해야 할 필요성을 감지하기도 용이했다. 반면 가볍고 단조로운 도구를 손에 쥘 경우에는 사용자가 자기 몸을 어떻게 조절해야 할지 쉽게 감을 잡지 못한다.

단순한 도구들에서 이런 문제가 자주 생긴다. 단순한 만큼 여러 가지로 쓸 수는 있지만, 당장 무슨 일에 쓰려고 하면 어떻게 써야 잘 쓰는 것인지 아리송해진다. 요즈음에도 이와 비슷한 문제를 십자나사못을 박는 십자형 드라이버와 넓적한 일자형 드라이버에서 찾아볼 수 있다. 전용 도구인 십자형 드라이버를 쓸 때는 손을 어떻게 놀려야 할지 금세 감이 온다. 손아귀를 조였다 풀었다 하면서 나사를 돌리는 동작을 반복하면 된다. 넓적한 일자 드라이버는 끌이나 송곳처럼 쓰기도 하고 절단할 때도 쓸 수 있지만, 이때마다 손아귀를 어떤 모양으로 잡는 게 좋을지 도구 모양만 보고는 떠올리기 어렵다.

메스는 그 쓰임에서나 모양에서나 일자형 드라이버를 닮았다. 쓰기가 아주 난감한 도구이다 보니, 잘하는 사람이 하는 걸 봐도 그대로 따라 하기가 어려웠다. 베살리우스는 여러 사람 앞에서 시연도 많이 했지만, 메스를 쓰는 광경은 시각적인 영상일 뿐 직관적인 느낌은 줄 수 없었다. 한 예로 작은 혈관을 그 주변의 연계 조직으로부터 분리해 들어내게 되면, 그 혈관을 꺼내놓고 이리저리 뜯어보고 토론할 수 있었다. 그런데 그렇게 들어내기까지 메스를 어떻게 다루는지는 다른 사람들에게 보여주기 어려웠다. 1543년에는 근육 조직과 동작에 대한 지식이 워낙 일천해서 평평한 메스의 측면으로 혈관을 들어낼 때 엄지와 집게손가락의 균형을 유지하려면 넷째 손가락과 새끼손가락에 연결된 근육을 수축해야 함을 말로 설명하기란 불가능한 일이었다. 실기작업의 어느 분야에서고 무슨 작업을 실제로 시연해 보여주더라도 그걸 보고 이해하는 데는 오랜 세월이 흘렀다. 혈관을 들어내는 이 작업이 체득되기까지는 세 세대가 흘러, 1600년대 말에 가서야 일반화된 지식으로 자리 잡았다. 의학 역사가인 로이 포터(Roy Porter)가 지적하듯이 사람들이 해부 도구를 접할 때 드는 일차적인 인상은 기술보다는 형이상학의 영역에 속했다. 필립 스터브스(Philip Stubbs)가 쓴 『영혼의 해부(Anatomy of the Soul)』(1589)에 나오는 것처럼 '영혼을 절개하는' 도구로 비쳤던 것이다.[8] 이 만능 도구를 어떻게 써야 할지 너무 난감했기 때문일까? 우리 의학계 조상들은 이 오묘한 기술적 문제를 놓고 영혼을 들먹이는 거창한 언어로 표현했다.

근대 과학을 열었던 세 가지 도구를 간략하게 살펴봤지만, 놀라운 내용임이 틀림없다. 위대한 과학적 진보가 불완전한 도구나 종잡기 어려운 난감한 도구를 쓰면서 이루어진 것이다.

수리
고치면서 탐험하다

수리는 중히 여기는 작업도 아니고 그래서 이해가 부실한 상황이지만, 기술 영역의 장인의식에서 매우 중요한 측면이다. 사회학자 더글러스 하퍼(Douglas Harper)는 제작과 수리를 구분할 수 없는 하나로 본다. 그가 말하는 제작과 수리 두 가지를 모두 하는 사람은 "특정 기술의 구성 요소들을 알고 있을 뿐 아니라 나아가 그 기술이 지향하는 일반적인 목적과 기술을 지탱해주는 정합성까지 볼 줄 아는 지식의 소유자다. 이들의 지식은 생활의 '실제 상황을 인간적인 눈으로 이해하는 살아 움직이는 지능'이다. 즉 제작과 수리는 일정한 연속체 안에 통합돼 있는 지식이다."[9] 말이 좀 어렵긴 하지만, 수리를 해봐야 물건이 작동하는 방식을 제대로 알게 된다는 말이다.

가장 단순한 수리 방법은 물건을 분해한 뒤, 잘못된 부분을 찾아 교정해서 본래 상태로 돌려놓는 것이다. 이런 방법은 정적인 수리라고 부를 수 있는데, 토스터의 퓨즈가 나갔을 때 퓨즈만 갈아끼워서 수리하는 경우다. 동적인 수리는 물건을 다 수리한 뒤 기존의 물건 형태나 기능이 달라지는 경우다. 토스터의 고장 난 열선을 더 좋은 성능의 열선으로 교체하면, 얄팍한 식빵만 굽다가 두툼한 베이글 빵을 굽는 데도 쓸 수 있게 된다. 이보다 고차원적인 기술 수준에서는 관측자료상의 결함을 입력받은 수학 공식이 일괄 교정을 수행할 때처럼, 동적인 수리가 영역 확장의 형태를 띨 수도 있다. 또 동일한 작업 대상에 새로운 도구가 이용되는 형태의 동적인 수리도 있다. 예컨대 망치로 못을 박다가 잘못된 못을 제거해 원상태로 돌릴 때, 홑날 쐐기형 도구보다 굽은 겹날 갈고리가 더 낫다는 걸 16세기에 누군가가 발견하게 됐다. 이와 같이 동적인 수리는 원상태로 되돌리는 것 이상의 변화나 파급효과를 유발한다.

수리 작업은 모든 도구의 시험장이다. 더욱이 동적인 수리 경험은 용도가 고정된 전용 도구와 그렇지 않은 만능 도구의 경계를 구분하는 미세하지만 분명한 기준이 된다. 단순히 본래 상태로 되돌려놓는 도구는 우리 의식에서 전용 도구의 연장함에 가둬두기가 쉽다. 반면 만능 도구를 쓰게 되면 수리 작업을 좀 더 깊이 탐구할 수 있게 된다. 이 두 가지 도구의 차이는 우리가 말썽을 부리는 물건을 대할 때 보이는 두 가지 정서 반응과 직결된다는 점에서 의미가 있다. 그 하나는 말썽 난 물건 때문에 겪는 짜증에서 우선 벗어나고 싶어서 전용 도구를 쓰게 되는 경우다. 두 번째는 그 문제 상황 자체에 대한 호기심이 생겨서 짜증이 나더라도 참고, 문제를 곰곰이 들여다보는 경우다. 이럴 때는 동적인 수리를 하게 될 가능성이 자극되고, 만능 도구와 같은 다목적 도구가 호기심의 동반자로 쓰이게 된다.

17세기 과학이 큰 전기를 맞을 때도 이와 똑같은 일들이 일어났다. 동적인 수리가 영역이동을 통해서도 일어났고, 수리 기술의 발전을 통해서도 일어났다. 영역이동에 대해 언급하며 역사가 피터 디어(Peter Dear)는 "니콜라우스 코페르니쿠스(Nicolaus Copernicus)가 천문학에서 세운 명성은 수학적 능력 때문이지 세상 사람들이 생각하듯 관측가로서의 능력 때문이 아니다. 천문학자들은 천문학자가 아니었고, **수학자였다**"고 지적한다. 갈릴레오뿐 아니라 그 후의 뉴턴도 이와 똑같이 판단했다.[10] 이 과학자들은 흠집투성이의 영상 자료밖에 구할 수 없었기 때문에 눈에 보이는 것 너머로 생각을 펼치지 않고서는 아무런 결론도 얻을 수 없었다. 베이컨은 『신기관』에서 "눈으로 보는 것이야말로 정보를 얻는 가장 중요한 원천"이라고 천명했다.[11] 그렇지만 철학자 리처드 로티(Richard Rorty)의 말을 빌면, 그 시기의 시각적 도구는 있는 그대로 '자연을 비춰주는 거울'이 아니었다. 상태가 좋지 않은 시각 자료를 물리적으로 교정할 방도는 없었다.[12] 눈에 보이는 경계를 넘어서기 위해 물리학은 수학적 도구에 손을 뻗었다. 다시 말해 문제를 교정하는 수리 작업은 다른 분야에서 일어났다.

　이보다 좀 더 구체적인 형태의 동적인 수리는 17세기를 대표하는 인물 중 한 사람인 크리스토퍼 렌이 한평생을 바친 작업에서 두드러지게 나타났다. 영국 고교회(高教會, High Church)파 집안에서 태어난 그는 1640년대 청교도 혁명 세력을 피해 부모를 따라서 피난을 떠나야 했다. 이런 정치적 충격 속에서 자랐던 그는 과학을 안식처 삼아 성인기에 들어섰다. 어릴 적 렌은 망원경과 현미경을 가지고 놀았고, 13세 때는 두툼한 종이로 망원경을 만들어 아버지에게 보여주기도 했다. 그리고 3년 뒤에 옥스퍼드대학교에서 천문학 공부를 시작했고, 1665년에 24미터 길이의 망원경 제작을 시도하기도 했다. 현미경으로 들여다보는 세계도 흥미로워했는데, 17세기 때 현미경 제작의 대가였던 로버트 후크(Robert Hooke)와 맺은 친분이 큰 도움이 됐다.

　렌은 훌륭한 수학자였지만 렌즈의 결점을 수리해서 시각 자료 자체를 개선해보려는 노력도 했다. 1665년 로버트 후크의 『작은 도면들(Micrographia)』에는 꽃등에의 눈을 그린 유명한 그림이 나오는데, 현대의 학자들은 이 그림을 렌이 그렸을 것으로 추정하고 있다. 이 그림을 보면 후크나 렌이 현미경 렌즈를 통해 봤을 영상보다 훨씬 더 상세하고 선명하다.[13] 또한 현미경의 영상에는 나타나지 않는 음영 처리가되어 있는데, 그 무렵 명암의 대조를 강조하려고 예술가들이 썼던 명암법을 빌린 것이었다. 이 대목에서 새로운 종류의 영상 자료를 만들어낸 '수리'를 보게 된다. 수학 공식을 쓰지 않고, 그 대신에 과학과 예술을 결합해 수리가 이루어졌다. 달리 말해 그림을 그리는 펜이 유리 렌즈의 결함을 교정하는 수리 도구가 된 것이다.

렌은 청년기에 들어 그의 세 번째 실기를 배우게 되는데, 바로 동물을 해부하는 일이었다. 그때는 베살리우스가 숙달한 손동작이 의과대학 수업에 반영되지도 않았던 터라, 렌은 주로 시행착오를 통해 손기술을 스스로 익혔다. 그가 손기술을 익히게 된 데는 학문적인 동기가 있었다. 1628년에 혈액 순환을 처음으로 다룬 윌리엄 하비(William Harvey)의 논문이 나왔는데, 렌은 1656년 개의 정맥을 절단해 구토제의 일종인 '크로커스 메탈로룸(crocus metallorum)'을 흘려넣는 실험을 통해 이 논문의 내용을 검증해보려고 했다. 하비의 논문이 옳다면, 개는 격한 증상을 보여야 했다. 실험 결과 그런 증상이 나타났다. 렌은 "그렇게 구토제를 주입했더니, 개가 곧바로 구토를 일으켰고 계속 토하다가 죽었다"고 적었다.[14] 이 실험을 놓고 그와 같은 잔인한 실험은 의학에 아무런 역할도 할 수 없으며, 그런 결과에서 인체의 질병을 고칠 처방이 나올 턱이 없다고 반대하는 사람들이 나타났다. 젊은 나이에 이런 반대에 접한 렌은 많이 놀랐다. 반대했던 사람들은 고삐 풀린 호기심이 초래할 결과가 무서웠고, 의학에 몸담은 사람들도 의학이 드리우는 판도라의 그림자를 두려워했다.

새로운 지식이 가져올지 모를 파괴적 영향을 렌 또한 시인 밀턴 못지않게 분명히 의식하고 있었을 거라고 본다. 하지만 렌은 해부하면서 다뤘던 도구와 기술 덕분에 그도 지켜봤던 대참사인 1666년 런던 대화재가 남긴 숙제를 풀 수 있었다. 이 일을 맡게 된 그는 과학 분야에서 배웠던 동적인 수리의 원리를 상처 입은 도시를 치유하는 일에 써보려고 했다.

여러 가지 과학을 익혔던 렌은 건축에도 발을 들여놓았는데, 케임브리지에 지은 펨브로크 성당을 시작으로 1660년대에는 옥스퍼드에 셸더니언 극장을 짓는 일도 했다. 1660년 찰스 2세가 복위되자 렌은 건축가로서 다시 공적인 무대에 오르게 됐다. 이때 대화재로 무너진 런던을 다시 건설하는 계획을 맡았다. 나흘간 계속된 이 화재로 런던 시민 20만 명이 집을 잃었고, 1만 3000개가 넘는 가옥과 건물이 파괴되었다. 화재 2일차와 3일차에 최악의 피해가 일어났는데,[15] 런던의 건물들 거반이 목조 건물이었던 탓에 일단 불길이 세를 얻자 파죽지세로 도시를 휘감았던 것이다. 이 이틀 새에 성벽처럼 치솟는 불길에 겁먹은 사람들은 물건을 챙길 겨를도 없이 대피하느라 바빴고, 그 틈을 타고 설상가상으로 약탈까지 벌어졌다. 불을 피해 도망가기도 어려워서 도시 전체가 아수라장으로 돌변했다. 대화재 전 300년 동안 아무런 계획 없이 도시가 커진 탓에 얼기설기 뒤얽힌 샛길이 대피를 방해했기 때문이다.

목조건물을 벽돌로 다시 지어 도시를 옛 모습대로 복원하는 방법도 있었겠지만, 렌은 이 길을 선택하지 않았다. 도시를 통째로 다시 지어야 한다는 생각 자체가 도시설계를 혁신적으로 생각하는 계기가 됐다.[16] 렌의 과학적 배경이 이 방향으로 그를 인도했다. 물론 거리와 건물의 틀을 짜는 일에 렌즈와 인체에 관한 그 시대 사람들의 지식을 적용할 방법은 렌 역시 몰랐고, 기계적인 일도 아니었다. 그의 과학 도구들은 그 목적에는 맞지 않았던 것이다.

초토화된 도시를 재건하기 위한 다섯 개 방안이 나와서 경쟁하게 됐다. 렌의 재건안과 존 이블린(John Evelyn)의 재건안은 망원경으로 보이는 천체와 비슷한 모습으로 거리 형태를 구상했다. 1590년대 교황 식스토 5세가 로마의 포폴로 광장까지 일사천리로 달리는 복도식 거리를 고안한 이래, 까마득히 소점(消點)까지 닿을 듯 쭉 뻗은 거리는 건축 설계의 열망과도 같은 것이었다. 식스토 교황 치하의 로마에서는 높다란 기둥 꼭대기들이 도시 생활의 안내자였다. 복도식 거리마다 전략적으로 맨 끝에 배치한 거대한 오벨리스크 기둥이 거리의 종점으로 보행자들의 시선을 끌고 사람들을 불러들이는 기능을 했다. 렌의 설계는 이런 식의 꼭대기를 지정해 강조점을 두지 않았다. 그 대신 망원경으로 보는 우주의 모습처럼 어떤 도형이라고 잘라 말할 수 없는 불확정적인 통로 형태를 구상했다. 식스토풍 설계가 각각의 강조점을 두고 사람들의 동선까지 확정해둔 것과는 대조적이다. 렌이 구상한 동서로 뻗은 커다란 길은 중간에 세인트폴 대성당이 우뚝 솟아 있기는 하지만 군데군데 시장이 불규칙적으로 배치돼 있었다. 세인트폴 대성당 자체의 위치도 규칙성에서 벗어나, 대로가 이 거대한 건축물과 정확히 만나는 게 아니라 우회해 지나갔다. 서쪽으로는 가로수 대로를 만들어 플릿 강을 가로지르고 막다른 곳 없이 다른 길로 계속 이어진다. 동쪽으로는 커스텀하우스를 끼고 돌아 탁 트인 공간과 만난다.

그 시대 사람들의 다수가 그랬듯이, 렌은 현미경이 도시의 밀도를 탐구하는 새로운 관점이 될 수도 있다고 생각했다. 그전에는 전염병이 돌 때가 아니면 당국이 도시의 인구밀도를 분석할 일이 별로 없었다. 런던 재설계에 임한 렌은 주요 도로가 감싸고 있는 도시의 기본 구조 내부의 각 구획을 현미경 보듯 자세히 들여다봤고 아주 특징적인 방식으로 구상했다. 도시 주거 지역의 인구밀도를 가능한 한 세부 단위로 계산해, 교회에서 예배 보는 사람들이 동네마다 골고루 나누어지도록 교회의 숫자를 새로 계산했다. 그의 설계안에서 인구밀도 계산으로 나온 교회 숫자는 대화재 전의 86개와는 전혀 딴판인 19개였다. 교회 숫자를 뽑아내는 이런 치밀함을 보면 꽃등에의 눈을 확대해 그려놓은 그의 그림과도 비슷한 구석이 있다. 현미경으로 보는 내용보다 더 정밀했던 그림이다.

마지막 사항으로 구토제를 주입한 개의 경우도 런던을 '수리'하는 그의 생각에 도움이 됐다. 해부학자들은 메스 덕분에 혈액 순환을 연구할 수 있게 됐는데, 이 지식이 도로를 타고 움직이는 사람과 물건의 순환에도 적용됐다. 도로가 동맥과 정맥처럼 흐르도록 하자는 생각이다. 이때가 도시설계자들이 일방통행 도로를 도면에 처음으로 그려넣게 된 시기였다. 렌이 구상한 순환하는 도시는 경제활동을 설계 포인트로 잡아, 템스 강을 따라 목걸이 모양으로 늘어서 있는 창고들을 기점으로 상품이 들어오고 또 나가는 효율적인 도로망을 갖추려고 했다. 하지만 이 설계 모형에는 인간의 심장처럼 모든 흐름을 통제하는 하나의 중심기지는 없었다.

렌의 오랜 숙적이었던 로저 프랫(Roger Fratt)은 렌의 계획을 폐기해야 한다고 주장했다. 그저 궁금해서 배를 갈라보자는 수술과 다를 바 없는 계획이어서 문제를 해결하려다가 더 많은 문제를 초래할 것이라는 게 그 이유였다. 프랫은 또 말하길, "설계가 가져올 결과가 딱 부러지게 나오기 전에는 설계다운 설계라고 말할 자격이 그 누구에게도 없기 때문에" 시 위정자들이 행동에 옮길 근거가 못 된다고 했다. 이 관료주의적인 반대에 맞서 렌은 실험해보는 것 자체가 이 계획의 장점이라고 반격했다. 그 무렵 이 일을 지켜본 한 사람의 말을 빌면, 이 계획의 장점은 '비옥한 상상력'이며, 그 비옥함이 불완전하고 모호한 상태에 있을 뿐이라고 했다.[17]

이 기념비적인 사건을 이토록 오래 거론하는 데는 오늘날 비슷한 유형의 재앙이 일어나고 있다는 이유도 있다. 얼마 전에 미국 뉴올리언스와 영국 글로스터가 수해에 잠겼고, 지구 온난화로 말미암아 더 심각하고 돌발적인 파괴가 언제 일어날지 모른다. 렌의 시대가 직면했던 문제는 우리 시대의 문제이기도 하다. 이런 재앙이 닥친다면 예전 모습대로 복원할 것인가, 아니면 좀 더 동적이고 혁신적인 수리를 할 것인가 하는 문제다. 두 번째 길이 기술적으로는 더 까다로워 보일 것이다. 마땅히 목적에 맞는 도구가 수중에 있는 게 아니기 때문이다. 렌의 이야기를 들어보면 두 번째 길로 가자는 욕망이 커질 수도 있을 것이다. 이 이야기는 제한적이고 불확실한 도구들이 상상력을 자극해 문제에 대처할 능력을 향상시켜서 긍정적인 변화를 유도할 수 있다는 걸 보여준다. 헤라클레이토스가 남긴 유명한 말은 우리 모두에게 익숙하다. "아무도 똑같은 강에 두 번 다시 발을 담글 수 없다. 물도 그전의 물이 아니요, 사람도 그전의 사람이 아니다." 장인은 이 격언을 삶이 완전히 덧없고 유동적이라는 뜻으로 받아들이지 않는다. 장인은 다만 일이 되도록 고치기를 반복하면서 일하는 방법을 다시 생각할 것이다. 그렇게 다시 고치는 일에 제한적인 도구나 쓰기 어려운 도구가 유용한 도구가 될 수도 있다.

영험한 도구
루이지 갈바니의 불가사의한 전선

'갈바니즘(Galvanism)'은 전기의 실체를 탐구하다 보면 무언가 영험한 구석이 엿보인다며 이걸 보라고 수군대는 조류나 그런 현상이 벌어지는 순간을 말한다. 이런 움직임에는 정상적인 과학도 있었고, 영적 세계를 들먹이는 속임수도 있었다. 그런 속임수 중에서 예를 들어 이런 일이 벌어진다. 어두운 방안에 사람들을 모아두고 신비로운 줄이나 병 같은 것들로 서로를 연결해 순간적인 전류를 그들 몸으로 흘려보내면 신통하게도 병이 낫거나 사라졌던 성 능력이 멀쩡해진다는 것이다. 정상적인 과학으로서의 갈바니즘은 18세기에 등장했는데, 알고 보면 고대 이래로 쭉 영글어왔던 생각이다.

기원전 6세기 그리스 밀레토스 지방의 탈레스(Thales)는 털가죽을 호박(琥珀)에 문지르면 털이 곤두서는 이유를 곰곰이 생각했다. 어디에선지는 몰라도 에너지가 이동됐기 때문에 털이 일어났을 거라는 생각이 그 옛날에도 있었다. (우리가 쓰는 전기라는 말, 즉 영어로 '일렉트리서티electricity'는 이 호박을 뜻하는 그리스어 '엘렉트론elektron'에서 나왔다.) 영어로 전기라는 낱말이 처음으로 출현한 것은 토머스 브라운(Thomas Browne) 경의 『유행성 오류와 독단(Pseudodoxia Epidemica)』이 출간됐던 1646년이다. 지롤라모 카르다노(Girolamo Cardano)와 오토 폰 게리케(Otto von Guericke), 로버트 보일(Robert Boyle)이 전기 연구에 크게 기여했지만, 전기가 하나의 연구 분야로 자리 잡게 된 것은 18세기 새로운 실험 도구들이 발명된 덕분이었다.

이런 도구들 가운데 가장 큰 영향을 미친 것은 1745년 피터르 판 뮈스헨브루크(Pieter van Musschenbroek)가 고안한 라이덴병(Leyden jar)이다. 이 물건은 안에 물을 부어넣고 금속선을 물속에 담가놓은 유리병이다. 이렇게 만든 유리병은 이 금속선에 털이 곤두서는 경우처럼 여러 가지 방법으로 발생시킨 정전기를 접촉시키면 전기를 저장하는 특성이 있었다. 유리 바깥 면에 금속 막을 입히면, 전기가 저장되는 효과가 커지는 현상도 나타났다. 도대체 어떻게 전기가 저장되는 것인지가 그 무렵 사람들이 수군대던 불가사의한 일이었다. 벤저민 프랭클린은 유리 자체가 전기를 저장한다고 생각했는데, 물론 틀린 생각이었다. 지금은 라이덴병의 바깥쪽 면과 안쪽 면에 각각 동일한 세기의 양(+)전기와 음(−)전기가 저장된다는 사실을 알고 있지만, 판 뮈스헨브루크는 이 사실을 몰랐다. 더욱이 라이덴병에 저장된 전기에너지를 살아 있는 생물에 접촉시킬 때(특히 여러 개의 라이덴병을 병렬로 접촉시킬 때) 강한 충격을 유발하는 이유는 그저 궁금할 뿐이었다. 이렇게 유발되는 충격을 이탈리아 볼로냐의 의사 루이지 갈바니(Luigi Galvani)가 열정적으로 탐구했다. 바로 이 사람의 이름에서 갈바니즘이란 말이 생겼다.

갈바니는 전류를 개구리를 비롯한 여러 동물의 사체에 흘려보내는 실험을 했다. 그러면 죽은 동물의 근육에 경련이 나타났는데, 개구리의 뒷다리 근육이 수축했다가 걷어차는 강렬한 동작을 일으켰다. 그는 이런 경련 반응을 보고, '동물전기유체(animal electric fluid)'를 머금은 어떤 액체가 근육을 움직이게 하기 때문일 거라고 생각했다. 이미 죽어 있는 근육이 이렇게 움직일 수 있다면, 살아 있는 생명체도 어쩌면 라이덴병과 비슷한 게 아니냐는 생각이다. 그의 동료 물리학자 알레산드로 볼타(Alessandro Volta)는 동물전기유체란 것이 있는 게 아니라, 근육 속의 금속 성분이 전기 자극을 받아 화학반응을 일으키기 때문에 경련 반응이 발생하는 것이라고 생각했다. 서로 생각은 달랐지만, 두 사람 모두 죽은 개구리의 근육이 펄떡인다는 것은 영험한 무언가를 암시하는 현상이라고 생각했다. 어쩌면 이로부터 에너지의 근원을 알게 될지도 모르고, 결국 모든 살아 있는 존재의 생명을 설명해줄 요인이 풀려나올지도 모를 일이었다.

18세기 영국의 물질주의를 연구한 저서, 『달사람(The Lunar Men)』에서 제니 유글로(Jenny Uglow)는 어떻게 실용성만을 중시하는 사람들한테까지도 갈바니즘이 과학적인 영험함으로 다가올 수 있었는지 설명한다. 1730년대에 스티븐 그레이(Stephen Gray)는 전기가 전선을 타고 아주 먼 거리까지 전송될 수 있다는 사실이 영험할 정도로 신기했다. 18세기 말에 찰스 다윈의 할아버지 이래즈머스 다윈(Erasmus Darwin)에게 떠오른 단상은 이보다 훨씬 먼 곳까지 보고 있었다. 그는 『자연의 신전(The Temple of Nature)』에서 "우리 몸 전체가 일종의 전류인 것인가?"라고 자문했다. "모든 온혈동물이 한 개의 살아 있는 필라멘트, 즉 동물의 몸을 가질 수 있었던 제1원인에서 생겨났다고 가정한다면 지나치게 대담한 생각일까? 이를테면 태초에 존재했을 이 제1원인이 자기 몸으로 전에 없던 것들을 획득할 능력도 있고, 그렇게 새로 붙은 부위들이 다르게 변해갈 성질이 있다고 하면… 결국 자신의 움직임만으로 계속 발전해갈 능력이 있는 그러한 최초의 출발점 말이다."[18] 유글로는 이미 이 말에 진화론의 모습이 나타나 있다고 주목한다. 우리 입장에서는 이 한 낱말, **필라멘트**(filament)에만 주목하면 될 것이다. 전선으로 만든 이 필라멘트가 요즘 우리에게는 아주 흔해빠진 물건이지만, 그 무렵 사람들에게는 아주 영험한 물건이었다.

'영험하다'는 것은 무슨 의미일까? 헤겔은 이렇게 말했다. "형체 없는 상징처럼 따라다니는 갈망 같은 것이다. 부글거리는 흥분이요,

신비로움이고, 그 아름답고 위대하고 경이로움을 말로 이름 지어 헤아릴 수 없는 무극의 예술이다."[19] 이 말에 담긴 각 의미가 일종의 실기작업으로 실행되기도 했다. 라이덴병과 전기 필라멘트에서 비롯된 생각이 숨이 막 넘어간 사체를 전기를 이용해 다시 살려내 보려는 프로젝트로 번지기까지 했다. 갈바니의 조카 지오바니 알디니(Giovani Aldini)가 바로 이 일을 시도했는데, 방금 사형이 집행된 범죄자의 시신을 넘겨받아 실험을 했다. 실험 결과를 1803년 영국인 다수에게 발표하자, 남의 말을 잘 믿는 편인 이들은 사체의 근육이 전기 자극으로 펄떡거렸다는 것을 (알디니가 전하는 표현에 따르면) '불완전한 부활'의 표시라고 생각했다. 그뿐 아니라 종국에는 이 프로젝트가 불가사의한 생명의 신비를 찾아낼 거라는 생각도 했다.

'영험하다'는 것은 무슨 의미일까? 에드먼드 버크(Edmund Burke)는 이렇게 말했다. "영험함은 고통에서 비롯되는 아름다움이다… 좋고 긍정적인 데서 생기는 즐거움과는 차원이 다른 경지다."[20] 무언가를 실제로 꾸미는 실기작업에서 이러한 상태는 일 자체만을 엄밀하게 좇아갈 때 나타날 결과다. 과학이라는 이름을 걸고 이런 영험함을 향해 달려가다 보면 인간 스스로 판도라의 고통을 자초할 것이다. 적어도 메리 셸리에게는 갈바니즘이 그러한 모습으로 다가왔다. 라이덴병과 전선을 손에 쥔 상상력이 고삐가 풀린 채 궁극의 신비를 향해 달려가는 모습, 그것은 생명을 불러내려다가 빚게 되는 고통이다.

1816년에 쓰인 『프랑켄슈타인』은 파티에 어울린 사람들이 우연히 게임을 하다가 탄생한 소설이다. 메리 셸리와 남편 퍼시 셸리(Percy Shelley) 그리고 바이런(Byron) 경은 그해 여름에 함께 여행을 떠났다.

바이런 경은 무료한 시간을 보내볼 요량으로 각자 귀신 이야기를 적어 보자고 제안했다. 소설이라곤 써본 적도 없었던 방년 열아홉 살의 메리 셸리는 전혀 다른 공포물을 쓰게 됐다. 그녀가 등장시킨 작중인물 빅터 프랑켄슈타인(Victor Frankenstein) 박사는 남의 '살과 피로 빚은 생명체(flesh-and-blood Creature)'를 만든다. 셸리는 이렇게만 부르고 다른 이름을 짓지 않았다. 그녀가 묘사하는 이 생명체는 인간보다 훨씬 큰 덩치에 힘도 세고 아주 거칠다. 근육도 무지막지하고 찢어질 듯 팽팽한 연노랑 피부가 그 위를 덮고 있는데, 두 눈을 보면 흰자위 검은자위 가릴 것 없이 각막으로 덮여 있다.

이 생명체는 만나는 사람들한테 사랑받고 싶어한다. 로봇으로 만들어졌지만 인간을 닮은 복제물이 되고 싶은 것이다. 하지만 그 실물을 보면 웬만한 사람들은 겁에 질려 피하기만 한다. 그러다가 이 괴물은 고뇌에 찬 증오감에 살인자로 돌변하고 만다. 프랑켄슈타인 박사의 둘도 없는 친구인 동생을 살해하고, 박사의 부인까지 살해한다. 그녀는 이 이야기를 구상하기 전에 꿈을 꾸던 중, 어느 생명체가 자기를 만든 창조자의 잠자리 곁에 서 있는 광경을 보았다고 한다. 잠자는 창조자의 모습을 내려다보는 그의 두 눈은 "눈물 가득한 누런빛으로 뚫어질 듯" 쏘아보고 있었다고 한다.[21]

퍼시 셸리도 대학에서 흥미 삼아 '생명 전기'를 실험해보곤 했다. 메리 셸리는 독자들도 이미 잘 알고 있을 갈바니의 전기 자극 실험을 소설 중간에 내비쳤는데, 충분히 그럴 듯하게 읽힐 만했다. 작중의 젊은 프랑켄슈타인 박사는 갈바니 실험의 단서를 따라가며 제작에 들어간다. 사체에서 구한 신체 부위들을 이어 맞춘다. 살집을 접착시키고 전기 자극을 가하는 데 필요한 각종 액체를 증류해 만든다. 이어서 전선을 둘러 감고 기계 장치를 연결한다. 프랑켄슈타인이 들려주는 이야기가 나온다. "전기와 갈바니즘은 전혀 새로울 뿐 아니라 아주 놀라웠다."[22] 셸리는 어떻게 살을 붙이고 또 신체 부위들이 어떻게 더 크고 강한 상태로 조립됐는지는 설명하지 않는다. 프랑켄슈타인 박사의 작업을 실현시킨 모종의 '강력한 엔진'만을 소설의 서문에서 언급할 뿐이다. 여기서 엔진이라고 했던 것은 그 무렵 전기 자극 실험에 널리 쓰였던 볼타전지(알레산드로 볼타가 발명한 전지)와 같은 물건을 염두에 뒀을 것이다.[23]

셸리의 독자들은 프랑켄슈타인 박사가 생명 못지않게 죽음에도 집착하는 대목에 충격을 받았다. "생명의 원인을 살펴보려면, 먼저 죽음부터 들여다봐야 한다"는 간결한 그의 말이 흘러나온다. 분명히 알디니의 현장 실험을 연상케 하는 말이다.[24] 이처럼 삶과 죽음에 걸친 희미한 경계는 공상과학물에도 많이 등장한다. 뒤이어 19세기 알프레드 자리(Alfred Jarry)의 『슈퍼메일(Supermale)』이나 20세기 아이작 아시모프(Isaac Asimov)가 그린 우주에 체류하는 로봇이 그런 내용들이다. 하지만 과학의 영험한 경지로 들어서는 문을 두드렸던 것은 메리 셸리가 발휘했던 독특한 상상력이다.

그 상상력이란 누군가의 도구, 즉 다른 사람이 만들어 생명을 갖게 된 도구로 태어난다는 게 어떤 모습일지 그려보는 것이었다. 살아 있는 기계가 된다는 게 어떤 것일지 떠올린다는 것은 직관적인 도약이 필요한 일이었다. 라이덴병과 전기 필라멘트를 '생명을 들여다볼 도구'라고 말했던 데서 드러나듯, 갈바니는 이런 직관적 도약에 쓸 도구를 자신이 내놓았다고 생각했다. 하지만 이런 직관적 도약을 그 스스로 해보지는 않았다. 여러 가지 희한한 말을 내건 회합들에도 불려 나갔고, 수입도 짭짤했다. 그 덕분에 갈바니는 부자가 됐다. 그런 자리에서 환자가 결국에 죽든 살든, 혹은 정자 수가 증가하든 아니든 간에 회합에 오는 사람들은 돈을 냈다. 물론 선불제였다. 메리 셸리는 실험실은 없었지만, 갈바니보다 훌륭한 탐구를 했다고 말할 수 있을 것이다. 그녀는 갈바니의 과학이 가져올 결과를 알고 싶어했다. 즉 상상하는 행위를 도구로 삼아 갈바니의 과학을 더 깊이 이해하고 싶어했다.

소설을 통해 셸리가 상상했던 것처럼, 아마도 똑같은 직관적 도약을 오늘의 우리도 하게 될지 모른다. 사실은 어쩔 수 없이 해야 할 상황이다. 스스로 생각하는 기계가 더욱 현실화될수록 이런 기계들이 무슨 생각을 하게 될지 직관하는 일이 더욱 필요해진다. 초소형 전자기술은 최근에 들어 진보했지만, 그 이전에는 지능적 자동화라는 것도 공상적인 이야기처럼 들렸었다. 영국 정부의 과학혁신국(Office of Science and Innovation)은 2006년 '로봇 권리(Robot-rights)'를 다룬 보고서를 냈다. 그 필자들은 "인공지능이 실현되어 널리 활용된다든가, 로봇이 자신들을 재생산하고 스스로 개선할 수 있게 되면, 인간의 권리를 로봇에게도 확대 적용해야 한다는 요구가 나올 수 있다"고 밝혔다.[25] 그렇다고 하더라도 인간의 개입 없이 자기 일을 알아서 처리하는 복잡한 기계가 어느 정도나 완벽해질 것인가? '로봇 권리' 보고서를 비판하는 입장인 노엘 샤키(Noel Sharkey)는 권리 문제와는 다른 방향에서 문제를 제기한다. 예를 들어 지능적인 군사 로봇이 인간이 죽고 말고는 전혀 개의치 않고 고도의 전투 능력을 발휘하는 상황을 우려하고 있다.[26] 이런 로봇들이 권리는 없을지 몰라도 셸리의 생명체와 마찬가지로 의지를 가지게 될 수도 있는 일이다.

이 오리무중과도 같은 인공지능 문제는 피해가더라도, 직관적 도약을 통해 미지의 세계로 성큼 내디딜 때 우리가 도구란 것을 활용할 수 있는 좀 더 일반화된 형태를 이해하려고 한다. 동적인 수리는 현실의 문제를 해결하기 위해 미지의 세계로 들어가는 일이다. 복잡한 문제가 되기는 하겠지만, 이러한 작업에 직관적 도약이 어떻게 개입되는지 살펴보자.

상상력 깨우기
직관적 도약은 어떻게 일어나는가

아주 골치 아픈 일이 생겼다고 치자. 이리 해봐도 안 되고 저리 해봐도 안 된다. 뭔가 신통한 묘수가 떠오를 듯하지만, 그 영험한 가능성은 헤아리기가 어렵다. 그래도 그리로 비집고 들어가는 직관적 도약이 어떤 식으로 일어나는지 구체적으로 묘사할 수는 있다. 직관적 도약은 네 단계로 일어난다.

우리의 생각은 항상 무언가의 틀을 준거로 삼아 흘러간다. 흄은 우리가 기대하지 않은 일이나 예상 밖의 일을 '어쩌다 만날' 때 비로소 생각의 준거가 되는 틀이 확장된다고 주장했다. 그가 보기에 상상은 우리 스스로 하는 일이 아니라, 우리**에게** 일어나는 일이다. 하지만 장인의 생각은 이러한 흄의 짐작과는 다르게 흘러간다. 늘 구체적인 작업과 함께 사는 장인은 아무리 우연한 일이라고 해도 '어쩌다 만나는'

게 아니라, 그가 작업으로 다져가는 터전 위에서 만나기 때문이다. 아직은 안 되지만 될 수도 있겠다는 느낌이 오는 순간, 직관은 시작된다. 장인이 부딪치는 기술적인 문제에서 도구의 한계 때문에 일이 막히거나, 될 것도 같지만 아직 자신할 수 없을 때가 있다. 짜증이 치밀고 당혹스럽고 망설여진다. 장인의 일에서 무언가 될 수도 있겠다는 느낌, 그 가능성의 단서는 바로 이런 감정의 토양에서 찾아온다. 17세기 불완전했던 망원경과 현미경에서 렌즈 성능을 초월할 수 있는 무슨 방도가 있지 않겠느냐는 생각이 싹트게 됐다. 18세기 생명의 신비를 기웃거리는 영험한 과학의 문을 두드릴 때도 확신할 수는 없지만 인체에 적용해보자는 발상을 라이덴병과 전기 필라멘트에서 얻었다.

우리는 그런 가능성을 향해 성큼 뛰어올라 단서들을 잡아챈다. 도구를 쓴다는 게 이런 직관적 도약에서 무슨 역할을 하는 것일까? 직관적 도약의 첫 단계는 목적이 고정된 전용 도구의 주형을 깨면서 일어난다. 상상의 영역에서 이러한 파괴가 하는 역할은 회상과는 다르다. 예를 들어 토머스 홉스는 우리가 상상한다는 게 감각을 통해 이미 경험했던 일을 되돌아보는 것이라고 이해한다. 그는 한마디로 "상상은 점점 흐릿해가는 감각일 뿐이다"라고 선언한다. 우리의 감각을 자극한 대상이 사라진 뒤에도 그 기억은 남게 되며, "눈을 감은 뒤에도 우리가 봤던 대상의 이미지는 실제로 볼 때보다 흐릿하기는 해도 그대로 남는다." 캐번디시 집안 아이들을 실험했을 때처럼, 이런 경험을 언어로 재구성하기 시작해 "사물의 이름을 시간 순으로 늘어놓고 긍정과 부정을 비롯한 여러 가지 표현 형태로 짜맞춘다"고 홉스는 쓰고 있다.[27] 그의 생각에는 상상이란 것이 기억을 다시 짜맞추는 과정이지만, 동적인 수리는 이렇게 작동하지 않는다. 렌이 꽃등에 눈을 그릴 때 했던 작업은 '실제로 보는 것보다 흐릿한' 상태의 기억을 재구축하는 게 아니었다. 그와 반대로, 실제로 흐릿하게 보이는 사물에서 명료한 모습을 새롭게 구축하는 일을 했다. 우리는 이 첫 번째 단계를 **틀 바꾸기**(reformatting) 단계라고 부를 수 있다. 틀 바꾸기의 발판은 이미 마련돼 있다. 지금 손에 쥔 기술을 쓰는 일이고, 쓰는 틀만 바꾸는 것이기 때문이다. 렌의 경우 명암법 효과와 정밀한 펜을 써서 그리는 기술을 활용했다. 틀 바꾸기는 도구나 작업을 바꿔서 적용할 수 있는지 알아보려는 의욕이며 그 이상도 이하도 아니다.

직관적 도약의 두 번째 단계는 서로 다른 두 영역을 **나란히 놓는 일**(adjacency)이다. 전혀 다른 두 영역을 근거리로 옮겨놓는데, 두 영역이 가까워질수록 상상을 자극하는 양자 간의 관계가 드러나기 쉽다. 갈바니와 볼타는 라이덴병과 주변 도구들을 이용해 감각으로는 알 수 없는 에너지 영역을 유형적인 물질 영역(즉 물, 금속)의 근거리로 옮겨놓는 실험을 했다. 즉 비가시적인 영역과 가시적인 영역이 도구를 통해 가까운 위치로 이동한 것이다. 단순한 만큼 다용도로 쓸 수 있는 도구를 활용해 동적인 수리를 하는 일도 같은 관점에서 볼 수 있다. 도구의 본래 용도와는 다른 일임을 우리의 손과 눈으로 감지하는데, 단순해서 쉽다는 측면과 애매하고 어렵다는 측면이 동일한 작업 내에 나란히 존재한다. 메리 셸리의 경우는, 서로 극과 극인 삶과 죽음을 나란히 놓으려고 했다. 그녀가 등장시킨 프랑켄슈타인 박사는 실존 인물인 갈바니의 조카처럼 삶과 죽음이라는 두 가지 상태를 긴밀하게 잇는 통로를 이해하려고 노력한다. 앞서 1장에서 나왔던 사례를 상기해보자. 이동전화를 개발하기 위해서는 상당히 이질적인 두 가지 기술(무선통신과 유선전화)을 나란히 모아놓고, 아직은 보이지 않지만 이 두 가지를 연결할 수 있는 게 무엇일지 생각해야 했다.

그다음으로 여러 영역을 가로지르는 직관적 도약의 실제 과정은 두 단계를 더 거치게 된다. 직관적 도약에 필요한 작업에 들어갔다고는 해도, 앞으로 세밀하게 비교하는 과정에서 무엇을 얻게 될지 미리 정확히 알고 하는 것은 아니다. 이제 세 번째 단계에서는 암묵적 지식을 의식의 세계로 퍼올리는 일을 한다. 명확하게 비교하기 위해서다. 여기서 우리 스스로 깜짝 놀란다. 놀라는 행위는 알고 있다고 생각했던 것이 전혀 딴판이라고 스스로 인정하는 독백이나 마찬가지다. 기술을 이전할 때 그저 한 가지 작업공정을 다른 일에 써먹으면 그만이라고 생각했던 사례가 많았지만, 갑자기 몰랐던 사실들이 드러난다. 바로 이 세 번째 단계에 들어섰다는 뜻이다. 예전의 생각과는 달리, 원래 작업공정에 대해 알고 있던 내용에서도 더 깊숙한 부분이나 이전엔 몰랐던 다면적인 관계가 드러난다. 이때 이전할 기술의 제작자 본인도 놀랍고 신기함을 느끼게 된다. 고대 그리스어는 경이(驚異), 즉 놀랍고 신기함을 **창조**(making)의 어원인 **포이에인**(poiein)이란 말에 담았다. 『심포지엄(Symposium)』에서 플라톤은 경이로움을 낳는 근원인 포에시스(poesis)를 가리켜 "어떤 것이든 없다가 생기는 것은 모두 포에시스다"라고 말한다. 현대 작가인 발터 벤야민(Walter Benjamin)은 다른 그리스 낱말, **아우라**(aura: '스스로 뿜는 빛으로 감싸인 존재')로써 어떤 존재가 뿜어내는 경이감을 묘사했다. 사람들이 느끼는 경이감에는 자기가 빚은 일도 아니고 애초의 사연도 모르는 일에서 느끼는 경이감도 있다.

하지만 자기가 하는 일이나 만드는 물건의 경우는, 경이감도 그 토대가 먼저 준비되어야만 생길 수 있다.

마지막의 네 번째 단계는 '도약'을 하더라도 '중력'은 계속 작용한다는 점을 인식하는 것이다. 기능과 작업의 전수를 예로 들면, 풀리지 않은 문제는 전수 과정에서도 풀리지 않은 채로 남는다. 렌은 현미경 기법을 이용해 도시 인구의 밀도를 분석해보자는 상상은 했지만, 정확하게 계산할 수는 없었다. 로저 프랫은 이 부정확성을 간파하고 렌을 비난했다. 그 기법의 한계를 알고 있던 렌은 참아내며 일을 해냈다. 불완전한 기법이었지만 여기서 새로운 통찰을 얻었다. 도약 후에도 중력을 인식하는 게 더욱 중요한 이유는 기술이전에 대한 빈번한 환상을 바로잡아 주기 때문이다. 실제로 어느 기술공정을 가져오면 그동안 몰랐던 문제가 새로 드러나게 된다. 좀 더 일반적으로 말해 기술이 들어올 때는 이민자가 들어올 때처럼 본래 딸려 있는 문제들도 따라 들어오게 마련이다.

여기까지 직관적 도약이 일어나는 네 가지 요소를 살펴봤다. 즉 틀 바꾸기, 나란히 놓기, 깜짝 놀라기, 중력의 인식이다. 이런 순서가 고정된 것은 아니고, 특히 첫 두 단계는 더욱 그렇다. 어떤 때는 곧바로 이질적인 기술 두 가지를 비교하다가 그 각각을 다르게 활용할 수 있음을 깨닫게 되기도 한다. 피아노 제작자의 연장함을 예로 들면, 피아노 해머를 부드럽게 하는 데 쓰이는 픽을 펠트 나이프 곁에 둘 때가 생긴다. 단지 이 둘이 크기가 비슷하기 때문인데, 이 배열을 무심코 지켜보다 보면 그 곁의 송곳으로 펠트를 들어 올릴 수도 있겠다는 생각이 스칠 수 있다.

처음의 단계들이 어떤 순서로 흘러가든, 이처럼 차곡차곡 단계를 밟아가는 과정을 '직관적'이라고 부를 만한 것인가? 앞에서 묘사한 내용은 직관이라기보다 일종의 추론이 아닌가? 이것이 추론인 것은 맞지만, 연역적 추론은 아니다. 직관적 도약이 동원하는 추론은 특수한 형태의 귀납이다.

직관적 도약은 삼단논법을 거부한다. 고전논리학이 전하는 삼단논법은 다음과 같이 익히 알고 있는 방식으로 흘러간다. "모든 인간은 죽는다 / 소크라테스는 인간이다 / 그러므로 소크라테스는 죽는다." 첫 문장은 공리 혹은 대전제로, 보편적인 명제다. 삼단논법의 흐름은 두 번째 문장에서 일반(보편)에서 개별(특수)로 넘어간다. 이 흐름을 토대로 세 번째 문장에서 연역을 한다. 귀납이 일어난 곳은 첫 문장이다. 모든 인간은 죽는다는 일반적 진리를 말한 것인데, 사고의 흐름을 이어가기 위해 우리가 채택한 판단이다. 이렇게 채택한 일반성을 개별 사례에 적용해서 하나의 결론을 도출하는 흐름이다.

17세기 과학계의 큰 스승 프랜시스 베이컨은 삼단논법이 잘못될 수 있다고 주장했다. 그는 '열거에 의한 귀납'을 비슷한 사례를 수없이 모으지만 들어맞지 않는 사례는 무시하는 것이라고 배격한다. 그는 또 수많은 사례가 비슷하다는 것이 그 사례들의 본질까지 말해주는 것은 아니라고 지적했다. 이를테면 포도주를 아주 많이 마셔서 다양한 맛을 경험했다고 해서 포도주의 정체를 알게 되는 것은 아니다. 베이컨은 삼단논법적 사고가 보편적인 제1원리들을 찾는 '진리 탐구'에 별로 효과적이지 않다고 선언한다.[28]

직관적 도약은 연역과 삼단논법에 바탕을 두는 사고 유형과는 맞지 않는다. 틀 바꾸기와 나란히 놓고 비교하는 일은 이미 있는 상자 속에서 낯익은 도구나 일을 꺼내놓는다. 직관적 도약을 시작하는 이 첫 세 단계에서 치중하는 물음은 '만약 이렇다면?'과 '그렇다면 어떻게 될까?'이지, '그러므로'가 아니다. 그리고 마지막에서 중력을 충분히 의식하는 사고로 육중한 짐을 들어 나른다. 예술에서도 그렇고 기술이전에서도 도약은 무거운 짐을 들어 나르는 일이다. 직관적 도약은 부담스럽지만 문제를 가지고 가는 것이지, 삼단논법식으로 명쾌한 결론을 뽑고 나서 끝내자는 게 아니다.

이 장에서는 경험에서 이탈하지 않은 채 직관이란 것에 맴도는 신비를 어느 정도 걷어내려고 노력했다. 직관은 실기가 될 수 있다. 도구를 일정한 방식으로 사용하면 이 창의적인 경험을 조직할 수도 있고, 생산적인 결실을 얻을 수도 있다. 제한적인 도구와 만능 도구, 둘 다 창의적인 도약에 활용할 수 있다. 그래서 물질적 현실을 고칠 수도 있고, 될 수 있다고 느껴지지만 아직은 미지수인 현실로 들어설 길목을 발견할 수도 있다. 그렇지만 이러한 도구들은 상상의 영역에서 한 귀퉁이만을 채워줄 뿐이다. 그곳에 가구 몇 개를 더 보태기 위해 저항과 모호를 살펴보려고 한다. 직관과 마찬가지로 장인의 상상력을 형성해주는 것들이기 때문이다.

8장
저항과 모호
Resistance and Ambiguity

"과녁을 맞히겠다는 생각을 버려야 하느니!" 선 수행에서 나오는 이 충고 한마디는 지나치게 종잡기 어려운 말이다. 혈기 왕성한 궁도 수련생이 이 말을 듣다가 짜증이 치밀면 이렇게 말하는 스승에게 활을 겨누고 싶을지도 모를 일이다. 이 스승의 속마음이 뒤틀려 나오는 말은 아니다. 『궁도(The Art of Archery)』의 저자는 "너무 애쓰지 말라"는 뜻이라고 설명하면서 실용적인 도움말을 덧붙인다. 너무 열심히 애쓰고 너무 마음을 몰아세우면, 조준이 흐트러져서 이리저리 빗나가기만 한다는 뜻이라고 풀이한다.[1] 이 충고는 힘을 최소한으로 줄이라는 교훈을 훌쩍 뛰어넘는 경지에 가 있다. 젊은 궁도 수련생은 활의 저항을 익혀가면서 화살을 겨누는 갖가지 방식을 찾아보라는 지시를 받는다. 물론 어떻게 그리하라는 것인지는 모호하기만 하다. 그런데 그러다 보면 수련생의 조준이 한결 나아진다.

이 선 스승의 가르침은 도시문화에도 적용해볼 수 있다. 20세기 도시계획의 대부분은 다음과 같은 원칙에 따라 전개됐다. 일단 헐 수 있는 것은 모조리 헐고 맨땅처럼 밀어버린 다음, 새로 건설한다는 것이다. 이전에 있던 환경은 설계자에게 가로거치는 것으로 간주됐다. 이와 같은 공격적인 처방은 번번이 재앙적인 결과를 초래했다. 쓸 만한 건물을 많이 파괴했고, 아울러 도시의 기본 구조와 결합돼 있던 갖가지 생활방식도 파괴했다. 게다가 재개발한 건물들이 더욱 엉망일 때도 허다했다. 대규모 프로젝트들은 과잉 결정과 용도 고정으로 말미암아 문제를 자초했다. 언제나 그렇듯이 시간이 흐르면 용도나 구조를 꽉 짜놓은 건물들은 쓸모가 없어진다. 그러니 도시를 짓는 훌륭한 장인이라면, 앞에 나온 선 스승의 가르침을 배워둘 만하다. 공격적으로 접근하는 강도를 낮추고, 모호함과 사귈 줄 알라는 것이다. 이런 것들은 사고방식이고 태도이지만, 기능처럼 익히는 방법이 있지 않을까?

장인은 저항을 어떻게 다스릴 수 있는가

저항, 즉 의지에 방해가 되는 것들부터 살펴보자. 두 가지 부류의 저항이 있다. 발견된 것과 만든 것이다. 목수가 나무를 깎는 도중에 생각지 않은 옹두리가 튀어나왔다거나, 건축가가 막 기초공사에 들어가려는 참인데 집터 밑에서 예상 밖의 진흙층이 드러날 때가 있다. 이처럼 발견된 저항은 충분히 쓸 만한 초상화를 북북 뭉개버리는 화가의 상태와는 대조적이다. 아예 처음부터 다시 그리겠다고 작정한 이 화가는 스스로 장애물을 설치한 셈이다. 이 두 종류의 저항은 완전히 성격이 달라 보인다. 첫 번째 저항은 무언가가 우리를 가로막는다. 두 번째 저항은 우리 스스로 어려움을 자처한다. 그렇지만 이러한 저항을 잘 다스리는 것도 배울 수 있는 기술이고, 두 가지 모두에 적용할 수 있는 기술도 있다.

최소 저항의 궤적
사각 상자와 둥근 튜브

사람들이 저항에 부딪힐 때 어떻게 하는지 탐색하려면, 공학 작업에 자주 등장하는 다음 말부터 생각해보는 게 좋겠다. 바로 최소 저항의 궤적을 따라가라는 말이다. 이 가르침은 인간의 손에 뿌리를 두고 있으며, 최소한의 힘을 긴장 이완과 결합해 사용하라는 원리에 바탕을 두고 있다. 도시를 건설해온 공학의 역사를 보면 환경을 다시 생각하게 해주는 실험이 하나 있는데, 이것을 예로 들어보자.

근대 자본주의는 땅을 체계적으로 자기 체제 속으로 복속시키는 일과 함께 시작됐다고 루이스 멈퍼드(Lewis Mumford)는 주장한다. 광산이 두루 갖추어지면서 증기기관을 돌릴 석탄을 캐냈고, 증기기관은 대량 운송과 대량 생산을 가져왔다.[2] 땅을 뚫는 터널 기술 덕분에 근대적인 위생 시스템을 갖출 수 있었다. 예를 들어 지하 매설 배관은 혹독한 전염병의 창궐을 누그러뜨렸는데, 그 덕분에 인구 증가에 보탬이 됐다. 지금도 도시의 지하공간은 예전 못지않게 중요하다. 터널은 이제 디지털 통신에 활용되는 광섬유 케이블을 매설하는 데 활용되고 있다.

지하자원을 캐내는 근대 채광 기술은 본래 메스가 벗겨내는 인체의 모습에서 비롯됐다. 안드레아스 베살리우스는 근대 해부학의 토대를 놓은 브뤼셀의 의사로, 그의 연구는 1533년에 출판된 『인체의 구조에 대하여(De humani corporis fabrica)』일곱 권으로 집대성됐다. 지하 채광 작업을 위한 근대적 기술은 1540년에 반노초 비링구초(Vannoccio Biringuccio)의 『신호탄에 관하여(De la Pirotechnia)』에서 체계화됐는데, 일종의 논설이기도 했던 이 저서는 독자들에게 베살리우스처럼 생각하자고 촉구했다. 그 내용인즉, 암석 판을 들어내고 그다음에 지층을 벗겨내는 채광 기술을 써야지, 막무가내로 지층을 뚫어 파내려고만 하지 말라는 것이다.[3] 비링구초는 이런 식으로 작업함으로써 땅속을 파들어갈 때 저항이 가장 작은 길을 밟아갈 수 있다고 주장했다.

18세기 말은 도시설계자들이 도시의 지하공간에 이러한 채광 작업의 원리를 적용하는 게 필수적이라고 생각했던 시기다. 도시가 팽창함에 따라 깨끗한 물을 운송하고 배설물을 빼내자니 고대 로마 도시의 터널보다 훨씬 큰 터널이 필요해졌다. 나아가 설계자들은 지표면의 뒤엉킨 도로보다 지하공간을 활용하면 도시 사람들이 더 빠르게 이동할 수 있지 않겠느냐는 직관적인 생각도 하게 됐다.

하지만 런던은 지반이 불안정한 진흙층이어서, 18세기의 채광 기술로는 지하 개발을 넘보기 어려웠다. 더욱이 해안에서 오르내리는 바닷물이 강어귀를 타고 런던의 진흙층에 압력을 미쳤다. 이 때문에 그 무렵 광산의 지하에서 지지용으로 썼던 통나무 버팀목을 런던에 쓰기는 어려웠다. 가장 단단한 지반을 골라 버팀목을 세운다고 해도 출렁대는 바닷물의 압력 때문에 그 밑의 지반 자체가 흔들릴 것이기 때문이다. 18세기 런던의 건축가들은 르네상스기 베네치아를 보고 진흙 깊숙이 말뚝을 박아 창고를 떠받칠 수 있겠다는 착상은 웬만큼 얻었지만, 그 진흙 속에다 사람이 지낼 만한 공간을 만드는 방법은 도저히 찾을 수가 없었다.

이런 땅속 지층의 저항을 극복할 수 있을 것인가? 건설 엔지니어 마크 이점바드 브루넬(Marc Isambard Brunel)은 하나의 답을 찾아냈다. 그는 1793년 24세 때 프랑스에서 영국으로 건너온 뒤, 아들 이점바드 킹덤 브루넬을 더 걸출한 엔지니어로 키웠다. 이 브루넬 부자는 자연의 저항을 싸워서 이겨야 할 적으로 생각했다. 1826년 이들이 런던타워 동쪽의 템스 강 밑을 뚫어 건설하려고 했던 지하도로가 그런 사례다.[4]

아버지 브루넬은 작업자들이 들어갈 수 있는 절묘한 장방형 금속 기구를 만들어, 이걸 앞으로 이동시키면서 작업자들이 벽돌로 터널 담장을 쌓을 수 있는 방안을 짜냈다. 일종의 굴착 장비인 이 금속 기구는 말 그대로 굴을 뚫는 방패라는 뜻에서 '터널링실드(tunnelling shield)'라는 이름이 붙었다. 실드는 강철로 만든 내실(內室) 세 개를 연결한 구조였고, 각 내실의 단면은 0.9미터 너비에 6.4미터가량의 높이였는데, 밑에 설치한 커다란 나사돌림 장치에 동력을 전달해 앞으로 이동시켰다. 실드 전체가 앞으로 나아가면, 각 내실에 늘어선 작업자들이 터널의 옆면과 바닥, 천장을 벽돌로 쌓아 만들었다. 내실의 최전방에서 진흙을 뒤로 파내고 빈 공간을 버팀목으로 확보해가면서 벽돌을 놓았다. 이렇게 새로 쌓은 벽돌을 뒤따르는 수많은 작업자가 두툼하게 덧붙이고 탄탄하게 만들었다. 실드의 금속 표면에는 가늘고 기다란 홈을 파놓아서 진흙이 이 홈을 따라 뒤로 미끄러지도록 유도했다. 실드가 전진할 때 받는 압력을 경감시키기 위한 것이다. 이렇게 밀려 나오는 진흙과 내실 작업자들이 파내는 진흙을 후방으로 빼내는 일에 더 많은 사람이 달려들었다.

진흙과 물은 다스려서 일하는 대상이 아니라, 맞붙어 싸워야 할 적이었다. 그러다 보니 작업능률이 형편없었다. 터널의 총연장 370여 미터 중에서 온종일 25센티미터밖에 전진하지 못한 날도 있었다. 작업 속도도 더뎠을 뿐 아니라, 템스 강 바닥에서 실드 사이의 수직 거리가 4.6미터 정도밖에 되지 않아 위험한 상태에 노출돼 있었다. 즉 조수 압력이 유별나게 커지면 바깥쪽 벽돌 면에 금이 갈 수도 있었고, 실제로 이런 일이 일어나서 내실 안의 근로자가 많이 사망하는 사고도 생겼다. 이런 사고로 1835년에는 건설이 잠시 중단됐지만, 브루넬 부자의 의지는 확고했다. 1836년 아버지 브루넬은 실드를 전진시키는 나사돌림 장치를 새로 만들어 작업에 투입했다. 마침내 터널이 1841년에 완공됐다(공식적인 개통은 1843년이다). 지하공사라고는 하지만 370미터를 진척시키는 데 15년의 세월이 흘렀다.[5]

아들 브루넬은 교량 건설에 쓰는 공기압(空氣壓)식 잠함과 철장선(鐵杖船)의 발명에서 효율적인 철도차량의 제작에 이르기까지 수많은 공적을 남겼다. 그를 기억하는 사람들에게 낯익은 사진이 하나 있다. 한 손에 궐련을 들고 예식용 실크 모자를 뒤로 젖혀 쓴 브루넬이 보인다. 자신이 건조한 거대한 철갑선(鐵甲船)이 늘어뜨린 무지막지한 쇠사슬 앞에 선 그가 용수철처럼 튀어오를 듯 살짝 웅크린 자세를 취하고 있다. 그 모습은 영웅적인 투사요, 앞길을 가로막는 것은 무엇이든 굴복시키는 정복자의 이미지다. 하지만 그의 전투는 비효율적인 것으로 드러났다.

브루넬 부자가 세상에 왔다간 뒤로 물과 진흙의 압력에 맞서 싸우는 대신, 그 압력을 다스리는 방식으로 일해서 성공한 사람들이 있었다. 템스 강 밑으로 터널을 뚫는 1869년의 공사였는데, 공법도 안전했고 시간도 11개월 정도밖에 걸리지 않았다. 피터 발로(Peter Barlow)와 제임스 그레이트헤드(James Greathead)는 브루넬 부자의 장방형 실드와 달리 주먹코처럼 볼록한 구조물을 설계했다. 바깥 면이 둥그스름하게 생긴 이 구조물은 진흙 속에서 앞으로 나아가기가 훨씬 수월했다. 구조물의 크기도 0.9미터 너비에 2.3미터의 높이로 더 작았다. 이런 규격은 조수 압력을 고려해 계산된 것으로, 브루넬 부자가 물 밑 지하에 엄청난 성채를 쌓을 때는 고려하지 않았던 요인이다. 새 터널 구조는 벽돌 대신에 원통형 주철을 이용해 달걀 모양으로 만들었다. 진흙을 파내는 작업을 해나가면서 고리 모양의 주철을 볼트로 결합시키며 앞으로 나아갔다. 원통형의 구조 덕분에 외부에서 전달되는 표면 압력이 골고루 분산됐다. 이 공사를 필두로 다른 실용적인 공사들도 속속 뒤따랐다. 동일한 달걀형 원통을 크게 확대해서 런던의 지하철 교통망을 건설하는 새로운 공사가 시작된 것이다.

기술적인 측면에서는 원통 모양을 활용하는 게 당연해 보이지만, 이것이 인간에게 주는 의미를 빅토리아 시대 사람들은 전혀 알아보지 못했다. 이 시기 사람들은 새로운 터널 공사기법을 '그레이트헤드 실드(Greathead shield)'라고 명명해 공적을 젊은 엔지니어에게 돌리는 관대함을 보였다. 하지만 전투용 무기를 뜻하는 실드라는 명칭은 잘못된 생각이다. 1870년대에 브루넬 부자를 변론했던 사람들의 말처럼, 이들의 선행 사례가 없었다면 발로와 그레이트헤드의 대안도 나오지 못했을 거라는 지적은 백번 옳은 말이다. 문제의 핵심도 이것이다. 임의로 적용한 시도가 부진한 것을 보고, 후대의 엔지니어들은 이 일을 새롭게 생각했다. 브루넬 부자는 땅속의 저항과 싸웠고, 그레이트헤드는 다스리며 일했다.

이와 같은 공학의 역사를 보면, 거미줄 털어내듯 내다버려야 할 심리학적인 문제가 하나 떠오른다. 심리학에서 고전적인 명제가 하나 있는데, 저항은 좌절을 유발하고 여기서 좀 더 나가면 좌절이 분노를 유발한다는 내용이다. 자가조립 상품을 이리저리 맞추어봐도 잘 들어맞지 않을 때 부숴버리고 싶은 충동이 이는 것도 이런 종류의 분노다. 사회과학에서는 전문용어로 '좌절-공격 증후군(frustration-aggression syndrome)'이라고 부른다. 메리 셸리의 생명체에서는 이 증후군이 훨씬 폭력적인 양상으로 폭발한다. 사랑받고 싶은 욕구가 좌절되자 살해 충동으로 치닫는다. 좌절이 종국에는 과격한 행동으로 흐른다는 게 웬만한 상식인 것도 같다. 물론 상식이기야 하겠지만, 양식(良識)은 아니다.

좌절-공격 증후군은 19세기에 혁명의 대열로 몰려드는 군중을 관찰하다가 나온 생각인데, 특히 구스타브 르봉(Gustave Le Bon)이 대표적이다.[6] 르봉은 세세한 정치적인 불만은 제쳐두고, 억눌러온 좌절이 군중 속에 뛰어드는 사람들을 불어나게 한다는 사실에 주목했다. 분노를 표출할 공식적인 정치통로가 차단된 탓에 군중이 겪는 좌절이 점점 커지면 축전지에 전기를 충전하는 것처럼 차곡차곡 쌓이게 된다. 이어서 일정 지점에 다다르면, 군중은 이 에너지를 폭력으로 분출한다고 르봉은 관찰했다.

르봉이 관찰한 군중 행동은 앞서 봤던 터널 공사의 사례에서 볼 때 일에 임하는 작업 모델로는 적합하지 않다는 점이 명료하게 드러난다. 브루넬 부자와 발로, 그레이트헤드는 작업이 난관에 막혀도 참아내는 인내력이 대단했다. 심리학자 레온 페스팅거(Leon Festinger)는 좌절을 참아내는 행동을 연구했는데, 몇몇 동물이 오랜 시간 좌절을 경험하도록 실험 조건을 갖춰놓고 반응을 관찰했다. 쥐와 비둘기들의 반응을 살펴보니 엔지니어들과 다를 바 없이 과격한 이상행동을 보이지 않고 좌절을 인내하는 행동이 나아질 때가 많았다. 그러니까 이 동물들은 전혀 만족스럽지는 않아도 일시적으로나마 자기를 통제해 견디는 행동을 보였다는 이야기다.

페스팅거의 관찰 결과는 '이중구속(double binds: 도저히 빠져나갈 구멍이 없는 좌절)'의 인내를 다뤘던 그레고리 베이트슨(Gregory Bateson)의 연구를 이어가고 있다.[7] 최근 청년층을 대상으로 한 실험에서도 좌절을 참아내는 다른 측면이 엿보인다. 이 실험에서는 사람들에게 문제를 내고 그들이 오답을 낸 문제마다 정답을 확인해줬다. 사람들은 이미 자기 답과 다른 정답을 받아든 상황인데도, 문제를 푸는 다른 방법을 계속 궁리하기도 하고 정답 이외의 다른 답을 내놓기도 했다. 놀랄만한 것은 아니다. 이들은 자신이 **왜** 틀린 답을 내게 됐는지 알고 싶은 것이다.

분명히 마음이라는 것도 기계처럼 덜덜거리다가 멈춰버릴 때가 있을 것이다. 너무 거센 저항에 부딪히거나, 저항이 너무 오래 지속되거나, 해소할 방도 자체가 보이지 않는 저항에 부딪히게 된다면 말이다. 이러한 상태에 처하게 되면 누구라도 포기하기 쉬울 것이다. 하지만 좌절 상태에 그대로 머물거나, 나아가 좌절을 생산적으로 체험하는 것도 기능으로 숙달할 수 있는 길이 있지 않을까? 그러한 길은 있으며, 무엇보다도 세 가지 방법을 들 수 있다.

첫 번째는 상상을 통한 도약의 문을 열 때처럼 틀 바꾸기를 활용하는 방법이다. 발로가 남긴 말을 보면 자신이 템스 강을 수영하는 모습을 상상했다고 한다(폐수를 여과 없이 흘려보냈던 그 시대에는 생각하기도 역겨운 일이었을 것이다). 그러다가 그는 어떤 모양의 물건이 수영하는 자신의 몸과 비슷할지 상상해보았다. 장방형보다는 원통형이 자신의 몸과 더 비슷하다는 생각이 그의 뇌리에 스쳤다. 이것은 물건을 인간처럼 간주해서, 즉 인간에 비유하다가 얻게 된 틀 바꾸기다. 앞서 봤던 '정직한 벽돌'처럼 인간의 정서를 물건에 투영하는 사고방식과 비슷하기도 하다(다른 게 있다면 인간에 비유하는 목적이 문제를 푸는 일이라는 점이다). 말하자면 무대의 주역이 (수중 밑의 터널이 아니라 수영하는 사람으로) 바뀜으로써 터널 공사라는 문제의 틀이 변형된 셈이다. 헨리 페트로스키는 발로의 착상을 훨씬 폭넓게 확장해서 이해한다. 즉 공사를 가로막는 저항을 다른 틀로 바꿔보지 않고서는 엄격하게 정의된 공학적 문제가 풀리지 않을 때가 많다는 것이다.[8]

이런 종류의 기능은 눈에 띈 문제를 보고 거꾸로 문제의 원인을 찾아 들어가는 탐정식 증거추적 작업과는 다르다. 문제의 주인공을 바꿔서 그 틀을 바꿔보는 것은 탐정식 작업이 막다른 길에 막힐 때 동원해야 할 기법이다. 피아노 앞에 앉아서도 발로의 착상과 유사한 물리적 동작을 할 때가 있다. 한 손으로 어느 화음을 연출하는 게 도저히 안 되는 경우에 다른 손으로 연주를 해본다. 화음을 내는 데 쓸 손가락을 바꿔보는 경우도 있는데, 건반에 다가설 주역 손가락들을 바꿔보면 문제를 바라보는 새로운 시야가 열릴 때가 많다. 이런 경험을 하면 당연히 좌절도 완화된다. 이와 같이 저항을 생산적으로 다루는 방법은 문학작품의 번역에도 비유할 수 있다. 한 언어에서 다른 언어로 넘어가면서 작품의 많은 부분이 소실되기도 하지만, 다른 언어로 바꾸는 과정에서 새로운 의미를 발견할 때도 있다.

저항에 대응하는 두 번째 방법은 인내에 관한 것이다. 훌륭한 장인들을 보면 인내하는 모습을 자주 보게 된다. 이것은 잘 안 되는 일을 그대로 끌고 가는 능력을 말한다. 그리고 5장에서 보았듯이 집중 상태를 오래 유지하는 인내는 배워서 숙달하는 기능이고, 시간을 두고 향상시킬 수 있는 기능이다. 저항을 잘 다스리지 못한 브루넬도 여러 해 동안 인내하기는 했다(적어도 확고한 입장을 유지했다). 이 점에서 좌절-공격 증후군과는 정반대 방향으로 새 규칙을 마련해둘 수 있다. 즉 무슨 일이 기대했던 것보다 지나치게 오래 걸리면 일과 싸우기를 멈추라는 것이다.

이 규칙은 페스팅거가 고안한 비둘기 미로에서도 나타난 현상이다. 방향감각을 잃은 비둘기들은 처음에는 미로의 플라스틱 벽에 부딪혔는데, 여러 번 부딪혀보고 나서는 혼란스러워하면서도 벽으로 날아가는 행동을 중단했다. 비둘기들은 어느 방향으로 가야 할지 잘 모르면서도 좀 더 차분한 태도로 천천히 앞으로 나아갔다. 하지만 이 규칙에는 짐작만큼 간단치 않은 구석이 있다.

어려운 문제는 시간을 판단하는 데 있다. 곤란한 상황이 오래 이어질 때, 포기하는 행위 대신에 취할 수 있는 행동은 기대했던 것과 다른 방향을 택하는 것이다. 우리가 무슨 일을 하든지 대부분은 얼마나 시간이 걸릴지 추정하고 일을 한다. 그랬다가 저항에 부딪히면 어쩔 수 없이 추정했던 시간을 수정해야 한다. 일을 빨리 끝낼 수 있다고 생각했던 것이 잘못이었을지도 모른다. 여기서 문제는 생각을 수정하면서 지속적으로 실패할 수밖에 없다는 점이다. 적어도 『궁도』의 저자가 보기에는 그렇다. 선 스승은 특히 계속해서 과녁을 비켜가는 신참 수련생을 향해 싸우는 태도를 멈추라고 조언한다. 이렇게 보면 장인의 인내는 일을 끝내서 결과를 보고 싶어하는 욕구를 잠시 멈추는 행위로 정의할 수 있다. 저항을 다스리는 두 번째 기능이다.

이로부터 저항을 다스리는 세 번째 기능이 나오는데, 직설적으로 말하기가 곤혹스러운 내용이다. 바로 저항하는 대상처럼 느껴보라는 것, 그 입장이 되어보라는 것이다. 물려고 달려드는 개를 만났을 때, 개처럼 생각하라는 말과 같이 어쩌면 공허한 원리처럼 들릴지도 모르겠다. 하지만 실기작업에서 저항하는 대상과 나를 동일시하라는 것에는 예리한 구석이 숨어 있다. 발로는 심하게 오염된 템스 강에서 수영하는 자신의 모습을 상상하면서, 물의 압력을 떠올리기보다 물의 흐름을 떠올렸다.

반면 브루넬은 가장 다스리기 힘든 요소, 물의 압력에 주목했고 그만큼 어려운 도전을 선택해 싸웠다. 훌륭한 장인이 동일시하는 대상을 보면, 아주 특수한 대상을 고른다. 어려운 상황 중에서 가장 다스리기 쉬운 요소를 찾아낸다. 이러한 요소는 커다란 과제에 비해 규모도 작고, 그만큼 덜 중요하게 비칠 때가 많다. 먼저 큰 문제부터 달려들고 나서 세세한 것들을 정돈하는 방식은 예술 작업에서나 기술 작업에서나 잘못된 방식이다. 효과적인 작업은 이와 정반대로 진행될 때가 많다. 한 예로 피아노에서도 복잡한 화음을 만났을 때는 손가락을 뻗으려고 애쓰기보다 손바닥을 적절히 기울여보는 게 좀 더 수월한 출발점이 된다. 이렇게 어려운 동작을 피해 쉬운 것부터 시도하다 보면 연주가 좋아질 공산이 더 크다.

물론 작고 다스리기 쉬운 요소에 주목하는 것은 방법의 문제이기도 하겠지만 태도의 문제이기도 하다. 이러한 태도는 공감의 힘에서 나온다는 게 내 생각이다. 앞서 3장에서 상세히 다루었듯이, 여기서 말하는 공감은 애정 표현 같은 게 아니라 바깥세계로 나의 오감을 투영하는 자세를 뜻한다. 예를 들어 발로는 공사의 난점을 바라볼 때, 적진의 허점을 찾아내 이용하겠다는 식으로 접근하지 않았다. 그 난점 중에서 자신이 어울려 다스릴 수 있는 측면을 골라내서 저항에 대처했다. 짖어대는 개를 만났을 때, 네가 물면 나도 물겠다고 주먹을 움켜쥐는 것보다 팔을 벌려 관대한 자세를 취하는 게 더 낫다.

저항을 잘 다스려 일하는 기능 세 가지를 요약하면 다음과 같다. 첫째는 문제의 판을 다른 요소들로 새로 짜는 기능이다. 둘째는 기대했던 것보다 문제 상황이 오래 지속되면 행동을 바꾸는 기능이다. 셋째는 문제 가운데 가장 다스리기 쉬운 요소를 골라 이와 동일시하는 기능이다.

일을 어렵게 만들다
건물 외피 작업

앞에서 살펴본 저항과는 정반대로, 우리 스스로 일을 어렵게 만들어서 생기는 저항도 있다. 이런 행동을 하게 되는 이유는 지나치게 손쉽고 가벼운 해결책에는 복잡한 문제가 숨어 있을 때가 많기 때문이다. 초보 연주자가 현악기에 붙여둔 스즈키 테이프를 떼어내 스스로 어려움을 자처하는 것도 바로 이런 이유 때문이다. 현대의 도시계획에서도 이와 같이 일을 어렵게 만드는 유익한 사례 하나를 찾아볼 수 있다. 많이 들어본 어느 건물에 대한 이야기로, 프랭크 게리(Frank Gehry)가 스페인 빌바오에 지은 구겐하임 박물관에 관한 것이다. 이 건물을 지어 올리는 작업 과정에는 방문자들이 봐서는 잘 알 수 없는 속사정이 있었다.

빌바오 시에서 1980년대에 예술박물관 짓는 일을 위탁할 때, 시 관계자들의 바람은 이 노쇠한 항구도시의 투자를 촉진하자는 것이었다. 빌바오의 해운 산업은 그전부터 쇠퇴한 상태였고, 여러 세대에 걸쳐 환경을 남용하는 바람에 도시는 어두운 그늘과 함께 차츰 망가지게 됐다. 게리가 이 프로젝트의 건축가로 선정된 데는 여러 가지 이유가 있겠지만, 철골을 세우고 유리로 덮는 흔한 건물로는 도시에 변화의 바람을 몰고 오기에는 역부족일 거라는 생각도 있었다. 게리는 조각가와 같은 심미적 본능을 발휘하는 건축가였기 때문이다. 하지만 시 관계자들이 선정한 부지가 변화의 바람을 일으키기에는 아주 곤란한 곳이었다. 바닷가에서 가깝다는 점이 장점이라고는 해도, 그 옛날부터 도시

계획이 엉망이었던 탓에 도로가 국수 비벼놓은 듯 뒤엉켜 있었다.

게리는 오랫동안 건물을 금속으로 디자인했다. 금속은 잘 휘는 재료여서 뒤엉켜 있는 거리의 허공과 측면 공간을 굽은 곡면으로 처리하기에 적합했다. 이번 일에서 게리는 누비이불처럼 올록볼록하게 뽑은 금속을 쓰고 싶었는데, 그렇게 하면 건물이 반사할 빛을 붙잡아둬서 건물의 육중한 부피감을 부드럽게 바꿔줄 수 있었기 때문이다. 그가 생각한 디자인에는 납구리가 가장 손쉽고 저렴한 재료였다. 연성이 높은 납구리를 널따란 평판으로 주문 제작하는 것은 일도 아니었다. 하지만 스페인 법률에서 이 금속은 사용이 금지된 독성물질이었다.

최소 저항의 길이 될 만한 가장 손쉬운 방법은 부정부패였을 것이다. 힘깨나 쓰는 이 프로젝트 의뢰인들이 정부 관리들에게 뇌물을 쓰면 납구리 사용을 허가받든, 아예 법률을 바꾸든, 아니면 세계적인 건축가를 위한 예외처분을 따내든 무슨 수가 났을 것이다. 하지만 시 관계자들과 게리 측은 납구리가 환경에 유해하다는 점을 받아들였다. 그래서 다른 재료를 찾는 게리의 탐색이 시작됐다. 그가 전하는 말에 따르면, 이 일은 일정한 제약 조건 때문에 '오래 걸렸다.'[9]

그의 사무소는 처음에 스테인리스 강철을 실험해봤다. 올록볼록하게 뽑은 곡면이 게리의 생각대로 빛을 요리해줄 것인지 실험해봤더니 그런 효과가 나타나지 않았다. 이 실패를 딛고 티타늄으로 눈을 돌렸다. 티타늄은 '온화하고 특징적인' 면은 있었지만 비용이 지나치게 불어날 위험이 있었고, 1980년대 이전에는 건물 외피용으로 거의 쓰이지 않기도 했다. 대부분 군용이나 특히 항공기 부품에 많이 쓰이는 티타늄은 엄청난 비용 때문에 지상 건축용으로 쓴다는 것은 말도 안 되는 생각이었다.

　게리는 티타늄 압연 제품을 생산하는 피츠버그 공장을 찾아갔다. 이 금속의 제조 방식을 바꿔볼 방법이 있는지 알아볼 요량이었다. 앞뒤가 좀 안 맞는 생각이었지만, 게리가 전하는 말은 이렇다. "기름과 산(酸), 압연기, 열을 정확하게 조절해서 우리가 원하는 재료를 만들 방법이 있는지 계속 알아봐달라고 제조사에 부탁했다." '정확하게 조절'한다는 것은 좀 허구적인 말이었다. 왜냐하면 게리를 비롯한 그의 설계자들도 그들이 원하는 게 정확히 무엇인지 몰랐기 때문이다.

　게다가 새로운 기계까지 고안해야 했는데, 기술적으로 더욱 곤란한 것은 바로 이 문제였다. 강철 용해물을 평판 형태로 찍어내는 압연기는 손쉽게 찾아볼 수 있었지만, 기존의 압연기들은 정밀성이 너무 떨어졌고 압력이 지나치게 강했다. 특히 반사광을 굴절시켜 없애주는 누비이불 모양으로 압연하기는 어림도 없는 상태였다. 정밀한 압연을 위해서는 압연롤러를 붙잡아 작동시키는 완충기를 다시 설계해야 했다. 결국 자동차의 유압식 완충 장치에서 쓰는 기술을 가져와서 새로운 완충 장치에 적용했다.

　그런데 이 기술의 영역이동이 오히려 문제를 가중시켰다. 새 압연 기계의 특성에 맞게 금속의 성분 배합을 연구해 찾아내야 하는 복잡한 일까지 생겼는데, 혹을 떼려다가 더 붙이는 꼴이 됐다. 이 성분 탐색과정의 매 단계마다 재질의 심미적인 특성과 구조적인 특성을 게리 작업팀에서 직접 판단했다. 이 일을 하는 데 일 년이 걸렸다. 마침내 금속 제조사에서 티타늄 합금 평판을 생산해 올록볼록한 누비이불 모양으로 압연한 시제품을 내놓았다. 평판은 1밀리미터의 3분의 1의 두께로,

스테인리스 강철 평판보다 얇을 뿐 아니라 연성도 높아서 가능성이 보였다. 실제로 빛을 쏘아보니 올록볼록한 곡면에서 반사광이 굴절하며 서로 충돌해서 흩어졌다. 그리고 올록볼록한 특성으로 평판의 강도가 엄청나게 높아지기도 했다.

이처럼 재료를 탐구해 들어가는 장인의식은 단순히 문제를 해결하려는 것보다는 유연한 생각이다. 재료 제조사에서는 도구(압연기)를 다시 생각해야 했고, 다른 분야의 기계에서 기술을 가져와 마치 피륙 짜듯 금속을 짜는 기계로 다시 상상해 만들었다. 티타늄 자체의 성분 배합을 탐색하는 일은 제조사에서 성분을 차근차근 바꿔보고 건축가가 점검해가면 되는 일이라, 지치는 일이기는 해도 기계를 다시 설계하는 것보다는 앞뒤가 분명한 일이었다. 이와 같이 까다로운 작업 과정을 쭉 밟아가면서 건축가가 무얼 생각하고 느꼈는지 정확히 알기는 곤란하다. 하지만 게리가 어떤 사고 과정을 거쳤을지 우리도 짐작할 수 있다. 그는 이 일에서 계몽적인 체험을 했다("계몽적"이란 말은 신중히 고른 것이다).

일단 올록볼록한 티타늄 평판을 확보한 뒤로 게리는 건축 설계에서 기본 중의 기본인 안정성이란 것에 대해 다시 생각하게 됐다고 쓰고 있다. "돌이 안정적이라고 생각하면 잘못이다. 왜냐하면 돌은 도시 공해로 인해 침식되기 때문이다. 반면 1밀리미터의 3분의 1 두께에 불과한 티타늄은 백년이 가도 거뜬하다." 그는 이 작업에서 새 결론을 얻는다. "어떤 게 안정적인 것인지 다시 생각해야 한다." 직관과는 달리 안정성은 두툼한 게 아니라 얄팍한 걸 뜻할 수 있고, 단단한 게 아니라 유연한 걸 뜻할 수도 있다.

아마도 이 박물관의 뒷이야기에서 가장 눈여겨봐야 할 점은 건물 외피를 제대로 뽑아보겠다고 온갖 난관을 자초해서 건축가가 얻은 게 무엇이냐는 것이다. 그는 건물 외피에 주목하는 작업을 통해서 건축물의 기본 요소를 다시 생각할 수 있게 됐다. 단순함이 실기작업의 한 목표인 것은 분명하다. 데이비드 파이(David Pye)가 일이나 작업의 '건실성'이라고 불렀던 척도 가운데 하나도 단순함이다. 하지만 불필요한 어려움을 만드는 행위는 과연 어떤 게 건실한 것인가를 진지하게 생각하는 방법이기도 하다. "이렇게 쉬울 리가 없다"거나 "너무 쉬운 길은 가지 않겠다"는 결정은 "여기 눈에 보이는 것 이상의 무엇이 있다"는 생각을 검증해보는 일이다.

지나치게 일반적인 이야기처럼 들릴지도 모르지만, 이러한 사고방식은 오늘날 실제로 적용되고 있다. 다른 일들도 그렇지만, 도시계획에서도 거추장스럽게 꼬여 있는 도로체계나 공공 공간을 싹 걷어내자고 시작한 일임에도 불필요한 복잡한 요소들을 새로 설치하느라 애쓰는 모습이 자주 보인다. 너무 복잡해져 버린 것도 필요하다 보니 그렇게 된 것인데, 단번에 싹 걷어내서 쓰임새를 단순하게 만들면 대가가 따른다. 도시인들은 싹 걷어내 시원해진 공간을 지나면서 아무 생각 없이 무반응으로 일관할 때가 많다. 그러다 보면 공공 공간이 활기를 잃는다. 이렇게 죽어버린 공간을 살려보려는 도시 설계자들은 쓸데없어 보이는 요소들을 설치해서 소기의 성과를 거둘 수 있다. 예를 들어 멀쩡한 정면 출입구가 있는 데도 간접적인 접근통로를 따로 붙인다거나, 별 의미 없는 기둥이나 말뚝을 세워서 공간의 경계를 돋보이게 하기도 한다. 또 건축가 미스 판데어로에(Mies van der Rohe)는 우아한 단순미가 매력인 뉴욕 시그램 고층빌딩을 지어놓고 복잡다기하게 생긴 측면 출입구를 건물 양쪽에 붙여놓았다. 복잡함은 무관심이나 무반응을 상쇄시키는 디자인 도구로 쓰일 수 있다. 복잡한 요소를 부가하면 사람들이 주변 환경에 관심을 가지도록 유도할 수 있다. 어떤 공공 공간이 너무 단순하다고 판단하는 데는 이런 원리가 작용하고 있다. 즉 너무 쉬운 것이다.

생산공정의 경우에도 겉모습처럼 일이 간단치만은 않아 보일 때 복잡한 요소를 도입하면 의혹을 풀어가는 방편이 될 수 있다. 달리 말해, 일을 더 복잡하게 만드는 것이 무슨 문제가 있는지 탐구하는 기법이 된다. 이 점에서 게리와 함께 일했던 티타늄 회사를 생각해보면, 이 회사가 노력해서 얻은 결과는 심미적인 건축물이 아니라 평판 압연기계에 대한 새로운 지식이었다. 그들이 평소보다 복잡한 작업을 새로 도입했던 것이 압연기계라는 똑같은 도구를 다시 살펴보는 기회가 됐다. 마찬가지로 복잡한 공간을 조성하면서도 단순한 요소들을 중시하는 건축개발의 흔적이 엿보일 때도 있다. 빈 공간에 설치해놓은 벤치 한쪽이나 한쪽 귀퉁이에 심어놓은 나무 몇 그루 같은 것들이다.

결국 저항은 찾아온 저항일 때도 있고 만들어낸 저항일 때도 있다. 두 경우 모두 좌절을 인내하는 게 필요하고, 두 가지 저항 모두 상상력을 요구한다. 찾아온 저항 때문에 겪는 어려움은 우리를 그 장애물과 동일시해서 대처한다. 말하자면 문제의 관점에서 문제를 보는 것이다. 만들어낸 저항의 경우는 직면한 일이 겉보기보다 복잡하지 않겠느냐는, 혹은 그럴 게 틀림없다는 의혹에서 비롯되어 어려움이 생긴다. 일을 자세히 뜯어보기 위해 우리는 더 어려운 상황을 만들기도 한다.

철학자 존 듀이(John Dewey)는 저항에서 얻는 배움을 긍정적으로 바라봤다. 20세기로 접어들 때 곤란했던 그의 처지가 그렇게 생각하게 된 이유이기도 했다. 그와 같은 시대의 사회적 다원주의자들은 브루넬의 태도를 더욱 증폭시켜서, 모든 생물은 적대적인 다른 생물들이 펼치는 장애물을 무찌르는 게 목표라고 전제했다. 이들 찰스 다윈의 빗나간 제자들이 보기에 자연은 싸움질만 하는 장소였다. 그들은 또 사회를 지배하는 것은 이기심이며 이타적인 협력은 존재하지 않는다고 피력했다. 듀이는 이들이 일종의 남성 우월주의적 환상에 빠져서 정작 중요한 문제는 보지 못한다고 생각했는데, 바로 저항을 다스리는 게 생존의 열쇠라는 점이다.

듀이는 계몽사상의 노선을 따라 데피네 부인처럼 인간의 한계로부터 배워야 할 필요성을 믿었다. 그리고 실용주의자로서, 일이 되게 하려면 저항과 맞서 싸우기보다 저항을 이해해야 한다고 믿었다. 또한 협력을 깊이 들여다본 철학자로서, "모든 생명체는 환경의 질서 정연한 관계를 서로 나눌 때에만 생존에 필수적인 안정성을 확보한다"고 밝히고 있다.[10] 이 책의 말미에서도 보겠지만, 그는 이와 같은 명쾌한 원리들로부터 행동철학의 전 체계를 이끌어냈다. 무엇보다도 저항을 환경 문제로 취급하는 데 관심이 있었다. 듀이가 말하는 **환경**은 상당히 일반적이고 추상적이다. 숲의 생태는 물론, 공장을 가리킬 때도 '환경'이라고 부른다. 그가 뜻하는 것은 자연이든 사회든 간에 저항은 언제나 상황 속에서 생기는 것이고, 환경 없이 동떨어진 일로서 겪는 저항은 없다는 점이다. 그의 생각을 따라 좀 더 부각시킬 것은 부각시키면서 어떤 상황에서 저항이 발생하는지 살펴보자.

저항 지역
세포벽과 세포막

　모든 생명체는 외부에 저항하는 두 가지 지역을 몸에 두고 있다. 세포벽과 세포막이다. 이 두 조직은 세포의 내부 요소들을 잘 보존하기 위해 외부압력에 저항하는데, 저항하는 방식이 서로 다르다. 세포벽은 외부의 영향을 차단하는 기능이 대부분이다. 세포막은 유체와 고체 간 대사를 좀 더 많이 허용한다. 이 두 조직의 필터 기능은 정도 차이가 나지만, 명료한 이해를 위해 좀 과장된 정의를 택해서 세포막을 저항과 투과가 모두 일어나는 용기라고 해두자.

　자연의 각 생태계에서도 세포벽과 세포막을 닮은 두 가지 형태를 찾아볼 수 있다. 생태 경계(ecological boundary)는 세포벽과 비슷하고, 생태 접경(ecological border)은 세포막과 비슷하다. 경계는 일종의 방어 구역 같은 땅이기도 한데, 사자들이나 늑대무리가 다른 동물들에 대해 '불가침' 영역으로 간주하는 영토로 볼 수 있다. 단순하게 봐서 경계는 생물체들의 군집이 끝나는 선이기도 한데, 산악지대에서 그 너머로는 나무가 자라지 못하는 수목 한계선과 같은 것이다. 반면, 생태 접경은 생물체들 사이의 작용과 반작용이 좀 더 많이 일어나는 교환 장소다. 호수의 물가 지역이 그러한 접경인데, 물과 땅이 만나는 접경 지역에서 생명체들이 다른 생명체들을 많이 만나기도 하고 또 서로 잡아먹기도 한다. 호수 물속의 온도층(temperature layer)의 경우도 그렇다. 물속에서 서로 다른 온도층이 만나는 접경 지역은 생물학적 물질 대사가 집중되는 수중 지역이다. 생태 접경은 세포막과 비슷해서 생명체들이 무차별하게 뒤섞이지 않게끔 저항한다. 생태 접경은 이렇게 경계선 안팎의 차이는 유지하지만, 동시에 양쪽이 서로 교류하도록 투과시킨다. 즉 활동이 많이 일어나는 경계다.

자연에 이와 같은 구분이 있는 것처럼, 인간의 건축문화에도 비슷한 구분이 있다. 일례로, 이스라엘이 요르단 강 서안 지역에 둘러친 장벽은 세포벽이나 생태 경계와 같은 기능을 의도한 것이다. 이 장벽을 금속으로 설치한 것도 우연이 아니라 침투하기 가장 어려운 재질을 골랐기 때문이다. 현대 건축에서 판유리로 만든 유리벽도 일종의 생태 경계다. 안을 들여다볼 수는 있지만, 냄새나 소리 또 기타 접촉을 차단한다. 별도의 경비와 관문을 설치한 거주 지역도 생태 경계의 현대적 변종으로, 담장 안의 생활권에 보호막을 치고 감시 카메라를 설치해 경비를 한다. 현대도시의 어디에서나 볼 수 있는 고속도로는 일단 한 번 놓이면 그 양쪽을 미동도 할 수 없게 끊어놓는다. 이와 같이 설치된 온갖 공간들은 사람의 왕래를 차단하는 경계로 기능하고, 외부에 대한 저항을 극도로 높이자는 의도에서 생긴 것들이다.

성벽이나 담장 같은 장벽은 좀 더 자세히 고찰할 가치가 있다. 왜냐하면 도시의 역사를 보면, 영원히 꼼짝도 않을 경계로 설치된 장벽이 종종 활발한 접경으로 변형되는 일도 나타났기 때문이다.

대포가 등장하기 전에는 공격을 받을 때 장벽이 사람들을 보호해줬다. 중세 도시에서 성벽의 관문은 도시로 들어오는 상거래를 통제했다. 벽을 넘어오기가 어려울수록 몇 개 안 되는 관문만 통제하면 통행세가 훨씬 잘 징수됐다. 하지만 아비뇽에 남아 있는 성벽처럼 중세 때의 거대한 성벽들도 시간이 흐르면서 변하게 됐다. 16세기 무렵 아비

농 성벽 안쪽에는 아무런 통제 없이 주거공간이 불어났고, 바깥쪽에는 성벽 가까이에 암시장 물건이나 탈세 상품들이 거래되는 비공식 시장이 형성됐다. 외국의 망명자들을 비롯한 사회부적응자들이 중심부의 통제가 미치지 않는 이 성벽 주변으로 몰려들었다. 중세 때 성벽은 전혀 그럴 것 같지 않지만, 저항도 하고 투과도 시키는 반투과성 세포막에 더 가까운 기능을 했다.

유럽에 강제거주지역(게토 ghetto)이 생길 때 둘러쳤던 장벽도 이와 유사한 기능을 하는 장벽으로 변해갔다. 초기 게토의 장벽은 도시 거주민들 가운데 유대인들이나 회교도 상인들처럼 이질적이거나 비주류인 사람들을 가둬두려고 설치한 것이지만, 말처럼 되지는 않아서 장벽에 누수가 생기기 시작했다. 베네치아의 사례를 보면, 유대인들만 사는 섬과 푼다코스(fundacos)라는 건물(독일, 그리스, 아르메니아 사람들이 살았다)은 장벽을 둘러쳐 막아놓았는데, 이 장벽 가까이서 경제활동이 계속 불어났다. 게토는 형태 면에서도 감옥보다 더 복잡했고, 국제적 도시인 베네치아의 다양성이 그곳으로도 침투했다.[11]

오늘날 대다수 도시계획 전문가는 중세 성벽의 변형과 닮은 방식으로 성장을 촉진하길 바라고 있다. 저항을 **다스리며** 도시계획을 추진하는 일은 경계를 접경으로 전환해가는 것을 뜻한다. 자유주의적 가치뿐 아니라 경제논리도 이러한 전략에 힘을 실어주고 있다. 도시는 끊임없이 새로운 요소를 흡수할 필요가 있다. 건강한 도시에서는 경제적 에너지가 중심에서 주변으로 뻗어나간다. 그런데 여기서 문제는, 우리가 경계를 만드는 일은 잘하지만 접경을 만드는 일은 잘 못한다는 점이다. 여기에는 아주 깊은 이유가 있다.

유럽의 도시들은 출발할 때부터 변두리보다 중심이 더 중요한 역할을 담당해왔다. 재판소, 정치기구, 시장은 물론 당시 가장 중요했던 종교 사원들은 모두 도시 중심에 위치했다. 이와 같은 지리적인 강조는 사회적 가치로 탈바꿈하여 중심은 사람들이 가장 많이 교류하는 장소로 인식됐다. 그래서 현대 도시계획에서도 공동체 생활을 촉진하려고 하는 일은 중심의 기능을 강화하는 모습을 띠게 된다. 지리적 공간으로 볼 때나 사회적 가치로 볼 때나, 과연 중심이 문화적 다양성을 잘 배합하기에 좋은 곳인가?

그렇지 않다. 몇 해 전 뉴욕 시내 스페인어계 빈민가에 보탬이 될 시장을 새로 만드는 일에 참여했을 때 알게 된 사실이다. 뉴욕시에서 극빈층에 속하는 이 동네는 뉴욕 맨해튼의 북동변에서 96번가 북쪽으로 위치해 있었다. 거기서 남쪽으로 내려오면 갑자기 분위기가 달라져서, 런던의 메이페어나 파리의 7구와 같은 지구상에서 몇 안 되는 갑부층 동네가 나온다. 우리는 라마르케타 시장의 입지를 스페인어계 빈민가의 중심부로 선정했고, 96번가 거리를 별로 기대할 게 없는 죽은 경계로 취급했다. 하지만 잘못된 입지 선정이었다. 이 거리 자체를 중요한 접경으로 봤어야 했다. 만약 시장을 이 거리에 세웠으면 부유층과 빈곤층 사람들 모두를 새 상권으로 불러들이는 활동을 촉진했을 것이기 때문이다. (이 잘못에서 교훈을 얻은 도시계획 전문가들은 흑인 빈민가 남서부 지역을 개발할 때는 동네와 동네 사이의 접경에 새로운 공동체 자원을 배치했다.)

공간적 경계의 저항을 **다스리는** 도시 설계자들의 본능은 모든 실기

작업에서 추구하는 일이기도 하다. 기능을 숙달할 때도 어느 숙달 단계의 끝자락은 더욱 열심히 해야 할 지점이다. 하지만 스페인어계 빈민가에서 범했던 잘못은 노동 과정 자체가 직면하고 있는 위험을 반영하고 있다. 관리자들은 대개 그들 조직의 업무를 이해하는 지도를 마음에 품고 있다. 조직도가 그것인데, 전문화된 업무를 지칭하는 네모상자와 이 상자들은 연결하는 화살표와 흐름도로 그려진다. 인사 전문가들이 애용하는 이 조직도에서 중요한 업무는 보통 눈에 돋보이는 중심부에 배치되고, 부서 자체적으로 해결되는 업무나 사소한 업무일수록 차트의 아래나 좌우 변두리로 밀려난다.

이처럼 사람들이 일하는 업무환경도 도시나 지역사회를 보는 것과 같은 틀로 비추어진다. 이런 조직도는 일을 잘못 이끄는 지도가 될 때가 많다. 왜냐하면 현실적인 문제가 변두리로 밀려나서 시야를 가릴 수 있기 때문이다. 더욱이 조직도상의 화살표와 흐름도는 접경 지역에서만 수행될 수 있는 업무를 엉뚱하게 나타낸다. 기술 인력이나 간호사, 영업 인력이 까다롭고 모호한 일들과 부딪치면서 문제를 바로잡는 일이 일어나는 곳은 조직도에 잘 나타나지 않는 바로 이 접경 지역이다. 네모상자들을 이어주는 화살표는 대개 보고를 주고받는 당사자만을 의미할 뿐이다.

이런 조직도가 자본주의 사회의 사무실 비품에 불과하다면 차라리 나을 것이다. 안타까운 일이지만 일하는 사람들 대다수가 이와 비슷하게 일의 과정이 아니라 일의 조각들만 그려넣는 마음의 지도를 만든다. 일과 일이 구분되는 가장자리, 즉 어려운 문제를 처리해야 하는 이 접경 지역에서는 좀 복잡하더라도 더 정밀하게 마음에 떠올리는 과정이 필요하다. 어려운 문제에 접근하려면 무엇이 어려운 것인지 마음에 비추어봐야 한다. 훌륭한 장인으로 일하는 데 가장 큰 도전은 아마도 이것일 것이다. 바로 어려운 문제들이 어디어디에 있는지 마음의 눈으로 보는 일이다.

예를 들어 손가락을 뻗기 어려운 화음을 만났을 때 손바닥의 기울기는 음악가가 품은 마음의 지도에서 사소한 변두리에 위치하지만, 손가락 저항을 생산적으로 다스릴 수 있는 작업 영역이다. 손바닥도 화음 내는 일에서 작업공간이 된다. 망치로 못을 박을 때도 손은 망치를 단단히 잡아야 하고 팔꿈치는 자유롭게 움직여야 하는데, 이 두 가지 동작이 잘 어울리도록 망치자루의 중간 지점을 잘 가늠해서 잡아야 한다. 일종의 접경 지역인 망치 자루의 이 받침점이 우리의 작업공간이다. 요리용으로 잡아온 닭의 육질을 평가할 때 손가락 끝은 닭과 접한 감각의 접경이다. 금세공의 시금 작업에서 의심스러운 금속의 정체를 알아내려고 손가락 끝이 그 표면을 훑어갈 때, 진실의 순간은 물리적인 촉감과 정신적 판단력이 만나는 접경 지역이다. 이러한 작업들은 몸을 써서 하는 행위지만, 그 행위의 핵심은 모두 일(특히 까다로운 일)을 **보는** 방식에 있다.

'저항 지역'을 정확히 짚어내려고 할 때, 우리가 시작해야 할 작업은 이런 일들이다. 저항 지역은 두 가지 의미가 있다. 하나는 오염에 저항하고 외부의 영향을 차단해 약화시키는 경계를 뜻한다. 다른 하나는 안팎의 분리와 교환이 모두 일어나는 접경이다. 도시의 공간을 가로막는 장벽들은 이 두 가지 의미를 모두 가지고 있다. 다문화 도시의 맥락에서 보면, 두 번째 종류의 저항 지역이 대응하기 더 어렵기도 하고 더 필요하기도 하다. 업무환경에서도 경계는 교류를 봉쇄하는 공간이다. 저항을 다스리며 일하기에 더 생산적인 환경은 접경이다.

모호함의 표현
미로와 놀이터

문학평론가 윌리엄 엠프슨(William Empson)이 언어의 모호함을 일곱 가지 유형으로 다룬 연구는 아주 유명하다. 아주 뻔한 모순에서 도무지 분간할 수 없는 상태까지 모호함을 단계별로 다루고 있다. 솜씨 좋은 작가들은 모호한 표현을 맛보기로 살짝 내놓는 고급 포도주처럼 자유자재로 쓴다. 그 모호한 색채도 다양하고 맛만 보여주듯 조금씩만 활용한다. 마무리 짓지 않은 이야기나 도중에 사라진 등장인물도 너무 자주 이용하지만 않으면, 표현의 수단이 될 수 있다. 그러면 문제를 불분명하게 하는 일을 우리는 어떻게 시작해야 하는가?

모호함을 기획하다 | 접경 만들기

이 일은 무엇보다도 모호한 결과를 빚을 것임을 이미 알고서 하는 행동이다. 예컨대 초보 연주자가 스즈키 테이프를 처음으로 떼어낼 때가 그런 경우다. 즉 연주자는 그다음에 어떻게 될지 짐작하기 어렵지만, 떼어내는 행위는 결정적인 조치다. 모호한 상태는 다수의 컴퓨터 프로그램에서 활용되는 '퍼지로직'처럼 기계적인 방식으로 만들어내기도 한다. 이런 프로그램들을 짜는 기본 원리는 나중으로 미루는 행위다. 퍼지로직 프로그램은 어느 문제 영역에 적용할 유익한 투입 값을 찾을 때까지 일군의 문제 해결을 뒤로 미루는 작업을 섬세하게 처리한다. 현대적인 컴퓨터는 이와 같은 엄청난 수의 잠정적인 해 값들을 메모리에 올려놓은 채 작업을 진행한다. 퍼지로직의 대기시간은 서너 마이크로 초(100만 분의 1초)여서 인간의 시간 감각으로는 찰나의 순간에 불과하다. 하지만 컴퓨터의 시간 단위로 보면 그 시간 동안 컴퓨터는 중단된 상태이고 프로그램은 순간적으로 해결되지 않은 상태에 있게 된다.

도시설계에서도 의도적으로 모호한 디자인을 도입할 수 있는데, 둘러봐도 뭐 하는 공간인지 잘 모르겠고 꼭 길을 잃어버린 듯한 느낌이 들도록 꾸미는 방법이다. 미로는 그런 공간 중의 하나다. 사람들이 잠시 방향을 잃더라도 거기서 무언가를 배울 수도 있고, 모호한 공간이 흥미를 유발하다 보면 사람들의 공간 활용이 능숙해질 수도 있다. 이러한 의도로 도입하는 모호한 디자인은 추가적인 가치를 창출한다. 모호함을 통해 그러한 교육적 효과를 얻는 생생한 디자인 사례를 암스테르담에서 찾아볼 수 있다. 이 공간은 특수한 종류의 활발한 접경 지역에 설치됐다.

제2차 세계대전이 끝난 직후 건축가 알도 판 에이크(Aldo van Eyck)는 수년에 걸쳐 암스테르담의 빈 공간을 놀이공간으로 바꾸는 일을 시작했다. 쓰레기가 나뒹구는 건물 뒤뜰이나 찾는 이 없는 귀퉁이, 원형 교차로, 길거리 가장자리의 빈 공간들을 활용했다. 판 에이크는 쓰레기를 걷어내고 땅을 판판하게 고르는 일부터 했고, 인접한 건물들의 담장에 작업팀과 함께 칠을 하기도 했다. 그리고 놀이공간의 장치와 모래터, 어린이 물놀이터를 판 에이크 본인이 직접 디자인했다. 이 자그마한 놀이공원들은 학교의 놀이터와는 달리 어른들도 찾아왔다. 안락한 벤치를 갖춘 곳이 많고 카페와 선술집도 가까이 있어서 아이들을 데리고 나온 어른들이 잠깐씩 들러 긴장을 풀며 음료를 마실 수 있었다. 판 에이크는 1970년대 중반까지 이런 유형의 도시 놀이터를 많이 지었다. 네덜란드의 다른 도시들도 암스테르담을 모방함에 따라 도시 역사가 리안 레파이브러(Liane Lefaivre)가 헤아린 이런 놀이터 수는 수백 개에 달했다.[12] 안타깝지만 그중 놀이터로 살아남은 곳은 몇 개 되지 않았다.

이렇게 작은 공원을 만든 설계자의 의도는 아이들에게 도시공간에서 일어나는 모호한 변화를 예상하고 대처하는 방법을 가르쳐주는 것이었다. 1948년 당시의 '헨드릭플란춘' 놀이터를 예로 들면, 어린아이들이 모래터에서 뒹굴고 놀기도 했는데 모래터와 잔디밭이 엇비슷하게 섞여 있었다.[13] 설계자는 모래와 잔디 사이에 일부러 분명한 경계를 두지 않아 막 걸음을 뗀 아이들이 혼재된 두 공간의 차이를 감촉으로 느껴보고 궁금증이 생기도록 유도했다. 모래터 바로 옆에는 좀 큰 아이들은 기어 올라갈 수 있고 어른들은 앉을 수 있는 공간을 마련해뒀다. 설계자는 각기 높이가 다른 돌들을 가까이 배치해서 걸음을 걷다가 기어오를 수도 있도록 변화를 배려했다. 하지만 높낮이 변화를 직선으로 만들지 않아서 아이들이 신체 접촉을 통해 일종의 디딤돌 숲을 시험해보도록 유도했다. 여기서도 물리적인 쓰임새를 확정해두지 않음으로써 탐색과 도전의 기회를 만들어줬다. 여러 가지 경계는 있었지만, 확연하게 구분되지는 않았다. 이런 조건에서 탐색하는 행위는 호기심을 자극하게 된다.

판 에이크는 그와 같은 공간적 모호함으로 말미암아 어린이들이 뒤섞여 놀게 되고, 막 걷기 시작한 아이들이 기거나 아장아장 걷는 중에도 주변을 기웃거리면서 서로 도와주게 될 거라고 생각했다. 이러한 직관은 '부스켄블라서스트라트' 공원을 지을 때 더욱 정교하게 적용됐다.[14] 이 공원은 차들이 지나다니는 거리의 모퉁이 빈 공간을 활용해 지었는데, 모래터는 도로 멀리 뒤쪽의 분명한 경계 안에 배치했지만, 아이들이 기어 올라가는 원통형 놀이기구는 보호 장치를 별로 두지 않았다. 스쳐가는 자동차를 주시하면서 조심하라고 고함치는 협조 행위가 안전을 유지하는 방편이 됐다. 길거리에 자리 잡은 이 공원은 애초부터 시끄러운 곳이었다.

이 원통형 놀이기구 주위에서 아이들이 놀다가도 자동차가 접근할 때 서로 보살펴야 할 상황이라면, 아이들은 이 놀이시설의 활용 규칙을 정해두는 게 필요해진다. 해부학자가 극히 단조로운 메스로 작업하는 것처럼 판 에이크는 이 놀이기구를 만들 때 사용 지침이랄 게 별로 없는 단순한 형태가 더 낫다고 생각했다. 그리고 부스켄블라서스트라트 거리에는 던지고 발로 차는 공이 날아다닐 만한 공간이 꽤 넓었기 때문에, 아이들 스스로 자동차사고 위험 없이 놀려면 게임하는 규칙을 만들어둬야 했다. 이런 사정을 감안한 설계자는 아주 단순하고 분명한 디자인 요소를 통해 아이들이 위험을 예상하고 위험에 대처하는 기능을 숙달하도록 유도했다. 아이들을 고립된 공간에 가둬서 보호하려는 생각과는 정반대의 구상이다.

판 에이크가 지은 공원 가운데 대표적인 야심작은 '판 부첼라어르스트라트' 공원이다.[15] 이 공원도 암스테르담의 건물 밀집 지역에 있는 모퉁이 공간을 활용한 것인데, 여기에도 기어 올라가는 돌과 원통형 놀이기구를 설치했다. 이번에는 모퉁이 한쪽 면에 접한 건물들과 길 맞은편의 상점들도 공원 설계에 포함시키는 방안을 모색했다. 하지만 교통량이 아주 많아질 때도 있어서 위험한 생각이었다. 게다가 밤시간에 몰려들어 그곳에 진을 치는 십대들은 이리저리 맴돌면서 뭔가 시끌벅적한 재밋거리가 생기길 바랐던 반면, 벤치에 앉은 성인들은 아무 일 없이 조용한 걸 좋아해서 조화를 이루기 어려웠다.

판 부첼라어르스트라트 공원에서 흥미로운 구석은 어린아이들, 십대들, 성인들이 이 공원을 함께 이용하는 방법을 배우게 됐다는 점이다. 공원의 디자인이 미묘한 길잡이 역할을 한다. 길가 가까운 곳에서 어린아이들이 놀면 부모는 벤치에 앉아서 감독할 수 있도록 설계했다. 공원이 다 지어지고 나자 끼리끼리 뭉쳐 다니는 십대들은 길 맞은편 보도에 진을 치고 놀았다. 장 보러 나왔다가 쉬어가는 사람들은 차가 지나다니는 길 가장자리에서 뛰어노는 아이들을 지켜보기는 했지만 간섭하지는 않았다. 한편 서둘러 장만 보고 갈 사람들은 상점들을 훑어가며 장을 보느라 공원을 가로질러 다녔는데, 이들이 활발하게 왕래하는 덕분에 놀이터를 자기 땅인 양 독차지하려던 사람들이 자기 텃밭을 유지하기가 곤란했다. 이런 공공 공간에서 사람들은 그냥 물리적으로 섞일 뿐, 말을 주고받는 경우는 드물다. 하지만 이 공원은 무반응과 무관심으로 끝나지 않고, 인근 남녀노소의 발걸음을 끌어들이는 공원으로 기능했다.

여기서 투과성 세포막처럼 활발한 접경의 구체적인 사례를 본다. 판 에이크는 간단명료한 방법을 찾아내, 이러한 접경에서 공원을 이용하는 남녀노소가 모호함을 예상하고 대처하는 데 숙달되도록 유도했다. 물론 역설적인 점도 있다. 판 에이크는 분명히 어떻게 해야 가장 가시적으로 이 목표를 달성할 수 있을지 철저하게 생각했다. 그의 시각적 디자인 논리는 일반적인 '퍼지로직'과는 아주 다르다. 게다가 어린이들은 그의 디자인이 의도했던 모호함에 잘 대처하는 방법을 배워서 그들 스스로 행동규칙을 만들어냈다. 그가 설계한 이러한 공원들은 어린이들을 감싸고 고립시키는 오늘날 대다수 공원의 보건안전 규칙과는 정반대되는 안전을 보여준다.

이러한 공원 디자인을 짜낸 설계자의 기량은 엘리자베스 데이비드의 조리법에서 의도적으로 결론을 말하지 않는 방식과 같다고 볼 수 있다. 글쓰기를 예로 들자면 점 세 개 찍는 생략부호와도 같은 것인데, '작을수록 많다'는 현대적인 디자인 원리를 적용하면 설계자도 글쓰기의 생략부호와 같은 효력을 한껏 발휘할 수 있다. 즉 모호함을 효과적으로 활용하려고 하면 경제성을 함께 고려하지 않을 수 없다. 모호함과 경제성은 전혀 상관없는 것 같아도, 이 둘은 아주 광범위한 실기 작업에서 같이 가는 관계가 된다. 즉 최소한의 힘을 적용하는 특수한 사례로 모호함을 도입한다는 관점에 서면, 모호함과 경제성은 맥을 같이한다. 이런 관점에서 판 에이크는 놀이터에서 모호한 접경을 어느 자리에 둘지 세심하게 골랐다.

이렇게 선정된 모호한 접경과는 대조적으로, 놀이터 자리와 건물로 드나드는 통로는 날카롭고 선명하게 구분돼 있다. 마찬가지로 데이비드의 조리법에 선명한 구분선이 없다고 이해하면 잘못일 것이다. 그녀의 조리법에는 닭고기를 다룰 때 해야 할 것과 하지 말아야 할 것이 아주 많다. 그녀가 펼치는 장면 서사에는 이런 식의 지시들이 흘러나오는 와중에도 일부러 비워두는 빈자리가 등장한다. 글쓰기에서 전략적으로 아껴 써야 할 생략부호는 독자에게 필요한 자리에 정확히 배치되어야 한다. 즉 분명한 결론이 유발할 긴장을 풀어줌과 동시에 독자의 예상을 붙들어둔 채 계속 읽어가기를 바라는 자리에 두는 것이다.

판 에이크와 정반대의 입장에 선 건축가로 르코르뷔지에(Le Corbusier)를 들 수 있다. 개별 건물을 짓는 방식에서가 아니라 도시계획을 보는 시각이 정면으로 충돌한다. 르코르뷔지에는 거리 생활을 적대시했다. 잘해봐야 지저분한 잡동사니일뿐더러, 잘못되면 건축에 쓸 대지를 난장판으로 망친다는 게 그의 생각이었다. 그가 1920년대 파리 시의 르마레(Le Marais) 지역 지자체로부터 의뢰받아 설계한 '근린 계획(Plan Voisin)'은 지역 내 거리와 주거공간을 싹 밀어버리고, 순수한 교통흐름의 공간으로 바꿔놓았다. 판 에이크는 르코르뷔지에와 자신을 대조하면서 '공간 만들기(making space)'와 '자리 만들기(making place)'의 대조라고 묘사했다. 기억해둘 만한 소론 "공간과 시간을 무슨 의미로 보든 자리와 기회가 더 의미 있다(Whatever Space and Time Mean, Place and Occasion Mean More)"에서 판 에이크가 남긴 말이다.[16] 르코르뷔지에가 거리를 교통 기능으로 격하시켰던 반면, 판 에이크는 건축 대지를 사람들이 도시를 학습하는 '배움터'로 바라봤다. 그가 배려했던 벤치와 기둥의 위치, 디딤돌의 높이, 분명치 않은 모래와 잔디와 물의 구분은 모두 모호함 속에서 학습하는 그러한 배움의 도구들이다.

즉흥 조치
계단

뉴욕 남동변의 테너먼트(tenement)*라 불리던 공동주택들은 알도 판 에이크가 선보인 교육적 디자인의 혜택이 없는 상황에서 사람들이 어떻게 모호함을 능숙하게 다룰 수 있게 되는지 보여주는 사례다. 이곳에서 사람들은 즉흥 조치를 통해 해결책을 찾아내며 생활했다. 뉴욕의 빈곤 지역에 위치한 이 건물들은 세 차례의 관련 법규(1867년, 1879년, 1901년)를 거치는 동안 획일적인 모습을 띠게 됐다. 이 공동주택 법규는 빈곤층 가구가 밀집해 사는 신규 건물의 채광과 환기를 개선할 목적이었다. 이민 거주자들은 이런 법률적인 요구사항을 무시하고 살았다. 공동주택 정면의 현관 층층대는 보통 갈색 사암을 써서 만들었는데, 건물에 드나드는 사람들의 출입통로로 설계된 것이었다. 거주자들은 초반부터 층층대의 계단 발판은 앉을자리로 쓰기 시작했고, 계단 좌우로 붙어 있는 벽은 장사할 물건을 전시하거나 빨래를 너는 받침대로 활용했다. 이 층층대는 출입통로라기보다 사람들이 왕래하면서 잡담하고 물건을 매매하는 일종의 거주공간이자 공공 공간으

---

* 이미 우리말처럼 돼버린 아파트('아파트먼트 apartment')와는 다른 영어 낱말인 '테너먼트 (tenement)'는 똑같이 공동주택을 가리킨다. 하지만 테너먼트라는 공동주택은 생김새나 분위기가 우리에게 익숙한 아파트와는 아주 딴판이다. 그 옛날 미국에 이민자들이 몰려들 때부터 지어진 이 공동주택의 이미지는 한마디로 잘라 말하기 어려운 감흥을 일으킨다. 열악한 생활조건으로 빈민가인 것은 분명한데, 미국을 일으킨 초기 이민자들의 역동성이 그 안에 있기 때문이다. 다음에 나오는 자료를 참조하면 생생한 시각 자료와 설명을 볼 수 있다. http://hsalbert. blogspot.com/2009/05/tenement-tenement-house-tenement.html − 옮긴이

로 변했고, 비좁은 건물 내부의 공간 압박을 덜어주는 거리의 생활공간이 됐다.

건축가인 버나드 루도프스키(Bernard Rudofsky)는 이런 계단들을 지켜보다가 영감을 얻었다. 『건축가 없는 건축(Architecture without Architects)』에서 그는 대다수 도시가 일관된 공식적 설계를 따르지 않고 대부분 즉흥적인 임시조치로 지어지게 된 사연들을 자세히 기술했다. 즉 건물에 건물이 보태지고 거리에 거리가 보태지는 과정을 묘사했고, 도시가 팽창하는 와중에 나타나는 다양한 입지 조건에 맞춰 도시 형태가 변화하는 모습을 추적했다. 카이로와 같은 중심도시나 멕시코시티의 광대한 변두리 지역은 이런 과정을 밟으며 성장해왔다.

즉흥적인 작업은 제작자라기보다 사용자 입장에서 발휘하는 실기다. 이런 즉흥 작업들은 시간이 흐름에 따라 변하는 일반형의 여러 가지 변형을 끌어다 쓴다. 뉴욕 남동변 공동주택가에서 현관 앞의 아주 좁은 공간에서는 골목골목에 따라 전시되는 상품도 변하고 빨랫줄에 이들 상품을 전시하는 방식도 달라지는 변화가 나타났다. 동네마다 다른 민족적 색채도 이들 생활상의 일반형이 변화하는 요인으로 작용했다. 오늘날에도 이런 변화를 찾아볼 수 있는데, 일례로 아시아인들이 사는 동네에선 의자들이 나란히 거리를 향해 있다. 반면 초기 이민 세대인 이탈리아인들 동네에선 다른 건물 층층대의 이웃 사람들을 볼 수 있도록 의자가 거리와 직각으로 배치돼 있다.

이러한 생활 터전이 자연발생적으로 형성됐다고 보면 잘못일 것이다. '자연발생적'이라는 의미를 아무 생각 없이 저절로 그렇게 됐다는 뜻으로 쓸 때 하는 말이다. 공동주택에 사는 사람들의 즉흥적 대응은 현관 층층대에서 몸을 이리저리 놀려보는 관찰과 실험을 통해 나온 것이다. 재즈 음악가처럼 이곳 거주자들 역시 즉흥 작업을 하면서도 준수하는 규칙이 있다. 재즈 음악가들이 연주에 활용하는 여러 가지 도구가 있는 것처럼, 이 거주자들도 거리의 코 닿을 곳에 물리적인 도구들이 있다. 재즈 음악가들은 악보에 있는 멜로디나 기본 화음을 하나하나 받아적은 '부정 악보집(cheat book)'을 연주에 활용한다(이런 노래들은 대부분 지적재산권을 무시하고 집어온 것들이라서 부정이란 말이 붙었다). 즉흥 연주를 잘하는 재즈 음악가는 경제성 규칙을 따른다. 기존 음악을 바꿀 때는 새로 탐색할 멜로디의 기준이 될 요소 하나를 끄집어오는데, 이런 기준이 없으면 악상이 초점을 잃는다. 화음을 뒤집을 때도 앞서 나온 연주에 맞춰서 조절한다. 특히 재즈 음악가가 즉흥 연주에 활용할 음악 요소를 선택할 때는 같이 협주하는 다른 연주자가 대응할 수 있는 요소를 골라야 한다. 멋진 즉흥 연주를 들어보면 미로를 봤을 때 느끼는 시각적 혼란과는 전혀 다른 조화로운 느낌을 준다.

자기 동네의 거리를 즉흥적으로 활용하는 사람들도 그렇다. 뉴욕 남동변 지역의 거리문화에서 예부터 서적상들은 같은 동네에 모여 있지만 이웃 가게와 서로 차별화되는 책들을 판다. 같은 음악이라도 주제가 다른 음악이 있고, 주제가 같아도 편곡을 하는 것과 마찬가지다. 계단을 이용하는 행상인들은 임시 가게터를 스스로 꾸미지만, 행인들의 흐름을 방해하지 않도록 조절한다. 집과 집 사이 창문을 이은 빨랫줄에 빨래를 널 때는 중요한 위치의 창문에서 옷이 걸리지 않도록 넌다. 지나가는 방문객들 눈에는 어지러워 보이지만, 그 거리의 거주민들은 경제적이고 앞뒤가 맞아떨어지는 형식을 즉흥 작업으로 만들어냈다. 루도프스키는 이러한 숨은 질서를 통해 빈곤층 대다수가 거주 생활을 만들어간다고 봤고, 거리질서를 즉흥적으로 만들면서 자기 지역사회에 대한 애착이 생긴다고 생각했다. 반면 '재개발' 프로젝트를 보면 거리도 깨끗해지고 예쁜 집과 큰 상점들도 생기지만, 생활공간에 주민들의 존재를 새길 방법을 배려하지는 않는다.

즉흥 작업은 거리에서는 물론 작업장과 사무실, 실험실에서도 일어난다. 재즈의 즉흥 연주와 마찬가지로 다른 형태의 즉흥 작업에서도 숙달해서 향상시킬 수 있는 기능이 있다. 즉 예상을 통해 미리 대비하는 능력이 나아질 수 있고, 접경과 경계를 놓고 협상하는 솜씨가 나아질 수도 있다. 그리고 변화를 주고자 하는 요소를 더 잘 고를 수도 있다. 다음 장에서는 조직이 이런 훌륭한 거리처럼 될 수 있는 방법이 무엇인지 탐색한다. 그전에 지금까지 살펴본 내용을 요약해두자.

2부 요약

2부에서 이리 감고 저리 돌려가며 살펴본 실타래 같은 주제들의 줄 거리는 기능을 숙달해가는 **진보**다. 왜 그래야 하는지 특별한 설명이 필요 없는 말이 진보일 것이다. 실기작업에서 사람들은 더 잘할 수 있고 실제로 잘하게 된다. 2부의 내용이 실타래처럼 구불구불해진 것은 진보가 단선적으로 이루어지는 게 아닌 탓이다. 기능은 불규칙한 과정을 통해 숙달되고, 때로는 멀리 돌아가는 길을 밟기도 한다.

지능적인 손의 숙달 과정은 단계를 밟아가는 단선적인 양상을 띤다. 우선, 손가락 끝의 감각이 예민해져서 그 촉감을 재보고 따져볼 수 있어야 한다. 일단 이것이 되면 두 손과 손가락을 조화롭게 놀리는 연습을 할 수 있다. 이어서 손과 손목, 팔뚝을 한 몸처럼 쓰는 훈련에서 힘을 최소한으로 줄여 쓰는 원리를 배운다. 이 원리를 체득하고 나면 눈 가는 대로 손놀림을 조절함으로써 생각을 거치지 않고 감각 자체로 다음 작업을 내다보고 변화를 예상한다. 이런 방법으로 집중 상태를 지속할 수 있게 된다. 각 단계를 익히는 것이 그다음 단계로 넘어가는 토대가 된다. 물론 훈련으로 숙달해야 되는 일이며, 각 단계를 익히는 것 또한 마찬가지다.

말로 잘 가르쳐주는 표현을 길잡이로 쓰면 이렇게 숙달해가는 과정에 도움이 된다. 반대로 표현은 없고, 이것저것 가리키는 표상이 많은 설명은 작업에 도움이 되지 않는다. 표현을 동원하는 작업 설명은 어떤 일에 대한 전체적인 감각을 키워주는 길잡이 역할을 한다. 그러한 도구는 아주 많겠지만, 길잡이로 쓸 만한 세 가지 표현 도구를 소개했다. 하나는 초보자들이 접할 난관을 그들 입장에서 짚어주는 공감적 예시다. 둘째는 배우는 이를 낯선 상황으로 데려다주는 장면 서사다. 그리고 셋째는 은유를 통해 가르쳐주는 방법으로, 배우는 사람 스스로 자신이 하는 행동의 틀을 창의적으로 다시 짜게끔 고무한다.

도구를 사용하다 보면 상상력이 필요해질 때가 있다. 도구의 용도가 제약될 때도 있고 사용하기 까다로울 때도 있다. 이런 상황에서도 창의력을 동원하면 특정한 방식의 수리 작업을 할 수 있다. 내가 동적인 수리라고 불렀던 수리 작업이다. 아주 강력한 도구, 즉 만능 도구를 이해하는 데도 상상력이 필요하다. 이런 도구들은 아직 시도해보지 않은(그래서 위험할지도 모를) 일들에 사용할 여지가 무궁무진하기 때문이다. 이처럼 창의적으로 도구를 쓰는 방법이 무엇인지, 직관적 도약의 구조를 통해 들여다봤다.

이러한 자원들을 모두 활용하고 항상 활용하기는 어렵다. 사랑에서나 일에서나 진보는 가다 서다를 반복하는 와중에 이루어진다. 그 우여곡절은 사람마다 다를 수 있어도, 우리는 더 잘할 수 있고 실제로 더 잘하게 된다. 우리가 바라기에는 기능을 교육 매뉴얼 만들 듯이 간결하고 딱딱 부러지는 모양으로 배우고 싶을 것이다. 하지만 이런 식으로 배우고 익힐 수 있는 것은 아무것도 없다. 왜냐하면 우리의 존재 자체가 복잡한 유기체이기 때문이다. 앞서 다뤘던 기능과 기법들을 많이 활용하고 더 깊이 이해할수록, 장인의 보람을 더 많이 얻게 될 것이다. 우리 손으로 해낸 일을 요모조모 뜯어보며 "정말 잘했어"라고 흡족해하는 것 말이다.

3부

Craftsmanship

장인의식

The Craftsman

9장
품질을 추구하는 작업
Quality-Driven Work

　이 장과 다음 장에서 장인의식의 꼭대기에 위치한 커다란 문제 두 가지를 다룬다. 첫 번째 문제는 일을 훌륭히 해내려는 장인의 욕망이고, 두 번째 문제는 훌륭한 일을 하는 데 필요한 능력이다. 앞서 1부를 시작할 때 봤듯이 리눅스 프로그래머 집단은 좋은 품질을 구현하려고 몰입하는 반면, 구소련의 건설 근로자들처럼 이런 욕망이 실종된 집단도 있다. 우리 인간 안의 어떤 요인이 이렇게 작업의 질을 추구하는 욕망과 의지를 고무하는 것인지 좀 더 면밀히 들여다보고 싶다.

　계몽사상을 들고 나온 우리 선조들은 인간 대다수가 일을 잘할 수 있는 지적 능력을 타고난다고 믿었다. 그들은 인간을 유능한 동물로 봤다. 평등을 확대하라는 요구도 바로 이런 확신에서 나왔다. 현대 사회는 이런 분위기와는 사뭇 달라서 능력의 차이를 강조하는 쪽으로 흐르고 있다. '기능사회'라든가 '기능경제'라고 하면서 줄기차게 똑똑

한 사람과 멍청한 사람을 구분하려 든다. 적어도 장인노동에 관해서는 계몽사상 선조들이 옳았다. 훌륭한 장인이 될 수 있는 타고난 능력은 누구에게나 있고, 대체로 비슷해서 별로 정도 차이가 나지 않는다. 사람들의 삶을 여러 가지 서로 다른 길로 인도하는 것은 타고난 능력보다는 바로 질을 추구하는 동기와 열망이다. 이러한 동기와 열망은 사회적 조건에 의해 형성된다.

1960년대에 에드워즈 데밍이 처음으로 기업 조직의 '총체적 품질관리'를 주창했을 때, 업계에서는 품질 추구란 것을 겉치레 장식처럼 보는 임원이 많았다. 데밍은 이때 인구에 회자되는 여러 가지 비결을 내놓았다. "가장 중요한 일은 측정되지 않는다"라든가 "점검한 것이라야 기대할 수 있다" 등과 같은 내용이다. 품질관리에서 데밍-슈워트(Deming-Shewhart) 순환은 작업에 들어가기 전 네 단계로 조사와 토론을 거치는 과정을 언급하고 있다.[1] 원하는 것만을 찾는 관리자들에겐 엘턴 메이오(Elton Mayo)가 이끄는 연구팀의 실용적인 실험이 더 눈길을 끌었다. 이 실험은 1920년대 웨스턴일렉트릭컴퍼니(Western Electric Company)를 대상으로 근로자들의 동기를 조사했다. 메이오는 근로자들의 생산성 향상을 고무하는 가장 큰 요인이 하나의 인간으로 주목받는다는 단순한 것임을 발견했다. 하지만 메이오는 근로자들이 만드는 생산물의 품질에는 주목하지 않았고, 품질을 좌우하는 근로자들의 능력도 눈여겨보지 않았다. 메이오를 주목했던 기업 고객들은 품질보다는 복종을 더 중시했다. 다시 말해 근로자들이 행복해야 파업을 벌이지 않고 자기 일을 계속하지 않겠느냐는 생각이다.[2]

이런 식의 생각이 제2차 세계대전 후 일본 경제의 성공과 독일의 '경제 기적'으로 말미암아 변하게 됐다. 1970년대 중반에 이르러 이 두 나라의 경제는 고품질 제품의 틈새시장을 파고들었다. 그중에는 일본 자동차처럼 저렴하고 질 좋은 제품도 있었고, 독일 공작기계처럼 비싸고 질 좋은 제품도 있었다. 이들의 틈새시장이 확대됨과 동시에 영미권 기업들의 품질 수준이 떨어지자 비상 나팔이 울리기 시작했다. 이런 배경 덕에 데밍은 예언자로서 1980년대 후반에 '재발견'됐다. 오늘날에는 현업 관리자들과 경영대학원들이 이구동성으로 경영학 대가인 톰 피터스(Tom Peters)와 로버트 워터먼(Robert Waterman)의 말을 따서 "최고를 추구한다(search for excellence)"를 노래하고 있다.[3]

그렇게 등장하는 말들은 대부분 말만 그럴싸한 과대선전일 뿐이지만, 데밍이 들려주는 이야기는 복합적이고 귀담아들어야 할 것들이다. 복합적인 성격은, 품질을 추구하는 열망을 일으키고 또 그 열망을 행동에 옮기려면 조직 자체의 형태를 정교하게 설계해야 하다는 주장에서 엿볼 수 있다. 예를 들어 노키아처럼 열린 정보 네트워크를 갖춰야 하고, 애플 컴퓨터처럼 제품의 질이 정말로 좋은 상태에 도달할 때까지 출시를 기다릴 줄도 알아야 한다. 조직의 이러한 측면들은 누가 누구에게 보고한다는 식의 조직도나 관리 흐름도에는 좀처럼 드러나지 않는다는 점을 데밍은 잘 알고 있었다. 하지만 그는 품질을 소리 높여 외치면서 장사하는 사람은 아니었다. 그는 구체적으로 좋은 결과를 성취하는 데 치중하는 품질 추구 작업이 꼭 조직을 잘 아우르고 다독여 주는 것만은 아님을 인식하고 있었다.

영국 국립의료서비스(NHS) 사례처럼, 품질표준을 높이는 일을 조직 내부의 엄청난 갈등을 유발하는 식으로 벌일 수도 있다. 갈등이 생기는 이유는 높은 품질이라는 것이 어떤 것인지 사람마다 생각이 다를 수 있기 때문이다. NHS에서는 정확한 형식을 갖추자는 사고방식과 일선 실무진이 따라줄 수 있어야 한다는 사고방식이 대립해 있었다. 누가 품질을 요구하느냐에 따라 생각이 갈라질 수도 있다. 정확한 절차를 고집하는 NHS 최고경영층의 지시는 실제로 치사율이 눈에 띄게 드러나는 암과 심장질환의 치료는 개선시켰지만, 그리 눈에 띄지 않는 만성질환의 치료 품질은 심각하게 떨어뜨렸다. 한편 최고의 경지를 추구하다 보면 스트라디바리의 작업장처럼 조직이 오래가기 어렵다는 문제가 생길 수 있다. 그의 작업장에선 높은 품질을 구현하는 일 자체가 마스터의 암묵적 지식 속에 녹아 있었기 때문에 그의 높은 경지는 다음 세대로 전수될 수 없었다.

일반적으로 품질은 밖으로 떠벌리는 광고로 드러날 성질의 것이 아니다. '품질을 추구한다(quality-driven)'는 표현에서 **추구한다**(driven)라는 말은 무슨 목적을 달성하려는 성취욕만을 뜻하지 않는다. 그것은 본능적인 충동이나 욕구에 이끌리듯, 무슨 물건을 만드는 일이나 기능을 숙달하는 일에 집착하며 강박적으로 쏟아붓는 에너지를 뜻한다. 강박적 에너지는 크리스토퍼 렌 같은 위대한 일꾼들의 성격상 특징이기도 하지만, 좀 더 본질적으로는 크고 작은 행동상의 특성이기도 하다. 글을 쓸 때 이미지와 리듬을 정확히 잡기 위해 한 문장을 몇 번씩 고쳐 쓰는 것도 일종의 강박적 에너지가 필요한 일이다. 사랑할 때의 강박적 집착은 사람을 기형적으로 만들 위험이 있는 한편, 행동할 때의 강박적 집착은 고착과 경직을 부를 위험이 있다. 이런 위험은 장인이 개인 차원에서도 잘 다스려야 하지만, 조직 차원의 품질관리에서도 고려해야 할 문제다. 품질을 추구하려면 강박적 에너지를 잘 활용할 줄 알아야 하고, 개인이든 조직이든 그 방법을 배워서 익혀야 할 일이다.

'품질을 추구하는 작업'에서 배어나는 강박적 에너지가 어떤 것인지 뉴욕의 한 초밥집에서 확연하게 느껴본 적이 있다. 그리니치빌리지에 있는 자그마한 이 식당은 외국에서 일하는 일본인들에게 먹을거리를 비롯해 여러 가지 즐길 거리를 제공하는 곳이다. 미국인들에게는 어이없는 일이지만 차림표를 일본어로 만들어 그들의 편의를 봐주기도 하고 위성통신을 연결해 도쿄의 텔레비전 방송도 보여주는데, 언제나 한 사람의 육성 정도로 텔레비전 음량을 틀어놓는다. 손님들은 가만히 텔레비전을 보기도 하지만, 대화든 혼잣말이든 텔레비전을 보다말고 한마디씩 던지는 게 그곳의 분위기다. 내 첼로를 조율해주는 일본인 친구를 만나면 그곳에 자주 들른다.

우리 두 사람이 그곳에 들렀던 저녁에는 일본의 제품 엔지니어들을 탐방 취재하는 「프로젝트 X」라는 방송물이 텔레비전에 나왔다. 그 주의 화제는 휴대용 계산기의 발명이었는데, 그곳 단골손님들이 눈을 뗄 수 없는 내용이었다. 그중 한 장면에서 모국의 한 엔지니어가 휴대용 계산기를 새로 만들어 '켜짐' 단추를 눌러보고는, 용수철 튀듯이 "된다!"라고 탄성을 질렀다. 내 일본인 친구는 넋이 나간 듯 그 장면을 지켜봤다. 거의 순간적으로 예의 한마디씩 하는 말들이 여기저기서 터져나왔다. 전후 영광의 세월과는 대조적으로 최근에 시끌벅적했던 일본 제품의 치명적 불량 사례가 손님들의 화제로 올랐다. 그 얼마 전에 일본제 배터리와 복사기에 불이 나는 품질 사고가 발생했던 것이다. 텔레비전 화면을 가리키는 사람들의 동작들로 미루어보면 분명히 휴대용 계산기를 개발한 엔지니어들에게 갈채를 보내는 말도 많았지만, 그즈음 추락한 일본의 나라꼴을 타령하면서 회상하는 말들도 있었다. 내 편의를 생각해서였는지, 초밥의 신비로운 생선조각을 가지고 놀고 있는 내 귀로 종종 영어도 들려왔다. '그런 몹쓸…', '치욕적인…'이라는 낱말들이 이야기의 줄거리를 짐작하게 해줬다.

강박적 에너지를 분출시키는 강박관념의 급소는 다음과 같은 심리에 있다. 이 정도면 충분하다는 만족(good)과 그렇지 않다는 불만족(not-good-enough)이 구분되지도 않고 구분할 수도 없는 마음 상태다. 만족을 향해 끝없이 달려갈 뿐이다. 식당 손님들과 웬만한 영어로 같이 어울리게 됐을 때, 나는 제품 사고가 많이 터진 게 아니라 일부 제품에만 국한된 게 아니냐고 했더니 그 손님들은 고개를 저으며 날카롭게 반응했다. '거의 안전하다'는 생각 자체가 그들의 심사를 뒤틀어 놓았던 것이다. 휴대용 계산기든 컴퓨터 배터리든 수백만 개 중에서 단 하나라도 그래서는 안 된다는 이야기였다. 그러니까 이러한 마음가짐은 어떤 상태를 추구할 때 아무런 이물질도 섞이지 않은 순수한 상태를 추구하는 태도다. 강박관념은 이처럼 범주 자체에 대한 열정으로 표출된다. 데밍이 '총체적(total)' 품질관리를 언급했던 것도 이 때문이다. 강반관념의 또 다른 모습인 집요한 고집에도 그와 똑같은 성격이 있다. 모든 사례에 주목하고 부주의나 무관심으로 생기는 예외를 인정하지 않는다. 만족과 불만족의 경계를 두지 않고 쉴 새 없이 집요하게 추적한다.

사람이 그와 같은 강박관념에 빠져드는 이유는 무엇일까? 그 초밥

집에 모여든 엔지니어들은 대부분 지독한 경쟁에 찌든 일본의 교육 시스템에서 중도하차해, 청년기나 성년 초기에 그 각박한 문화에서 벗어나는 길을 택했던 사람들이다. 밟아온 인생경로는 서로 달라도 뉴욕의 이 조그만 귀퉁이에 이르게 된 갈림길을 그들 모두 지나왔다. 여러 해가 지나는 동안 이 장인들의 상당수가 합법적인 이민 자격에 미달하는 반합법적인 거주 상태임을 알게 됐다(영주권은 없지만 위조한 사회보장카드를 가지고 그리 꼬치꼬치 확인하지 않는 직장에서 일자리를 얻는 경우가 많았다). 자기 일의 질적 수준에 대한 자부심은 그들을 '일본적 가치'에 묶어주는 요인이기도 하지만, 도시의 다른 소수민족이나 인종들과 그들 자신을 구별 짓는 상징이기도 하다. 초밥집에서 본 그 사람들은 특수한 종류의 인종차별주의자다. 미국 내 흑인과 라틴아메리카계 사람들은 게으름에 절어 있지만 품질을 추구하는 그들의 정열은 이들과는 판이하게 다르다고 생각한다.

이런 연유로 그들을 보면 강박관념이 드러내는 두 번째 특징이 나타난다. 즉 구별 짓는 표시로서 높은 경지를 집요하게 추구하는 태도다. 사회학자 피에르 부르디외(Pierre Bourdieu)에 따르면 품질을 중시하는 주장은 민족 집단이나 조직 내에서 당사자들의 지위를 주장하는 도구로 활용된다. 즉 나(혹은 우리)는 다른 사람들보다 더 의욕적이고, 더 열심히 몰입하며, 열망에 차 있다는 주장인 것이다.[4] 이런 구별 짓기의 상징은 우월함을 주장하는 쪽으로도 작용하지만, 동시에 사회적 고립과 단절을 부추기는 쪽으로도 작용한다. 이들 일본인 이민자는 중세의 금세공인들과는 다르다. 품질 좋은 작업을 자부하는 이들의 열정은 그들의 내면화된 역사 속으로 숨어버린 채, 넓은 사회 속으로 자신들을 통합하기보다 이방인으로서의 특징을 부각시키는 상징이 됐다. 이 장에서 살펴보겠지만, 품질을 추구하는 근로자들은 대체로 조직 내에서 고립된 사람으로 행동하기가 쉽다.

품질에 강박적으로 집착하게 되면 끝없이 순수한 상태를 추구하는 에너지가 일 자체를 끌고 가게 된다. 이런 정열에 빠진 근로자들은 그렇지 않은 다른 사람들을 지배하기도 하고, 자신들을 그들과 분리시키기도 한다. 두 가지 행태 모두가 위험한데, 두 번째 행태부터 살펴보기로 하자.

전문성
같이 노는 전문가와 따로 노는 전문가

높은 경지로 내달리는 사람들 덕에 다른 사람들이 겪는 위험은 전문가라는 사람들로 압축된다. 전문가는 두 종류의 옷을 입고 등장하는데, 개방적이고 사교적인 '같이 노는' 전문가와 폐쇄적이고 반사회적인 '따로 노는' 전문가가 그 두 가지 모습이다. 잘 짜인 조직은 같이 노는 전문가를 좋아하게 마련이다. 고립된 전문가는 보통 조직에 문제가 있다는 경고 나팔을 분다.

전문가의 기원과 그 특권은 아주 옛날로 거슬러 올라가는데, 고대 **데미오에르고이**의 시민적 명예로부터 시작된다. 중세부터 전문가는 부득이하게 같이 노는 전문가일 수밖에 없는 마스터 장인의 모습으로 등장했다. 길드를 조직하는 공적인 관례와 종교의례는 이런 자리에 마스터가 의무적으로 참여해야 할 사회적 유대를 형성했다. 각 작업장의 내부 조직은 같이 대면한 사람 간의 권위가 그 본바탕이고 아주 작은 단위의 공동체여서, 같이 어울리는 결속은 더욱 강고했다. 근대가 가까워지면서 아마추어는 점점 설 자리를 잃었고, 특히 산업혁명이 시작되면서 이런 추세가 심화됐다. 이것저것을 찾아다니는 아마추어의 호기심은 특화된 지식보다 값어치가 없어 보였다. 하지만 근대의 전문가는 개인을 넘어선 확대된 공동체나 동료들과 유대를 맺을 강력한 관례나 의례라는 것이 거의 없다.

이런 사정에 대해 사회학자 엘리오트 크라우제(Elliott Krause)는 『길드의 종말(The Death of the Guilds)』에서 자신의 논의를 펼친다. 엔지니어, 법률가, 의사, 학자들을 살펴본 그의 연구는 20세기에 전문가 연합체가 비인격적인 시장과 관료적 국가의 압력에 짓눌려 약화됐음을 보여준다. 이런 현상은 전문 직종들 자체가 엄격해지고 전문적인 훈련이 강화되는 와중에 나타난 것이다. 물론 전문가들의 국내 조직이나 국제 조직은 지난날 도시길드 때보다 훨씬 커졌다. 이런 전문가들 사이의 모임이 규모는 커졌어도 일정 부분 그 옛날과 똑같은 결속이나 의례 같은 성격을 이어왔다고 크라우제는 보고 있다. 근대에 들어 **전문적**(professional)이란 말은 단순한 피고용자와는 다른 존재로 행세하는 사람들을 일컬을 때 쓰던 말이었다. 전체적으로 볼 때 이러한 전문 직종의 숨통을 조여왔던 것은 시장보다는 정부와 법적 규제였다. 전문가들이 아는 지식이란 것 자체의 내용이 법률을 통해 관료제의 틀 안에 갇히게 됐던 것이다. 그 와중에 없어진 것은 공동체다. 이 점은 로베르트 페루치(Robert Perrucci)와 조엘 게르스틀(Joel Gerstl)이 획기적인 연구 『공동체를 잃은 직업(Profession without Community)』에서 처음

으로 제시했던 내용이다.[5]

전문성과 전문 능력을 다뤘던 학계 연구는 세 가지 양상으로 흘러왔다.[6] 처음에는 어느 분야든 적용할 수 있는 분석력을 숙달한 사람이란 뜻에서 '전문가'를 연구했다. 한 예로 업계의 이쪽 텃밭에서 저쪽 텃밭으로 옮겨다니는 컨설턴트가 그러한 전문가에 해당한다. 이처럼 전문성을 갖춘 분석가들은 중요한 내용을 '찾아내는' 사람이었고, 전문가란 특정 영역에 대해 아주 많은 내용을 알아야 하는 사람들이었다 (1만 시간이라는 규칙도 그렇게 해서 찾아낸 결과다). 이 분야의 사회적 문제를 탐색하는 페루치와 게르스틀, 크라우제의 연구에는 다음과 같은 두 가지 문제의식이 흐르고 있다. 전문가가 강력한 공동체(즉 강력한 길드)가 없는 상황에서 어떻게 함께 어울리면서 행동할 수 있겠는가? 즉 전문가들 내부의 사회성과 결속을 둘러싼 문제다. 다른 하나는 전문가들과 다른 사람들의 관계에서 본 그들의 개방성 문제다. 전문가의 일이 훌륭하다는 점 자체가 그를 바깥세계로 인도할 수 있는가?

비믈라 파텔(Vimla Patel)과 가이 그룬(Guy Groen)은 사교적인 전문가를 탐구하면서, 번득이는 재능을 갖춘 신참 의대생들과 여러 해 동안 경험을 닦은 전문의들을 대상으로 두 집단의 임상치료 기능을 비교했다.[7] 예상대로 경험 있는 전문의들의 진단이 더 정확했다. 이것은 전문의들이 환자의 특이한 증상이나 특수성을 좀 더 개방적으로 볼 줄 알았기 때문이다. 반면, 의대생은 교과서를 기준으로 개별 사례에 일반 규칙을 엄격하게 적용하는 형식주의로 흐르는 경향이 강했다. 더욱이 경험 있는 전문의들은 먼 시간지평을 염두에 두고 환자를 본다. 즉과거에 나타났던 증상만을 보는 게 아니고, 앞으로 언제까지일지는 몰라도 환자의 미래 상태를 내다보려고 한다. 하지만 축적된 임상 경험이 없는 신참 의대생이 어느 환자가 앞으로 어떤 추이를 보일지 상상하기란 어려운 일이다. 경험 있는 전문의는 환자의 변화 과정에 주목하는 반면, 재능은 뛰어나지만 경험이 부족한 의대생은 직접적인 인과관계에 얽매여 생각한다. 손을 다뤘던 5장의 내용을 상기하면, 의학계 장인의 '프리헨션' 능력은 오랜 시간의 치료 경험에서 닦아진 셈이다. 긴 시간지평에서 다른 사람들을 전인적 인격으로 취급하는 태도는 같이 어울리는 전문가의 한 특징이다.

한편, 사교적인 전문가의 태도는 불완전한 도구로 작업하는 체험에서 생기는 측면도 있다. 앞서 살펴본 17세기 과학자들처럼, 이러한 도구를 쓰는 사용자들은 어쩔 수 없이 만드는 일뿐 아니라 고치는 일도 생각해야 했다. 고치는 일, 즉 수리는 장인의식의 근본적인 범주 가운데 하나로, 오늘날에도 전문가로 쳐주는 사람은 만들 줄도 알고 고칠 줄도 아는 사람이다. 사회학자 더글러스 하퍼의 말을 상기해보자. 전문가는 "특정 기술의 구성 요소들을 알고 있을 뿐 아니라, 나아가 그 기술이 지향하는 일반적인 목적과 기술을 지탱해주는 정합성까지 볼 줄 아는 지식의 소유자들이다… 그들의 지식은 제작과 수리가 일정한 연속체 안에 통합되어 있는 지식이다."[8] 소규모 기계제작소들을 살펴본 하퍼의 연구를 보면, 동료들과 잘 섞이는 전문가는 대개 고객에게 설명하고 조언해주는 일도 잘한다. 즉 궁금해하는 것을 차근차근 편안하게 가르쳐준다. 양아버지로서 도제를 가르쳤던 중세 마스터 장인과도 비슷한 모습이다.

마지막으로, 전문 능력의 사회성은 스트라디바리 작업장에서 잘 드러나는 지식이전 문제와도 관련이 깊다. 스트라디바리는 암묵적 지식으로 체화된 자신의 경험을 전수해줄 수 없었다. 현대의 전문가들을 보면, 스스로 스트라디바리의 덫에 걸려드는 사람이 아주 많다. 자신의 전문지식을 도저히 말로 표현할 수 없다고 믿는 확신은 사실 '스트라디바리 증후군'이라고 부를 만하다. 앞서 살펴본 영국 의사들에게도 이런 증후군이 엿보인다. 여러 가지 선택 가능한 치료 방안이 있어도 꺼내놓고 이야기하지 못하고, 스스럼없이 비판에 응하지 못하며, 그들의 암묵적 지식을 동료들과 머리를 맞대고 풀어내지 못한다. 이렇게 되면 자기 전문성을 밖으로 내보이는 의사들과 비교할 때 기능은 시간이 갈수록 퇴보한다.[9] 동네 가까운 곳의 가정의들은 언제나 다정하게 진단해주지만, 혼자서 일하다 보면 이런 스트라디바리 증후군에 빠지기 쉬울 것이다.

하워드 가드너(Howard Gardner)가 이끄는 하버드대학교의 '좋은 일 프로젝트(GoodWork Project)'는 은폐되는 전문지식 문제를 극복하기 위한 여러 가지 방법을 조사해왔다. 이 프로젝트의 작업 중에는 『뉴욕타임스』 몇몇 기자의 부패가 적나라하게 드러났던 시점에 이 신문사의 와해된 업무 표준을 다뤘던 연구가 있다.[10] 회사에 잘못이 있었다는 것이 좋은 일 프로젝트의 판단이었는데, 업무 표준이랄 게 따로 있는 것이 아니라 그냥 "우리는 뉴욕타임스다"가 표준이었다고 지적했다. 이 애매한 말 한마디가 이 신문사의 스트라디바리 행세를 한 셈이다. 이로 말미암아 명시적인 언어로 업무 표준이 소통되지 못했고, 부정한 기자들에게 조직을 요리할 공백을 만들어줬다. 가드너는 이런 위험은 투명성을 통해 견제할 수 있다고 본다. 하지만 막연한 투명성이 아니라 전문가가 아닌 사람들이 봐서도 분명히 이해할 수 있는 좋은 일의 업무 표준이 정립돼야 한다는 것이다. 이를 명료한 언어로 표현하는 일은 전문가들이 더 정직하고 효과적으로 일하도록 자극한다고 하워드 연구진은 보고 있다. 매슈 질(Matthew Gill)도 런던의 회계 업무에 대해 유사한 분석을 제시하고 있다. 내부 참조용 규정보다 비전문가가 이해할 수 있는 업무 표준이 회계사들의 정직성을 지켜준다는 것이다. 그처럼 밖으로 내보임으로써 자기 책임을 유지할 뿐 아니라, 자기 일이 다른 사람들에게 어떤 의미가 있는 것인지도 이해할 수 있게 된다.[11] 비전문가가 이해할 수 있는 업무 표준은 조직 전체의 질을 높이는 길이다.

잘 설계된 조직에서는 장기적인 시간을 두고 인간을 전인격적인 존재로 본다. 또 조직원들끼리 서로 가르쳐주고 배우는 관계를 격려하며, 조직 내 누구라도 이해할 수 있는 언어로 업무 표준을 만들도록 한다. 이렇게 좋은 관행을 실천하다 보면 같이 잘 노는 전문가들이 태어나는 것이고 전문지식도 투명해지는 것이다. 서로 잘 어울리는 전문가들이라고 해서 그들 스스로를 의식해 패거리를 만들게 되는 것도 아니고, 전문성을 명시적 지식으로 체계화한다고 해서 집단적 이데올로기가 형성되는 것도 아니다.

전문 능력이 반사회적인 모습을 띨 때는 좀 더 양상이 복잡하다. 전문가와 비전문가가 아는 지식은 수준 차이가 날 수밖에 없다. 반사회적인 전문가들은 이렇게 순전히 불공평한 비교에서 나오는 사실을 강조한다. 불평등을 강조하게 되면 당장 다른 사람들의 모욕감과 분개심을 일으키게 된다. 이렇게 다른 사람들을 자극하는 뻔한 결과 말고도, 그렇게 강조하는 전문가 자신이 난처한 상황에 처하는 미묘한 결과도 초래된다.

불공평한 비교로 말미암은 이 두 가지 결과를 보스턴의 제빵 산업에서 볼 수 있다. 1970년대 보스턴 빵집들은 중세의 금세공인이 보더라도 금세 알아차릴 만한 방식으로 운영되고 있었다. 빵 굽는 실기작업은 도제를 곁에 끼고 기능을 전수해주는 마스터의 지휘로 진행됐다. 세월이 흘러 2000년에 이르자 현장의 마스터 제빵사는 사라지고 그 자리에 자동화 기계가 들어섰다. 빵집 작업현장에 제빵기계의 컴퓨터 프로그래머와 기계 관리자가 출동했을 때, 이들 신식 전문가들과 '빵집 아이들' 사이에 긴장이 맴돌았다. 전문가들은 기계 작동과 아울러 자신의 지식을 강조하는 몇 가지 지시를 내려줬다. 빵집 아이들은 부루퉁하게 반응했다. 이들은 새로운 마스터인 기계 전문가들 앞에선 복종했지만, 돌아서서는 비웃었다. 복잡한 제빵기계의 프로그램을 짠 이 전문가들은 그리 섬세할 것도 없는 현장의 반응을 충분히 감지했지만, 문제를 도마에 올리기보다 그냥 접어둔 채 넘어갔다. 기계 전문가들의 현장 방문은 줄어들었고, 그 대신 전자우편을 통한 지시로 업무가 돌아갔다. 현장 작업자들이 시큰둥해지면, 신기한 일이지만 상위 부서 사람들도 당장 감이 온다. 바로 요원해지는 느낌이다. 본사의 기계 전문가들은 그 옛날의 마스터 제빵사만큼 빵집을 귀히 여기는 마음이 별로 없었다. 결국 본사는 상위 부서의 기술 인력이 '회전문' 돌듯 계속 들고나는 증상에 시달리게 됐다.[12]

물론 성과를 비교하면 기분은 상할 수 있어도 경쟁을 자극하는 효과는 있다. 노키아처럼 잘 돌아가는 조직에서도 경쟁과 협력을 같이 가져가기를 원한다. 하지만 이렇게 기분도 좋고 생산적인 상태는 경쟁자들이 서로 우호적인 관계라야 생길 수 있다. 우호적인 경쟁관계가 되려면, 경쟁자들이 누가 더 낫고 못한지에 신경을 덜 쓸 수 있어야 한다. 왜냐하면 이런 식의 잣대는 사람들을 줄 세워서 통제한다는 느낌을 유발하기 때문이다. 고용주들 사이에는 자사 종업원들을 업신여기는 태도가 자주 보인다. 이런 태도 역시 그런 잣대로 구별 짓는 일에 자꾸 신경을 쓰다가 생기는 사고방식이다. 그런데 또 하나의 문제는 그렇게 업신여기다 보면 고용주 스스로 자기 회사에 대한 좋은 감정을 잃어버린다는 점이다. 자기 회사가 게으름뱅이들과 무능력자들로 득실대는 것처럼 보이는데, 출근하는 발걸음부터 기분 좋을 리가 없다.

전문가들끼리 경쟁하다 생기는 불공평한 비교는 품질의 의미 자체를 전문가들의 시야에서 가려버린다. 과학계에 폭넓게 퍼져 있는 이 문제는 아주 특이하고 씁쓸한 행태를 낳게 됐다. 바로 누가 먼저 학술지에 게재하느냐 하는 경쟁인데, 과학 실험실들은 연구하는 작업 자체가 의미를 잃을 정도로 '촌각을 다투는 게임'에 휘둘리고 있다.

그중에서도 아주 고약한 사례는 인간 면역결핍 바이러스(human immunodeficiency virus: HIV)의 경우다. 문제는 이 HIV를 후천성 면역결핍증(AIDS)을 유발할 수 있는 레트로바이러스(retrovirus: RNA 종양 바이러스) 형태로 누가 먼저 발견했느냐는 논쟁이었다. HIV는 1980년대에 두 실험실에서 따로따로 발견했다. 한 곳은 뤼크 몽타니에(Luc Montagnier)가 이끄는 프랑스 파스퇴르연구소 산하의 실험실이었고, 다른 한 곳은 로버트 갈로(Robert Gallo)가 이끄는 미국의 실험실이었다. 이 두 실험실 사이에 신랄한 싸움이 벌어졌다(이 싸움은 결국 프랑스의 프랑수아 미테랑 대통령과 미국의 로널드 레이건 대통령이 협정을 체결하고서야 해결됐다).

이 논쟁은 누가 먼저 발견했느냐를 두고 벌어진 싸움이었다. 몽타니에의 실험실은 실험 결과를 1983년에 발표했고, 갈로의 실험실은 1984년에 발표했다. 그런데 갈로 측에서 자신들이 더 일찍 발견했다는 주장을 들고 나오면서 레트로바이러스를 실험했던 1974년의 선행 작업을 그 근거로 제시했다. 몽타니에 측에서는 파스퇴르연구소가 먼저 배양했던 HIV 표본을 갈로 측에서 부적절하게 활용했다는 주장으로 맞섰다. 갈로는 HIV에 대한 혈액 시험이 가능하도록 '불멸화된(immortalized)' 세포주(cell line)에서 HIV 바이러스를 배양한 것은 자신의 실험실이 최초라고 주장했다. 게다가 T세포(T-cell)를 실험실에서 배양하는 기술은 자신이 처음으로 개발했다는 주장도 덧붙였다. 발견한 바이러스에 붙일 이름을 두고도 두 실험실은 티격태격 싸움하기 바빴다. 몽타니에는 LAV라는 약자로 불렀고, 갈로는 HTLV-III라고 불렀다. HIV라는 명칭은 미국과 프랑스의 두 대통령이 합의해서 나온 이름이다. 과학자의 경력에 중차대한 일이었던 만큼 진을 빼는 싸움이 전개됐던 것이다. 이 바이러스에 대한 후속 연구에서 획득할 특허를 염두에 두었던 일이라서 사실상 과학자들은 이 바이러스의 '소유권'을 놓고 싸웠던 셈이다.

표면적으로는 날짜와 명칭을 놓고 왈가왈부했던 것이지만, 그 배후에는 어느 실험실의 작업이 더 질이 좋으냐는 피 튀기는 진짜 싸움이 벌어지고 있었다. 그런데 여기서 좀 의아해진다. 똑같은 작업을 하고 있는 중이고 또 검증을 통해 내용을 확인할 수 있는 일인데도, 천천히 일하는 쪽이 작업의 질도 열등하다고 판단할 이유는 없기 때문이다. 어느 실험실이 남들보다 먼저 했다고 해서 경마대회의 최우수상처럼 취급하는 것은 이치에 맞지 않다. 연구의 질은 말 달리는 속도와는 전혀 다른 문제이기 때문이다. 한마디로 누가 먼저 했는지 집착하는 것은 이 발견 자체와 아무 상관도 없는 문제다. 결국 불공정한 속도 비교로 말미암아 품질의 잣대가 왜곡됐다. 그럼에도 이렇게 경주하는 열정이 과학계를 몰고 간다. 이러한 경쟁적 강박관념의 포로가 된 사람들은 그들이 하는 일 자체의 가치와 목적이 눈에 뵈지 않기 십상이다. 깊은 생각은 천천히 흐르는 시간 속에서 싹트는 것이지만, 이런 사람들은 그러한 장인의 시간지평에서 생각하지 못하는 탓이다.

요약하면 전문가가 되는 길에는 같이 노는 방식도 있고, 따로 노는 방식도 있다. 수공업 장인은 작업하는 물건과 계속 대화하면서 물건에 변화를 주고 다듬어간다. 작업 대상은 장인과 떨어져 있지 않으며, 오히려 장인이 펼쳐가는 무대에 출연하는 주인공이다. 이와 마찬가지로 같이 노는 전문가들은 전문지식의 시야를 펼쳐서 다른 이들을 초청할 무대를 만든다. 그 무대에서 다른 이들과 대화한다. 전문가에게는 말썽 난 문제를 교정하는 일이 곧 찬찬히 가르쳐주는 일이다. 그가 일을 풀어가는 작업 표준은 투명하다. 다시 말해 비전문가도 알아들을 수 있다는 의미에서다. 따로 노는 전문가들은 다른 이들에게 모욕감을 주고, 전문가 스스로 곤란에 처하며, 자신을 고립시킨다. 불공평한 비교는 일의 품질이 무엇을 뜻하는지 그 내용을 실종시키는 결과를 초래하기 쉽다. 모든 전문 능력에는 불평등이 있게 마련이다. 과학에서도 물론이요, 요리나 목공 작업에서도 마찬가지다. 그렇게 불평등할 수밖에 없는 차이를 어떤 눈으로 보느냐가 문제다. 불공평한 비교는 개인을 내세우는 성격이 강하지만, 같이 노는 전문가는 자기를 내세우고 정당성을 입증하는 일에 그리 집착하지 않는다.

이러한 차이를 깊이 이해하려면, 강박적 심리가 발동하는 현상 자체를 좀 더 알아볼 필요가 있다. 강박관념은 어쩔 수 없이 파괴적인 것인가? 아니면 좋은 형태의 강박관념도 있는 것인가?

강박관념이 보이는 야누스의 두 얼굴
두 집의 이야기

지금까지 강박관념에 대한 지식은 부정적인 측면이 더 깊이 있게 연구돼 있다. 심리학계에서 강박관념의 부정적인 측면으로 취급하는 것 중에 '완벽주의'가 있다. 이것은 자기 자신과 끝없이 경쟁하는 사람들을 가리키는 말이다. 자기가 어떠해야 한다는 당위성을 잣대로 지금의 자기 모습을 판단하는 사람에게 마음에 들 만한 것은 하나도 없다. 미리엄 아더홀트(Miriam Adderholdt)는 완벽주의를 자기 몸매가 날씬하지 않다는 생각에 시달리는 소녀의 거식 증상과 같은 것으로 본다. 토마스 허카(Thomas Hurka)는 심리적 요인이 고혈압과 궤양을 일으키는 것처럼 완벽주의는 영 개운치 않은 느낌을 떨쳐버리지 못하는 상태와 비슷하다고 본다.[13] 임상적으로 완벽주의는 일종의 '강박장애(obsessive-compulsive disorder)'로 분류된다. 즉 개운치 않고 부족하다는 일종의 열등감이 항상 따라다녀서 매번 똑같은 행동을 반복하는 증상이다. 일종의 행동 함정(behavior trap)으로 취급되는 셈이다.

한 정신분석 학파에서 완벽주의의 동태를 좀 더 자세히 탐색했다. 정신분석학자 오토 컨버그(Otto Kernberg)는 스스로 다그치는 행동이 다른 사람들의 판단으로부터 자신을 가리는 방패로 쓰인다고 본다. 쉽게 말해 "나를 가장 혹독하게 비판할 사람은 나이니, 당신이 판단할 필요가 없다"는 이야기다.[14] 컨버그 학파의 정신분석학자들은 이러한 방패 뒤에는 "도무지 성에 차는 게 없다"는 확신이 자리 잡고 있다고 주장한다. 삶은 공연이 펼쳐지는 무대요, 나는 무대 앞에 앉은 비평가인 셈이다. 지켜봐도 썩 눈에 차는 게 없다. 나는 나 홀로 나를 평가하는 전문가다. 정신분석학자들은 이러한 현상에 대해 자기애(나르시시즘narcissism)의 범주로 묶어서 보는데, 컨버그는 '경계선적 성격 장애(borderline personality disorder)'로 본다.[15] 그러니까 완벽주의자가 품질을 평가하는 잣대는 신경증과 정신병증의 경계선에 걸쳐 있다는 이야기다.

사회학에서도 완벽주의를 이해하려는 시도가 있었다. 막스 베버(Max Weber)는 완벽주의가 사회와 역사 속에서 잉태된 것으로 봤는데, 인간 내면의 이러한 욕구를 완벽주의라는 용어 대신에 '현세적 금욕주의(worldly asceticism)'라는 일종의 근로윤리로 이해했다. 베버는 『프로테스탄티즘의 윤리와 자본주의 정신(The Protestant Ethic and the Spirit of Capitalism)』에서 프로테스탄트 기독교와 자본주의가 다음과 같은 양상으로 결합할 때, 현세적 금욕주의가 모습을 드러낸다고 설명한다. "처음에 신앙을 마음에 다질 때는 세상에 등을 돌리고 나만의 세계로 탈출했다. 수도원에 자리를 잡든 교회에 의지하든 세상을 멀리 물리쳤으니 세상은 이미 눈 아래 것일 뿐이다. 하지만 하루하루 누가 시키지 않아도 굴러가는 세상사의 모습이 바뀐 것은 아니다. 전체적으로 그렇다. 그가 이제 삶의 시장터로 발을 내딛는다. 수도원 문 닫히는 요란한 소리를 뒤로 한 채, 바로 그 세상의 일상에 뛰어든다. 신앙생활로 몸에 밴 신중하고 철저하며 질서정연한 태도로 바로 그 세상에 자신의 삶을 만들어가려고 한다. 하지만 그의 삶은 머무는 곳이 그 세상 안일 뿐 세상의 것도 아니요, 세상을 위한 것도 아니다."[16] 이런 양상의 성취욕은 가톨릭적인 자기 규율과는 다르다. 삶의 공연을 보는 관중이 바로 나 한 사람뿐이기 때문이다. 나의 자아가 곧 수도원인 나는 그 안에서 유일한 비평가이며 가장 혹독한 비판자다. 일상적인 경험에 비추어보면, 이와 같은 베버의 설명은 수중에 있는 것이 한시도 만족스럽지 못하고 성취하려던 게 이루어지는 그때마다 공허감이 찾아오는 이유를 찾고 있다. 프로테스탄트 윤리의 깃발 아래서는 자기 정당화로 만족을 얻을 수 없다.

지금의 대다수 학자는 '현세적 금욕주의'를 제시하는 베버의 역사적 설명이 크게 잘못됐다고 보고 있다. 한 예로 17세기에 시장에 공격적으로 달려든 독실한 가톨릭 신자는 많았지만, 독실한 프로테스탄트 신교도 중에는 그런 사람이 많지 않았다. 베버의 설명에서 엿보이는 강점은 역사적 사실보다는 경쟁하듯 극단으로 치닫는 욕구를 들여다보는 그의 시각이다. 그 욕구는 스스로 자기를 입증해 보이겠다는 것인데, 행복과는 거리가 먼 내용이다. 야릇하게도 엄격한 청교도였던 베버는 완벽주의를 정신분석학자들보다 관대하게 보았다. 컨버그는 '뒤집힌 자기애(inverted narcissism: 혹은 내현적 자기애covert narcissism라고도 함)'를 거론하는 대목에서 자기 의혹의 진정성을 의문시한다. 하지만 내면의 욕구에 이끌리는 바로 그 사람의 내면적 고뇌가 과연 어떤 것인지 베버는 묻지 않았다.

앞에서 살펴본 내용들은 일정한 형태의 강박관념에서 나타나는 부정적 측면이다. 하지만 장인의 강박관념은 정신분석의 틀이나 베버의 틀에는 잘 맞지 않는다. 단적으로 실기작업의 일상적인 행동은 일하는 사람을 그들 밖으로 끄집어낸다. 완벽주의에는 격심한 내적 동요가 따르지만, 몸에 익은 실기작업에서 생기는 꾸준한 리듬은 오히려 스트레스를 줄여준다. 철학자 아드리아노 틸거가 『백과전서』의 삽화들을 보면서 장인의 '부지런한 평정심'이 배어난다고 했던 것은 바로 이런 의미를 전달하고 있다. 더욱이 구체적인 물건과 작업 절차에 집중하는 장인의 정신 상태는 '할 수만 있다면' 하고 되뇌는 자기애에 빠진 사람의 탄식과는 아주 대조적이다. 에린 오코너는 유리 성형 작업을 새로 배우면서 몇 번씩 좌절했지만 흔들리지 않았다. 장인에게 강박관념이 문제가 된다면, 작업 자체를 어떻게 해내느냐는 차원의 문제다. 작업 중에는 베버가 말하듯 욕구에 이끌리는 사람의 모습이 나타나기도 한다. 자신과 경쟁하듯 스스로 다그치기도 하고 때때로 완벽주의로 말미암아 고생도 한다. 하지만 이런 모습은 베버가 짐작했던 양상으로 나타나지도 않을뿐더러 항상 나타나는 것도 아니다. 왜냐하면 장인의식은 긍정적인 모습의 강박관념을 유발하기도 하기 때문이다. 이와 같이 강박관념이 보이는 야누스의 두 얼굴은 1920년대 말 비엔나에 지어진 두 주택의 건축과정에서 찾아볼 수 있다.

1927년에서 1929년 사이에 철학자 루트비히 비트겐슈타인(Ludwig Wittgenstein)은 오스트리아 비엔나에 누이가 살 집을 설계하고 건축했다. 비엔나의 쿤트만가세 거리에 이 집을 지을 당시, 이 거리에는 집터로 쓸 만한 여러 필지가 남아 있었다. 비트겐슈타인은 이 집을 자랑스럽게 여길 때도 있었지만, 나중에는 스스로 혹독하게 비평하는 사람이 됐다. 1940년에 적은 메모에서 이 집을 가리켜 "생기가 없다"면서 침울한 논조로 자신이 "좋은 건축양식"으로 지었지만, "근원적인 생기"가 없다고 생각했다.[17] 그는 이때 이 집의 좋지 않은 점에 대해 신랄하고 노골적인 진단을 내렸다. 그럴 만했을지도 모른다. 이 일을 시작할 때만 해도 "건물 하나 짓자고 하는 일이 아니라, 이 세상에 지을 수 있는 모든 건축물의 기초를 나 스스로 구현해보고 싶다"는 생각이 확고했기 때문이다.[18]

이보다 원대한 프로젝트도 없을 것이다. 당시 이 젊은 철학자는 모든 건축의 본질을 이해해 전에 없던 완벽한 모범 사례를 만드는 일에 직접 나섰다. 이렇게 시작된 이 주택은 노르웨이에 지은 오두막을 빼면 비트겐슈타인이 지은 유일한 건축물이다. '이 세상에 지을 수 있는 모든 건축물의 기초'를 담을 물건이니, 일반적 속성 자체를 정확하게 구현하는 게 건축의 기본 구상이었다. 이 집이 쿤트만가세에 들어섰던 때는 그가 '이 세상에 지을 수 있는 모든 건축물의 기초'에 해당하는 내용을 철학에서 추구하던 시기의 끝 무렵이었다. 비트겐슈타인은 대략 1910년에서 1924년에 걸쳐 집요하게 건축 작업을 추진했다. 그 결과물을 되돌아보며 혹독하게 비판했던 것을 보면, 엄청난 공을 들이느라 자신이 지불했던 대가를 생각했던 것도 같다. 하지만 그가 심각하게 생각했던 문제는 비용이 아니라 건물 자체다. 비트겐슈타인은 완벽한 이상을 구현하려고 매진했지만, 그 스스로 평가할 때 생기 없은 물건을 만들고 말았다. 집요하고 엄격함이 결과물을 볼품없이 만들었던 것이다.

이 건축 작업과 나중에 그 문제점을 지적한 비트겐슈타인의 진단을 평가하려면, 같은 시기에 아돌프 로스(Adolf Loos)가 건축한 비엔나의 다른 집과 비교해보는 게 좋다. 건축을 바라보는 비트겐슈타인의 취향은 로스에서 비롯됐다. 로스의 빌라 몰러(Villa Moller)는 그의 오랜 건축 경력의 최고봉에 해당한다. 1870년 오스트리아 - 헝가리제국(지금의 체코공화국)의 브룬에서 태어난 로스는 공과대학을 일찍 마치고, 미국으로 건너가 석공으로 일하면서 공부를 계속했다. 건축가 일은 1897년에 처음으로 시작했다. 초기에는 글과 연구 프로젝트로 더 많이 알려졌지만, 늘 실제 건축 과정에 대한 관심이 많았다. 이렇게 현장으로 이어진 통로 덕분에 강박관념을 겪으면서도 긍정적으로 소화하는 게 가능했다. 일을 올바로 해내야겠다는 욕망이 강할수록 도저히 손댈 수 없는 상황을 만나면, 욕망은 주체하기 어려운 강박관념으로 돌변한다. 하지만 그는 욕망과 현실이 서로 대화할 수 있는 통로를 찾아내고 또 다른 사람들의 작업도 함께 고려함으로써 강박관념을 조금씩 풀어갔다.

비트겐슈타인은 1914년 7월 27일 비엔나의 카페 임페리얼에서 로스를 처음으로 만났다. 로스가 지은 건물보다는 건축 사상을 피력한 그의 소론에 대한 관심에서였다. 로스는 건축을 '새로운 객관성(혹은 새로운 사실주의: new objectivity, 독일어로 Neue Sachlichkeit)'이라는 틀로 봤는

데, 이 개념에는 건물을 짓는 목적과 건축 방식을 꾸밈없이 드러내자
는 생각이 들어 있다. 재료와 형태를 하나로 보는 것인데, 앞의 4장 물
질의식에서 훑어봤던 '정직한 벽돌'의 정서를 여기서 다시 보게 된다.
하지만 로스는 재료에 사람의 성격을 투영하는 18세기의 인식은 걷어
냈다. 그는 또 부모 세대의 주택처럼 실내공간을 답답하게 채우는 걸
혐오했다. 예컨대 여기저기에 매달린 장식용 매듭이나 세공유리 샹들
리에, 바닥에 겹겹이 깔린 양탄자, 선반 위에 늘어놓은 장식품, 탁자,
고풍스러운 장식용 기둥이 그런 것들이었다.

　1908년 로스는 이 모든 불만을 『장식과 범죄(Ornament and Crime)』
에서 신랄하게 쏟아냈다. 그는 장식을 범죄로 추방하는 대신, 미국을
여행하다가 봤던 실용적인 미를 건축에 구현하려고 했다. 그때 봤던
아름다움은 옷가방이며 인쇄기며 전화기처럼 일상생활에 쓰도록 만
든 실용적인 물건들이었다. 특히 브루클린 다리의 순수함과 뉴욕 기차
역들의 골격을 아주 좋아했다. 로스는 그 무렵 실용적인 디자인을 중
시했던 바우하우스(Bauhaus: 독일의 디자인 학교) 사람들처럼 산업주의
가 낳은 혁명적 미학을 적극적으로 받아들였다. 이러한 그의 입장은
존 러스킨의 주장과는 대립되지만 그 이전 『백과전서』의 맥을 잇고 있
다. 실기와 예술을 하나로 통합해주는 기계가 모든 건축 형태의 가장
기본적인 아름다움을 대변한다고 봤다.

　'순수함'과 '단순함'은 비트겐슈타인 정도의 배경을 갖춘 젊은이에
게는 각별한 의미로 다가왔을 것이다. 이런 정황은 그의 취향을 이해
하는 데도 필요하지만, "이 세상에 지을 수 있는 모든 건축물의 기초
를 나 스스로 구현"하려다가 부딪쳤던 그의 문제를 짚어보기 위해서

도 알아둘 필요가 있다. 그의 아버지 카를 비트겐슈타인은 유럽의 산업가 중에서도 부유층에 들었는데, 돈밖에 모르는 무식한 자본가와는 격이 다른 인물이었다. 구스타프 말러(Gustav Mahler), 브루노 발터(Bruno Walter), 파블로 카살스(Pablo Casals) 같은 당대 음악가들이 그의 집을 드나들었다. 이런 사람들이 그의 집에 가보면, 구스타프 클림트(Gustav Klimt)를 비롯한 신진 예술가들의 그림이 벽의 이곳저곳에 걸려 있었다. 한편 아버지 비트겐슈타인은 시골에 마련해둔 저택 여러 채 중의 하나를 건축가 요제프 호프만(Josef Hofmann)의 작업실로 내주기도 했다.

하지만 그는 세계대전 전의 다른 돈 많은 유대인들처럼 자기 재산을 드러내는 데 아주 조심해야 했다. 왜냐하면 1890년대 비엔나에는 반유대주의가 특히 최고층 유대인들을 겨냥해 들끓었기 때문이다. '비트겐슈타인 궁전(Palais Wittgenstein)'이란 별명이 붙은 알레가세 거리의 웅장한 저택은 은밀한 공간과 공식적인 공간이 나뉘어, 눈에 드러나는 전시와 노출시키지 않는 절제가 균형을 이루고 있다. 욕실에는 금도금 수도꼭지가 보이고, 규방과 작은 거실은 마노(瑪瑙)와 벽옥(碧玉) 장식으로 가득하지만, 제일 큰 응접실은 다른 곳에 비해 절제된 분위기가 역력했다. 카를 비트겐슈타인은 사지 못할 그림이 없었고, 살 때는 최고급 그림만 샀다. 가장 공적인 공간인 커다란 응접실에는 그중에 몇 개만 걸어뒀을 뿐이다. 그러니까 부유한 비엔나 유대인들은 이미 "장식은 범죄다"라는 구호를 이런 식으로 느끼고 있었던 셈이다. 즉 장식으로 재산을 내보일 때는 소변 보는 곳처럼 은밀한 곳에 아주 조용히 해야 한다는 것이다.

그의 아들 비트겐슈타인이 카페 임페리얼에서 로스를 만났을 때는 아버지 덕분에 전혀 일할 필요가 없었지만, 이미 베를린에서 기계공학을 공부하고 영국으로 건너가 맨체스터대학교에서 항공공학 공부까지 마친 상태였다. 그 카페에서 약관의 이 철학자가 로스에게 무슨 말을 건넸는지 별로 알려진 것은 없지만, 이 만남으로 두 사람의 친분이 시작됐다. 건축에 관한 한 로스가 마스터였지만, 비트겐슈타인의 재력은 마스터와 도제의 고전적인 관계를 역전시켰다. 이 만남 뒤로 나이가 어린 비트겐슈타인이 로스에게 은밀히 돈을 건네주는 관계가 됐던 것이다.

비트겐슈타인 집안의 재산은 그가 건축에 달려들었을 때 겪은 강박관념의 부정적인 모습을 이해하는 데 중요하다. 나중에 가서는 재산을 포기했지만, 쿤트만가세의 누이 집을 짓는 일에는 필요한 것이면 주저하지 않고 집안의 재산을 썼다. 그의 조카딸 헤르민 비트겐슈타인(Hermine Wittgenstein)이 『집안 회고록(Family Recollections)』에서 들려주는 악명 높은 일화에는 그가 얼마나 거리낌 없이 돈을 썼는지 잘 드러난다. "집을 다 짓고 나서 청소하는 일만 남은 시점인데, 삼촌은 큰 방 한 곳의 천장을 3센티미터 올리는 공사를 지시했다."[19] 겉보기에는 천장을 살짝 높이는 작은 공사일지 모르지만, 실제로는 구조를 다시 고치는 어마어마한 일이 뒤따랐고, 비용이 얼마가 들든 전혀 개의치 않는 고객이 하자고 하니까 할 수 있는 일이었다. 헤르민은 이런 식의 변경 사례를 많이 지적하고 있는데, "정확한 비례를 맞추는 게 문제가 될 때마다 예의 엄격하고 집요한 삼촌의 성격" 탓에 빚어진 일이었다.[20] 경제적인 문제로 말미암은 제약이나 걸림돌이 고민거리였던 적은 없었다. 이렇게 거칠 것이 없는 자유가 그 집을 '멍들게 한' 완벽주의의 토양이 됐다.

반면에 로스가 지은 건물에서는 자금 부족 문제가 종종 단순함의 미학과 결합됐다. 1909년에서 1911년 그가 비엔나에 직접 지은 주택들이 그렇다. 그렇다고 그의 상상력이 청교도적인 것만은 아니어서, 1922년 새로 지을 시카고트리뷴타워(Chicago Tribune Tower)의 설계안 공모 때는 돈 많은 고객을 위해 화강암 가공석을 넣기도 했다. 경제 사정이 허락할 때는 아프리카 조각상과 베네치아산 유리를 사서 자기 집에 진열하기도 했다. 그의 경제성과 단순함은 건축이론과 예산 제약을 모두 반영하는 것이어도, 새로운 객관성이 물질적 쾌락을 거부하자는 것은 아니었다. 그의 강박관념은 까다로운 잣대로 형태를 판단하기는 했지만, 그로 말미암아 재료를 보는 감각이 둔해졌던 것은 아니다.

로스가 빌라 몰러를 지을 때 일어난 예상 밖의 오류는 눈앞에 닥친 난관을 긍정적으로 대응해야 할 시험대로 작용했다. 그가 현장에 가보니 기초공사가 설계 내용을 벗어나 엉뚱하게 실행돼 있었다. 모두 들어내고 기초공사를 다시 할 예산은 없었다. 그는 계획을 바꿔서 한쪽 벽을 두툼하게 키워 잘못된 부분을 보강하고, 그 때문에 뭉툭해진 벽을 정면에서 볼 때 강조를 주는 측면 골조로 활용하기로 했다. 그 밖에 이와 비슷한 오류와 장애물에 많이 부딪혔는데, 빌라 몰러의 형태에서 찾아볼 수 있는 순수함은 이런 오류와 걸림돌을 현장의 기정사실로 받아들이며 해결하는 와중에 갖추어진 것이다. 불가피한 현실이 형태를 조성하는 그의 감각을 자극했다. 돈 문제로 아쉬운 것 하나 없었던 비트겐슈타인은 이처럼 형태와 오류가 서로 오가는 창조적인 대화 통로가 없었다.

일을 진행하면서 항상 완벽한 형태를 유지하려고 하면 진행 도중에 생기는 지저분한 흔적을 없애야 하기 때문에 그동안 겪어온 자취가 사라져버린다. 이런 증거들을 없애버리고 나면, 작업 상태가 말끔하고 새로 만든 물건이 된다. 이런 식으로 말끔히 청소된 완벽한 형태는 정적인 상태에 머문다. 즉 그동안 일했던 과정에서 생겼던 이야기도 거기서 얻을 시사점도 모두 사라진 물건만 남게 된다. 이렇게 두 집의 기본적인 차이를 따라가면서 비교해보면 건물 외관의 비례에서 방의 용적, 세세한 재료의 특징에 이르기까지 어떤 결과가 빚어졌는지가 드러난다.

비트겐슈타인이 지은 집은 납작한 직육면체의 거대한 구두상자에다 다양한 모양의 작은 상자들을 사방에 붙인 모양이다. 맨 뒤의 상자 꼭대기에만 경사진 지붕을 달았다. 건물 외피는 전부 부드러운 감의 회색빛 석회점토로 발라 외벽에 드러나는 장식은 전혀 없다. 창문(특히 정면의 창문들)은 엄밀하게 재단한 듯이 설치돼 있다. 세 개 층 각각에 창문이 세 개씩 나 있는데, 정확한 간격으로 배열돼서 세 줄로 늘어선 창문의 세로열도 자로 잰 듯 똑같아 보인다. 각 창문의 가로 세로 비례는 일대일이다. 빌라 몰러는 종류가 다른 상자 모양이다. 로스가 이 집을 지을 때는 건물 내부의 모습이 겉모습으로도 반영돼야 한다는 예전의 확신을 버린 상태였다. 건물 외벽에는 서로 다른 크기의 창문들이 화가 몬드리안(Mondrian)의 추상화처럼 그들끼리 구성을 이루는 모습으로 배열돼 있다. 비트겐슈타인의 집은 창문들이 엄격한 형식을 따르고 있는 반면, 빌라 몰러는 창문들이 재미있는 느낌을 준다. 이와 같은 차이가 나는 이유 중 하나는 로스가 현장에서 많은 시간을 보냈기 때문이다. 그는 현장에서 하루가 지나감에 따라 햇빛이 건물 내부 각 면에 주는 다양한 연출 효과를 스케치했고, 여러 가지 구도로 다시 그리기를 몇 번씩 되풀이했다. 반면 비트겐슈타인은 간단한 스케치는 하지 않았고, 그가 스케치한 그림은 건축의 재미를 유발하지 못했다.

집 내부로 들어서면 두 집의 대조가 더욱 확연해진다. 빌라 몰러의 현관에 들어서면 기둥, 계단, 바닥, 벽이 이루는 평면들이 방문자를 안으로 계속 들어오라고 손짓하는 느낌을 준다. 로스는 각각의 표면을 비추는 빛의 효과를 절묘하게 연출해 이런 느낌을 자아냈다. 사람이 걸어 들어가면서 빛의 양상도 같이 바뀜에 따라 건물의 딱딱한 형태가 보이는 모습이 바뀌어간다. 한편 비트겐슈타인 집의 현관과 거기서 이어지는 복도는 이렇게 사람을 초청하는 느낌이 없다. 정확한 비례에 집착하는 강박관념 탓에 집의 입구인 현관이 무슨 격리실 같은 느낌을 준다. 이렇게 된 이유는 어떤 방식으로 비례 계산을 적용했느냐 하는 데 있다. 실내 유리문은 외벽 창문과 정확한 비례로 크기를 맞췄고, 바닥에 깐 석판들은 출입문들과 정확한 비례로 절단한 것들이었다. 낮에는 일광이 간접적으로만 거실로 들어와서 항상 일정하고, 밤에는 갓 없는 전구 하나만이 조명을 담당한다. 이 두 집에 들어가 다녀볼수록, 정적인 공간과 동적인 공간이 어떻게 다른지 더욱 확연하게 느껴진다.

각 방의 용적을 방과 방을 오가는 흐름에 연결시키는 일은 현대의 설계자들이 다뤄야 할 기본적인 문제다. 구체제의 귀족적 건축에서 웅장한 방들을 일렬로 쭉 붙여놓고 사람이 차례로 통과하는 디자인에서는 방의 크기보다는 출입문의 배치가 더 중요했다. 현대의 건축가들은 사람이 실내공간을 자유롭게 이동할 수 있게 하자는 생각에서 출입문을 확대하고 벽을 없앤다. 하지만 큰 방들을 일렬로 이어가는 구체제의 디자인에서는 단순히 방 사이의 벽을 없애서 흐름을 유도하는 것보다 훨씬 복잡한 연출거리들이 개입된다. 이를테면 벽의 형태에서부터 바닥 높이의 변화, 조명의 변화를 조합해서 사람의 이동을 유도해야 한다. 이런 식의 변화를 주지 않으면 실내 용적이 큰 커다란 건물 안에서 어디로 가야 하고, 이동에 얼마나 시간이 걸리며, 어느 곳까지 가서 멈춰야 할지 어리둥절해지기 쉽다.

로스는 방에서 방으로 이동하는 리듬을 기준으로 각 방의 크기를 능숙하게 계산했다. 반면 비트겐슈타인은 각 방을 크기와 비례의 문제로만 취급했다. 로스의 탁월한 기량은 응접실에서 여실히 드러난다. 바닥 높이가 다른 공간, 복합적인 재료, 다양한 빛의 변화가 어우러져 사람을 초청하는 현관의 분위기가 계속 이어진다. 한편 비트겐슈타인의 응접실은 그냥 한 토막의 공간이다. 사람을 맞아들이는 흐름도 조악한 방식으로 짜여 있다. 현관을 따라 들어가면 벽의 방향이 꺾이면서 한쪽 면에서 응접실 전체 공간이 갑자기 나타나고, 곁에 붙어 있는 서재로 이어진다. 하지만 응접실과 서재를 구분하는 벽이 없어서 이 두 공간을 잇는 발걸음의 흐름을 유도하지 못했다. 응접실과 서재는 두 상자를 붙여놓은 꼴인데, 각각 별도의 기준에 따라 계산된 것이다. (비트겐슈타인이 천장을 3센티미터 내렸다가 다시 그만큼 올렸던 곳이 바로 이 응접실이다.)

마지막으로, 재료의 세부적인 특징이 대조된다. 빌라 몰러를 보면,

장식을 아예 걷어내지는 않고 양념처럼 약간만 가미했다. 큰 물병과 화분, 그림들은 벽면과 일체를 이루게끔 배치됐는데, 장식이 실내공간의 용적을 압도하지 않도록 장식물의 크기를 신중하게 선택했던 점이 엿보인다. 1920년대 초에 로스는 이와 같이 단순하면서도 심미적인 감각을 더 많이 수용해가면서 그동안 중요시했던 표준 공산품 위주의 순수함과 결별하기 시작했다. 빌라 몰러를 지을 무렵에는 나무 재질이 주는 감각적인 효과를 거리낌 없이 활용했다.

비트겐슈타인의 재료는 새로운 객관성의 주장을 실행하면서도 아름다운 물건들이다. 그런데 바로 그 점에서 일방적인 느낌을 준다. 그 무렵 전문 건축가들이 신경 쓰지 않던 방열기나 쐐기와 같은 물건들, 부엌 같은 공간에 그의 공학적 재능을 유감없이 발휘했다. 넉넉한 재산 덕분에 모든 재료를 맞춤 제작할 수 있었고, 기성 부품은 쓰지 않았다. 부엌 창문에 달린 유난히 아름다운 손잡이는 그중 눈에 띄는 물건이다. 대부분 형태를 중시해서 제작한 다른 물건들과 달리, 실용적인 쓰임새를 기준으로 설계된 몇 안 되는 소품이기 때문이다. 하지만 다른 출입문들의 손잡이는 예의 완벽한 비례를 중시하는 비트겐슈타인의 강박관념에 시달린 모습이다. 천장이 높은 실내공간을 오가는 출입문들인데도 손잡이가 천장과 바닥의 한가운데를 가르는 위치에 부착되어 있어서 쓰기가 불편하다. 로스는 빌러 몰러 내부의 세세한 소품들은 전혀 신경 쓰지 않았다. 방열기와 파이프는 보이지 않는 곳에 배치하거나, 부드러운 질감을 주는 나무나 돌로 감싸놓았을 뿐이다.

이렇게 건축 사례를 가지고 야누스의 얼굴과도 같은 강박관념의 두 가지 양상을 살펴봤다. 그 한쪽 얼굴인 비트겐슈타인의 집에서는 강박관념이 작업의 전권을 휘두르는 에너지를 분출했지만 실망스러운 결과를 낳았다. 그 반대쪽 얼굴에서는 똑같은 미적 기준을 가진 건축가가 더 많은 제약 조건을 짊어지고 일을 시작했다. 로스는 이러한 제약을 걷어내기보다 게임의 대상으로 삼아 형태와 재료가 서로 주거니 받거니 하는 대화에 치중한 결과, 누가 봐도 칭찬할 만한 집을 지었다. 건강한 강박관념은 자기 확신이 아무리 강해도 스스로 물을 줄 안다고 말할 수 있을 것이다. 물론 비트겐슈타인 본인보다 그 집에 후한 점수를 주는 건축가가 많은 것도 사실이다. 하지만 이러한 평가는 비트겐슈타인이 나중에 이 집을 과도하리만큼 왕성했던 신경증의 산물이라고 봤던 본인의 판단을 무시하는 생각이다. 아이의 태를 벗은 성인은 자신을 분명하게 볼 줄 안다고 했던 비트겐슈타인 본인의 말처럼 그를 성인으로 인정해주는 게 나을 것이다.

그가 봤던 자기 집의 문제점은 철학에 대한 그의 성찰과도 맥을 같이한다. 학문적인 자기비판 시기에 접어든 그는 철학과 나아가 정신생활 일반을 다시 생각하면서, 완벽주의가 미치는 파괴적인 영향을 자각하게 된다. 그의 초기 저작 『논리철학논고(Tractatus)』는 논리적 사유를 검증하는 엄격한 체계를 확립하는 게 목적이었다. 한편 후기 저작 『철학적 탐구(Philosophical Investigations)』[21]는 그와 같이 엄밀한 사유의 건축물에서 철학을 해방시키려고 한다. 쿤트만가세 집에 대한 회상도 이 시기에 했다. 비트겐슈타인은 이러한 과정을 거쳐서 한 사람의 철학자로서 언어를 즐길 줄 알게 되고, 색깔을 비롯한 여러 가지 감각을 새로운 눈으로 보게 됐다. 또한 한 사람의 철학자로서 규칙을 선포하기보다 역설과 우화를 담아 글을 쓰는 일도 많아졌다. 이렇게 생각의 전환을 거친 비트겐슈타인에게 이 세상 모든 건축물의 이상적인 일반 형태를 추구했던 일이 '병약하고' '생기를 잃은' 모습으로 보였을 만도 하다.

이 두 집에 대한 이야기를 좀 상세하게 했지만, 여기서 볼 수 있는 야누스의 두 얼굴은 우리가 늘 접하는 일상의 일에서 강박관념을 좀 더 잘 관리하는 데 길잡이가 될 수 있다.

- 훌륭한 장인은 스케치의 중요성을 잘 안다. 일을 시작하면서 내가 다룰 게 어떤 문제인지 잘 모를 때 윤곽을 잡아보는 일이다. 로스는 빌라 몰러를 짓기 시작할 때 어떤 종류의 집으로 지을지 자기 생각이 있었고 또 잘 짓고 싶었다. 이렇게 빌라 몰러에 적용할 일반형까지는 경험을 토대로 마련해뒀지만, 현장에 접하기 전에는 거기서 더 나아가지 않았다. 비공식적인 스케치는 틀릴 수도 있고 바뀔 수도 있지만, 하나의 작업 과정으로서 때 이른 확정을 막아준다. 비트겐슈타인은 지을 형태의 일반적 속성을 확정하려고 했다. 그로 말미암아 현장 작업이 시작되기 전에 일의 내용과 결과를 알고 싶어하는 욕구가 나타났다. 이런 양상의 강박관념은 청사진식 사고(세부계획을 미리 확정해두는)로 흐르기 쉽다.
- 훌륭한 장인은 우발적인 일과 제약 조건에 긍정적인 가치를 둔다. 로스는 이 두 가지를 작업에 다 반영해 활용했다. 앞서 물질의식을 다뤘던 장에서 변형의 중요성을 강조했다. 로스는 현장에서 생기는 문제를 기회로 인식함으로써 작업 계획을 조정해가면서

작업 대상의 변형을 유도했다. 반면 비트겐슈타인은 일을 어렵게 하는 요인들을 활용할 필요성을 보지 못했다. 그럴 의도도 없었고 이해도 하지 못했다. 달리 해볼 수도 있겠다는 가능성이 강박 관념에 가려 보이지 않았던 것이다.

- 훌륭한 장인은 어느 한 문제를 풀어갈 때, 더 손댈 것 없이 완결된 상태가 될 때까지 무작정 파고드는 자세를 피할 필요가 있다. 그런 자세로 계속해서 일을 몰고 가면, 쿤트만가세 집처럼 방 하나만 볼 때는 완벽한 것 같아도 방과 방의 관계에서 잃는 게 더 많다. 완벽한 비례에 집착했던 것이 그 집 현관의 관계적 성격(즉 전체 속에서 담당해야 할 동적인 기능)을 상실하는 요인으로 작용했다. 이렇게 문제를 해결해 끝장을 보려는 욕구는 다른 길로 해소하는 편이 긍정적이다. 즉 작업 대상에 대해 완전하지 않아도 좋다는 여지를 허용하고, 문제가 풀리지 않은 상태로 놓아두자고 결정하는 것이다.

- 훌륭한 장인은 완벽주의의 함정을 피해야 한다. 이것과 씨름하다 보면 나 자신을 의식해 일을 해보려는 꼴이 되고 만다. 이 지경에 이르면 제작자의 정신 상태는 지금 만드는 물건이 해야 할 일보다도 제작자 본인의 역량을 보여주겠다는 쪽으로 더 쏠리게 된다. 쿤트만가세의 집에서 출입문 손잡이 같은 수공예 소품이 그런 사례다. 이 물건들은 그냥 형태를 보여줄 뿐이다. 훌륭한 장인이 대책을 내놓을 때는 자기를 의식해서 뭐가 중요하다는 식의 주장을 하지 않는다.

- 훌륭한 장인은 멈춰야 할 때가 언제인지 안다. 더 이상 일을 진행

하면 오히려 일을 그르치기 쉬운 때 말이다. 비트겐슈타인의 건축 사례는 일을 멈출 시점이 특히 어떤 때인지를 잘 보여준다. 즉 지나온 작업 과정의 모든 흔적을 지워버리고 작업 상태를 깨끗한 원점으로 돌려놓고 싶어지는 시점이 바로 그때다.

회사나 조직을 구축하는 일이 집을 짓는 일과 같다고 생각해보자. 집 짓듯이 조직을 짓는다고 하면 비트겐슈타인의 방식보다는 로스의 방식으로 짓고 싶어진다. 한 번에 완벽한 일반형을 만들려고 할 게 아니라, 먼저 스케치하듯이 하나의 구조를 만들어두고 차차로 진화해가도록 한다. 로스가 다양한 공간적 요소들의 유동적 관계를 풀어갔던 것처럼, 조직 내에서도 어느 한 영역의 움직임이 다음 영역으로 이어지도록 유도하는 흐름을 만든다. 난관이 닥치기도 하고 사고도 생기고 제약도 따르겠지만, 하나하나 풀어갈 것이다. 조직 안에서 나눠 맡아야 할 각 임무도 집을 설계할 때의 각 방처럼 완벽하게 정의해두는 일은 피한다. 조직을 일궈가다가도 중단해야 할 때가 있다고 생각한다. 이럴 때는 조직 확장을 중단한 채, 해결되지 않은 문제들은 해결되지 않은 채로 가져간다. 그리고 조직이 어떻게 성장해왔는지 말해주는 옛 자취들을 다치지 않게 잘 보존해야 한다. 엄밀하게 완벽한 상태를 추구해서는 이런 식으로 조직을 일굴 수가 없다. 비트겐슈타인이 분명히 알게 됐듯이, 그러한 완벽의 추구로 말미암아 그의 집은 생기를 잃고 말았다. 이와 반대로 학교든, 기업체든, 전문 직종의 사무소든 간에 조직을 일구어갈 때 로스의 방식으로 만들어간다면 하나의 유기체로서 질 좋은 조직을 일구게 될 것이다.

직업
계속 이어가는 삶의 서사

로스와 비트겐슈타인 간의 가장 큰 차이는 아마도 로스에게는 작업 이력이 있었다는 점일 것이다. 하나하나의 건축 프로젝트는 그의 삶을 담아가는 책 속의 각 장이었다. 비트겐슈타인은 그렇게 이어왔던 이야기가 없었다. 모 아니면 도라는 식의 한판 승부가 실망스럽게 되자, 그 후로는 다시 집을 짓지 않았다. 이러한 차이점에서 강박관념에 있는 긍정적인 측면을 하나 더 엿볼 수 있다. 사람들이 자기 일을 계속 이어가면서 많은 결실을 내려고 하는 동기는 어떻게 생기는 것인가?

막스 베버는 이렇게 꾸준히 이어가는 이야기를 '직업'이라고 불렀다. 베버가 직업이란 뜻으로 썼던 독일어 낱말 '베루프(Beruf)'는 두 가지 특별한 의미를 담고 있다. 지식과 기능을 계속 축적해간다는 게 그 하나이고, 자기 인생은 이 한 가지 일만을 하게 되어 있다는 확신이 점점 확고해진다는 점이 다른 하나다. 직업의 이러한 특징은 베버가 「직업으로서의 학문(Science as a Vocation)」[22]이라는 소론에서 개진했던 생각이다. 영어의 '커리어(career)'는 인생을 '쌓아간다'는 어감도 일부 있어서 베버가 뜻했던 것과 얼추 맞아떨어지는 면도 있다. 반면 '현세적 금욕주의'라는 정서에서 보자면 기능을 축적해가는 일은 만족을 주는 것도 아니요, 사람이 살면서 한 가지 할 일이 있다고 확신할 만한 근거가 있는 것도 아니다.

직업의 이상형은 종교에 뿌리를 두고 있다. 초기 기독교에서 직업은 자신에게 찾아오는 것으로 여겨졌다. 마치 사제가 신의 부름을 받았다고 느끼는 것과 같다. 어거스틴의 기독교 개종에서처럼 일단 부름에 응한 사제는 과거를 돌이켜봐도 다른 일은 할 수 없었을 거라고 믿게 되기 쉽다. 즉 신을 섬기는 일은 그가 처음부터 하기로 되어 있던 것이다. 힌두교와 달리 기독교의 성직은 부모 세대로부터 대물림될 수 없다. 개인이 자기 자유의지로 부름에 응해야 한다. 오늘날 기독교 전도에서 성년이 된 사람이 '그리스도를 따르기로 결정'하는 것에는 두 가지 성격이 들어 있다. 즉 결정과 운명이 같이 혼재하는 셈이다.

베버는 학문이라는 직업을 이상적으로 묘사하기는 했어도, 직업에 있는 종교적 토대가 일반 세상에도 투영될 수 있음을 잘 알고 있었다. 그리스도든 나폴레옹이든 지도자는 갑자기 나타나 추종자들에게 뒤따라가야 할 길을 비추어주는 격이다. 카리스마적인 이 지도자들은 다른 이들에게 동기를 심어주고 뜻을 품게 한다. 이런 모습과는 달리, 학문적 직업은 그 성격상 교육과 훈련이 따르는 자잘한 공을 들이는 와중에 자기 '내면으로부터' 부름이 생기는 직업이다. 실험실의 일상적인 작업이나 음악으로 넓혀 보면 매일 연습하는 연주가 그런 일들인데, 그 어느 것도 인생을 뒤흔들 만한 것은 아니다. 그리스도나 나폴레옹을 따르는 일에 공부를 많이 해야 할 필요는 없다. 하지만 학문적 직업에서는 배움을 꾸준히 쌓아가는 과정이 결정적이다. 한 사람이 어릴 적부터 배움을 하나하나 닦고 길러가는 **수양**(修養, Bildung)은 훈련이기도 하고 생각하는 골격을 만들어주는 사회적 과정이기도 하다. 이런 과정을 겪어야 성인이 돼서도 자기가 하고 싶어서 하는 꾸준한 학문 활동의 토대가 마련된다.

이렇게 온화하게 그려지는 직업에서 '냉혹하고' '강박적'인 구석이 있을 것 같지는 않다. 그래도 세월을 이기는 장사는 없다. 몇 해 전 사회학자 제러미 시브룩(Jeremy Seabrook)은 잉글랜드 북부에 사는 고령의 모로코 가죽 수공예자 렌 그린햄(Len Greenham)과 면담을 진행했다. 그린햄은 젊은 시절에 책 제본이나 핸드백에 쓰이는 모로코산 염소 가죽을 처리하는 기술을 배웠다. 아주 섬세하고 까다로운 작업을 여러 단계로 처리해야 하는데, 그의 조상 대대로 한평생을 바쳐서 이어온 일이었다. 이 일에 수반하는 시간의 리듬에 따라 가족 생활과 하루의 습관까지 맞춰지게 됐다. 그가 담배를 피우지 않는 이유는 "장시간 일해야 하는 데 힘이 달리기 때문"이고, 그 일에 맞는 몸을 유지하기 위해 운동도 했다.[23] 그가 일하는 생활은 정신없이 돌아가고 강박적이기도 하지만, 에이즈 바이러스를 놓고 치고받으며 싸우는 의사들 같지는 않다. 그는 자기 삶에 꾸준히 가치를 보태간다.

하지만 그린햄은 세상 보는 마음이 편치 않다. 그동안 잘 살아왔다고 생각하면서도, 면담 중에 불길한 걱정거리들을 많이 토해냈다. 이제는 영국에서 수작업 제본이 비싼 물건이 돼버린지라 그의 회사를 꾸려가기가 어려워졌다. 이 일은 이제 인도에서 번창하고 있다. "오래 이어온 지식을 선조들한테 배워서 평생 이 일과 기술로 보냈는데, 물려줄 이가 아무도 없다고 하면 할아버지께서 얼마나 슬퍼하실는지."[24] 그래도 그는 의욕을 갖고 일을 계속하고 있다. 그것은 그 안에 살아 있는 장인의 모습이다.

지금 직업이나 경력이란 뜻의 영어 낱말 '커리어'는 옛 영어로는 잘 닦아놓은 길이라는 뜻이었다. 반면 지금 일자리나 일거리란 뜻으로 쓰는 '잡(job)'은 때에 따라 이리저리 나르고 가져다놓는 석탄덩이나 장작더미를 가리키는 말이었다. 길드에 속한 중세 금세공인은 일을 밟아가는 길로서의 '경력'을 잘 보여주는 사례다. 그의 작업 자체는 과학적이지 않았을지 몰라도, 그의 삶이 그려갈 궤적은 시간적인 이정표도 분명했고 발전 단계도 명료하게 구분됐다. 그의 삶은 하나의 선을 따라가는 이야기다. 1장에서 본 대로 '기능사회'는 이와 같이 경력을 밟아가는 길을 불도저로 밀듯이 없애버렸다. 그 대신 수시로 옮겨놓고 쓰는 물건을 가리키는 옛 영어의 '잡'이 지배적인 표현이 됐다. 이제 사람들이 일하는 양상은 일하는 역사를 따라서 한 가지 능력을 키워가는 방식이 아니라, 여러 종목의 기능을 가지고 있다가 그때그때 꺼내 쓰는 방식이다. 이런 식으로 프로젝트나 과제를 이어가다 보면, 누가 어느 한 가지 일을 잘하는 사람이라는 관념은 희미해지게 된다. 이런 상황에 놓이면 장인의식은 취약해질 수밖에 없다. 천천히 배우면서 습관처럼 익히는 게 장인의식의 본바탕이기 때문이다. 렌 그린햄의 경우처럼 이렇게 살아가는 장인의 강박관념은 이제는 별 보상을 얻지 못할 것 같다.

장인의 운명이 바로 이렇게 끝날 거라고 믿지 않는다. 학교와 국가기관뿐 아니라 영리 기업체라고 하더라도 구체적인 조치 하나만 취하면 직업을 뒷받침할 수 있다. 직업 재훈련 형식을 중점적으로 활용해서 기능의 습득을 지속적으로 추진하는 일이다. 수공업 장인들은 이런 직업훈련에서 효과가 확인된 유망한 사람들이다. 양질의 육체노동에서 익힌 통제력은 새로운 일을 배우는 데도 유용하게 쓰인다. 또 인간관계가 많이 개입되고 변화가 많은 일보다 구체적인 문제를 주목하는 태도도 그들의 장점이다. 컴퓨터 프로그래밍을 새로 배우는 재훈련에서 세일즈맨보다 배관공이 더 잘하는 것도 이런 이유 때문이다. 배관공이 가지고 있는 실기 습관과 대상 집중력은 재훈련에 유익하게 쓰인다. 고용주들은 반복적인 육체노동을 머리를 쓰지 않는 일로 보는 탓에 이런 기회를 보지 못한다. 그들의 이런 생각은 아렌트가 규정한 아니말 라보란스와 맥을 같이한다. 하지만 이 책에서 쭉 살펴봤듯이 실제는 그와 정반대다. 훌륭한 장인이 반복하는 작업은 정적인 게 아니다. 이 작업은 계속 진화하며, 그와 동시에 장인은 발전한다.

누구나 삶이라는 게 되는 대로 아무 일이나 이어가는 것보다는 낫기를 바랄 것이다.[25] 잘 짜인 조직에서 사람들의 애착을 중시하기 시작하면 이런 욕망에 부응하려고 한다. 조직의 배려로 재훈련을 경험한 근로자들은 단타식으로 왔다 갔다 하는 근로자들보다 결속감이 강해진다. 경기가 나빠질 때는 일하는 사람들의 애착이 조직에 특히 중요하다. 그러한 근로자들은 끝까지 회사와 함께할 것이고, 더 오래 일할 것이며, 회사를 떠나느니 급여 삭감을 택할 것이다. 기능을 더 배우는 것이 개인에게나 조직에게나 만병통치약은 아니다. 현대 경제에서 직종과 직무의 이동은 항상적인 일이다. 하지만 보유한 기능을 더 늘려가거나 이를 활용해 다른 기능을 새로 배우는 방안을 마련하는 일은 각 개인이 이정표를 찾아가는 데 득이 되는 전략이다. 잘 짜인 조직은 이러한 전략을 추진해서 조직의 결속을 다지고 싶을 것이다.

종합해보면 일을 잘하려는 욕구는 전혀 단순한 욕구가 아니다. 더욱이 이런 개인적인 동기는 사회 조직과 따로 떨어져 있지 않다. 누구라도 자기 안에는 일을 계속해서 잘하고 싶고 그렇게 두각을 보이고 싶어하는 일본 엔지니어의 모습이 있을 것이다. 하지만 그렇게 의욕에 찬 개인적 동기가 전부는 아니다. 조직과 제도가 그러한 근로자의 사회적 모습을 갖춰줘야 하고, 경쟁을 피할 수는 없어도 경쟁을 위한 경쟁을 다스릴 수 있어야 한다. 또한 근로자는 일하는 과정 자체에서 생기는 강박관념을 스스로 반문도 하고 다독이면서 관리하는 방법을 배워야 한다. 일을 잘하려는 욕구는 어느 일을 내 일이라고 느끼는 직업 관념의 출발점이기도 하다. 잘못 짜인 조직은 삶을 일궈가려는 사람들의 욕구를 무시한다. 반면 잘 짜인 조직은 그러한 욕구를 잘 활용한다.

10장
능력
Ability

이 책에서 제안하는 내용 중 논쟁의 소지가 가장 큰 부분을 이 마지막 장에 남겨두었다. 누구라도 훌륭한 장인이 될 수 있다는 주장이 그것이다. 논쟁이 따를 만도 한 것이 현대 사회는 능력을 재는 엄격한 잣대로 사람들을 선별하고 있기 때문이다. 우리가 무언가에 뛰어날수록 그런 축에 끼는 사람들은 눈에 잘 띄지 않는다. 이런 생각은 타고난 지적 능력뿐 아니라, 노력을 통한 능력의 개발에도 똑같이 적용돼왔다. 즉 능력 개발을 많이 성취할수록, 그만한 성과를 달성한 사람들은 점점 줄어든다.

장인의 실기는 이런 틀에는 맞지 않는다. 이 장에서 보게 되겠지만, 장인노동에서 일상적인 일의 리듬은 어릴 적 놀이 경험에서 나오며, 아이들은 거의 모두가 노는 걸 잘한다. 작업 대상과 대화하는 장인노동의 특성은 지능 테스트로 파악될 만한 게 아니다. 작업 대상을 만지며 물리적 감각을 몸으로 느끼고 곰곰이 따져보는 것은 사람들이 다 잘할 수 있는 일이다. 실기작업에는 아주 커다란 역설이 하나 있다. 즉 아주 정밀하고 복잡한 활동이라도 그 모든 작업 능력은 단순한 정신적 행위에서 비롯된다는 점이다. 바로 구체적인 사실에 주목하고 그에 대해 묻는 행위다.

사람이 불평등하게 태어나거나, 성장하면서 불평등해진다는 점은 아무도 부인하지 못할 것이다. 하지만 불평등이 인간에게서 가장 중요한 사실은 아니다. 물건을 만드는 인류의 능력은 사람들이 공유하는 게 더 많다는 점을 보여준다. 사람들이 다 같은 재능을 공유하고 있다는 사실은 정치적인 명제로 이어진다. 디드로의 『백과전서』는 실기 재능의 공통적 근거를 보편적인 원리와 세부적인 실제 면에서 인정했다. 정부를 보는 견해가 여기서 비롯됐다. 일을 배워서 잘할 수 있는 사람들이면 자기 자신을 다스릴 줄도 알 것이니 훌륭한 시민이되기에 부족함이 없다는 생각이다. 『백과전서』의 한 삽화에서 보듯이, 권태를 주체하지 못하는 귀부인보다는 부지런한 하녀가 훌륭한 시민이 될 가능성이 높다. 토머스 제퍼슨이 미국의 자작농이나 숙련된 수공업자를 예찬했던 민주주의적 언급도 같은 근거에서 나온 말이다. 건물을 세우는 실무를 잘 아는 사람은 정부를 세우는 올바른 방법도 판단할 능력이 있다는 말이다(불행한 일이지만, 제퍼슨은 자기 노예들에게는 이 말을 적용하지 않았다). 훌륭한 일이 곧 훌륭한 시민을 만든다는 확신은 현대사 속에서 왜곡과 손상을 거듭하다가 구소련 제국의 공허한 거짓말로 종말을 맞았다. 이보다 믿을 만한 노동의 진실로 불공평한 비교가 낳는 불평등이 부상했다. 하지만 이러한 '진실'은 민주적인 참여를 훼손하고 있다.

우리는 계몽주의 정신을 우리 시대에 적합한 방식으로 다시 찾고 싶다. 인간이 함께 가지고 있는 일하는 능력을 잘 공부해서, 우리 자신을 다스리고 또 공통된 기반 위에서 다른 시민들과 유대를 맺을 수 있는 방법을 배우고 싶다.

일과 놀이
실기의 실과 바늘

이러한 공통된 기반은 인간의 성장 초기에 놀이를 만들어내는 과정에서 나타난다. 놀이라는 행위가 현실로부터의 도피로만 비친다면, 일과 놀이가 상반된 관계로 보인다. 그렇지만 전혀 그렇지 않은 것이, 놀이는 아이들에게 사람들과 어울리는 방법을 가르쳐주고 인지 능력의 발달을 이끌어주는 통로가 된다. 놀이를 하려면 규칙을 준수해야 하지만, 어린이들에게 규칙 자체를 만들고 실험해보라고 하면 이런 수동적인 관계는 쉽게 뒤집어진다. 이렇게 규칙을 지킬 줄도 알고 새 규칙을 도입할 줄도 아는 능력은 성인으로서 일을 시작한 후에도 한평생을 사는 데 유익하게 쓰인다.

놀이는 두 가지 영역에서 일어난다. 서로 맞붙어 승부를 가리는 게임에서는 놀이를 시작하기 전에 이미 규칙이 정해진다. 규칙이 관례로 성립되고 나면, 놀이하는 사람들은 이 관례에 따라야 한다. 게임에는 반복되는 리듬이 있다. 승부에 얽매이지 않는 좀 더 개방적인 놀이도 있다. 예컨대 어린아이가 펠트 천 조각을 만지작거리면서 노는 놀이와 같은 것인데, 주로 감각적인 자극에 이끌리게 된다. 아이는 이리저리 돌아다니면서 그런 느낌을 즐기고 또 실험도 한다. 그러면서 물건과 대화하기 시작한다.

놀이를 처음으로 다뤘던 근대 작가는 프리드리히 폰 실러(Friedrich von Schiller)였다. 『인간의 미적 교육에 관한 서한(On the Aesthetic Education of Man)』 중 14번째 서한에서 그는 이렇게 지적한다. "감각 자극은 우리에게 물리적인 영향을 주지만, 형태 자극은 정신적인 영향을 준다… 놀이 충동은 이 두 가지 자극과 결합돼 있다."[1] 놀이는 즐거움과 냉엄함 사이를 오가면서 중재하고, 놀이의 규칙이 인간 행동의 균형을 잡아준다는 게 그의 생각이다. 이러한 견해는 나중에 놀이를 꿈꾸는 것과 비슷하다고 봤던 19세기 심리학자들에 이르러 사라지게 됐다. 이들은 놀이가 물리적인 행동이지만, 꿈이 흘러가는 과정처럼 무의식적인 흐름과 비슷하다고 봤다. 이들의 생각은 20세기 들어 후퇴하고, 실러의 생각이 프로이트의 상담실에서 다시 등장하게 됐다. 프로이트는 꿈꾸는 행위 자체가 일정한 논리를 따르고 있음을 밝혔다. 게임하는 놀이와 비슷한 논리를 따른다는 것이다.[2]

프로이트가 꿈과 게임의 유사점을 생각한 지 한 세대가 지나, 놀이와 일을 선명하게 구분하는 경계가 그어졌다. 요한 하위징아(Johan Huizinga)의 『호모 루덴스(Homo Ludens)』가 바로 이 선을 그은 책이다.[3] 이 대단한 책은 근대 이전의 유럽에서 성인들도 자기 아이들과 똑같이 카드게임이나 가공의 낱말 맞히기를 하고 놀았고, 장난감까지 가지고 놀았다는 사실을 밝혀냈다. 산업혁명의 엄밀함으로 인해 어른들이 장난감을 치워버리게 됐다는 게 하위징아의 생각이다. 근대의 일이

'지독하게 심각한' 탓이라는 이야기다. 그는 이로 말미암아 어른들이 실리적인 것만을 중시하게 되면 사고 능력의 중요한 요소를 상실하게 된다고 주장했다. 즉 펠트 천 조각을 만지작거리는 것처럼 개방적인 놀이공간에서 생기는 자유로운 호기심을 잃는다는 것이다. 하지만 하위징아는 게임하는 사람들의 "형식적 진지함"에도 주목했고, 형식적 진지함이 자유로운 호기심 못지않게 중요하다고 생각했다.

하위징아의 시대 이래로 인류학자들은 이 형식적 진지함을 이해하는 단서를 각종 예식에서 찾으려고 했다. 인류학자인 클리포드 기어츠(Clifford Geertz)는 이러한 연구 방향에서 가장 두드러졌다. 그는 '심층 놀이(deep play)'라는 개념을 창안해 아주 다양한 예식에 적용했다. 그러한 예식으로는 고객에게 무조건 커피 한 잔을 마시라고 내오는 중동 지역의 상인, 인도네시아의 닭싸움, 발리 섬의 정치축제 등이 있다.[4] 기어츠는 성인이 된 뒤에도 어린 시절의 게임 훈련이 목회자나 세일즈맨, 도시계획가, 정치인 등으로 자기 역할을 하는 데 항상 연결된 전화선처럼 작동한다고 강조했다. 그는 하위징아가 과거를 너무나 향수조로 봤던 탓에 규칙을 고안하고 또 규칙을 이행하는 일이 평생 지속된다는 사실을 보지 못했다고 생각했다.

앞서 살펴본 사례에서 알도 판 에이크가 암스테르담에 지은 공원들은 이와 같은 열린 전화선을 보여준다. 판 에이크는 공원을 설계하면서 접경을 모호하게 만듦으로써 아이들이 몸을 움직이며 노는 의례들이 모습을 갖춰가도록 유도했다. 즉 스스로 안전을 유지하기 위해 동작과 동선을 조절하는 방법을 배울 거라는 생각이다. 또한 판 에이크는 사람들이 서로 접촉하고 구경하면서 그에 걸맞은 의례들이 생기기를 희망했다. 걸음마하는 아이들이 모래터 한 구석에서 흙을 만지며 놀고 있으면, 좀 큰 아이들은 공을 가지고 놀 것이고, 자기 속내를 털어놓는 십대들끼리는 볼멘소리를 퉁퉁거릴 테고, 장을 보고 공원에 들른 성인들은 벤치에 앉아 주변을 구경할 것이다. 이와 같은 어울림은 기어츠가 말했던 심층 놀이의 '무대 미술(scenography)'을 구성하는 것이고, 사람들을 사회로 묶어주는 일상의 의례들이다.

하지만 놀이와 일, 이 두 가지가 놀이라는 실기에서 실제로 어떻게 연결되는 것일까? 이것은 정신분석학자 에릭 에릭슨(Erik Erikson)이 긴밀하게 추적했던 문제다. 그는 모름지기 놀이를 가장 다채롭게 파고든 20세기의 저술가로, 아이들이 가지고 노는 대상(집짓기 벽돌, 곰인형, 카드)과 그로 말미암아 생기는 중대한 결과를 연구하는 데 인생의 대부분을 바쳤다.[5] 그는 이러한 놀이 경험을 장인노동의 초기 단계에서 나타나는 실험적 작업과 관련지어 파악했다.

어린이집을 살펴보는 에릭슨의 눈길은 프로이트와는 많이 달랐다. 남자 아이들이 장난감 벽돌탑이나 카드집을 무너질 때까지 쌓아올리는 이유를 자문하다가, 남자 성기의 발기와 사정에서 이유를 찾은 프로이트식의 설명을 쉽게 끌어올 수도 있었을 것이다. 그는 이런 설명 대신 "얼마나 높이 쌓을 수 있을까?"를 게임의 규칙으로 잡아 어느 정도까지 쌓을 수 있는지 한계를 시험하는 행위라고 봤다. 마찬가지로 그는 여자 아이들이 인형의 옷을 입혔다 벗겼다 하는 이유도 궁금해했다. 이 질문 역시 프로이트식의 시각에서는 인형의 성기나 성적으로 민감한 부위를 가렸다가 드러내는 행위로 설명될 수 있을 것이다. 이 문제에서도 에릭슨은 이 여자 아이들이 하나의 일거리를 정해서 어떻게 하는지 배우는 행위일 거라고 추론했다. 즉 단추를 채우고 옷매무새를 다듬어줄 때 손을 능숙하게 놀리는 방법에 집중하고 있다는 시각이다. 남자 아이나 여자 아이가 속을 채워 꿰맨 곰인형의 눈을 잡아빼는 행위도 적개심의 표현만은 아니라고 봤다. 곰인형을 향해 분노를 표출하는 게 아니라 얼마나 단단한지 시험해보는 행위라는 것이다. 놀이가 유아기의 성 본능이 드러나는 분야일 수도 있지만, 「장난감과 그 이성(Toys and Their Reasons)」 같은 소론에서 에릭슨은 놀이가 물건을 다루는 기술적 작업이기도 하다고 주장했다.[6]

에릭슨의 생각 중 가장 위력을 발휘하는 시각은 사물에 그것 자체의 중요성을 부여하는 대상화(objectification)일 것이다. 앞에서 봤듯이 위니콧과 존 볼비의 '대상관계(object-relations)' 학파는 사물을 사물 자체로 인식하는 유아의 체험이 모성의 분리와 상실에서 비롯된다고 강조했다. 에릭슨은 이렇게 보지 않고, 사물에 자신을 투사(投射, projection)하는 아이의 능력을 강조했다. 이 투사 행위는 벽돌을 '정직하다'고 묘사하는 벽돌공처럼 어른이 돼서도 계속되는 의인화 능력이다. 에릭슨은 이 투사 행위를 쌍방향적인 관계로 본다. 즉 투사의 대상인 물질적 실재가 역으로 투사하는 주체에 말을 걸어서 투사 행위를 끊임없이 수정하고, 물질적 진실에 대한 경고를 보내는 반작용도 일어난다는 것이다. 예를 들어 어린아이가 곰인형에게 이름을 지어주는 것은 자신을 투사하는 행위지만, 곧이어 움직이지 않는 곰인형의 눈동자에서 곰인형이 정말로 자기와 같은 것만은 아니라는 경고 메시지도 입수한다. 장인이 점토나 유리와 같은 물질과 나누는 대화는 바로 이러한 놀이에 근원을 두고 있다.

이러한 에릭슨의 관점에 보태야 할 것은 이 대화의 길을 터주려고 한다면 어떤 규칙이라야 하느냐는 점이다. 적어도 두 가지 규칙을 발견할 수 있다.

첫 번째는 규칙을 만들 때의 일관성이다. 장난감이나 게임을 놓고 아이들이 고안하는 규칙을 보면, 처음에는 제대로 쓸 수 없는 것이 많다. 가령 점수를 앞뒤가 맞게 기록해가는 규칙을 빠트리는 일이 생긴다. 일관된 규칙은 협업을 필요로 하고, 모든 아이가 지켜야 할 규칙에 동의해야 한다. 또한 많은 참여자를 포괄하고 능력차가 나는 참여자들에게 적용 가능한 규칙이어야 한다. 나아가 일관된 규칙의 핵심이라고 할 수 있는 것은 반복이다. 다시 말해 한 번 하고 말 게 아니라 게임을 두 번 이상 계속 할 수 있게끔 규칙을 고안하는 게 중요하다. 게임이 반복되면 연습을 할 수 있는 토대가 생겨서, 어느 한 단계를 계속 되풀이하며 점검하고 생각할 수 있다. 나아가 아이들은 놀이를 통해 스스로 만든 규칙을 수정하는 것도 배운다. 어른들이 하는 일에서도 이런 과정은 똑같이 나타난다. 우리가 기술적 작업을 되풀이하면서 작업 내용을 수정하고 변화를 주면서 향상시켜가는 것과 같다. 어느 기능에 좀 더 숙달되면, 반복되는 규칙에 변화를 줄 필요가 생기다. 에린 오코너가 유리 성형 기능을 숙달했던 것도 작업 규칙을 계속 바꾸어가면서 작업 내용이 진화했던 덕분이다. 간단히 말해 놀이는 연습할 거리가 생기게 해주고, 이렇게 시작되는 연습은 반복과 변화 둘 다 동반한다.

둘째로, 놀이를 통해 복잡성을 늘려가는 방법을 배울 수 있어야 한다는 점이다. 아이들을 키워보면 4~5세가 될 즈음, 이전과 달리 지루해하는 모습을 보게 된다. 이제는 단순한 장난감에 흥미를 잃은 것이다. 이러한 권태를 심리학자들은 주변 대상 세계에 대한 아이들의 비평 수준이 높아지는 현상으로 설명한다. 재밌거리가 바닥 난 '척박해진' 물건(레고 벽돌이나 장기 돌)을 가지고 복잡한 형태를 만들어내는 능력을 아이들한테서 분명히 볼 수 있다. 중요한 것은 아이들의 능력이 아니라, 인지 능력이 발달해가는 데 맞춰서 복잡한 구조물을 만들어볼 거리가 아이들에게 주어지느냐 하는 문제다.[7] 아이들은 또 읽을 줄 알게 되면서부터 게임에 적용할 새롭고 더 정교한 규칙을 만들어내는 능력도 보여준다.

작업을 복잡하게 꾸며가는 행위는 이러한 능력에서 비롯된다. 단조로운 도구인 메스는 17세기에 과학 분야에서 아주 복잡한 용도로 쓰였고, 15세기에 넓적한 일자형 드라이버도 여러 가지 용도에 쓰였다. 이 두 가지 도구는 모두 기초적인 도구로 쓰기 시작했던 것인데, 이걸로 복잡한 일을 할 수 있게 됐다. 그 이유는 오로지 우리가 목적이 고정된 전용 도구로 취급하지 않고, 그것을 가지고 놀면서 할 수 있는 일이 뭐가 있을까 탐색하는 방법을 배웠기 때문이다. 지루하게 느끼는 것은 놀이에서나 장인의식에서나 중요한 자극제다. 장인들은 지루해지면 손에 쥔 도구들로 할 수 있는 다른 일들을 찾는다.

일관성을 유지하는 것과 복잡성을 보태가는 것은 상충될 소지가 충분히 있다. 하지만 아이들은 놀이 규칙을 재설정함으로써 이 상충 관계를 조절하는 방법을 배운다. 심리학자 제롬 브루너(Jerome Brunner)는 4~6세 아이들의 놀이에서는 일관성보다 복잡성이 더 비중이 크다고 본다. 중간 연령층인 8~10세 아이들은 일관성의 비중이 더 커져서 엄격한 규칙을 중시하게 된다. 청소년기 초반에 들어선 십대 아이들은 일관성과 복잡성을 균형 있게 다룰 줄 알게 된다.[8] 실러가 놀이를 인간 행동의 중요한 토대로 봤을 때, 그가 염두에 두었던 것은 바로 이러한 균형이다.

놀이라는 실기가 일과 어떻게 관련되는지 짧게 살펴봤지만, 그 내용은 우리가 문자 그대로 계몽적으로 받아들이기에 부족함이 없다. 장인의 일은 놀이를 통해 물건과 마주하는 대화에서 아이들이 얻는 배움을 그대로 활용하는 일이다. 그 배움이란 규칙을 준수하는 훈련이요, 또 스스로 규칙을 만들면서 복잡성을 높여가는 일이다. 놀이는 이렇게 보편적인 만큼 성인의 일에 던져주는 의미 또한 크다. 하지만 현대 사회에는 극히 소수의 사람만이 훌륭한 일을 할 능력이 있다는 확신이 선입견으로 자리 잡고 있다. 제퍼슨의 정치적 신념을 다시 떠올리면서 이 선입견을 재조명해보자. 놀이에서 나타나는 훌륭한 시민 소양이 일에서는 보이지 않는다는 선입견이 그것이다.

아마도 능력이란 것을 이해하는 방식에서 그 선입견의 실체가 드러날 것이다.

능력의 지도
초점 맞추고, 질문하고, 문제를 설정하다

계몽사상가들은 실기를 키워가는 능력은 타고난다고 확신했다. 현대 생물학은 이런 확신을 입증해주고 있다. 지금은 신경학의 진보 덕분에 인간의 능력이 뇌에 어떤 모습으로 그려지는지 두뇌 지도를 예전보다 분명하게 이해하게 됐다. 예를 들어 신경 단위인 뉴런(neuron)을 기초로 소리를 듣는 행위가 뇌의 어디에서 일어나며 음악 실기에 필요한 뉴런 정보가 어떻게 처리되는지 지도로 그려볼 수 있다.

음악 소리에 대한 일차적인 반응은 대뇌 깊숙한 곳에 위치한 '청각피질(auditory cortex)'에서 시작된다. 물리적인 소리에 대한 사람들의 반응은 주로 뇌의 '피질밑구조(subcortical structure)'에서 일어난다. 이때 소리의 리듬은 소뇌의 활동을 자극한다. 이런 갖가지 종류의 정보를 처리하는 능력도 신경학적 지도로 그릴 수 있다. 뇌의 '전전두피질(prefrontal cortex)'은 손을 움직이고 나서 동작이 정확했는지 다시 알려주는 기능을 한다. 그러니까 뜻했던 동작을 실행해보고 "됐어!"라고 경험하는 신경학적 위치 가운데 한 곳이 전전두피질이다. 악보를 읽고 배우는 일은 '시각피질(visual cortex)'의 작동으로 이루어진다. 음악을 연주하고 청취할 때 생기는 감흥도 뇌의 특정한 지역에서 담당한다. 비교적 단순한 감흥이 일 때는 '소뇌벌레(cerebellar vermis)'가 자극되고, 비교적 복잡한 감흥이 일 때는 '편도(amygdala)'가 자극된다.[9]

뇌의 작동은 복잡해서 이와 같은 처리 과정이 직렬이 아닌 병렬로 전개된다. 작은 컴퓨터들을 한데 연결해서 한꺼번에 실행시키는 것과 비슷하다. 그러면 갖가지 기능을 담당하는 뇌의 신경학적 지역마다 자기가 담당하는 정보를 동시에 처리하고 또 각 지역이 서로 정보를 주고받는다. 청각과 관련된 뇌의 각 부위 중 어느 한 곳이 손상되면 소리를 처리하는 다른 부위의 사고 행위가 흔들리게 된다. 뉴런이 나르는 신경신호의 자극이나 전달, 되먹임이 뇌의 폭넓은 영역에 걸쳐 많이 일어날수록, 우리의 사고활동과 감각활동도 활발해진다.[10]

이와 같이 타고나는 능력의 지도를 알게 됨으로써 불편해질 만한 거리가 있다면, 그렇게 알게 된 사실 자체가 아니라(이 사실 자체도 시간이 흐르면서 수정된다) 그 사실을 어떻게 해석하느냐는 문제에서 생긴다. 사람들 사이의 영구적인 불평등이 이 지도에서 비롯되는 것인가? 날 때부터 그렇게 뇌에 새겨지는 것인가? 내 친구의 전전두피질이 나보다 더 나은 것인가? 인간이 구조적으로나 유전학적으로 불평등하게 돼 있다는 불편한 생각은 고대까지 거슬러 올라가는 아주 오래된 생각이라는 점을 짚어두고 싶다. 이런 생각은 서구 철학에서 운명이 예정돼 있다는 생각으로 거슬러 올라간다.

『국가』의 끝 부분에서 플라톤은 잠시 내세를 다녀온 사람의 이야기인 '에르의 신화(Myth of Er)'를 들려준다.[11] 에르는 내세에 가서 영혼들이 그리로 건너오는 모습을 본다. 이 영혼들은 다음번에 들어가 살 몸과 살아갈 인생을 고른다. 어떤 이들은 잘못된 선택을 한다. 전에 겪어본 고통을 피해보자는 생각에 새 삶을 선택하지만 예상치 못한 엉뚱한 길로 접어든다. 또 어떤 이들은 이전 삶에서 어떤 게 좋은 행동인지 볼 줄 아는 지식을 얻은 덕분에 현명한 선택을 한다. 그러니까 견실한 판단을 뒷받침할 지식을 닦아온 이들이다. 하지만 새 몸을 받아 태어날 때는, 새 삶에서 각자가 도달할 모습을 새겨놓은 운명이 정해진다.

이런 생각은 나중에 기독교에 등장하는 운명예정설과는 대조적인데, 특히 칼뱅주의 프로테스탄티즘과 현격히 대조된다. 장 칼뱅(Jean Calvin)은 사람이 태어날 때부터 구제할 영혼과 벌을 내릴 영혼을 신이 미리 결정해둔다고 믿었다. 그렇지만 칼뱅의 신은 각 영혼이 자기 운명을 알지 못하게 할 뿐 아니라, 정해진 운명이 바뀌기 위해서는 각 영혼이 자비를 청하고 그럴 만한 가치를 증명하도록 강제하는 가학적인 신이다. 가학적이기도 하지만, 불가사의한 면도 있다. 각자의 운명은 정해지는 것이라지만 이것이 바뀔 수도 있는 운명이라면 어떻게 받아들여야 하는 것인가? 어느 구멍으로 접어들지 모를 이 신학의 토끼굴로 뛰어드는 것은 피해야겠지만, 이런 종류의 프로테스탄티즘이 타고난 상태와 불평등을 같이 묶어뒀다는 점만을 짚어두자. 즉 어떤 이들은 다른 이들보다 나은 형태의 영혼을 갖추고 삶을 시작하기 때문에 신의 자비를 받을 자격이 있다는 이야기다. 또 한 사람이 평생 운명이 바뀔 여지도 다른 이들과의 불공평한 비교로 판가름 나는 일이다.

칼뱅주의는 후대로 내려오면서 한 세기 전의 우생학 운동이 가세해, 오히려 더 심하고 해로운 모습을 드러냈다. 그중에서도 윌리엄 그레이엄 섬너(William Graham Sumner)의 저술이 두드러진다. 지상에서 쓰고 베풀 자원도 제한된 마당에, 타고난 능력이 결여된 사람들 또는 그런 집단들을 상대하느라 낭비하지 말라는 게 그의 말이다. 이보다 온건한 것 같아도 해악성이 덜할 것도 없는 견해가 교육 현장에서도 나타나고 있다. 피교육자를 가르쳐보기도 전에 그가 배울 수 있는 한계를 미리 결정하려는 태도다. 플라톤주의는 이보다는 어느 정도 긍정적인 입장에 서려고 했다. 즉 다른 이들보다 부족한 능력을 타고났다고 하더라도, 그렇게 수중에 들어온 패를 최대한 잘 활용하라는 이야기다. 위로 효과가 있는 말이긴 하지만, 어디까지나 좋은 패를 받은 사람들이 그 장점을 지나치게 많이 휘두르지 않는다는 가정 아래서다.

우리가 뇌의 배선 상태와 병렬처리를 닫힌 시스템이라고 생각한다면, 말만 근대적인 공학의 탈을 썼을 뿐 똑같이 운명예정설에 서는 처지가 된다. 뇌의 여러 가지 회로와 기능은 복잡다기해도, 그 뇌의 시스템이 태어날 시점에 자리를 잡고 나면 그 뒤로는 정해진 내부 논리에 따라 돌아간다고 보는 것이기 때문이다. 이와 다른 공학적 모델을 설정하자면, 앞으로 전개되는 상황이 다시 출발 조건으로 되먹임이 되는 열린 시스템이다. 문화는 뇌에 미치는 작용 면에서 열린 시스템으로 기능한다. 즉 문화를 구성하는 여러 환경 요인 중에는 전전두피질 등 뇌의 여러 지역에서 일어나는 병렬처리 작업에 자극을 전달하는 것이 있는가 하면, 그렇지 않은 것도 있다. 마사 누스바움(Martha Nussbaum)과 아마르티아 센(Amartya Sen)은 이런 이유로 **능력**(ability)이라는 말보다 **성능**(capability)이라는 말을 사용하자는 입장이다. 이들은 각각의 성능이 문화에 의해 활성화되기도 하고 억눌리기도 하는 관계로 본다. 잡는 동작과 프리헨션을 다룬 연구에서 드러난 것처럼 인간의 손은 뼈의 구조 자체에 성능이 갖춰져 있다. 나면서부터 다른 사람에 비해 더 큰 손도 있고 손바닥이 더 넓은 손도 있지만, 손을 놀리는 실제 능력이 달라지는 진정한 차이는 손을 자극하고 훈련하는 일이 어떻게 실현되느냐에 있다.

인간의 본성을 '빈 서판(blank slate)'으로 보는 시각에 아주 거세게 반박하는 생물학자들도 이러한 견해를 취하고 있다. 인간의 능력에서 불평등 못지않게 강력한 설명력을 발휘하는 것이 바로 과잉공급(oversupply) 문제인데, 불평등을 부각시키다 보면 이 문제가 가려지는 측면도 있다. 한 예로 인지과학자 스티븐 핑커(Steven Pinker)가 수행한 언어 프로그래밍 연구를 보면, 인류는 '너무 많은' 의미를 만들어내는 데 능숙하다. 즉 그에 따르면 말과 글로 대조적인 의미와 상충되는 의미를 주체하지 못할 정도로 만들어내는데, 문화가 이처럼 모든 사람의 넘쳐나는 능력을 좁혀주고 솎아주는 역할을 한다.[12] 여러 부류의 유전학자들이 다른 길로 연구를 밟아왔지만 똑같은 지점에 도달하고 있다. 리처드 르원틴(Richard Lewontin)에 따르면, 유전적인 잠재력은 '자연적으로' 풀려나오지 않는다. 즉 인간의 몸은 가능성은 충분하지만, 그 가능성이 구체적인 형태로 발현되려면 사회적이고 문화적인 조직화가 필요하다.[13]

보캉송의 직조기는 나면서부터 인간의 손보다 우월했다. 잘 생각해보면 태생적인 불평등의 결과를 차근차근 생각하는 데 가장 선명한 맥락을 짚어주는 사례다. 기계를 때려부수는 것, 즉 기계의 우월성을 부인하는 것은 쓸 만한 선택이 아님이 드러났다. 더 나은 길은 그 직조기를 치료제처럼 취급하는 것이었다. 우리는 이 약을 너무 강하게 먹지 않으려고 조심하길 원했다. 마찬가지로 일찍이 볼테르도 '현대의 프로메테우스'라고 예찬했던 이 발명가의 실용적 발명품들을 볼 때 그와 같은 생각을 하게 됐다. 다시 말해, 본래 나기를 우월하게 난 자원은 활용해야 하지만 그 우월함을 지나치게 생각하지 말자는 것이다. 이 계몽주의의 차분한 지혜는 두뇌 능력 지도의 의미를 이해하기 위한 좋은 방편이라고 생각한다. 사람들마다 뇌 자원의 분포 상태와 활용 상태는 불평등하다. 이 사실을 너무 많이 생각하면 사회는 스스로 독약을 먹는 격이다. 운명에 대한 판단을 하지 말고, 인간이라는 유기체를 최대한 고무하는 길로 가야 한다.

비교적 좁은 실기작업의 영역에서는 불평등한 재능 문제가 아마도

좀 더 선명하게 드러날 것이다. 장인노동의 바탕이 되는 태생적 능력
은 예외적인 것이 아니다. 이 능력은 아주 많은 사람이 같이 가지고 있
는 능력이고, 그 정도도 대개 비슷하다.

　세 가지 기본적인 능력이 장인노동의 토대를 이룬다. '초점을 맞추
는(localize)' 능력, '질문하는(question)' 능력, '문제 설정(open up)' 능
력이 그것이다. 첫 번째는 작업 대상을 구체화하는 일이다. 두 번째는
대상의 특징을 생각하는 일이다. 세 번째는 대상의 의미를 확장하는
일이다. 가령 목수가 나무토막을 자세히 들여다보며 특징적인 나뭇결
을 확인한다. 나무를 이리저리 돌려서 겉모양을 뜯어보고 나무속 재질
이 어떨지 곰곰이 생각한다. 목재용 표준 광택제 말고 금속용 도료를
쓰면 나뭇결이 돋보일 거라고 판단한다. 이러한 능력을 활용하려면 뇌
가 시각과 청각, 촉각, 그리고 언어 상징을 동반하는 정보를 동시에 처
리하는 게 필요하다.

　초점을 맞추는 능력은 어디서 중요한 것이 일어나는지 짚는 힘을
말한다. 손을 쓸 때는 이러한 초점 맞추기가 음악가나 금세공인의 손
가락 끝에서 일어나는 모습을 살펴봤다. 눈을 쓸 때는 초점이 베틀의
씨실과 날실의 직각이나 유리를 성형하는 대롱 끝에 모인다. 이동전화
를 고안할 때는 교환기가 초점이 모이는 곳이었고, 휴대용 계산기를
고안할 때는 단추의 크기가 초점이었다. 컴퓨터 화면과 카메라에서는
'영상 확대' 기능이 이와 같은 일을 수행한다.

　초점 맞추는 행위는 감각적 자극에서 생기기도 한다. 이를테면 해
부 작업 중에 메스가 예상 밖의 단단한 부위를 만날 때 손에 닿는 느낌
같은 것이다. 이 순간 해부학자의 손동작은 느려지면서 동시에 작아진

다. 감각적 자극이 사라지거나 없거나 모호할 때도 초점 맞추기가 일어날 수 있다. 메스 날이 물컹한 종기 속으로 들어갈 때 메스에 걸리는 팽팽한 긴장이 갑자기 사라지면, 이 물리적 신호를 받아 손동작이 초점을 모으게 된다. 이것은 건축가 판 에이크가 공원을 설계할 때 고안한 자극과 유사하다. 거리와 놀이터를 확연히 구분하는 경계를 제거한 결과, 노는 아이들은 안전을 유지하기 위해 모호한 구역에 초점을 두어야 했다.

인지과학에서는 초점 맞추기를 '초점 주의(focal attention)'라고 부르기도 한다. 그레고리 베이트슨과 레온 페스팅거는 그들이 '인지 부조화(cognitive dissonance)'라고 부르는 곤란과 모순에 사람의 의식이 집중된다고 가정한다. 다 지은 집의 방 천장을 정확한 높이로 맞추려고 했던 비트겐슈타인의 강박관념은 엄격한 비례 규칙과 충돌하는 인지 부조화가 그에게 유발됐다는 데서 생긴다. 초점 맞추기는 일이 아주 잘될 때도 일어날 수 있다. 프랭크 게리는 티타늄을 올록볼록하게 압연하는 일이 일단 성사되고 나자, 이렇게 확보된 재료를 어떻게 활용하느냐는 문제에 더욱 집중하게 됐다. 인지 부조화를 경험하는 양상은 복잡해도, 이를 초래하는 직접적 원인은 동물행동에 있다고 페스팅거는 주장했다. 그가 말하는 동물행동은 '여기'나 '이것'에 주의를 기울이는 동물의 능력에 있다. 뇌의 병렬처리 과정은 주의 집중 상태를 만들기 위해 다양한 신경회로를 활성화시킨다. 인간에 갖춰져 있는 이러한 동물적 사고는 어떤 물질이나 작업, 문제의 중요성이 부각되는 지점을 구체적으로 짚는다. 실기 작업자들은 이런 경향이 더욱 강하다.

질문하는 능력은 이렇게 조준된 지점을 자세히 들여다보는 것 이상도 이하도 아니다. 인지 부조화 모델을 따르는 신경학자들은 뇌가 마음속의 방을 만들고 그 방 안의 모든 출입구가 잠겨 있는 형상의 이미지를 순차적으로 만들어가는 일을 한다고 생각한다. 문이 닫혀 있어서 이것인지 저것인지 의심할 건더기는 없지만 호기심이 남아 있는 상태다. 이때 뇌는 각 방문이 서로 다른 열쇠로 잠긴 것인지 묻고, 또 그렇다면 왜 그런지를 묻는다. 작동이 성공하는 경우에도 질문하는 행위가 생길 수 있다. 즉 리눅스 프로그래머들이 일하는 과정에서 문제 해결이 새로운 질문을 유발하는 것과 같은 식이다. 이것을 신경학에서는 뇌의 서로 다른 지역 사이에 전에 없던 회로가 새로 활성화되는 현상으로 설명한다. 이렇게 새로운 통로가 작동되면, 추가적인 병렬처리가 가능해진다. 하지만 금방 되는 것도 아니고, 갖가지 조합의 병렬회로들이 한꺼번에 활성화되는 것도 아니다. 즉 '질문하는 행위'는 생리학적으로 보면 이제 막 가동되는 상태가 지속됨을 뜻한다. 이때 깊이 생각하고 있는 뇌가 하는 일은 선택 가능한 여러 가지 회로를 물색하는 것이다.

이와 같은 뇌의 상태를 보면, 호기심이 이는 경험을 뉴런을 토대로 다시 이해할 수 있다. 다시 말해 깊이 생각하기 위해 해답 확정과 결론 내리기를 보류하는 경험이다. 따라서 일을 풀어가는 과정은 시간을 따라 일정한 리듬을 밟아간다고 상상해볼 수 있다. 행동을 취한 뒤에는 결과를 질문하는 사이 작업이 중단되고, 이어서 새로운 형태로 행동이 다시 시작된다. 이와 같은 행동 → 중단(및 질문) → 행동으로 이어지는 리듬은 앞서 복잡한 수작업 기량이 숙달돼가는 특징임을 살펴보았다.

단순히 기계적인 활동은 기술의 발전을 동반하지 않고 계속 움직임만 있을 뿐이다.

　문제를 설정하는 능력은 직관적 도약을 활용한다. 특히 전혀 달라보이는 영역들을 근거리에 붙여놓고 그 사이를 암묵적 지식을 짊어진 채로 넘나드는 것은 직관적 도약의 큰 위력이다. 작업하는 영역을 바꿔보는 것만으로도 문제를 참신한 생각에서 보는 계기가 된다. '문제 설정(open up)'과 '개방성(open to)'은 서로 긴밀하게 연결돼 있는데, 일하는 방법을 바꾸는 것에 개방적이고, 한 분야의 습관을 다른 분야로 가져가는 것에도 개방적이란 점에서 그렇다. 이 능력은 너무나 기초적인 것이다 보니 그 중요성을 등한시할 때가 많다.

　몸에 익은 행동을 다른 데 써먹는 능력, 즉 습관 이동은 동물 세계의 아주 깊숙한 곳까지 스며 있는 현상이다. 리처드 르원틴을 필두로 하는 몇몇 생물학자들은 서로 다른 영역에서 대응하면서 문제의 틀을 잡아가는 능력이 자연 선택에서 동물 행동의 열쇠라고 생각한다. 동물의 분야에서야 어찌 됐든 간에 인간은 습관을 이동시키고 비교하는 일 두 가지를 다 할 수 있다. 공장에서 근로자들의 직무를 순환시키는 것도 이런 능력을 활용하는 것이다. 직무 순환은 일상적인 업무가 닫힌 시스템에 머물러 있을 때 생기는 권태를 막아보자는 생각에서 나온 것이다. 이런 영역이동을 하더라도 우리의 생각과 의식 자체가 새 영역에 몰입할 수 있어야 권태가 완화된다. 능력을 다루는 연구들은 문제를 해결하는 행위에만 주목할 때가 많지만, 우리가 보았듯이 문제를 해결하는 일은 문제를 찾아내는 일과 아주 긴밀하게 연결되어 있다. 극히 기본적인 인간 능력이 이 두 가지 일을 연결한다. 바로 습관을 이동시키고 비교하고 바꾸는 능력이다.

광대한 연구 영역에 걸친 주제를 이 세 가지 점으로만 국한시킨다면 독자들에게 해를 끼치는 일이 될 것이다. 그렇다고 모든 인간이 같이 가지고 있는 이 세 가지 능력(초점 맞추기, 질문하기, 문제 설정) 자체가 단순하다는 뜻은 아니다. 강조하고자 하는 내용은 이 능력들이 다른 동물은 물론 인간 모두에게도 갖춰져 있다는 점이다. 이렇게 공유하는 능력들이 사람들마다 그 정도가 거의 비슷하다는 점을 다음 절에서 밝혀보고자 한다.

작동식 지능(Operational Intelligence) | 스탠퍼드-비네 패러다임

1905년 알프레드 비네(Alfred Binet)와 시어도어 사이먼(Theodore Simon)이 최초의 지능검사를 만들었다. 그 10년 뒤에 이들의 작업을 스탠퍼드대학교의 심리학자 루이스 터먼(Lewis Terman)이 수정해서 '스탠퍼드-비네 검사(Standford-Binet test)'를 만든 이래로 지금까지 다섯 번째 수정안이 나와 있다. 100년의 시간을 거치면서 이 검사는 아주 정교한 상태로 다듬어져, 다음과 같은 다섯 가지 기본적 정신 영역으로 나뉘어 검사가 진행된다. 유동적 추론(fluid reasoning: 언어 활용 위주), 기초 지식(basic knowledge: 어휘와 수학적 상징 위주), 수리적 추론(quantitative reasoning: 연역적 사고 위주), 시각-공간적 처리(visual-spatial processing), 작업 기억(working memory)이 그 다섯 가지 영역이다.[14]

이러한 정신 영역들은 어느 분야든지 인간의 기능을 구성하는 원초적 재료들을 펼쳐놓은 것처럼 보인다. 하지만 여기에는 장인의식을 형성하는 원초적 능력들이 들어 있지 않다. 그 이유는 이런 지능검사들이 비네의 세 가지 전제를 기본 원리로 따르고 있기 때문이다. 첫째로 질문을 해서 그 정답 여부로 지능을 측정할 수 있으며, 둘째로 사람들이 내는 답은 평균값을 중심에 둔 종형분포 꼴로 나누어질 것이고, 셋째로 지능검사는 개인의 문화적 형성 과정을 시험하는 게 아니라 생물학적 잠재력을 시험한다고 보는 것이 그 전제들이다.

이 중 마지막 원리에 대한 논쟁이 끈질기게 이어지고 있다. '자연적인 생득(生得, nature)'과 '양육을 통한 습득(習得, nurture)'을 어떻게 나눌 수 있는가? 이 두 지능을 구분해야 하는 현실적인 주장이 나올 수 있다. 18세기 디드로를 비롯한 대다수 계몽사상가는 하녀나 제화공, 요리사 등 서민들은 지배계급의 제한 때문에 생득 지능이 충분히 발현되지 못한다는 점을 이유로, 이 두 가지가 분리되어야 하다고 확신했다. 비네는 이와는 반대되지만 그래도 관용적인 취지에서 생득 지능을 연구했다. 즉 이해가 더디고 둔감한 사람들이 할 수 있는 일이 무언지 알아내서, 그들 수준에 맞는 저급한 일을 찾아주자는 것이었다. 터먼의 관점은 이롭기도 하고 해롭기도 했다. 즉 사회질서 내 어느 곳에서든 능력이 특출한 개인들을 찾아내자는 취지였지만, 동시에 확고한 우생주의자였던 그는 극히 저능한 사람들을 식별해 대물림에서 솎아내자는 취지도 있었다. 비네와 터먼 두 사람 모두 중간층에 대해서는 별 관심을 두지 않았다.

20세기 스탠퍼드-비네 검사는 개인보다는 집단 차원의 지능지수를 다루면서 또 하나의 오점을 기록했다. 일부 인종이나 민족 집단의 지능검사 결과가 나쁘게 나오면 기존의 선입견을 부추기는 데 활용되기도 했다. 예컨대 흑인들은 백인들보다 전반적으로 지능이 떨어진다는 식이어서, '과학'이 이런 집단이 선천적으로 열등하다는 선입견을 뒷받침하는 데 동원되는 양상을 보였다. 이런 주장에 대해 지능검사 자체가 문화적 현상을 공평하게 반영하지 못하는 결함이 지적됐다. 한 예로 '파이π'(기초지식 분야 검사에 나옴)가 백인 중산층 아이에게는 학교에서 쉽게 만나는 기호겠지만, 대도시 빈민가의 아이에게는 생소하다는 점을 들 수 있다.[15]

이 논쟁은 아주 널리 알려져서 비네가 처음으로 실시한 검사 방법은 무시됐다. 하지만 지능에 대한 우리의 생각을 근본적으로 좌우해온 것은 비네가 고안한 통계 절차다. 비네는 지능지수를 집단으로 보면 정규분포 곡선을 그릴 거라고 믿었다. 즉 양쪽 극단으로 아주 우둔한 사람과 아인슈타인 같은 천재가 일부 있고, 중앙에 나머지 대다수가 몰려 있는 종(鐘) 모양의 분포다. 이런 종형 분포곡선은 1734년 아브라함 드무아브르(Abraham de Moivre)가 처음으로 그 실제 사례를 찾아냈고, 1809년 카를 프리드리히 가우스(Carl Friedrich Gauss)가 다듬은 뒤, 1875년 찰스 샌더스 퍼스(Charles Sanders Peirce)에 의해 '정규(normal)'라는 칭호를 얻게 됐다.

이 분포곡선이 종 모양이라고는 해도 종의 생김새는 각양각색일 수 있다. 시각(視覺) 인지 검사에서 나오는 분포곡선은 경사가 완만한 모자 모양과는 달리 좁고 기다란 샴페인 잔을 엎어놓은 꼴에 가깝다. 즉 어떤 그림이 '개'처럼 생긴 모양이라고 인식할 수 있느냐는 검사에서는 대다수 사람의 능력이 똑같아서, 시각적 인지 능력의 차이는 크지 않다는 것이다. 그런데 우리에게 익숙한 숫자상의 지능지수(IQ)를 보면 통계처리 방식이 이상하다. IQ 중앙값이 100이고, 표준편차(δ)가

15인 분포곡선을 예로 들어보자. 중앙값보다 1표준편차만큼 높은 IQ 115는 84백분위수에 위치한다(즉 IQ 115 이하인 사람이 전체의 84%, 115를 초과하는 사람이 전체의 16%). IQ 130(100+2δ)은 97.9백분위수 지점이고, 145(100+3δ)는 99.99백분위수, 160(100+4δ)은 99.997 백분위수 지점이다. 아래 방향으로도 곡선의 분포 형태는 비슷해서, IQ 85(100−1δ)는 16백분위수 지점이다. 즉 중앙값 위아래로 1표준편차 이내에 드는 사람이 약 70퍼센트의 다수를 이룬다.

이렇게 사람들이 밀집해 있는 중간 지점에 비네와 터먼이 별 관심을 두지 않았다는 것은 이상한 일이다. '능력 있다'의 정의를 중앙값보다 1표준편차 높은 값 위로 정하는 것만으로도, 84퍼센트의 사람이 도매금으로 무능력자가 된다. 한편 반대 방향으로 '무능력하다'는 정의를 중앙값보다 1표준편차 낮은 값 아래로 정의하면 16퍼센트의 사람들만이 무능력자로 취급된다.

이렇게 많은 사람이 밀집해 있는 중간층에 따라붙는 말들은 '그리 좋지 않다'거나 '그저 그렇다'와 같은 비하적인 표현들이다. 하지만 이런 단어들도 험악하리만큼 단순한 통계처리로 정당화된다. 표준편차 하나로 긋는 선이 그리 좋지 않은 사람과 능력 있는 사람을 가르고, 대중과 엘리트를 구분하기에 합당한 것인가? IQ가 85 수준인 사람들도 그들보다 IQ가 뛰어난 사람들이 직면한 많은 문제를 해결할 수 있다. 좀 더 **더디게** 해결할 뿐이다. 시각-공간적 처리 능력과 작업 기억 능력 면에서는 특히 그렇다. 언어 상징의 인지 능력에서는 100에서 115로 1표준편차만큼 IQ가 높아질 때, 커다란 단절이 일어난다. 하지만 이렇게 드러나는 능력 차이도 명확한 것만은 아니다. 왜냐하면 IQ

가 100으로 나온 사람들도 그 상징을 이해했을 가능성이 있기 때문이다. 그의 앎이 암묵적 지식 속에 머물거나 상징적 언어가 아닌 물리적 행동으로밖에 표현되지 못할 수도 있다.

마지막으로 비네와 터먼은 영역별 지능검사 결과들을 모두 합쳐 단일 숫자를 산출함으로써 '정규성'을 가진 종형 분포곡선을 얻게 됐다. 이렇게 단일 숫자로 집계하기 위해 각 영역의 지능이 서로 관련돼 있다고 전제한다. 현대의 지능검사자들은 모든 지능 형태를 묶고 있는 '일반지능(general intelligence)'이 있다고 보고, 문자 'g'로 나타낸다. 심리학자 하워드 가드너(앞 장에서 언급했던 좋은 일 프로젝트를 이끌었던 학자와 동일 인물)는 'g'를 강력하게 반박했다. 그는 스탠퍼드-비네 검사에서 구분하는 지능 척도들보다 아주 많은 종류의 지적 능력을 인간이 보유하고 있다고 생각한다. 또 각각의 지적 능력은 서로 다르고 독립적이라고 본다. 바꿔 말해 각 지능을 전부 뭉뚱그려서 단일 숫자로 합칠 수 없다는 이야기다.

가드너의 지능 목록은 스탠퍼드-비네 검사보다 더 구체적인 감각 분야를 포함시킨다. 즉 촉각과 동작, 단어 청취, 수학적 상징, 그림을 지적인 사고 영역으로 추가한다. 나아가 다른 사람들과 소통하는 능력이나 자신을 객관적인 시각으로 살펴보고 판단하는 능력까지도 하나의 지능 형태로 추가해서, 지능을 보는 시야를 과감하게 넓히고 있다.[16] 개념보다는 기술적인 측면에서 가드너를 비판하는 사람들은 그의 목록이 항목이 너무나 많고 난삽하다며 반박한다. 이들은 지능검사 각 문항의 답을 하나의 숫자로 합산하는 것이 올바른 방법론이라고 방어한다. 그리고 그 근거로 스탠퍼드-비네 검사의 틀 안에서 점검할 때 유동적 추론과 작업 기억, 시각-공간적 처리에서 실제로 상관관계가 나타난다는 점을 들고, 그게 없더라도 적어도 'g'를 계산하는 공식은 산출 가능하다는 점을 제시한다.

실기작업을 하는 능력은 더욱 근본적인 반론을 제기한다. 지능검사로는 이러한 실기 능력이 드러날 가능성이 거의 없다. 스탠퍼드-비네의 기본 패러다임이 정확한 답이 존재하는 질문에 바탕을 두고 있다는 점이 그 부분적 이유다.

원칙적으로 정확한 답이란 문제를 낸 사람이 자기 입장에서 "맞다"고 보는 답이다. 가령, 2+2=5 라는 등식은 맞지 않는다. 이러한 계산 문제에는 정확한 답이 존재한다. 하지만 언어 표현에 담긴 말뜻에는 이런 식의 정확한 답이 존재하지 않는다. 예를 들어 '예리하다'는 뜻의 '인사이시브(incisive)'란 영어 낱말은 다음 두 문장에서 두 가지 말뜻을 가질 수 있다.

- 헌틀리의 '예리한(incisive)' 분석이 나오자, 채권 트레이더들은 전기충격을 받은 것처럼 곧바로 매도 광풍으로 치달았다.
- 시청 문제를 보도한 '예리한(incisive)' 기사는 체릴을 강력한 퓰리처상 후보로 올려놓았다.

문화적 정황이 끼어드는 모든 문제를 빼버리고 지능검사에 등장한 이 문장들은 재치 문답처럼 다양한 해석을 낳을 수 있다. 지능검사에서 두 문장에 쓰인 '예리하다'와 어의가 같은 말을 고르라는 문제의 정답은 몇 가지 선택지 중 '날카롭다(acute)'였다. 반면 두 번째 문장에서 좀 더 그럴듯한 동의어는 시청 문제를 파헤쳐 '드러냈다(exposed)' 가 되겠지만, 선택지에는 빠져 있었다.[17] 장인노동의 정신에서는 의미를 분명하게 따져보고 깊이 생각하느라 오래 생각하고도 싶겠지만, 종이 울리면 지능검사는 끝난다. 지능지수를 높이려면 최대한 많은 문제에 답해야 하니, 흘깃 생각해보고 다음 문제로 넘어가야 한다. 문제를 설정하는 직관적 도약은 객관식 선택형 문제로는 시험하는 게 불가능하다. 직관적 도약은 전혀 무관해 보이는 요소들의 연관성을 찾아내는 행위다. "도시의 거리는 동맥과 정맥하고 비슷한가?"라는 질문에 **정확한** 답은 따로 없다.

결국 비네의 방법은 문제의 틀을 스스로 짜면서 생각할 여지를 주지 않는다. 시간이 들더라도 깊이 생각하려고 하는 사람을 마비시키고 질적인 문제도 다룰 수 없다. 지능검사에 응해서 좋은 성적을 얻으려면, 정말로 문제다운 문제들은 포기하고 넘어가야 할 것이다. 실기 능력은 깊게 이해하는 행위를 통해 발현되고, 이러한 능력은 보통 구체적인 문제를 놓고 거기에 집중한다. 반면 IQ 점수는 많은 문제를 피상적으로 처리하는 행위를 측정한다.

다른 곳에서도 주장한 것처럼 얄팍함은 현대 사회에서 특수한 용도로 활용된다.[18] 오늘날 기업계의 시험 체제는 급변하는 세계경제에서 수시로 변하는 기회에 써먹을 수 있는 타고난 잠재적 능력을 식별하는 데 주안점을 두고 있다. 근로자 처지에서나 회사 처지에서나 한 가지 일을 잘하고 그것을 깊게 이해해봐야 죽 끓듯 변하는 환경에서 뒤처지기 십상이다. 깊이는 제쳐두고 많은 문제를 처리하는 개인의 능력을 측정하는 검사는 신속한 연구와 얄팍한 지식을 높게 쳐주는 경제 체제가 원하는 편리한 방식이기도 하다. 그와 같이 신속하고 얄팍한 지식은 이 기관에서 저 회사로 몰려다니는 컨설턴트들에게서 자주 눈에 뜨인다. 깊이 파고 들어가는 장인의 능력은 이런 유형으로 전개되는 잠재적 능력과는 정반대편에 있다.

높고 낮은 양 극단의 능력 차가 크다는 것은 어느 누구도 부인할 수 없다고 하더라도, IQ 종형 곡선의 모양은 중간층에 대한 의문을 유발한다. 왜 중간층의 잠재력이 사각지대가 되어야 하는가? IQ 100인 사람과 115인 사람은 능력 면에서 큰 차이가 나지 않지만, 115란 숫자는 100보다 시선을 끄는 효과가 크다. 이 문제에는 소속 불명의 악마가 속삭이는 답변이 도사리고 있다. 즉 작은 정도 차이를 커다란 질적 차이로 부풀려서 특권 체제를 정당화하는 아주 고약한 논리다. 마찬가지로, 다수의 사람을 대변하는 중앙값을 '그리 좋지 않다'와 동일시하면 이들을 무시해도 좋다는 논리로 이어진다. 이런 논리에 연유하여 영국에서는 공업전문대학보다 엘리트 교육에 몇 배나 많은 자원을 투여하고 있다. 또 이런 논리에 연유하여 미국에서는 직업학교에 주겠다는 기부금을 구경하기가 극히 어렵다. 하지만 이렇듯 씁쓸한 논리 남용을 지적하는 것이 우리 이야기의 끝은 아니다.

일을 잘하는 능력은 모든 인간이 골고루 가지고 있다. 이 능력은 처음에는 놀이에서 발현되고, 일하면서 초점을 맞추고 질문하고 문제를 설정하는 능력으로 다듬어진다. 계몽주의는 일을 잘할 줄 알게 됨으로써 인간이 스스로를 다스릴 능력도 나아질 거라는 희망을 품었다. 평범한 인간의 지능 부족 때문에 이 정치적 과제가 막히는 것은 아니다.

감정 면에서는 약한 구석이 있을지도 모르겠다. 특히 장인을 보면 그렇다. 하지만 지능과 감정을 모두 합친 장인의 정신적 자원은 모자라서 문제인 것이 아니다. 오히려 장인은 일을 잘하려는 욕구를 감정적으로 잘못 관리하는 탓에 위태로워질 가능성이 높다. 감정관리가 어려운 장인의 문제를 사회가 더 악화시킬 수도 있고 바로잡기 위해 노력할 수도 있다. 바로 이러한 점들이 내가 3부에서 장인노동을 완성하는 데는 재능보다 동기가 더 중요한 문제라고 주장했던 이유다.

철학하는 작업장

실용주의
경험도 실기다

일에 함몰된 인간을 한나 아렌트는 **아니말 라보란스**, 일하는 동물로 격하시켰다. 이 책은 그러한 경멸의 대상에서 인간을 구출하려는 취지에서 썼다. 인간은 일하는 동물이라고 하더라도 기능으로 풍요로워질 수 있고, 장인의식은 그를 존엄하고 빛나게 만들 수 있다. 일하며 사는 인간의 조건을 이처럼 긍정적으로 보는 시각은 유럽 문화에서 아주 오래된 것으로, 호메로스의 헤파이스토스 찬가까지 거슬러 올라간다. 이러한 시각은 이븐할둔의 저술에 나타나듯 이슬람 문화권에서 이롭게 쓰였고, 수천 년 동안 유교를 이끌어온 생각이기도 하다.[1] 우리 시대에 이르러서는 장인노동이 찾아야 할 철학적 고향은 실용주의다.

실용주의는 한 세기 넘게 구체적인 경험에서 철학적 의미를 찾아 이해하는 데 주력했다. 실용주의 운동은 19세기 말 미국에서 유럽 관념주의의 해악에 대한 반발로 시작됐고, 최초의 실용주의자인 퍼스(C. S. Peirce)의 눈에는 그 해악의 최고봉이 헤겔로 비쳤다. 퍼스는 관념주의와는 반대 방향으로 돌아서서 인간 인식의 열쇠를 일상적인 작은 행동들에서 찾고자 했다. 17세기에 일었던 과학실험 정신에 이어 18세기 흄의 경험주의가 그의 생각에 활력을 불어넣어 주었다. 실용주의는 시작할 때부터 현실의 확실한 사실과 아울러 경험이란 것의 성질을 들여다봤다. 한 가지 예로 윌리엄 제임스(William James)는 프리드리히 니체(Friedrich Nietsche)의 저술에서 배어나는 비통과 아이러니, 비극적 예감과는 다른 대안을 찾아나섰다. 종교를 논하는 자리에서 그는 커다란 교의뿐 아니라 하루하루의 신앙생활을 들여다보면서 종교의 덕을 작고 구체적인 일들에서 발견했다.

실용주의는 두 번의 물결을 타고 일어났다. 첫 번째 물결은 19세기 말부터 제2차 세계대전 사이에 일었다. 그러고 나서 우리 세대까지 두 세대가 지나는 동안에 실용주의는 다시 살아나서 유럽으로 확산됐다. 이 두 번째 물결의 주자들로는 독일의 한스 조아스(Hans Joas)와 덴마크의 신진 실용주의 학파가 있고, 미국으로 건너오면서 리처드 로티(Richard Rorty)와 리처드 번스타인(Richard Bernstein) 그리고 내가 있다. 두 차례의 세계대전과 구소련권은 실용주의가 표방하는 희망을 가로막기는 했지만 소멸시키지는 못했다. 언제나 실용주의가 힘을 얻는 활력소는 사람들의 일상에서 다채롭게 벌어지는 건설적인 활동을 다루는 것이다.[2]

첫 번째 물결에 속하는 실용주의자로서 아니말 라보란스가 살아가는 조건에 바싹 다가섰던 사람은 존 듀이였다. 그는 노골적인 진보주의 교육을 주창했다고 누명을 썼던 교육자였고, 적자생존의 서슬 퍼런 경쟁논리로 사회를 보는 사회적 다윈주의자를 반박했던 생물학자였으며, 교조적인 마르크스주의에 단호하게 맞섰던 사회주의자였다. 그는 분명히 마르크스주의를 겨냥한 한나 아렌트의 비판에 동조했을 것이다. 아렌트의 말을 빌면, 마르크스는 인류에게 잘못된 희망을 제시했으며 그 희망의 척도는 오로지 "먹고사는 과정에 공급해줄 물건이 풍족하냐 부족하냐"일 뿐이다.[3] 이러한 양적인 척도와는 상반된 견지에서, 듀이는 사람들이 일에서 얻는 경험의 질을 높이자는 데 주안점을 둔 사회주의를 피력했다. 하지만 아렌트처럼 노동을 초월하는 정치 자체를 주창하지는 않았다.

듀이의 저술에는 좀 추상적인 형태로 장인노동에 속하는 많은 주제가 등장한다. 문제를 해결하는 일과 문제를 찾는 일 사이의 긴밀한 관계라든가, 기술과 표현, 또 일과 놀이를 다루는 주제들이다. 그의 저서 『민주주의와 교육(Democracy and Education)』은 이러한 주제들을 사회주의적 견지에서 가장 잘 종합하고 있다. "일과 놀이는 똑같이 자유로운 활동이고 그 나름의 고유한 동기에서 비롯되는 활동이다. 이 점에서 일과 놀이는 서로 다를 게 없다. 물론 경제적 조건이 잘못 갖추어지면, 부유한 자들에게는 놀이가 태만한 오락거리로 전락하기도 하고, 가난한 자들에게는 일이 달갑지 않은 노동으로 전락할 때도 있지만, 본래 그런 것은 아니다. 일이란 것은 그 결과에 따로 의미를 두지 않는 마음 상태로 하는 활동일 뿐이다. 즉 일하는 사람의 의식 속에는 일의 결과가 일하는 활동 자체에 용해돼 있다. 결과가 일하는 활동의 외부로 떨어져 나와서 결과는 목적이 되고 활동은 단지 그 수단에 불과해질 때, 일은 일이 아니라 억지로 해야 하는 노동이 된다. 놀이하는 태도가 흠뻑 배어 있는 일이야말로 예술이다."[4] 듀이는 19세기 존 러스킨이나 윌리엄 모리스(William Morris)와 추구하는 바가 같았던 사회주의자였다. 이 세 사람은 모두 노동자들이 함께하는 실험과 공동의 시행착오를 강조했다. 이러한 경험을 통해서 그들이 하는 일의 질을 판단하라고 노동자들에게 촉구했다. 이들에게 훌륭한 장인노동은 사회주의를 뜻한다. 현대의 일본 자동차 공장이나 리눅스 인터넷 대화방이 돌아가는 방식을 봤다면, 다른 종류의 협업에 대한 이들의 공감도 더 넓어졌을지 모른다. 하지만 단순히 이윤을 얻기 위한 수단으로 질을 추구하는 것에는 이 세 사람 모두 격렬하게 반박했다.

철학적으로 보면 실용주의는 사람들이 일을 잘하려면 수단과 목적 관계에서 자유로워야 한다고 주장해왔다. 이러한 철학적 확신의 밑바탕에는 실용주의의 모든 것을 통합하는 개념 하나가 자리 잡고 있다. 그것은 바로 **경험**이다. 이 말은 포괄적인 만큼 모호하기도 하지만, 독일어에서는 영어와 달리 '에를레프니스(Erlebnis)'와 '에르파룽(Erfahrung)' 두 낱말로 나뉘어 있어 좀 더 구체적이다. 똑같이 경험을 가리키지만, 앞의 말은 내면의 정서적 인상을 일으키는 사건이나 관계를 경험한다는 뜻이고, 뒤의 말은 내면보다는 외부에 초점을 두고 감수성보다는 기능을 요구하는 사건이나 행동, 관계를 경험한다는 뜻이다. 실용주의적 사상은 이 두 가지 의미가 분리되어서는 안 된다고 주장해왔다. 우리가 '에르파룽'의 영역에만 머물게 되면 생각과 행동을 수단과 목적의 틀에 맞추는 함정에 빠지기 쉽고, 결국에는 도구주의의 해악에 굴복하게 될 거라고 윌리엄 제임스는 생각했다. 그러니까 우리는 자신의 내면에서 '어떻게 느껴지는지', '에를레프니스'를 끊임없이 관찰하는 게 필요하다는 것이다.

그런데 이 책에서 다뤘던 실기작업은 '에르파룽'의 영역을 강조한다. 실기작업은 작업 대상 자체와 개인의 감정과는 무관한 일에 초점을 맞춘다. 실기작업은 호기심에 바탕을 두고 있고, 강박관념을 완화시킨다. 실기작업은 장인을 내면의 세계에서 나와 바깥세계를 보게 한다. 나는 실용주의를 철학의 작업장으로 봐서 좀 더 일반적으로 다음과 같은 생각을 강조하고 싶다. 즉 경험을 일종의 실기로 이해하는 가치관이다.

경험을 실기로 보는 생각은 18세기 데피네 부인이 양육에 대해 남긴 저술로 거슬러 올라간다. 그녀는 본능적인 사랑으로 자기 자신을 충족시키는 태도를 반박했고, 아이를 잘 양육하기 위해서는 부모가 독재적으로 명령하려는 충동을 자제해야 한다고 주장했다. 아이를 중심에 두게 되면 부모는 자기 세계에서 벗어나게 된다. 맹목적인 사랑이나 명령 대신에 언제 자러 가야 하고, 무엇을 먹어야 하며, 어디서 놀아야 하는지에 대한 객관적이고 합리적인 표준을 두어서 길잡이가 되도록 해야 한다. 그렇지 않으면 아이는 자기를 조절할 수 있는 방향타를 상실하게 된다. 그러한 표준을 행동에 옮기는 데는 기능이 필요하고, 어느 부모라도 연습을 통해서 익혀야 하는 기능이다. 아이 기르기를 하나의 실기로 보는 데피네 부인의 양육관은 부모의 자기중심성을 탈피해 숙달된 솜씨로 객관적 표준을 따르는 것이어서 현대적인 양육의 상식으로 자리 잡게 됐다. 이러한 양육은 '에를레프니스'보다는 '에르파룽'에 더 무게를 두고 있다.

일반적인 개념으로 볼 때 '경험의 실기'는 무엇을 뜻하는가? 경험의 형태와 기법에 주목해 이해하려고 한다. 다시 말해 경험하는 기술로 보자는 생각이다. 한번 스쳐가고 마는 일에 부딪히더라도 이러한 기술이 있다면 길잡이로 쓰일 수 있다. 즉 우리가 행동하는 데 필요한 암묵적 지식을 담아 올리는 용기와 같은 것이다. 우리가 만나는 사람들 그리고 부딪치는 일들은 우리에게 무언가를 새겨놓는다. 그렇게 내가 받게 되는 인상을 적절한 형태로 잘 다듬는다면, 나와 똑같은 것을 겪어보지 못한 이들에게도 충분히 이해할 만한 대상으로 만들 수 있을 것이다. 전문 능력을 거론할 때 본 것처럼 우리에게 있는 특정한 지식을 다른 이들도 이해하고 그에 반응할 수 있도록 명료하게 만들려는 노력이 필요하다. 경험을 실기로 보는 견지는 순전히 감정의 흐름 속에 경험을 가두어두는 주관성과는 상반되는 입장이다. 물론 이 문제는 어느 쪽에 무게를 두느냐는 상대적인 문제일 것이다. 하지만 분명히 말하자면, 인상은 우리가 경험을 시작하는 출발점이고, 그런 의미에서 경험의 원료다. 하지만 원료일 뿐이다.

이 책의 주장은 우리가 다른 이들과 맺는 관계를 어떻게 잘 형성해갈 수 있을지 그 경험의 기술에 대한 관점을 물건을 만드는 실기에서 발견할 수 있다는 것이다. 물건을 만드는 차원의 어려움과 가능성은 둘 다 인간관계를 형성하는 차원에도 잘 적용된다. 물리적인 작업에서 저항을 다스리고 모호함을 활용해야 할 때 직면하는 도전은 사람들 사이의 저항이나 모호한 경계를 다룰 때도 유익한 지침이 된다. 물건을 만드는 일에서 반복적인 작업과 놀이의 중요성을 강조했다. 같은 작업을 되풀이할 때 긍정적 효과가 발생하며, 사실 반복하는 작업의 성격은 고정된 게 아니라 진화해간다. 또한 작업자와 작업 대상 사이에 오가는 대화는 놀이 행위와도 같은 모델이다. 사람들끼리 맺는 관계도 이런 식으로 실행하고 연습할 필요가 있다. 그러면서 인간관계를 발전시키기 위해 예상하는 기능과 수정해가는 기능을 배워야 한다.

독자들이 보기에 기술이라는 관점에서 경험을 생각한다는 것은 별로 내키지 않을 것이다. 하지만 우리가 누구인지 그 모습과 정체는 바로 우리의 몸이 무얼 할 수 있느냐는 데서 비롯된다. 사회공간에 드러나는 여러 가지 결과는 인체의 구조와 기능에도 녹아들어 있다. 인간의 손이 움직이는 방식에서도 이런 면들을 살펴봤다. 내가 주장하는 것은 우리 몸이 물건을 만드는 데 쓸 수 있는 능력은 우리가 사회관계에서 활용하는 능력과 똑같은 능력이라는 것일 뿐, 그 이상도 이하도 아니다. 논쟁의 여지는 항상 열려 있지만, 이러한 견해는 내 생각에만 머무는 것이 아니다. 그동안 실용주의 운동의 커다란 특징 하나는 '유기적인 것(the organic)'과 '사회적인 것(the social)'이 서로 연결돼 있다고 가정하는 것이었다. 일부 사회생물학자들은 유전적 특징이 행동을 결정한다고 주장해왔던 반면, 한스 조아스와 같은 실용주의자들은 인체에 갖춰진 풍요로움은 아주 다양한 창조적 행동의 재료로 쓰인다고 주장한다. 장인노동은 유기적인 것과 사회적인 것을 잇는 그 실체가 행동에서 어떻게 드러나는지 보여준다.

예리한 독자들은 이 책에서 **창의성**이란 말이 거의 나오지 않는다는 점을 알아챘을 것이다. 그 이유는 이 말이 낭만주의적 색채를 지나치게 많이 담고 있기 때문이다. 신비로운 영감이나 천재성이 번득이는 주장처럼 낭만적인 분위기를 풍기는 말이 창의성이란 단어다. 나는 이러한 신비를 다만 어느 정도라도 걷어내기 위해서 직관적 도약이 어떤 모습으로 일어나는지, 특히 손을 놀리고 도구를 사용하는 동작을 할 때 사람들 생각의 깊숙한 곳에서 직관적 도약이 발생하는 형태를 살펴봤다. 또한 실기와 예술을 함께 취급하려고 했다. 왜냐하면 모든 기술에는 무언가 다른 것을 표현할 씨앗이 들어 있기 때문이다. 그것은 가치나 의미일 수도 있고, 전해주고 싶은 이야기일 수도 있으며, 누가 됐든 표현하는 이가 만들어내는 그 무엇일 수도 있다. 도자기를 만드는 일과 기술이 그러하며, 아이를 양육하는 일 또한 이와 다르지 않다.

나의 논의에서 극히 미미하게 다뤄진 측면은 정치라고 생각한다. 아렌트가 주된 논의 대상으로 삼았던 영역이고, 바로 국가를 다루는 실기 '정치술(statecraft)'의 영역이다. 현대의 실용주의는 일을 잘할 줄 아는 게 시민 소양의 토대라는 제퍼슨의 신념을 굳게 확신한다고 할 수 있을 것이다. 이 계몽주의적 확신은 사회와 정치 영역 사이에 다리를 놓는 것인 만큼 지금도 설득력 있게 들릴 것이다. 반면 아렌트는 마키아벨리까지 거슬러 올라가는 정치 사상의 오랜 전통을 따라서 정치적 수완이 독립적인 전문 영역이라고 생각했다. 일과 시민정신을 잇는 고리는 사회주의를 의미할 수도 있지만, 꼭 민주주의를 뜻하는 것은 아니다. 러스킨과 모리스, 듀이는 중세 길드의 작업장을 모델로 보았지만, 중세 길드에서 보이는 작업 현장의 수직적 위계는 국가 차원의 수직적 위계로 탈바꿈할 수도 있다. 하지만 민주주의를 확신하는 실용주의의 시각에 기대를 걸 만한 이유를 실기작업에서 찾아볼 수 있다. 그것은 기능을 숙달할 때 인간이 활용하는 능력에 대한 기대다. 그 능력은 놀이의 보편성이고, 초점을 맞추고 질문하고 문제를 설정하는 기본 능력이다. 이러한 능력은 엘리트 집단에 국한돼 있는 게 아니라, 대다수 인간이 폭넓게 공유하는 것이다.

스스로를 통치한다는 것은 객관적인 문제를 놓고 시민들이 집단을 이뤄서 처리할 수 있는 능력, 그리고 쉽게 나오는 해결책을 의심할 줄 아는 능력을 전제로 한다. 하지만 듀이의 민주주의적 신념에는 위력적인 필터 기능으로 사람들을 마비시키는 대중매체에 대한 고려가 빠져 있다. 다중의 이목을 끄는 토막 뉴스나 신변잡기로 가득한 블로그로는 보다 효과적인 의사소통을 만들어내기 어렵다. 그래도 실용주의는 이런 문제들의 해결책은 시민의 참여에서 나오는 현장의 경험에 있을 수밖에 없다고 주장한다. 하고 또 하고 다시 되풀이하는 반복의 와중에 천천히 변화해가는 행동의 장점에 무게를 두는 참여다.[5] 아렌트는 평범한 인간에게 너무 많은 것을 요구하는 게 민주주의의 흠집이라고 본다. 현대 민주주의를 놓고 보자면, 평범한 인간에게 민주주의가 요구하는 것이 너무 없다는 편이 옳을 것이다. 현대 민주주의를 구성하는 제도들이나 통신 수단들은 일에서 보여주는 대다수 사람의 능력을 활용하지도 개발하지도 않는다. 실용주의가 그러한 능력을 확신한다고 함은 경험의 실기에 경의를 표하는 것이다.

문화

판도라와 헤파이스토스

실용주의는 경험을 신성시한다는 말이 가끔씩 들린다. 하지만 실기 경험은 무작정 숭배할 수 있는 성질의 것이 아니다. 서구 역사가 시작될 때부터 기술적 노동은 판도라와 헤파이스토스 두 신이 상징하는 양가성(兩價性)을 낳았다. 고전 신화에 나오는 이 두 신의 성격을 대조해 보면 장인에게 부여된 문화적 가치를 이해하는 데 도움이 된다.

호메로스의 『일리아드(Iliad)』에서 18장의 대부분은 헤파이스토스를 예찬하는 내용이다. 올림포스 산의 모든 집을 지은 장본인으로 묘사되는 헤파이스토스는 구리 세공인이기도 하고 보석 세공인이기도 하며 이륜전차의 발명자로도 나온다.[6] 그런데 그는 굽은 발 탓에 절름거리며 걸어다녔다. 고대 그리스 문화에서 신체적인 결함은 커다란 수치거리였다. 몸과 마음이 모두 아름답다는 뜻의 '칼로스 카가토스(kalôs kagathos)'가 추하고 수치스러움 둘 다를 뜻하는 '아이스크로스(aischrôs)'와 대조되는 말이었다는 데서 잘 드러난다.[7] 즉 그는 결함이 있는 신이다.

헤파이스토스의 굽은 발에는 사회적으로 빚어진 의미가 들어 있다. 굽은 발은 장인의 사회적 가치를 드러내주는 상징이다. 헤파이스토스는 평범한 재료인 구리로 장신구를 만들고, 죽은 새의 뼈로 이륜마차를 만든다. 호메로스는 영웅들과 그들의 웅장한 싸움판을 이야기하다 말고 애써 헤파이스토스에 대한 이야기를 끌어들인다. 집을 짓고 화로를 달구어 물건을 만드는 얌전한 덕은 이런 영웅들이 보기에는 경멸할 가치조차 없는 하찮은 일이다. 헤파이스토스의 보기 흉한 몰골은 얌전한 물질문명으로는 영광을 추구하는 욕망을 만족시킬 수 없음을 암시한다. 영광의 근처에도 갈 수 없는 처지 역시 그의 결점이다.

반면 헤시오도스는 판도라를 '아름다운 악'으로 묘사했다. 제우스가 그녀를 데리고 나오자 "인간을 홀리는 그 강렬한 유혹의 자태에 놀라 불멸의 신들과 인간들 모두 입이 딱 벌어졌다." 판도라는 이브처럼 성적인 유혹의 전형으로 볼 수도 있겠지만, 신화의 풍부함은 다른 의미로도 읽을 실마리를 전해준다. **판도라**라는 이름 자체는 '모든 선물'을 뜻한다. 그녀의 선물을 담아둔 단지는 그녀가 에피메테우스와 같이 사는 집에 있었다. 이 단지가 열리자, 물질과는 가장 거리가 먼 희망이라는 선물만 단지 안에 남아 파괴적인 힘을 행사하지 않는다. 단지 안에 있던 물리적인 도구와 갖가지 영약과 약들이 해를 끼친다. 이렇게 읽으면 물질적인 재화들이 곧 '아름다운 악'의 내용이다.[8]

판도라의 '아름다운 악'은 아렌트가 말했던 '일상의 탈을 쓴 악'과 극적인 대조를 이루는 듯하다. 이 말은 아렌트가 아돌프 아이히만을 비롯한 나치 강제수용소 엔지니어들을 연구하던 중 이들을 일컬어 표현했던 말이다. 일상의 탈을 쓴 악은 이 엔지니어들처럼 일을 최대한 잘해내는 데만 주력하는 장인의 모습이다. 하지만 아이히만을 비롯한 강제수용소 엔지니어들을 좀 더 파헤친 연구들을 보면, 일상의 탈을 쓴 악보다는 판도라의 모습이 더 많이 엿보인다. 이들은 유대인을 향한 증오에 더하여 묵시록적인 '신들의 황혼(Götterdämmerung)'과도 같은 모습으로 파괴의 아름다움에 매혹된 채 일을 저지른 파괴자들이었다.[9] 그리스 문화에서 판도라 신화는 그녀가 다른 사람들의 성화에

못 이겨서 단지를 열게 된다는 이야기로 전해진다. 위험이 도사리고 있던 곳은 그들의 물질적인 갈망이었고, 단지 안의 물건에 대한 그들의 호기심과 욕망이었다. 그들이 해달라는 대로 판도라가 단지 뚜껑을 열자, 향긋한 향수는 독기를 뿜는 증기로 변하고 휘황찬란한 금빛 칼은 그들의 손을 잘라버렸다. 부드러운 피륙을 몸에 두르면 숨통이 조여들었다.

신화 속의 이 두 인물은 먼 옛날 우리 문명이 출발할 때부터 두드러졌던 물질문화의 양가성을 말해준다. 서구 문명은 이 중 어느 하나로 기울기보다 서로 극과 극인 두 존재를 물질문화 속에 융합해버렸다. 인류가 시도하는 물리적인 경험 그리고 인간의 손을 타는 일들 속에는 이 극과 극의 양가적인 모습이 동시에 존재한다. 헤파이스토스와 판도라는 둘 다 물건을 만들어내는 존재다. 이 둘은 성격도, 내놓는 물건도 극과 극이다. 하나는 일상생활에 쓸모 있는 물건을 만든다. 모습은 추하고 뒷전에서 일하지만, 이로운 신이다. 다른 하나는 아름다운 물건들을 꺼내주는 여신이다. 전부 그녀의 몸처럼 탐스러운 물건이지만 하나같이 해로운 물건들이다. 이 두 가지 모습은 극과 극인 채로 우리 물질문화 속에 융합돼 있다. 플라톤이 상고시대 일상생활에 이로운 기술의 미덕을 찬양하면서도 궁극적인 아름다움은 물질을 떠난 영혼에 있다고 주장했던 것은 바로 이런 이유 때문이다. 또한 초기 기독교인들은 목수일과 바느질, 밭일의 미덕을 높게 평가하면서도 바로 이런 이유 때문에 물건 그 자체에 대한 애착은 경멸했다. 그리고 계몽주의가 기계의 완벽성을 긍정적으로 수용하면서도 동시에 두려워했던 이유도 이 때문이다. 아름답고 완벽한 건물을 지으려고 했던 비트겐슈타인이 그러한 그 자신의 욕망을 병적이라고 했던 사연의 밑바탕에도 이두 가지의 융합이 자리 잡고 있다. 인간이 만드는 물건은 물건 그 자체로 끝나는 중립적인 사실이 아니다. 인간의 손을 타는 것인 한 물건은 불안을 낳는 원인이 된다.

이와 같이 인간문화에 존재하는 양가성이 장인의 운명을 규정해왔다. 역사는 유구한 세월 동안 일련의 실험처럼 장인의 이미지를 만들어왔다. 장인은 고된 막일꾼이요, 노예였으며, 덕망 있는 기독교인이었는가 하면, 계몽주의의 화신이기도 했다. 또한 산업화 이전으로 돌아가고 싶지만 갈 수 없었던 사람들이기도 했다. 이렇게 흘러온 이야기에는 하나의 뼈대가 있다. 장인은 인간이 몸에 타고난 능력과 가치를 자기 일에 활용하는 능력을 발휘했다. 그 능력은 잡는 동작이나 프리헨션과 같은 단순한 행동에서 저항과 모호함을 다루며 학습하는 복잡한 행동에 이르기까지 하나하나 의미가 담겨 있는 행동들로 나타났다. 인간이 쓰는 도구와 인간이 만드는 물리적 구조물에는 그런 의미들이 우리가 알아볼 수 있는 형태로 새겨진다. 장인의 몸동작을 잘 표현해주는 도움말을 살펴보면 그의 몸과 마음이 하나가 되어 작업한다는 게 드러난다. 장인은 같은 작업을 매일 일삼아 계속 되풀이한다. 말 그대로 물리적인 행동이다. 이렇게 일하는 그를 경멸적으로 아니말 라보란스라고 부르든, 또 어떻게 부르든 간에 바로 그 물리적인 행동으로 말미암아 장인은 자기 내부로부터 기능을 개발한다. 그리고 그의 물리적인 행동은 아주 천천히 변형을 일으키면서 물질세계의 모습을 바꾼다. 이 모든 힘은 장난감을 가지고 노는 일처럼 눈앞의 물건을 상대하는 단순하고 본질적인 능력에서 비롯된다.

이렇게 장인의 행동은 자연의 순리와 맥을 같이한다. 그의 기능이 얼마나 좋아지든 간에 그가 하는 일의 밑바탕은 자연스러움이다. 이러한 자연성은 인간의 손을 타는 것에는 여지없이 파고드는 서구문화의 뿌리 깊은 양가성과 배치된다. 큰 틀에서 보면 이 책에서 펼쳐온 이야기의 뼈대는 이러한 자연과 문화의 대립이다. 아이작 웨어는 철학과는 거리가 멀었지만, 이런 양가적인 관점에서 벽돌을 이해하려고 했다. 정직한 벽돌과 인위적인 치장벽토는 둘 다 사람이 만든 재료인 점에서는 같지만 하나는 자연을 상징하는 물건으로, 다른 하나는 문화를 상징하는 물건으로 서로 대립했다. 정직한 벽돌은 소박한 시골집의 가내기술에서 나온 물건이었다. 반면 치장벽토는 상류사회를 동경하는 사람들의 요구에 부응해 개발된 물건이었는데, 웨어가 보기에도 매혹적이고 아름다웠다.

정직한 벽돌과 치장벽토는 물질문화의 한 사례에 불과하지만, 이렇게 양가성이 충돌하다 보면 막다른 길에 부딪힐 수 있다. 거기서 빠져나올 수 있는 길이 하나 있다면, 헤파이스토스의 굽은 발을 탓하지 말고 그가 하는 일을 일 자체로 평가해주는 것이다. 그 소박한 모습 그대로 그가 일하는 자연스러운 공간에 우리가 좀 더 다가서는 것이다. 일찍이 상고시대 인류가 공익을 위해 도구와 기능을 활용했던 목가적인 일터 같은 곳이다. 존 러스킨은 중세 도시의 길드에서 그의 이상향을 봤지만, 그의 내면에서 꿈틀거리던 에너지도 바로 그런 곳을 향하고 있었다. 하지만 장인의 잠재력을 살릴 수 있더라도 판도라의 문제는 여전히 남는다. 장인의 기능은 자연스러운 것이어도 결코 중립적인 게 아니다.

윤리
자기 일에 대한 자부심

독자들이 보기에 이 책의 맨 처음에 다뤄야 할 내용이 아니냐는 부분을 맨 마지막으로 남겨두었다. 자기 일에 대한 자부심은 장인의식의 핵심이라고 해야 할 기능과 노력에 대한 보상이고 보람이다. 밑도 끝도 없는 자부심은 유대교와 기독교에서는 신의 자리에 자기를 둔다고 해서 죄악시되겠지만, 자신의 일에 대한 자부심은 이러한 죄와는 무관할 것이다. 일은 그 자체로 독립적인 것이기 때문이다. 벤베누토 첼리니의 『자서전』에는 용감무쌍했던 성관계를 자랑스러워하는 역겨운 부분도 있지만, 어쨌거나 그의 금세공 작품과는 무관한 일이다. 작품은 작품이고, 만든 사람은 만든 사람일 뿐이다.

장인이 가장 자랑스러워하는 것은 계속 원숙해져가는 그의 기능이다. 단순한 모방이 주는 만족이 오래가지 못하는 것도 이 때문이다. 장인이 장인다우려면 기능은 계속 진화해야 한다. 실기작업의 시간은 천천히 흐르지만 거기서 만족이 생긴다. 반복하는 일이 몸에 익으면서 기능은 내 것이 된다. 이렇게 더디게 굴러가는 작업시간에서 깊이 생각하고 상상하는 게 가능해진다. 얼른 결과를 내려고 밀어붙여서는 생각이고 상상이고 있을 수 없다. 몸에 익고 원숙해지는 상태는 오래하는 데서 나온다. 그래야 그 기능이 오래도록 자기 것이 된다.

하지만 일에 대한 자부심은 원자폭탄을 만든 사람들에서 보듯이 그 자체로 커다란 윤리적 문제가 되기도 한다. 무언가를 만들어내는 자기 일에서 자부심을 느꼈던 그들이지만, 일을 마치고 나니 그들 중 많은 사람이 커다란 곤혹감에 시달렸다. 매혹적인 일이라고 달려들었다가 커다란 해악을 끼치고 마는 모습은 판도라를 빼닮았다. 그런 일 자체에 대해 줄곧 자부심으로 일관했던 과학자들도 있었는데, 로스앨러모스 프로젝트의 후속 작업으로 수소폭탄 개발을 이끌었던 에드워드 텔러(Edward Teller)가 그런 예에 속한다. 이들은 대개 판도라를 부인했다. 그 반대편에는 1955년 러셀-아인슈타인 선언(Russell-Einstein Manifesto)에 서명했던 과학자들이 있었다. 이 선언을 계기로 핵무기 억제를 주장하는 퍼그워시 콘퍼런스(Pugwash Conference) 운동이 시작됐다. 이 선언문의 한구석에는 "가장 많이 아는 사람들이 가장 우울한 사람들이다"라는 지적이 나온다.[10]

자기 일에 대한 자부심에서 생기는 윤리적 문제를 시원하게 해결해 줄 만한 해답이 실용주의에 있는 것은 아니지만, 부분적인 교정책은 있다. 수단과 목적의 연결 관계에 중점을 두자는 생각이다. 폭탄을 만드는 과정에서 그 제조자들은 이런 질문을 해봤을 수도 있다. 우리가 만들어야 할 폭탄의 최소 파괴력은 어느 수준인가? 이 질문은 실제로 조지프 로트블랫(Joseph Rotblat) 같은 과학자들이 던졌던 질문이다. 그는 많은 동료 과학자들한테서 일을 방해한다거나 불성실하다는 비난을 받기도 했다. 실용주의는 윤리적 문제를 작업이 진행되는 중에 물어야 한다고 강조하는 입장이다. 사후 약방문 식의 윤리, 작업현장에선 기정사실이 돼버린 뒤에야 윤리 문제를 따지기 시작하는 방식을 실용주의는 반대한다.

이 책에서 장인이 작업 중에 일을 멈추고 지금 무얼 하고 있는지 생각해야 좋을 시점을 지적하면서, 작업을 진행하는 단계와 순서를 강조했던 것도 이런 이유 때문이다. 이렇게 작업을 중단한다고 해서 자부심에 상처를 받을 필요는 없다. 오히려 일을 하는 과정 중에 판단하는 의식이 가동되면 윤리 면에서 좀 더 나은 결과를 얻을 수 있다. 단계를 두고 생각한다는 게 완벽한 해결책이 될 수는 없다. 윤리적인 결과는 고사하고 물질적인 결과도 미리 따지는 게 불가능할 때가 많기 때문이다. 단적인 예로 16세기에 칼 제조용 금속재료를 정밀하게 혼합했던 일이 나중에 이발사의 면도날보다 훨씬 덜 고통스러운 외과수술을 열어줄 것이라고는 아무도 예상하지 못했을 것이다. 그래도 앞을 내다보려는 노력은 자기 일에서 자부심을 찾을 수 있는 윤리적인 길이다. 어느 분야든지 실기작업이 밟아갈 내적인 발전 경로를 이해하고 더 나은 장인으로 진화하는 단계들을 잘 이해한다면, 아니말 라보란스는 스스로 무슨 일을 하는지 모른다는 한나 아렌트의 확신에 맞설 수 있을 것이다. 물론 이 이야기의 대단원을 이렇게 맺더라도 비통과 후회를 많이 겪을 것임을 모르는 실용주의라면, 이 역시 철학하는 사람들의 순진한 생각일 것이다.

굽은 발로 절룩거릴지라도 그 자신이 아니라 자기 일을 자랑스러워하는 헤파이스토스. 우리 자신에게서 발견할 수 있는 가장 존엄한 인간의 모습이 바로 그일 것이다.

: 감사의 글

철학자 리처드 폴리(Richard Foley)에게 좀 특이하게 신세를 졌다. 연구 작업이 막혀 있을 때 그가 내게 물었다. "무슨 생각을 실마리로 잡고 있습니까?" 그때 생각 없이 툭 튀어나온 게 "만드는 일이 바로 생각하는 것이다"라는 대답이었다. 폴리는 납득이 안 간다는 표정이었다. 그를 설득하는 과정에서 여러분의 도움을 받았다. 조지프 리쿼트(Joseph Rykwert), 크레이그 칼훈(Craig Calhoun), 니알 홉하우스(Niall Hobhouse), 그리고 작고한 클리포드 기어츠(Clifford Geertz)는 내가 많은 조언을 구했던 고마운 친구들이다. 그리고 초고를 읽고 논평해준 편집인 스튜어트 프로핏(Stuart Proffitt)과 존 쿨카(John Kulka)에게도 감사한다.

나와 같이 공부하는 학생들도 이 연구에 있어 많은 가르침을 주었다. 뉴욕학교의 모니카 크라우제(Monika Krause), 에린 오코너(Erin

O'Connor), 앨튼 필립스(Alton Phillips), 애런 파노프스키(Aaron Panofsky)에게 특히 감사한다. 그리고 런던학교의 캐심 셰퍼드(Cassim Shephard), 매슈 질(Matthew Gill)에게도 감사한다. 연구 조교를 맡고 있는 엘리자베스 루스브리저(Elizabeth Rusbridger)가 이 책의 초고를 편집해줬는데, 로라 존스 둘리(Laura Jones Dooley)와 마찬가지로 놀라운 솜씨를 발휘했다.

장인 기술의 사례 연구에서는 음악 연주와 관련된 게 많다. 옛날 현역 음악가로 활동할 때의 경험을 활용했고, 최근에는 음악 실기에 대해서 앨런 루스브리저(Alan Rusbridger)와 아이언 보스트리지(Ian Bostridge), 리처드 구드(Richard Goode) 등 이 세 친구와 토론을 벌이기도 했다.

또한 사스키아 사센(Saskia Sassen), 힐러리 쿱사센(Hilary Koob-Sassen), 럿 블리스뤽상부르(Rut Blees-Luxembourg)는 글 쓰는 사람이 가족한테서 얻을 수 있는 가장 큰 선물을 주었다. 생각하고, 담배 피우고, 자판을 두드리는 동안 날 혼자 있도록 배려해주었다.

: 주석

프롤로그: 현대문명이 잃어버린 생각하는 손

1. Gaby Wood, *Living Dolls* (London: Faber and Faber, 2002), xix.

2. 다음 자료를 참조하라. Marina Warner, "The Making of Pandora," in Warner, *Monuments and Maidens: The Allegory of the Female Form* (New York: Vintage, 1996), 214-219.

3. 이 말은 오펜하이머가 1954년 한 정부 산하 위원회에서 증언한 내용으로, 다음 책자에 기록돼 있다. Jeremy Bernstein, *Oppenheimer: Portrait of an Enigma* (London: Duckworth, 2004), 121-122.

4. 우울한 내용들이지만 다음의 두 연구 자료에서 이러한 점을 읽을 수 있다. Nicholas Stern, *The Economics of Climate Change: The Stern Review* (Cambridge: Cambridge University Press, 2007). George Monbiot, *Heat: How to Stop the Planet from Burning* (London: Penguin, 2007).

5. Martin Rees, *Our Final Century? Will the Human Race Survive the Twenty-First Century? (London: Random House, 2003).*

6. 하이데거의 언급은 다음 자료에서 재인용했다. Daniel Bell, *Communitarianism and Its Critics* (Oxford: Clarendon Press, 1993), 89. 다음 자료도 참조하라. Catherine Zuckert, "Martin Heidegger: His Philosophy and His Politics," *Political Theory,*

February 1990, 71, and Peter Kempt, "Heidegger's Greatness and His Blindness," *Philosophy and Social Criticism*, April 1989, 121.

7. Martin Heidegger, "Building, Dwelling, Thinking," in Heidegger, *Poetry, Language, Thought*, trans. Albert Hofstadter (New York: Harper and Row, 1971), 149.

8. 다음 자료를 보라. Adam Sharr, *Heidegger's Hut* (Cambridge, Mass.: MIT Press, 2006).

9. 다음 자료에서 인용했다. Amartya Sen, *The Argumentative Indian: Writings on Indian History, Culture and Identity* (London: Penguin, 2005), 5.

10. 다음 자료에서 인용했다. Bernstein, *Oppenheimer*, 89.

11. David Cassidy, *J. Robert Oppenheimer and the American Century* (New York: Pi, 2005), 343.

12. Hannah Arendt, *The Human Condition* [1958], 2nd ed. (Chicago: University of Chicago Press, 1998), 176.

13. 앞의 자료. 9쪽, 246쪽.

14. Raymond Williams, "Culture," in Williams, *Keywords: A Vocabulary of Culture and Society* (London: Fontana, 1983), 87-93.

15. 지멜의 다음 자료를 보라. Georg Simmel, "The Stranger," in *The Sociology of Georg Simmel*, trans. and ed. Kurt Wolff (New York: Free Press, 1964).

16. John Maynard Smith, *The Theory of Evolution* (Cambridge: Cambridge University Press, 1993), 311.

1장 속병 앓는 장인

1. "Homeric Hymn to Hephaestus," in H. G. Evelyn-White, trans., *Hesiod, the Homeric Hymns, and Homerica* (Cambridge, Mass.: Harvard Loeb Classical Library, 1914), 447.

2. Indra Kagis McEwen, *Socrates' Ancestor: An Essay on Architectural Beginnings* (Cambridge, Mass.: MIT Press, 1997), 119. 고대 그리스에서의 길쌈(피륙 짜기)과 선박 제조, 도시설계를 연관 지어 생각하는 데 도움을 주신 매키웬McEwen에게 감사드린다.

3. 기술적 기능을 가진 서민들의 목록을 전부 보려면 앞의 자료, 72-73쪽을 참조하라.

4. 도자기공들을 다룬 문학작품의 묘사를 요약한 내용은 다음 자료에서 볼 수 있다. W. Miller, *Daedalus and Thespis: The Contributions of the Ancient Dramatic Poets to Our Knowledge of the Arts and Crafts of Greece*, 3 vols. in 5 (New York: Macmillan, 1929-1932), 3:690-693.

5. Aristotle, *Metaphysics* 981a30-b2. 영어 번역본은 다음 자료에 나온다. Hugh Tredennick, ed., *The Metaphysics* (Cambridge, Mass.: Harvard Loeb Classical Library, 1933).

6. 이 내용을 지적해준 인드라 카기스 매키웬에게 다시 감사한다.

7. 다음 자료를 참조하라. Richard Sennett, *Flesh and Stone: The Body and the City in Western Civilization* (New York: W. W. Norton, 1993), 42-43.

8. Plato, *Symposium* 205b-c.

9. 이에 대한 일반적인 소개로는 다음 자료가 좋다. Glyn Moody, *Rebel Code: Linus and the Open Source Revolution* (New York: Perseus, 2002).

10. 오픈소스 이니셔티브에서 활용되는 여러 가지 규범은 다음 출처에서 찾아볼 수 있다. http://opensource.org/docs/def_print.php.

11. 레이먼드가 저술한 다음 자료를 참조하라. Eric S. Raymond, *The Cathedral and the Bazaar: Musings on Linux and Open Source by an Accidental Revolutionary* (Cambridge, Mass.: O'Reilly Linux, 1999).

12. 이에 관한 사회적 문제를 보는 두 가지 견해를 다음 자료에서 찾아볼 수 있다. Eric Hippel and Georg von Krogh, "Open Source Software and the 'Private Collective' Innovational Model," *Organization Science* 14(2003), 209-233; 다른 하나는 Sharma Srinarayan et al., "A Framework for Creating Hybrid-Open Source Software Communities," *Information Systems Journal* 12 (2002), 7-25.

13. 다음 자료를 보라. André Leroi-Gourhan, *Milieu et techniques*, vol. 2 (Paris: Albin-Michel, 1945), 606-624.

14. C. Wright Mills, *White Collar: The American Middle Classes* (New York: Oxford University Press, 1951), 220-223.

15. Karl Marx, *The Grundrisse*, trans. Martin Nicolaus (New York: Vintage, 1973), 301.

16. 앞의 자료, 324.

17. Karl Marx, "Critique of the Gotha Program," in Karl Marx and Friedrich Engels, *Selected Works* (London: Lawrence and Wishart, 1968), 324.

18. Darren Thiel, "Builders: The Social Organisation of a Construction Site" (Ph.D. thesis, University of London, 2005).

19. Martin Fackler, "Japanese Fret That Quality Is in Decline," *New York Times*, Sept. 21, 2006, A1, C4.

20. Richard K. Lester and Michael J. Piore, *Innovation, the Missing Dimension*

(Cambridge, Mass.: Harvard University Press, 2004), 98.

21. 앞의 책, 104.

22. 이때의 연구는 세 권의 저작으로 발표됐다. Richard Sennett, *The Corrosion of Character: The Personal Consequences of Work in the New Capitalism* (New York: W. W. Norton, 1998); Sennett, *Respect in a World of Inequality* (New York: W. W. Norton, 2003); and Sennett, *The Culture of the New Capitalism* (New Haven and London: Yale University Press, 2006).

23. 다음 자료들을 참조하라. Christopher Jencks, *Who Gets Ahead? The Determinants of Economic Success in America* (New York: Wiley, 1979); Gary Burtless and Christopher Jencks, "American Inequality and Its Consequences," discussion paper (Washington, D.C.: Brookings Institution, March 2003); and Alan Blinder, "Outsourcing: Bigger Than You Thought," *American Prospect*, November 2006, 44-46.

24. 이 문제에 대한 논쟁은 다음 자료들을 보라. Robert D. Putnam, *Bowling Alone: The Collapse and Revival of American Community* (New York: Simon and Schuster, 2000), and Sennett, *Corrosion of Character*.

25. 일반적인 수준에서 CAD에 대해 이해하기 좋은 자료로는 다음을 참조하라. Wayne Carlson, *A Critical History of Computer Graphics and Animation* (Ohio State University, 2003). 다음 인터넷 출처에서 볼 수 있다. http://accad.osu.edu/waynec/history/lessons.html.

26. Sherry Turkle, *Life on the Screen: Identity in the Age of the Internet* (New York: Simon and Schuster, 1995), 64, 281n20.

27. 다음 자료에서 재인용했다. Edward Robbins, *Why Architects Draw* (Cambridge, Mass.: MIT Press, 1994), 126.

28. 앞의 자료.

29. 다음 자료에서 재인용했다. Sherry Turkle, "Seeing through Computers: Education in a Culture of Simulation (Advantages and Disadvantages of Computer Simulation)," *American Prospect*, March-April 1997, 81.

30. Elliot Felix, "Drawing Digitally," presentation at Urban Design Seminar, MIT, Cambridge, Mass., 4 October 2005.

31. Bent Flyvbjerg, Nils Bruzelius, and Werner Rothengatter, *Megaprojects and Risk: An Anatomy of Ambition* (Cambridge: Cambridge University Press, 2003), 11-21. 다음

자료도 참조하라. Peter Hall, *Great Planning Disasters* (Harmondsworth: Penguin, 1980).

32. 산출량에 따라 보수를 지급하는 노동 방식이 의료서비스에 어떤 영향을 미치는지는 다음의 탁월한 보도기사를 참조하라. Atul Gawande, "Piecework," *New Yorker*, Apr. 4, 2005, 44-53.

33. 이러한 견해를 명료하게 제시한 자료는 다음 자료다. Julian Legrand, *The Provision of Health Care: Is the Public Sector Ethically Superior to the Private Sector?* (London: LSE Books, 2001).

34. 간호업무를 다룬 좋은 안내 자료를 왕립간호사협회Royal Council of Nursing 2006년 정기총회 때 간호업무의 민영화 논쟁에서 찾아볼 수 있다. 이 자료는 다음 웹사이트에 나온다. http://www.rcn.org.uk/news/congress/2006/5.php.

35. 제임스 존슨 회장의 연설문 전문은 다음 인터넷 주소에서 볼 수 있다. http://bma.org.uk/ap.nsf/content/ARM2006JJohnson.

2장 작업장

1. 다음 자료에서 재인용했다. Peter Brown, *Augustine of Hippo: A Biography*(Berkeley: University of California Press, 1967), 143.

2. Augustine, *Sermons*. The Standard Edition authorized by the Vatican uses a common system of reference in all languages. This key passage occurs in 67, 2.

3. 다음 자료를 보라. Richard Sennett, *Flesh and Stone: The Body and the City in Western Civilization* (New York: W. W. Norton, 1993), 152-153.

4. 다음 자료를 보라. Ernst Kantorowicz, *The King's Two Bodies: A Study in Mediaeval Political Theology* (Princeton, N.J.: Princeton University Press, 1981), 316ff.

5. Robert S. Lopez, *The Commercial Revolution of the Middle Ages, 950-1350* (Englewood Cliffs, N.J.: Prentice-Hall, 1971), 127.

6. Sennett, *Flesh and Stone*, 201.

7. Edward Lucie-Smith, *The Story of Craft* (New York: Van Nostrand, 1984), 115.

8. 다음 자료를 보라. J. F. Hayward, *Virtuoso Goldsmiths and the Triumph of Mannerism*, 1540-1620 (New York: Rizzoli International, 1976).

9. Ibn Khaldun, *The Muqaddimah: An Introduction to History*, abridged version, trans. Franz Rosenthal, ed. and abridged N. J. Dawood (Princeton, N.J.: Princeton University Press, 2004), 285-289.

10. Bronislaw Geremek, *Le salariat dans l' artisinat parisien aux XIIIe−XVe siècles: Étude sur la main d' oeuvre au moyen âge* (Paris: Mouton, 1968), 42.

11. Gervase Rosser, "Crafts, Guilds and the Negotiation of Work in the Medieval Town," *Past and Present* 154 (February 1997), 9.

12. 다음 자료를 보라. Hayward, *Virtuoso Goldsmiths*.

13. 다음 자료를 보라. Benjamin Woolley, *The Queen's Conjurer: The Science and Magic of Dr. John Dee, Adviser to Queen Elizabeth I*(New York: Holt, 2001), 251.

14. Keith Thomas, *Religion and the Decline of Magic* (London: Penguin,1991), 321.

15. S. R. Epstein, "Guilds, Apprenticeship, and Technological Change," *Journal of Economic History* 58 (1998), 691.

16. 다음 자료를 보라. Philippe Ariès, *Centuries of Childhood: A Social History of Family Life*, trans. Robert Baldick (New York: Alfred A. Knopf, 1962).

17. 다음 자료에서 이에 대한 흥미로운 논의를 찾아볼 수 있다. Rosser, "Crafts, Guilds, and Negotiation of Work," 16-17.

18. 앞의 자료, 17.

19. 다음 자료를 보라. Rudolf and Margot Wittkower, *Born under Saturn; The Character and Conduct of Artists: A Documented History from Antiquity to the French Revolution* (London: Weidenfeld and Nicolson, 1963), 91-95, 134-135; Lucie-Smith, *Story of Craft*, 149.

20. 다음 자료를 보라. Wittkower and Wittkower, Born under Saturn, 139-142.

21. Benvenuto Cellini, *Autobiography*, trans. George Bull (London: Penguin, 1998), xix. 다른 첼리니 연구자들과 마찬가지로, 이 자서전 번역가도 파올로 로시Paolo Rossi 의 문서복원 작업에 진 빚이 크다. 로시는 이 14행시를 복원하고 의미가 불분명한 이탈 리아어도 명료한 의미로 바로잡느라 노력했다. 영어로 번역된 인용시에서 "one" 앞에 "only"를 내 판단에 따라 삽입해서 "한 사람이었다"를 "딱 한 사람뿐이었다"로 고쳐 서 이해했다. 이렇게 읽어야만 첼리니가 자부하는 내용과 맞아떨어지기 때문이다.

22. T. E. Heslop, "Hierarchies and Medieval Art," in Peter Dormer, ed., *The Culture of Craft* (Manchester: Manchester University Press, 1997), 59.

23. 다음 자료를 보라. John Hale, *The Civilization of Europe in the Renaissance* (New York: Atheneum, 1994), 279-281.

24. 이 부분의 설명은 영국의 역사문화재 왕립위원회Royal Commission on the Historical Monuments of England로부터 큰 도움을 받았다. 솔즈베리 대성당의 건축 역사는 이 위원

회의 다음 자료에 나와 있다. "The Cathedral Church of the Blessed Virgin Mary, Salisbury" from 1220 to 1900. 이 도면 자료를 구해준 로버트 스콧Robert Scott에게 감사한다.

25. 어거스틴의 말은 다음 자료에서 재인용했다. Stephen J. Greenblatt, *Renaissance Self-Fashioning: From More to Shakespeare* (Chicago: University of Chicago Press, 1981), 2.

26. Benvenuto Cellini, *Autobiography*, trans. George Bull (London: Penguin, 1998), xiv-xv.

27. 다음 자료를 보라. Elizabeth Wilson, *Mstislav Rostropovich: The Legend of Class 19* (London: Faber and Faber, 2007), chaps. 11, 12.

28. 다음 자료를 보라. Toby Faber, *Stradivarius* (London: Macmillan, 2004), 50-66. 페이버의 자료도 정확하고 많은 내용을 알려주지만, 좀 더 기술적인 내용을 알고 싶은 독자들은 지금까지 스트라디바리 명품에 대한 가장 훌륭한 내용을 담고 있는 다음 자료를 참조하면 좋다. William H. Hill, Arthur F. Hill, and Alfred Ebsworth, *Antonio Stradivari* [1902] (New York: Dover, 1963). 또 하나의 전기 자료로는 다음 책자가 있다. Charles Beare and Bruce Carlson, *Antonio Stradivari: The Cremona Exhibition of 1987* (London: J. and A. Beare, 1993).

29. 다음 자료를 보라. Faber, *Stradivarius*, 59.

30. Duane Rosengard and Carlo Chiesa, "Guarneri del Gesu: A Brief History," in Metropolitan Museum catalogue for the exhibition, *The Violin Masterpieces of Guarneri del Gesu* (London: Peter Biddulph, 1994), 15.

31. 현악기 장인들의 전문 직종 잡지 「The Strad」는 거의 매 호마다 이 문제를 다루고 있다. 광택 문제를 특히 자세히 다룬 내용은 다음 자료에 나와 있다. 이보다 더 나아진 연구는 아직 없다. L. M. Condax, *Final Summary Report of the Violin Varnish Research Project* (Pittsburgh: n.p., 1970).

32. John Donne, *Complete Poetry of John Donne*, ed. John Hayward (London: Nonesuch, 1929), 365.

33. Robert K. Merton, *On the Shoulders of Giants* (New York: Free Press, 1965).

34. Etienne de la Boetie, *The Politics of Obedience: The Discourse of Voluntary Servitude* [1552-53], trans. Harry Kurz (Auburn, Ala.: Mises Institute, 1975), 42.

3장 기계

1. Simon Schama, *The Embarrassment of Riches: An Interpretation of Dutch Culture in the Golden Age*, 2nd ed. (London: Fontana, 1988).

2. Jerry Brotton and Lisa Jardine, *Global Interests: Renaissance Art between East and West* (Ithaca, N.Y.: Cornell University Press, 2000).

3. John Hale, *The Civilization of Europe in the Renaissance* (New York: Atheneum, 1994), 266.

4. Werner Sombart, *Luxury and Capitalism* [1913], trans. W. R. Dittmar (Ann Arbor: University of Michigan Press, 1967), esp. 58-112.

5. 다음 자료를 보라. Geoffrey Scott, *The Architecture of Humanism: A Study in the History of Taste* (Princeton, N.J.: Architectural Press, 1980).

6. 이 복제품들은 토머스 핀천Thomas Pynchon의 소설 『Mason and Dixon』 (New York: Henry Holt, 1997)에서 사람의 말을 하는 역할도 한다. 게이비 우드Gaby Wood의 책은 좀 더 정확하고 순수한 역사상의 정보를 기록하고 있다. 그의 다음 저서를 참조하라. Gaby Wood, *Living Dolls* (London: Faber and Faber, 2002), 21-24.

7. Wood, *Living Dolls*, 38.

8. Immanuel Kant, "Beantwortung der Frage: Was ist Aufklärung?" *Berlinische Monatsschrift* 4 (1784), 481. 영문 인용문은 제임스 슈미트James Schmidt의 다음 자료에 힘입었다. Schmidt, *What Is Enlightenment? Eighteenth-Century Answers and Twentieth-Century Questions* (Berkeley: University of California Press, 1996), 58.

9. Moses Mendelssohn, "Uber die Frage: 'Was heisst aufklaren?'" *Berlinische Monatsschrift* 4 (1784), 193.

10. 멘델스존이 처음에 쓴 글은 다음 자료에 게재됐다. *Berlinische Monatsschrift* 4 (1784), 193-200 이 등식을 포함한 그의 글은 1784년 아우구스트 헤닝스August v. Hennings에게 쓴 서한에 나오고 다음 전집에서 찾아볼 수 있다. Moses Mendelssohn, *Gesammelte Schriften Jubilaumsausgabe*, vol. 13, *Briefwechsel III* (Stuttgart: Frommann, 1977), 234.

11. 시카고 대학교의 칼 와인트롭Karl Weintraub은 멘델스존과 디드로의 관계에 주목하도록 이끌어주었다. 작고한 그에게 감사한다. 불행히도 그는 이 두 사람의 관계를 다룬 논문을 마치기 전에 세상을 떠났다. 그가 남긴 저술은 별로 없지만 다음 자료를 참고할 수 있다. Karl Weintraub, *Visions of Culture* (Chicago: University of Chicago Press, 1969).

12. 『백과전서』의 본래 명칭은 다음과 같다. Denis Diderot and Jean d'Alembert,

Encyclopédie, ou Dictionnaire raisonné des sciences, des arts et des métiers, par une société de gens de lettres, 28 vols. (Paris: various printers, 1751-1772). 『백과전서』의 영어 번역본은 이 엄청난 저작의 일부를 옮겨놓은 도버 출판사Dover edition 1959년 자료를 활용한다. 『백과전서』 간행을 둘러싼 자세한 정황을 알아보려면 다음 자료를 참조하라. Robert Darnton, *The Business of Enlightenment: A Publishing History of the Encyclopédie, 1775-1800* (Cambridge, Mass.: Belknap Press of Harvard University Press, 1979).

13. 영어로 쓰인 가장 좋은 디드로 전기는 다음 자료라고 생각된다. N. Furbank, *Diderot* (London: Secker and Warburg, 1992).

14. Philipp Blom, *Encyclopédie* (London: Fourth Estate, 2004), 43-44.

15. Adam Smith, *The Theory of Moral Sentiments* [1759] (Oxford: Oxford University Press, 1979), 9.

16. David Hume, *A Treatise of Human Nature*, ed. E. C. Mossner (London: Penguin, 1985), 627.

17. Jerrold Siegel, *The Idea of the Self: Thought and Experience in Western Europe since the Seventeenth Century* (Cambridge: Cambridge University Press, 2005), 352.

18. C. Wright Mills, *The Sociological Imagination* (Oxford: Oxford University Press, 1959), 223; Adriano Tilgher, *Work: What It Has Meant to Men through the Ages* (New York: Harcourt, Brace, 1930), 63.

19. 다음 자료를 보라. Albert O. Hirschmann, *The Passions and the Interests: Political Arguments for Capitalism before Its Triumph* (Princeton, N.J.: Princeton University Press, 1992).

20. 앞의 주13에서 언급한 다음 자료에서 재인용했다. Furbank, *Diderot*, 40.

21. 앞의 출처와 같다. 이어지는 문단의 인용문들도 같은 출처에서 나온다.

22. Sabine Melchior-Bonnet, *The Mirror: A History*, trans. Katharine H. Jewett (London: Routledge, 2002), 54.

23. 이 육아 문제의 역사에 관심 있는 독자들은 다음 세 가지 고전적 자료를 참조하면 좋을 것이다. Lawrence Stone, *Family, Sex, and Marriage in England, 1500-1800* (London: Penguin, 1990); Edward Shorter, *Making of the Modern Family* (London: Fontana, 1977); and Philippe Aries, *Centuries of Childhood: A Social History of Family Life*, trans. Robert Baldick (London: Penguin, 1973).

24. 다음 자료를 참조하라. Francis Steegmuller, *A Woman, a Man, and Two*

Kingdoms: The Story of Madame D'Épinay and the Abbe Galiani (New York: Alfred A. Knopf, 1991), and Ruth Plaut Weinreb, Eagle in a Gauze Cage: Louise D'Epinay, Femme de Lettres (New York: AMS Press, 1993).

25. Adam Smith, *The Wealth of Nations*, vol. 1 [1776] (London: Methuen,1961), 302-303.

26. 다음 자료에 19세기 철강 산업의 개요가 잘 기술돼 있다. David Brody, *Steelworkers in America*, rev. ed. (Urbana, Ill.: University of Illinois Press, 1998).

27. 다음 자료를 참조하라. Richard Sennett, *The Corrosion of Character* (New York: W. W. Norton, 1998), 122-135.

28. 두 권으로 나온 팀 힐턴Tim Hilton의 러스킨 전기는 다음과 같다. *John Ruskin, The Early Years* and *John Ruskin, The Later Years* (New Haven and London: Yale University Press, 1985, 2000).

29. 이 주제를 살펴보려면 필자의 다음 저서를 참조하라. Richard Sennett, *The Culture of the New Capitalism* (New Haven and London: Yale University Press, 2006), chap. 3.

30. '일반형type-form' 개념은 하비 몰로치Harvey Molotch에게서 얻었다. *Where Stuff Comes From: How Toasters, Toilets, Cars, Computers, and Many Other Things Come to Be as They Are* (New York: Routledge, 2003), 97, 103-105.

31. 판유리 역사에 관한 자료는 다음 자료를 참조하라. Richard Sennett, *The Conscience of the Eye: The Design and Social Life of Cities* (New York: Alfred A. Knopf, 1990), 106-114.

32. 대박람회와 더닌 백작의 로봇에 대해 좀 더 상세히 다룬 내용을 보려면, 내가 쓴 다음 역사소설을 참조하라. Richard Sennett, *Palais-Royal* (New York: Alfred A. Knopf, 1987), 228-237.

33. 다음 자료에서 재인용했다. Hilton, *Ruskin, The Early Years*, 202-203.

34. John Ruskin, *The Stones of Venice* [1851-1853] (New York: Da Capo, 2003), 35.

35. 이 내용은 러스킨의 다음 자료에서 요약한 것이다. John Ruskin, *The Seven Lamps of Architecture*, in the original 1849 "working-man's edition" (reprint, London: George Routledge and Sons, 1901).

36. 이 현상에 대한 자세한 설명은 다음 자료를 참조하라. Richard Sennett, *The Fall of Public Man* (New York: Alfred A. Knopf, 1977), pt. 3.

37. Thorstein Veblen, *The Theory of the Leisure Class* [1899], in *The Portable Veblen*, ed. Max Lerner (New York: Viking, 1948), 192.

38. 베블런이 과시적 소비에 대한 여러 군데서 언급한 생각들을 잘 요약한 자료로 다음을

참조하면 좋다. *Penguin Great Ideas: Conspicuous Consumption* (London: Penguin, 2005).

39. Mills, *Sociological Imagination*, 224.

4장 물질의식

1. 도공의 원반에 대해서는 다음 자료를 보라. Joseph Noble, "Pottery Manufacture," in Carl Roebuck, ed., *The Muses at Work: Arts, Crafts, and Professions in Ancient Greece and Rome* (Cambridge, Mass.: MIT Press, 1969), 120-122.

2. Suzanne Staubach, *Clay: The History and Evolution of Humankind's Relationship with Earth's Most Primal Element* (New York: Berkley, 2005), 67.

3. John Boardman, *The History of Greek Vases* (London: Thames and Hudson, 2001), 40.

4. 다음 자료를 참조하라. E. R. Dodds, *The Greeks and the Irrational*, 2nd ed. (Berkeley: University of California Press, 2004), 135-144.

5. 이 내용은 다음 자료에 잘 설명돼 있다. Richard C. Vitzthum, *Materialism: An Affirmative History and Definition* (Amherst, N.Y.: Prometheus Books, 1995), 25-30.

6. Plato *Republic* 509d-513e.

7. Plato *Theaetitus* 181b-190a.

8. Andrea Wilson Nightingale, *Spectacles of Truth in Classical Greek Philosophy: Theoria in Its Cultural Context* (Cambridge: Cambridge University Press, 2005).

9. M. F. Burnyeat, "Long Walk to Wisdom," *TLS*, Feb. 24, 2006, 9.

10. Harvey Molotch, *Where Stuff Comes From: How Toasters, Toilets, Cars, Computers, and Many Others Things Come to Be as They Are* (New York: Routledge, 2003), 113.

11. Henry Petroski, *To Engineer Is Human: The Role of Failure in Successful Design* (London: Macmillan, 1985), esp. 75-84.

12. Annette B. Weiner, "Why Cloth?" in Weiner and Jane Schneider, eds., *Cloth and Human Experience* (Washington, D.C.: Smithsonian Institution Press, 1989), 33.

13. 간략한 내용으로 보려면 다음을 참조하라. Claude Levi-Strauss, "The Culinary Triangle," *New Society*, Dec. 22, 1966, 937-940. 요리 삼각형에 대한 전체적인 설명은 다음 자료에 나온다. Lévi-Strauss, *Introduction to a Science of Mythology*, vol. 3, *The Origin of Table Manners*, trans. John and Doreen Weightman (New York: Harper and Row, 1978).

14. 다음 자료는 이 내용을 지위와 특권으로 이해하는 오류를 범하고 있다. 레비-스트로스가 말하는 '사유하는 생리thinking physiology'는 상징을 통해 인간 감각을 통합해 보는 개념이다. Michael Symons, *A History of Cooks and Cooking* (London: Prospect, 2001), 114.

15. James W. P. Campbell and Will Pryce, *Brick: A World History* (London: Thames and Hudson, 2003), 14-15.

16. Frank E. Brown, *Roman Architecture* (New York: G. Braziller, 1981).

17. Joseph Rykwert, *The Idea of a Town: The Anthropology of Urban Form in Rome, Italy and the Ancient World* (Princeton, N.J.: Princeton University Press, 1976).

18. James Packer, "Roman Imperial Building," in Roebuck, ed., *Muses at Work*, 42-43.

19. Keith Hopkins, *Conquerors and Slaves* (Cambridge: Cambridge University Press, 1978).

20. Vitruvius, *On Architecture*, ed. Frank Granger (Cambridge, Mass.: Harvard Loeb Classical Library, 1931), 1.1.15-16.

21. Vitruvius, *The Ten Books of Architecture*, trans. Morris Vicky Morgan (New York: Dover, 1960) see 2.3.1-4, 2.8.16-20, 7.1.4-7.

22. 이 내용은 다음 자료에 힘입었다. Campbell and Pryce, *Brick*, 44.

23. Alec Clifton-Taylor, *The Pattern of English Building* (London: Faber and Faber, 1972), 242.

24. M. I. Finley, *Ancient Slaver and Modern Ideology* (London: Chatto and Windus, 1980).

25. Clifton-Taylor, *Pattern of English Building*, 232. 본문의 벽돌의 묘사하는 인용구들은 「Builder's Magazine」와 같은 잡지에 나와 있고, 다음에 나오는 주28에 언급한 자료에도 인용돼 있다.

26. Jean André Rouquet, *The Present State of the Arts in England* [1756] (London: Cornmarket, 1979), 44ff.

27. 「Builder's Magazine」의 1774~1778년 자료를 참조하라. 이 잡지에 등장했던 언어 표현들은 다음 자료에 분석되어 있다. "Interior Details in Eighteenth-Century Architectural Books," *Bulletin of the Association for Preservation Technology* 10, no. 4 (1978), 47-66.

28. Clifton-Taylor, *Pattern of English Building*, 369.

29. Richard Sennett, *The Fall of Public Man* (New York: Alfred A. Knopf, 1977), pt. 2.

30. 다음 자료에서 재인용했다. Campbell and Pryce, *Brick*, 271.

31. William Carlos Williams, *Imaginations* (New York: New Directions, 1970), 110. 윌리

엄스의 이 선언과 관련 내용은 다음 자료에 잘 다루어져 있다. Bill Brown, *A Sense of Things: The Object Matter of American Literature* (Chicago: University of Chicago Press, 2003), 1-4.

5장 손

1. 칸트의 이 말은 다음 자료에 인용되어 있다. Raymond Tallis, *The Hand: A Philosophical Inquiry in Human Being* (Edinburgh: Edinburgh University Press, 2003), 4.

2. Charles Bell, *The Hand, Its Mechanism and Vital Endowments, as Evincing Design* (London, 1833). 이것은 이른바 "창조에 나타난 신의 힘과 지혜와 덕the power, wisdom and goodness of God as manifested in the creation"에 관한 브리지워터 논문 Bridgewater Treatise의 네 번째 항목이다.

3. Charles Darwin, *The Descent of Man* [1879], ed. James Moore and Adrian Desmond (London: Penguin, 2004), 71-75.

4. Frederick Wood Jones, *The Principles of Anatomy as Seen in the Hand* (Baltimore: Williams and Williams, 1942), 298-299.

5. Tallis, *Hand*, 24.

6. John Napier, *Hands*, rev. ed., rev. Russell H. Tuttle (Princeton, N.J.: Princeton University Press, 1993), 55ff. 이와 관련된 연구의 흐름과 지식의 변화는 다음 자료에 잘 요약돼 있다. Frank R. Wilson, *The Hand: How Its Use Shapes the Brain, Language, and Human Culture* (New York: Pantheon, 1998), 112-146.

7. Mary Marzke, "Evolutionary Development of the Human Thumb," in *Hand Clinics* 8, no. 1 (February 1992), 1-8. See also Marzke, "Precision Grips, Hand Morphology, and Tools," *American Journal of Physical Anthropology* 102 (1997), 91-110.

8. K. Muller and V. Homberg, "Development of Speed of Repetitive Movements in Children…," *Neuroscience Letters* 144 (1992), 57-60.

9. Charles Sherrington, *The Integrative Action of the Nervous System* (New York: Scribner's Sons, 1906).

10. Wilson, *Hand*, 99.

11. A. P. Martinich, *Hobbes: A Biography* (Cambridge: Cambridge University Press, 1999).

12. Beryl Markham, *West with the Night*, new ed. (London: Virago, 1984).

13. Tallis, *Hand*, chap. 11, esp. 329-331.

14. Shinichi Suzuki, *Nurtured by Love: A New Approach to Talent Education* (Miami, Fla.: Warner, 1968).

15. D. W. Winnicott, *Playing and Reality* (London: Routledge, 1971); John Bowlby, *A Secure Base: Parent-Child Attachment and Healthy Human Development* (London: Routledge, 1988).

16. David Sudnow, *Ways of the Hand: A Rewritten Account*, 2nd ed. (Cambridge, Mass.: MIT Press, 2001).

17. 앞의 자료, 84.

18. 이 현상에 대한 흥미로운 소론으로 다음 자료가 있다. Julie Lyonn Lieberman, "The Slide," *Strad* 116 (July 2005), 69.

19. Michael C. Corballis, *The Lopsided Ape: Evolution of the Generative Mind* (New York: Oxford University Press, 1991).

20. Yves Guiard, "Asymmetric Division of Labor in Human Bimanual Action," *Journal of Motor Behavior* 19, no. 4 (1987), 488-502.

21. 이 역사에 대해선 다음 자료를 참조하라. Michael Symons, *A History of Cooks and Cooking* (London: Prospect, 2001), 144.

22. Norbert Elias, *The Civilizing Process*, rev. ed., trans. Edmund Jephcott (Oxford: Blackwell, 1994), 104. 다음의 초판 자료 이후에 새로운 사료가 추가된 이 책의 개정판 내용은 내가 아직 참조하지 못했음을 밝혀둔다. *Über den Prozess der Zivilisation*, in 1939.

23. 앞의 자료 78쪽에 인용돼 있다.

24. David Knechtges, "A Literary Feast: Food in Early Chinese Literature," *Journal of the American Oriental Society* 106 (1986), 49-63.

25. John Stevens, *Zen Bow, Zen Arrow: The Life and Teachings of Awa Kenzo* (London: Shambhala, 2007).

26. Elias, *Civilizing Process*, 105.

27. 앞의 자료, 415.

28. 파월 전략과 럼스펠드 전략이 2003년 미국의 이라크전쟁이 시작할 때 어떻게 대립됐는지 보려면 다음 자료를 참조하라. Michael R. Gordon and Bernard E. Trainor, *Cobra II* (New York: Pantheon, 2006).

29. 일례로 다음 자료를 보라. Neil Postman, *Amusing Ourselves to Death: Public Discourse in the Age of Show Business* (New York: Viking, 1985).

30. Daniel Levitin, *This Is Your Brain on Music* (New York: Dutton, 2006), 193.

31. Erin O'Connor, "Embodied Knowledge: The Experience of Meaning and the Struggle towards Proficiency in Glassblowing," *Ethnography* 6, no. 2 (2005), 183-204.

32. 앞의 자료, 188-189.

33. Maurice Merleau-Ponty, *The Phenomenology of Perception* [1945] (New York: Humanities Press, 1962).

34. Michael Polanyi, *Personal Knowledge: Towards a Post-Critical Philosophy* (Chicago: University of Chicago Press, 1962), 55.

6장 말로 가르쳐주는 표현

1. Frank R. Wilson, *The Hand: How Its Use Shapes the Brain, Language, and Human Culture* (New York: Pantheon, 1998), 204-207.

2. Sheila Hale, *The Man Who Lost His Language: A Case of Aphasia*, rev. ed. (London: Jessica Kingsley, 2007).

3. D. Armstrong, W. Stokoe, and S. Wilcox, *Gesture and the Nature of Language* (Cambridge: Cambridge University Press, 1995).

4. Oliver Sacks, *Seeing Voices: A Journey into the World of the Deaf* (Berkeley: University of California Press, 1989).

5. Richard Olney, *The French Menu Cookbook* (Boston: Godine, 1985), 206.

6. Julia Child and Simone Beck, *Mastering the Art of French Cooking*, vol. 2 (New York: Alfred A. Knopf, 1970), 362.

7. Elizabeth David, *French Provincial Cooking* (London: Penguin, 1960, rev. 1970), 402.

8. Max Black, "How Metaphors Work: A Reply to Donald Davidson," in Sheldon Sacks, ed., *On Metaphor* (Chicago: University of Chicago Press, 1979), 181-192; Donald Davidson, "What Metaphors Mean" in ibid., 29-45; Roman Jakobson, "Two Types of Language and Two Types of Disturbances," reprinted in Jakobson, *On Language*, ed. Linda R. Waugh and Monique Monville-Burston (Cambridge, Mass.: Harvard University Press, 1995).

7장 의식을 깨우는 도구들

1. 다음 책자에 나오는 사진이다. James Parakilas et al., *Piano Roles: Three Hundred*

Years of Life with the Piano (New Haven and London: Yale University Press, 2002), fig. 8.

2. David Freedberg, *The Eye of the Lynx: Galileo, His Friends, and the Beginnings of Modern Natural History* (Chicago: University of Chicago Press, 2003), 152-153.

3. 다음 저작에 인용돼 있다. Steven Shapin, *The Scientific Revolution* (Chicago: University of Chicago Press, 1998), 28. 샤핀의 이 책과 피터 디어의 다음 책에 이 내용이 잘 설명돼 있다. *Revolutionizing the Sciences: European Knowledge and Its Ambitions, 1500-1700* (Basingstoke: Palgrave, 2001).

4. 다음 책에 인용돼 있다. Shapin, *Scientific Revolution*, 147.

5. Herbert Butterfield, *The Origins of Modern Science*, rev. ed. (New York: Free Press, 1965), 106.

6. Andrea Carlino, *Books of the Body: Anatomical Ritual and Renaissance Learning*, trans. John Tedeschi and Anne Tedeschi (Chicago: University of Chicago Press, 1999), 1.

7. 다음 책에 상세히 설명돼 있다. Peter Dear, *Revolutionizing the Sciences: European Knowledge and Its Ambitions, 1500-1700* (Basingstoke: Palgrave, 2001), 39.

8. Roy Porter, *Flesh in the Age of Reason: The Modern Foundations of Body and Soul* (London: Penguin, 2003), 133.

9. Douglas Harper, *Working Knowledge: Skill and Community in a Small Shop* (Chicago: University of Chicago Press, 1987), 21.

10. Dear, *Revolutionizing the Sciences*, 138.

11. Francis Bacon, *Novum Organum*, trans. Peter Urbach and John Gibson (Chicago: Open Court, 2000), 225.

12. Richard Rorty, *Philosophy and the Mirror of Nature* (Princeton, N.J.: Princeton University Press, 1981).

13. Robert Hooke, *Micrographia* [1665] (reprint, New York: Dover, 2003), 181.

14. Christopher Wren, letter to William Petty, ca. 1656-1658. 다음 자료에 인용돼 있다. Adrian Tinniswood, *His Invention so Fertile: A Life of Christopher Wren* (London: Pimlico, 2002), 36.

15. 앞의 자료, 149.

16. 앞의 자료, 154.

17. 앞의 자료.

18. Jenny Uglow, *The Lunar Men: Five Friends Whose Curiosity Changed the*

World (London: Faber and Faber, 2002), 11, 428.

19. 헤겔의 다음 책에 나오는 구절이다. G. W. F. Hegel, *Philosophy of Fine Art*. 오스 마튼F. P. B. Osmaston의 영역본이며 아담스의 다음 책에 인용돼 있다. Hazard Adams, ed., *Critical Theory since Plato*, rev. ed. (London: Heinle and Heinle, 1992), 538.

20. Edmund Burke, *A Philosophical Enquiry into the Origins of Our Ideas of the Sublime and Beautiful* (1757). 원본의 흐린 부분을 교정해 간행한 1958년 스탠더드 출판사와 벌튼 출판사의 자료 출처를 각각 달아둔다. 3.27 (Standard, 124), 2.22 (Boulton, 86).

21. Mary Shelley, *Frankenstein; or, The Modern Prometheus* [1818] (London: Penguin, 1992), xxii.

22. 앞의 자료, 43.

23. 편집자 모리스 힌들Maurice Hindle이 펭귄판 『프랑켄슈타인』의 267쪽에 이 내용을 설명하고 있다.

24. 앞의 자료, 52.

25. 이 내용은 다음 웹사이트에서 참조할 수 있다. http://www.foresight.gov.uk/index.html.

26. 노엘 샤키의 주장은 다음 자료에 인용돼 있다. James Randerson, "Forget Robot Rights, Experts Say, Use Them for Public Safety," *Guardian*, Apr. 24, 2007, 10.

27. 홉스의 『리바이어던Leviathan』은 여러 출판사가 책을 냈다. 리처드 틱Richard Tuck이 세심하게 펴낸 케임브리지 대학교의 정치사상사 교재 시리즈에서 텍스트를 취했다. 독자들이 가지고 있는 책과 편성이 다를 수 있어서, 현재 홉스 연구계에서 표준으로 자리잡은 장, 절, 쪽을 적어둔다. Thomas Hobbes, *Leviathan*, ed. Richard Tuck (Cambridge: Cambridge University Press, 1996), 2.5.15.

28. 베이컨 인용구는 17세기 과학의 변화를 잘 설명하고 있는 다음 자료에 나온다. Peter Dear, *Revolutionizing the Sciences* (Basingstoke: Palgrave, 2001), 61-62.

8장 저항과 모호

1. William R. B. Acker, *Kyudo: The Japanese Art of Archery* (Boston: Tuttle, 1998).

2. Lewis Mumford, *Technics and Civilization* (New York: Harcourt Brace, 1934), 69-70.

3. David Freedberg, *The Eye of the Lynx: Galileo, His Friends, and the Beginnings of Modern Natural History* (Chicago: University of Chicago Press, 2003), 60.

4. 역사가 로절린드 윌리엄스Rosalind Williams는 다음 저서에서 이 내용을 간략히 설명하고 있다. *Notes on the Underground: An Essay on Technology, Society, and the*

Imagination (Cambridge, Mass.: MIT Press, 1992), 75-77.

5. 이 공사의 역사는 다음 책에서도 설명돼 있다. Steven Brindle, *Brunel: The Man Who Built the World* (London: Weidenfeld and Nicolson, 2005), 40-50, 64-66.

6. Gustave Le Bon, *The Crowd: A Study of the Popular Mind* [1896] (New York: Dover, 2002).

7. Leon Festinger, *A Theory of Cognitive Dissonance* (Stanford, Calif.: Stanford University Press, 1957). 베이트슨은 '이중구속' 이론으로 이 연구를 여는 길목을 마련했다. 그의 다음 논문을 참조하라. Gregory Bateson et al., "Toward a Theory of Schizophrenia," *Behavioral Science* 1 (1956), 251-264.

8. Henry Petroski, *To Engineer Is Human: The Role of Failure in Successful Design* (London: Macmillan, 1985), 216-217.

9. 다음 책자의 부록 2(app. 2) 141쪽에 프랭크 게리가 쓴 글 "게리, 티타늄에 대해 말하다Gehry on Titanium"에 나오며, 이어지는 본문상의 인용문도 이 자료에서 취한 것이다. Coosje Van Bruggen, *Frank O. Gehry: Guggenheim Museum, Bilbao* (New York: Solomon R. Guggenheim Foundation, 1997).

10. John Dewey, *Art as Experience* (New York: Capricorn, 1934), 15.

11. 좀 더 상세한 설명은 다음 자료를 보라. Richard Sennett, *Flesh and Stone: The Body and the City in Western Civilization* (New York: W. W. Norton, 1993), 212-250.

12. Liane Lefaivre, "Space, Place, and Play," in Liane Lefaivre and Ingeborg de Roode, eds., *Aldo van Eyck: The Playgrounds and the City* (Rotterdam: NAi in cooperation with Stedelijk Museum, Amsterdam, 2002), 25.

13. 앞의 자료, 6.

14. 앞의 자료, 20.

15. 앞의 자료, 19.

16. Aldo van Eyck, "Whatever Space and Time Mean, Place and Occasion Mean More," *Forum* 4 (1960-1961), 121.

9장 품질을 추구하는 작업

1. 데밍의 연구에 대한 가장 유익한 자료는 그의 다음 저작이다. W. Edwards Deming, *The New Economics for Industry, Government, and Education*, 2nd ed. (Cambridge, Mass.: MIT Press, 2000).

2. Elton Mayo et al., *The Human Problems of an Industrial Civilization* (New York:

Macmillan, 1933).

3. Tom Peters and Robert Waterman, *In Search of Excellence* (New York: HarperCollins, 1984).

4. Pierre Bourdieu, *Distinction: A Social Critique of the Judgement of Taste*, trans. Robert Nice (London: Routledge and Kegan Paul, 1986).

5. Elliott A. Krause, *Death of the Guilds: Professions, States, and the Advance of Capitalism, 1930 to the Present* (New Haven and London: Yale University Press, 1996); Robert Perrucci and Joel E. Gerstl, *Profession without Community: Engineers in American Society* (New York: Random House, 1969).

6. Kenneth Holyoke, "Symbolic Connectionism: Toward Third-generation Theories of Expertise," in K. Anders Ericsson and Jacqui Smith, eds., *Toward a General Theory of Expertise: Prospects and Limits* (Cambridge: Cambridge University Press, 1991), 303-335.

7. Vimla Patel and Guy Groen, "The Nature of Medical Expertise," in Ericsson and Smith, eds., *General Theory of Expertise*, 93-125.

8. Douglas Harper, *Working Knowledge: Skill and Community in a Small Shop* (Chicago: University of Chicago Press, 1987), 21.

9. 이 분야의 기초가 되는 연구는 다음 자료다. William Kintch, "The Role of Knowledge in Discourse Comprehension: A Construction-Integration Model," *Psychological Review* 95 (1987), 163-182.

10. Howard Gardner, Mihaly Csikszentmihaly, and William Damon, *Good Work: When Excellence and Ethics Meet* (New York: Basic Books, 2002).

11. Matthew Gill, "Accountants' Truth: Argumentation, Performance and Ethics in the Construction of Knowledge by Accountants in the City of London" (Ph.D. thesis, University of London, 2006).

12. Richard Sennett, *The Corrosion of Character: The Personal Consequences of Work in the New Capitalism* (New York: W. W. Norton, 1998), 64-75.

13. Miriam Adderholdt, *Perfectionism: What's Bad about Being Too Good* (Minneapolis: Free Spirit, 1999), and Thomas Hurka, *Perfectionism* (Oxford: Oxford University Press, 1993).

14. Otto F. Kernberg, *Borderline Conditions and Pathological Narcissism* (New York: J. Aronson, 1975).

15. '경계선적 성격장애'란 표현은 컨버그와 정신분석가 하인츠 코허트Heinz Kohut 사이에 내부적인 논쟁이 됐던 주제였다. 다음 자료를 보라. Gildo Consolini, "Kernberg versus Kohut: A (Case) Study in Contrasts," *Clinical Social Work Journal* 27 (1999), 71-86.

16. Max Weber, *The Protestant Ethic and the Spirit of Capitalism*. 표준 영역본은 탈코트 파슨스Talcott Parsons 번역본(London: Allen and Unwin, 1976)이다. 이 번역본은 베버의 독일어에 비해 표현이 많이 무뎌졌다. 이곳의 베버 인용문은 마틴 그린Martin Green이 번역한 것이다. 다음 자료를 보라. Martin Green, *The Von Richthofen Sisters; The Triumphant and the Tragic Modes of Love: Else and Frieda von Richthofen, Otto Gross, Max Weber, and D. H. Lawrence, in the Years 1870-970* (New York: Basic Books, 1974), 152.

17. 다음 자료, Paul Wijdeveld, *Ludwig Wittgenstein, Architect*, 2nd ed. (Amsterdam: Pepin, 2000), 173.

18. 앞의 자료에서 인용했다. 174.

19. Hermine Wittgenstein, "Familienerinnerungen," manuscript, quoted in ibid., 148.

20. 앞의 자료, 174.

21. Ludwig Wittgenstein, *Philosophical Investigations*, dual-language, 3rd ed. (Oxford: Blackwell, 2002), 208e-209e.

22. Max Weber, "Science as a Vocation," in Weber, *From Max Weber: Essays in Sociology*, trans. Hans Gerth and C. Wright Mills (New York: Oxford University Press, 1958).

23. Trevor Blackwell and Jeremy Seabrook, "Len Greenham," in Blackwell and Seabrook, *Talking Work* (London: Faber and Faber, 1996), 25-30.

24. 앞의 자료, 27.

25. Simon Head, *The New Ruthless Economy: Work and Power in the Digital Age* (Oxford: Oxford University Press, 2005), chaps. 1, 9, 10.

10장 능력

1. Friedrich Schiller, *On the Aesthetic Education of Man*, trans. Reginal Snell (Mineola, N.Y.: Dover, 2004). 14번째 편지에 나오는 두 인용문 중에서 첫 번째는 75쪽에서, 두 번째는 74쪽에 나와 있다.

2. 연구의 유혹을 느끼는 주제이지만 연구할 처지가 못 되어 안타깝게 여기는 부분이다.

두 가지 기본 텍스트는 프로이트의 『꿈의 해석』과 프로이트 전집의 제17권 유아기 성에 관한 부분이다. *The Complete Works of Sigmund Freud*, trans. James Strachey (London: Hogarth, 1947).

3. Johan Huizinga, *Homo Ludens* (London: Routledge, 1998).

4. Clifford Geertz, *The Interpretation of Cultures: Selected Essays* (London: Hutchinson, 1975).

5. Erik Erikson, *Childhood and Society* (New York: Vintage, 1995); Erikson, *Toys and Reasons: Stages in the Ritualization of Experience* (New York: W. W. Norton, 1977).

6. Erikson, *Toys and Reasons.*

7. 넓은 영역에 걸쳐 토대를 놓은 저작은 다음 자료다. Mihaly Csikszentmihalyi, *Beyond Boredom and Anxiety: Experiencing Flow in Work and Play* (New York: Jossey-Bass, 2000).

8. Jerome Bruner and Helen Weinreich-Haste, *Making Sense: The Child's Construction of the World* (London: Methuen, 1987). 아울러 이 자료의 기초가 되는 다음 자료도 참조하라. Jerome Bruner, *On Knowing* (Cambridge, Mass.: Harvard University Press, 1962).

9. 이 주제에 관해 살펴본 자료 가운데 가장 읽기에 용이한 연구는 다음 자료다. Daniel Levitin, *This Is Your Brain on Music* (New York: Dutton, 2006), esp. 84-85. (이 책의 제목만 보고 피할 게 아니라 아주 훌륭한 연구다.) 좀 더 기술적인 세부 사항을 다룬 연구로는 다음 자료가 있다. Isabelle Peretz and Robert J. Zatorre, eds., *The Cognitive Neuroscience of Music* (Oxford: Oxford University Press, 2003).

10. 내가 제대로 이해했다면, 바로 이것이 에델만과 토니니의 견해다. 다음 자료를 참조하라. Gerald M. Edelman and Giulio Tononi in *A Universe of Consciousness: How Matter Becomes Imagination* (New York: Basic Books, 2000).

11. Plato *Republic* 614b2-621b6.

12. Steven Pinker, *The Language Instinct* (New York: Morrow, 1994), and Pinker, *The Blank Slate: The Denial of Human Nature in Modern Intellectual Life* (New York: Viking, 2002).

13. Richard Lewontin, "After the Genome, What Then?" *New York Review of Books*, July 19, 2001.

14. *Stanford-Binet Intelligence Scales*, 5th ed. (New York: Riverside, 2004).

15. 이 유명한 이야기가 궁금한 독자들은 다음 자료를 보면 좋다. Richard J. Herrnstein and Charles Murray, *The Bell Curve: Intelligence and Class Structure in American Life* (New York: Free Press, 1994). 그리고 이 자료에 대한 비판으로 다음 자료가 있다. Charles Lane, "The Tainted Sources of the Bell Curve," *New York Review of Books*, Dec. 1, 1994.

16. 가드너의 연구를 가장 잘 담은 책은 여전히 그의 초기 저작이다. Howard Gardner, *Frames of Mind: The Theory of Multiple Intelligences* (New York: Basic Books, 1983).

17. 나의 앞선 저서에 소개했던 이 사례를 다시 인용한다. *The Culture of the New Capitalism* (New Haven and London: Yale University Press, 2006), 119.

18. 앞의 자료에서 제2장 내용을 보라.

에필로그: 철학하는 작업장

1. Ibn Khaldun, *The Muqaddimah: An Introduction to History*, abridged ed., trans. Franz Rosenthal (Princeton, N.J.: Princeton University Press, 2004), 297-332; Confucius, *The Analects of Confucius*, trans. Arthur Waley (London: Allen and Unwin, 1938).

2. 실용주의 현 상태는 다음 저서들에 잘 나와 있다. Hans Joas, *The Creativity of Action*, trans. Jeremy Gaines and Paul Keast (Chicago: University of Chicago Press, 1996); William Eggington and Mike Sandbothe, eds., *The Pragmatic Turn in Philosophy* (Albany: State University Press of New York, 2004); Richard Rorty, *Contingency, Irony, and Solidarity* (Cambridge: Cambridge University Press, 1989); and Richard Bernstein, "The Resurgence of Pragmatism," *Social Research* 59 (1992), 813-840.

3. Hannah Arendt, *The Human Condition* [1958], 2nd ed. (Chicago: University of Chicago Press, 1998), 108.

4. John Dewey, *Democracy and Education* [1916] (New York: Macmillan, 1969), 241-242.

5. 나의 견해 대한 비판으로는 셸던 올린Sheldon Wolin의 다음 글이 있다. Sheldon Wolin, "The Rise of Private Man," *New York Review of Books*, Apr. 14, 1977.

6. Homer, *The Iliad*, trans. A. T. Murray (Cambridge, Mass.: Harvard-Loeb Classical Library, 1924). Houses: 1.603-4; chariots: 18.373-77; jewelry: 18.400-402.

7. Kristina Berggren, "Homo Faber or Homo Symbolicus? The Fascination with Copper in the Sixth Millennium," *Transoxiana* 8 (June 2004).

8. Hesiod, *Theogony, Works and Days, Testimonia*, trans. Glenn W. Most (Cambridge, Mass.: Loeb Classical Library, Harvard University Press, 2006), 51.

9. Hannah Arendt, *Eichmann in Jerusalem: A Report on the Banality of Evil* (New York: Harcourt, Brace, Jovanovich, 1963). 이러한 모습을 가장 잘 들춰낸 영어 자료는 다음 책자다. David Cesarani, *Becoming Eichmann* (Cambridge: Da Capo, 2005).

10. 러셀-아인슈타인 선언문은 다음 웹사이트에서 볼 수 있다. www.pugwash.org/about/manifesto.htm.

Philos 005

장인

1판 1쇄 발행 2010년 8월 10일
개정 1판 4쇄 발행 2024년 2월 14일

지은이 리처드 세넷 **옮긴이** 김홍식
펴낸이 김영곤 **펴낸곳** (주)북이십일 아르테

편집 김지영 최윤지
표지디자인 씨디자인 **본문디자인** 나무의자
기획위원 장미희
출판마케팅영업본부 본부장 한충희
마케팅 남정한 한경화 김신우 강효원
영업 최명열 김다운 김도연 권채영
해외기획 최연순
제작 이영민 권경민

출판등록 2000년 5월 6일 제406-2003-061호
주소 (우10881) 경기도 파주시 회동길 201(문발동)
대표전화 031-955-2100 **팩스** 031-955-2151 **이메일** book21@book21.co.kr

(주)북이십일 경계를 허무는 콘텐츠 리더

아르테 채널에서 도서 정보와 다양한 영상 자료, 이벤트를 만나세요!

인스타그램 instagram.com/21_arte   **페이스북** facebook.com/21arte
            instagram.com/jiinpill21   facebook.com/jiinpill21
포스트 post.naver.com/staubin   **홈페이지** arte.book21.com
            post.naver.com/21c_editors   book21.com

ISBN 978-89-509-9767-0 03300
책값은 뒤표지에 있습니다.